東湖兒女

曹元 苍苍 著

浙江大学出版社
ZHEJIANG UNIVERSITY PRESS

我们尽可能地接近他们：身躯的行止和心路的历程。

倘若不慎惊动了他们业已安息的灵魂，上苍作证，这不是我们的本意。

作者手记

二〇〇六年十二月

目录

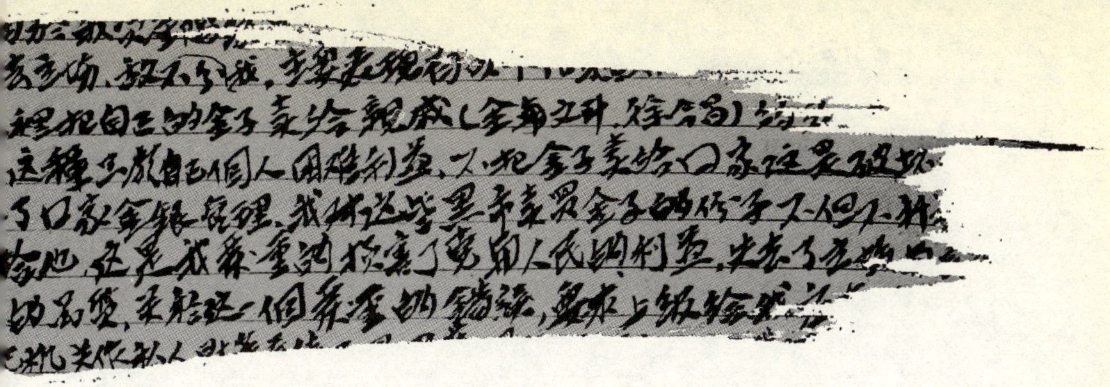

从张家门到宣家滨

杭州湾北岸，浙江省海盐县。

海盐县境内的第一大河盐嘉塘，逶迤地由西向东流经了几乎整个海盐县境。盐嘉塘的东端贯穿县城武原镇，在镇东不远处的古刹天宁寺旁，陡地转了个直弯，径自北折奔向黄浦江。北折后的河流名为盐平塘，是海盐县境内的第二大河。

盐平塘自天宁寺起向北流过九华里是白苧镇。由白苧地界向东派生出一条不知名的支流，长约三华里。支流尽头处是宣家浜村。离宣家浜村正东约一华里，张家门村与之相望，两村鸡犬之声相闻。再从张家门、宣家浜向东约三华里，就是杭州湾北岸，当地居民习惯上称之为“海边”。

张筠秋，这位二十世纪四十年代中共当湖地下党支部书记的出生，与张家门、宣家浜这两个村子均有关联。

张家门、宣家浜，清末隶属于沈荡区十七图。经民国、新中国的时代更迭，虽行政建制、隶属关系几度变更，但作为村庄名，却一脉沿袭至今。

● 张筠秋，1947年任中共当湖支部书记

张筠秋家，源自海盐县张家门张氏家族。

张家门及张氏家族的渊源，几乎没有任何文字资料留下。在近代的张氏族人中，被称为“三毛之父”的漫画家张乐平先生是最著名的人物了，海盐县设有张乐平先生纪念馆。张筠秋的父亲张礼甫与张乐平先生，是同祖父的堂兄弟。我们本想从张乐平先生纪念馆得到一些张氏的资料。但可惜的是，有关张家门和张氏家族的历史资料，馆中仅有一帧张乐平先生与其父亲的合影，以及一行张乐平父亲曾当过小学教员的简略到不能再简略的文字说明。

看来，只能从健在的张氏后人的口授相传中，寻觅一些张氏先人的雪泥鸿爪了：

张氏的先人，来自杭州湾南岸的余姚。照当地居民的习惯说法，张氏先人来自“对江”。

据张礼甫的孙女、张筠秋的外甥女张欣华回忆：“听父亲讲，从前海盐白苧的地方，从余姚来了一对做栲栳的夫妻，姓张。他们定居下来后，做生意，生儿育女。几代下来就有了张家门的地方。”

张女士的回忆，没有这对余姚夫妻越海迁来的确切时间，但从一对夫妻到繁衍成几百人口的村落，从地名的初称到约定俗成的认可这历史的进程来推算，张氏先人的始迁来海盐，最迟总应在明末清初的四百年前左右。

我们可以这样推测：大约在明末清初，一对年轻夫妻，带着他们的藤竹编织手艺和对未来的憧憬，冒着横渡杭州湾风高浪急的凶险，从南岸来到北岸。凭着他们的勤奋和坚忍，获得了在异乡生息的立足之地，繁衍了张氏人口，也逐渐累筑成了张家门这个氏族聚居的江南小乡村。

在走访张氏后人的过程中，他们中的许多人都不约而同的每每提及张家门人的择业方向，这与当地一般其他小乡村中的大部分人务农种地只求温饱生存卓然不同的理性识见，不由引起了我们对张家门人的刮目相看。

在几千年来浸淫着官本位文化的中国人的职业选择中，张氏先人们的从业方向，也不可避免地打上趋时的烙印。

张欣华回忆道："后来就请了拳师教武术，练武术，让子孙们去考武状元，也有中了的，被朝廷派去守边关，受到皇上嘉奖。"

考武状元，是应武举的一种民间通俗说法。张氏早年传人一开始习武，是一种最适宜他们当时生存状态的选择。对于背井离乡的入迁异姓来说，习武既可以强体防身，又可免受本地土著居民的欺凌。再则，对于文化起点不高，经济实力又不太殷实的手工业者近裔来说，求一个武职，是一条既可支撑门户又可再求进一步发达的捷径。

当然，有了一定的积累和基础，就改谋更为优渥的文职官员了。张欣

● 1984年，张筠秋与海盐宣家滨原地下党支部成员

华继续回忆道:“后来因武将均是战死沙场居多,所以就改考文状元。”

张氏先人中,后来是出了一些文职官员的。

张惠娟女士,张筠秋的远房堂妹,平湖刚解放时,就由张筠秋介绍参加工作,一直在平湖县级机关任职,现退休在家。她回忆起张家门祖上入仕的事说:“张家祖上是出过官的,而且据说官还不小。有一年,在外面当官后衣锦还乡,船到平湖。由于官船大,又刚巧遇到大潮汛,船过不了桥。船上老爷说,天意要留我在平湖居住。就吩咐停船上岸,看地方,造房子,居住了下来。这是海盐张家门人到平湖来居住的起源。还乡的船,大到不能过桥洞,可以想见,这官员还是有一定级别的。”

对于近代张家门人的择业趋向,一生执律师职的张筠秋堂弟张寅初,在他 79 岁时有一段归纳性的讲述:“张家门人有两种职业,一种是经商做生意,一种是济世走仕途。”张律师将礼甫公一家,归入了济世入仕这一类。

张筠秋家世居张家门村,一直到她的祖父辈。

张筠秋的祖父母生平事迹,已几乎被历史的尘埃所封没,连名字和生卒年也无从知道。我们只能从张筠秋在 1952 年华东革大学习时写的一份向党交心的材料中,搜寻一些线索。照解放初期的政治气氛,写材料人的心是一定虔诚的,故虽只有只言片语,但所述事实还是真实可靠的。

“查阶级:祖父是浙江海盐人,是一个秀才,职业教书,很早死了。”

“五岁前后,祖母死,母亲死。”*

张筠秋祖父应该逝于筠秋出生之前,即 1911 年前,而祖母的卒年大致可定为 1914 年。

张老先生是否进过学,只有这一处孤证。但他是当时的乡村中为数不多的知识分子,应该是一个不争的事实。“教员”身份的介绍,也很得体。因为涵盖了清光绪二十七年(1901)清廷颁诏兴学前后塾师和乡村小学教员的两种称谓。

张老先生夫妻生有四子两女。儿子依长幼序为:礼甫、关甫、平甫、

* 注:本书引用资料,均原貌照录。对明显的笔误,在原字后面用()内标注。

方甫。两个女儿：张秀英，嫁邻县平湖县金家；张丽英，嫁本县海盐县西塘刘家。

张老先生在世时的家境，据推算大致有租田三百亩、自耕田五十亩左右。这在当时的杭嘉湖地区，是衣食无忧的中等地主人家了。张老先生这个教员，不是为稻粱谋的职业，更多的是昭示一种身份：一方面表明与饱日终日无所事事的食租者不同，做着为乡梓服务的公众事务；另一方面，在公众目光中的张老先生是知书达理的读书人。在"读书人"如凤毛麟角般稀少，而"敬惜字纸"又成为社会习俗的当时乡村，使得村民们有着潜藏于心灵深处的敬畏和仰视。

在张老先生生命历程的最后几年，或者是他故世后不久的几年中，一场当地人称之为"天火烧"的无妄祝融之灾，使张家门村一夜之间沦为一片废墟。张家祖屋名为"知稼堂"，这是张老先生当年科举落第后为所筑住宅起的名谓。在这场大火中知稼堂虽未焚毁，却也半为倾圮，满目疮痍。灾后的修葺是在仓促和经济上捉襟见肘的窘迫中进行的。勉力修成的房屋已不见主人当年的殷实，再加上家中兄弟姐妹年齿渐长，都已到论婚嫁的年纪，祖屋供一家人居住已颇显狭窄。

张礼甫在婚后不久，大约在1910年左右，就迁出张家门祖屋知稼堂，租赁了一位朋友在宣家浜的一处空置住宅居住，成了宣家浜村中唯一的异性住户。

2005年金秋晚稻收割时节，我们专程来到宣家浜、张家门村，想寻觅当年张家的两处住所。可如今宣家浜村的主体已是马路边的一个农村菜市场，张家门村的房屋也全部是上个世纪八九十年代以后建造的农民新居。我们徘徊寻访许久，结果只能在沧桑之慨中驱车而返。唯一不变而隐约能听到的，是东去不远处杭州湾海岸边的涛声。

张礼甫租借的这处住房的主人及后人，笔者遍访多人，终因年代久远，不能访得其名，老屋也已荡然无存。最后在张礼甫儿媳刘佩贞1953年填写的干部登记表之"家庭情况及其家庭对本人的影响"一栏中，找到一处线索："自己住屋是向人家租来住的，每月1斗半米（房东宣菊生，地主）。"

据此，房主是宣菊生。刘的回忆是可信的。月租大米一斗半，当时公办小学教员的月薪为大米一石半，是其十分之一，也在情理之中。至于张礼甫与宣菊生双方租借的缘起，仍不得而知。然质之以曾文正公家书中，文正公在当京官时，每有向旁人借钱，或别人向他赠钱之事，大概也可以推知其中的一二了。

对宣家浜当年的情形和张家在宣家浜住房的进一步了解，还可借助于张礼甫的孙子、张筠秋的侄儿，退休高级工程师张欣田的回忆。可贵的是，张工程师的回忆仍相当真切翔实：

宣家浜全村只有三十多户人家，一条小河自南向北穿过村庄。这里的村民大多姓宣，故而名曰“宣家浜”。

从白苧过来，由西面入村，村口南边有一排高高耸立的老榆树，北边是一片青翠茂盛的竹园。

沿着村道向东不远，有一座村里唯一的小石桥横跨在小河上，四块厚厚的条石构成了桥身，它们搁在也是由条石构成的桥墩上。石桥没有栏杆，但很稳固安全，因为桥下的河面只有二三米宽。

● 1984 年，张筠秋（左二）和宣家浜的乡亲宣兰珍（左一）张欣华（左四）

走过石桥，村道蜿蜒向东，一直可以通到海边，到海边有五六里路。

我的家坐落在石桥的东南隅。过桥几步路有一条小路沿着我家的西墙，转弯就到了由四块青石板铺成的晒场，每块石块约五尺见方，是祖父当年从路远迢迢的绍兴运来的。

两扇朝南的黑漆大门正对着晒场，门上有一对铜环。跨进大门玄关是一个条石铺就的天井，天井两边放着五只七石大水缸，下雨时檐沟水汇集到缸内。

天井北面是正厅，厅不大，约 30 平方米。北墙两侧是窗，靠墙居中放着一张贡桌。天井两侧是厢房，东厢房是厨房和吃饭的地方。靠天井的西窗用薄绵纸糊着，靠着一张八仙桌，东边有一个大灶，南边有一扇边门。跨出边门是一个院子，院子东边是猪、羊舍，西边是柴廊，向西有扇木门。平时我们都从木门经边门进出，很少开大门。

西厢房是祖父办公用房，装过电话，所以我们都叫它“电话间”。

东西厢房的北面均隔着一个狭长的小天井，分别有两个房间。东厢房北面有三个卧室，是亲亲（祖母）及我和爸爸妈妈的卧室，铺着杉木地板。狭小的小天井中是冬枯春荣的铁杆海棠。

西厢房北的小天井中长着一棵高出屋面的黄杨树，北屋两间地面用青砖铺就，且没有北窗，显得又黑又潮，有一股霉味，里面放些农具和多余的家具。

我家晒场的前面是一片废宅基地，墙基石依然规则地嵌在荒草中，荒草地上生长着五六棵树和成堆的美人蕉。

从以上张欣田的回忆看，张家的居住环境在当时的乡村，是属于中等偏上或者上等偏下的水平，应该是与他曾祖张老先生、祖父张礼甫在当地的身份相当的。

公元 1911 年 12 月 6 日，张筠秋就出生在浙江海盐县宣家浜村的这所房屋里。

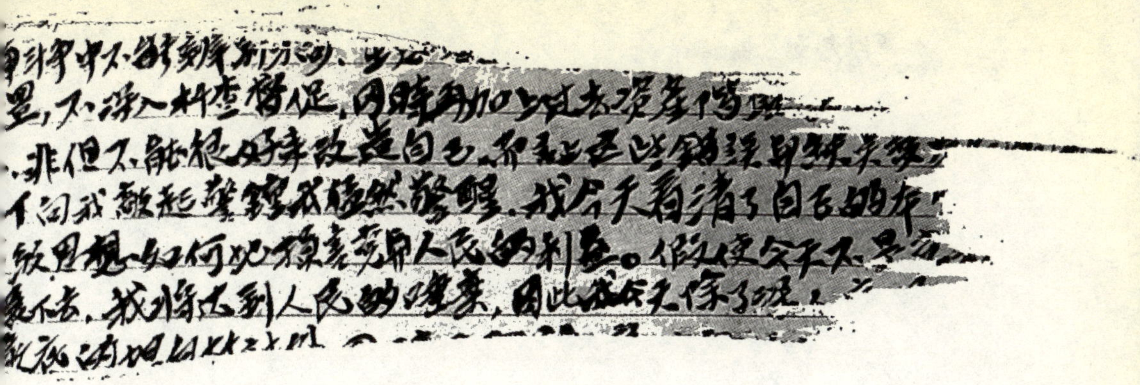

父亲张礼甫

在张筠秋和胞弟张振乾的人生历程中，父亲张礼甫的影响不可忽略。

张礼甫，公元1885年生于海盐县张家门村，那个年代，已经是中国最后一个封建王朝清廷风雨飘摇的时代了。

张礼甫的父亲张老先生在世时，张家的情况如前章所述。礼甫就在这种衣食无忧的家庭背景下，幼蒙庭训，逐渐完成了文化和处世的双重启蒙。

礼甫娶海盐县城武原镇朱贵珍为妻。朱氏知书达理，还画得一手颇具功力的工笔画，家道也还算殷实，是县城中的小康之家。不幸的是，在长女筠秋五岁、长子振乾三岁那年，生第三胎时得产后症病故，终年只有三十一岁。是年为公元1915年。

张礼甫丧妻后的第三年续弦，是年为公元1918年。后妻名魏五宝，平湖县乍浦人。筠秋、振乾始有后母。魏氏生有二女。大女小名大宝，至十一二岁时夭折，小女小名二宝，长成嫁海盐县城陈家。

礼甫的父亲张老先生早逝，礼甫一下陷入了上有高堂需要侍奉颐养，下有弟妹需要哺育照抚，小家庭中还有幼女雏子嗷嗷待哺的境地。劳力操心，一齐奔向20刚刚出头的礼甫。

我们古老民族的“孝悌”观念中，虽早有“长兄如父”的道德规范，但我们仍然可以想见礼甫一路走过的冗重艰辛。三弟一妹的婚嫁大事要办，弟媳进门后的起居之所要安排得体。从礼甫弃祖屋而奉母别居宣家浜的行动中，可以想见这位兄长的苦衷。更难为常人做到的，已经分家的最小兄弟，沉湎赌博，荡尽家资。礼甫又将兄弟、弟媳招至宣家浜，组成七口之家一起生活。

在礼甫看来，以上种种所为，均是“长兄如父”古训下为人子、为人兄的题中应有之义。但在房屋鳞次栉比，每一个家庭的大小事情都无秘密可言的小乡村中，礼甫公的这些符合传统“孝悌”伦理的举动，却客观上成就了他作为乡里领袖必须条件的道德升华。

由上种种，决定了张礼甫在其一成年，就理所当然地成了当地乡村中的绅士。

礼甫初任海盐县西塘区十七图总董，简称图董，相当于现在行政村一级的负责人。在中国两千年的封建乡村制度中，这个职务一直是个介于县以上各层级官僚政权(官)，与被统治的贫苦百姓(民)之间的一个管理阶层。对礼甫本人，则是一生热衷于乡里公共事务。

辛亥武昌首义，全国响应。清延颓然倾灭，各地纷纷光复。夏历九月十七日，嘉兴光复，即日成立嘉兴军政府。时隔一月，嘉兴所属各县也次第光复。省立三中(现嘉兴一中)的历史教员朱希祖任海盐县民事长。

礼甫顺应潮流，奔走乡间，倡导挂白旗，剪辫子，完成了本图范围内的改朝换代。挟辛亥革命潮流，在乡间有一定文化和人望的张礼甫，如全国各地的其他绅士一样，风头甚健。稍后，虽有袁世凯唯恐士绅势力太炽而下的各地停办自治会的政令，但取消自治的结果反而使绅士直接参加到县级政权中去，进一步扩张了绅权。

张筠秋的父亲张礼甫，从辛亥到北伐，他在当地乡村事务中可谓如鱼得水，左右逢源。

对中国封建绅权冲击最猛烈的一次，是1927年国民党领导的国民军北伐。自南而北，国民军影响所到之处，打倒土豪劣绅的口号震彻云霄，往日威风八面的士绅们，或被戴高帽示众，或被捆绑游街。顷刻之间，威风扫地，抱头鼠窜，如同末日将临，惶惶不可终日。

● 1984年，宣家浜老屋前的张筠秋

礼甫所处江南小村，虽不是兵家必争的军事要地，但潮流汹涌而来，他也不能幸免。1954年，张筠秋在《党员登记表》中回忆："父亲是封建地主，在大革命中他的权威受到国民党的争夺，所以他反对国民党。"指的就是这个事实。

礼甫不甘心于这次由于"大势所然"造成的在乡中权势的失落，他试图凭借个人的努力东山再起。稍经沉寂后，他终于等到了"大势"赋予的又一次机会。

为填补大革命横扫士绅，在乡村一级政权造成的空缺，新政权着手培植自己的乡镇管理人才。浙江省在民国十七年(1928)创办了浙江省地方自治学校，隶属于浙江省民政厅。学校修业分前后两期，各6个月。前期修满成绩及格者，由民政厅拨付各县市实习1年，期满调回，续修后期课程。学员经考试入学。民国十七至二〇年(1928—1931)共招4期，实到816名。后期学生毕业共464人，从淘汰率看遴选是相当认真的。

民国十九年(1930)，礼甫从浙江省地方自治学校毕业。算年纪，当年已是四十五岁的中年了。在近"知天命"年龄，而依然敢经考试入学，修满前后两期全部课程，最后从几近一半的淘汰率中胜出，他的坚韧可以想见。当然，回报也随之而来。回到家乡海盐县西塘区，名正言顺地担任起了西塘区自治委员。民初的西塘区行政区划大致与清末的西塘区相同，一番沉浮之后，礼甫从只管"一图"事务的十七图图董，升迁至总管十七个图事务的区自治委员。张筠秋回忆："父亲十九年在杭州自治学堂毕业，任自治委员，后来疯病辞职。”除了学校名称稍有不确外，记忆还是相当正确的。张筠秋写的“疯病”，非“疯癫”，而是“中风”。礼甫的中风，大致发生于 1937 年，也就是说，复出之后，张礼甫的士绅地位又维持了近十年。

正如老子所言，“祸兮福所倚，福兮祸所伏”。抗日战争海盐沦陷后，日寇搜寻为其殖民统治效劳的汉奸。以礼甫的资历和人望，成了日本人在海盐西塘区所谓“维持会长”的首推人选。而礼甫的中风瘫痪，成了他婉拒坚辞日寇软硬兼施再三要求他当“维持会长”的合适理由。这既免除了日寇对他的进一步施虐，更成全了礼甫在暴敌入侵面前的民族气节。

礼甫从事公众事务对张筠秋的影响，可以追溯到公元 1917 年。那年，她七岁。

1917 年夏 7 月起，嘉兴全境螟灾剧烈，海盐也深被虫害。据《申报》1917 年 9 月 24 日载：“不意夏历七月十六七日大雾之后，害虫又生，而其蔓延之速，被损之重，实为历年以来所未见。”防治螟灾，成为县区机构的第一政务，农民赖以果腹聊生的第一紧迫。

礼甫时任西塘区十七图图董，白天忙着组织人员在全图范围内向每家农户发放煤油灯。每天按灯盏数定量发放煤油，要求农户晚间在田中点灯诱杀螟虫，并以 1 个铜板 30 个卵块计数奖励。每到傍晚，礼甫又去田间查看发给农民的灯有没有真正置放田间点亮，甚至还要抽查灯中的煤油是否灌足。因为那时农村贫敝，农户又缺乏科学知识，往往那些贪图眼前小利的农民，会把领到的煤油存藏起来，以后当作点灯照明之用。

农户老小捉到卵块来礼甫家登记时，往往礼甫仍忙碌在外，看看满屋等待的人群，张筠秋竟自告奋勇地拿起笔帮助登记。一群大人小孩，簇拥着年幼的筠秋，在声声：“小宝宝，帮我记上”的央告声中，筠秋一笔一笔地记账。

“那时，我才六七岁，字也写得歪歪扭扭地。”张筠秋在暮年回忆往事时，笑着对她的内侄女张欣华说，笑声中充满着童年的欣喜和得意。

一位耄耋之年的老人，对八十年前一件事的细节还记得如此清晰，特别是那笑声，全然没有了老人的苍老嘶哑，仿佛穿越了八十年岁月的时空，又恢复成了清新亮丽的童声。可见这件事当时在她脑海里烙下的印象之深。照弗洛伊德的精神分析法，这种儿时的经历和对大脑的刺激，会在大脑沉淀，成为一种潜意识，然后无形地在很长的一个时期甚至终生，对一个人的思维意识行动产生持久巨大的影响。筠秋这一刻发自内心的愉悦，是不是她一生熟衷公众事务的发轫，而这与她父亲张礼甫的社会角色有着直接的关联。

同类的事例还有张礼甫办公用的电话。礼甫的孙子，现已退休的高级工程师张欣田和张寅初老人在不同的场合，都不约而同地提到了张家的电话和电话间。

海盐县在民国十二年(1923)始设乡村电话，礼甫的电话当装在此时。时间已经过了五六十年，技术和经济发展与昔日已不可同日而语的二十世纪七八十年代，电话在中国城市农村，还是权力、待遇的象征。可以想象，在二十年代的江南农村，一个只住着30多户人家的小村，装一部电话，从兴师动众的拉杆架线，到电话铃声的不时响起，以及配着礼甫1米80的魁伟身材的大嗓门，更有与这些声音相连的事和人的命运，会给四乡八里的人们带来多少神秘、羡慕、敬畏。所有这一切有形无形说得清道不明的权力的衍生品，集中在一部电话机上，同样地烙印进张筠秋的脑中。

● 1950年代初，张礼甫妻子魏五宝(右二)和张秀英(左一)张平甫妻子(左四)金小洪(左二)

礼甫任图董、自治委员之职，除了应对上面县一级官府政权的调遣派令，玲珑周旋外，对所辖乡间邻里间的纠纷、疑难和争讼的处理，成了他日常工作的另一重要部分。他对辖区内的情况知根究底，又基于他的威望，按中国人更通行的称法——面子，一些棘手的争难，到他那里比去衙门打官司更容易解决。影响所及，除了他的辖区西塘一带，甚至还辐射到平湖县境的乍浦一带。

礼甫的长姐嫁海盐西塘刘家，生一子一女，待子女成年时，家道已经破落。哥哥为了拿到彩礼，背着家人和妹妹，将妹妹许配给人家。妹妹知情后，坚决不允。男方却扬言，到日子非要娶亲不可，刘家姑娘若不允，他们就抢亲。一时，刘家陷入了十分窘迫的境地：退回财礼吧，已给兄长挥霍殆尽，立时要筹齐十分困难，况且即使全数凑齐，男家却扬言要人不要钱。一定要姑娘答允吧，催逼过严，恐生意外。若到时男方真要动粗抢人，毕竟刘家已收过人家彩礼，在理上欠缺一些。家庭的门面，姑娘以后的日子……刘家一家在无奈凄苦甚至绝望中煎熬。礼甫得知此事，问清彩礼数目，再加封银洋 100 元，当即赶到西塘男家，不知是慑于或碍于礼甫公的"面子"，还是那加封的 100 块银洋的作用，或者是三者兼而有之。一杯茶的工夫，男方送礼甫出门，一场眼看就要发生的抢亲闹剧即时云消烟散。这种举重若轻急人所难的事，我们常常也能在解放后的筠秋身上看到。

上述是礼甫为大姐家"贴钱争面子"平息纠纷的典型事例。这类情况在礼甫经手的纠纷中恐属稀有，这决定于事主与他的关系。不过，争得了"面子"，这也是一种无价的胜利。至今，西方的一些学者、政客，实在还弄不懂中国人所说的"面子"为什么会如此重要，有时它的效能大大高于实实在在的金钱和鲜红鲜红的官方大印。

更多的是那类"摆平"纷争双方或数方的结局，当然事主会给礼老爷以实物或金钱的酬谢。实物都是一些比较高档的日常生活用品，大多自己家庭能够出产，当然也有向商店购买的。礼甫的外甥金舜仪回忆说：有次到大舅舅家，就看到几条少见的大海鱼，几天也吃不完。就属于这类。直接送金钱的，那一定是干系比较重大，事主有一定财力的。

金舜仪讲述过他耳闻目睹的一件事：宣家浜村头那座石桥西堍，开着一爿裁缝店。店主叫宣金观，缝纫技术蛮好，一村人的衣服差不多都到宣金观的店做，只是宣金观是一只眼，村里人叫他"独眼龙"。妻子平日做做缝纫活的下手,烧烧饭,人长得可以,衣着打扮也比一般农村妇女干净。不知怎么的,裁缝的妻子与本村一位做小生意的人好上了,还跟着那位生意人私奔了。他俩私奔前,到礼甫那里去了一趟,说:裁缝对他老婆不好,她一定要跟我,我也没有办法,请礼老爷帮忙。我们现在到外面去住一段时间,等裁缝那边平静了些再回来。当然还奉上了一定数目的礼物。

"独眼龙"平时只管做衣服过日子,一碰到这种事,虽然又气又急,但妻子已远走高飞,虽然知道一定是同那个生意人一起走了,但海阔天空,人海茫茫,哪里去寻找?也只得带了礼物来寻礼老爷帮忙。礼老爷一句:"事体我晓得了,我会帮忙的。"有了这句话,裁缝喜从中来,一面满心欢喜地回家等待,一面逢人便说,礼老爷帮我了。裁缝店本来就是村中的公众场所,一传十,十传百,不几日,那对私奔的鸳鸯也知道了。还是生意人头脑活络,又准备了一份礼,当然比上次那份更重些,趁着天色朦胧又去礼老爷家一次。在整件事情人员往来接触中,有时张礼甫不在,儿媳少奶奶刘佩贞也闻其事,几天过后,裁缝见妻子仍没有回来,只得又去礼老爷家探问,回他的一句话却是:"你老婆诚心诚意跟人家走,别人又有什么办法。"在信奉古训"宁拆十座庙,不散一桩婚"和"万恶淫为首"的当时当地,礼甫做出这样的"判词",不知是巧合了马克思的"没有爱情的婚姻是死亡的婚姻"这句名言,抑或是应验了"有钱能使鬼推磨"这句俚语,外人就不得而知了。

当时乡村的婚姻,只要亲戚、朋友、街坊邻居承认就算数,并没有严格的法律登记、离婚等手续。现在方圆几十里地上的"长头人"礼老爷都这样说了,还有什么其他的法子。村里人虽也有同情裁缝的,但大多是嫌"独眼龙"没有用,看不牢妻子。待私奔的那两个人回来,野鸳鸯变成了家鸳鸯,充其量,生意人再给裁缝师傅一点钱,让他稍感心理上的平衡。

1914 年,浙北工委书记黄炎,以生意人身份作掩护,到海盐开展共产党的地下工作。礼甫将黄炎请到家中,生活了几个月,显示了他在乡村政治舞台历练了数十年才能具有的非同一般的政治敏感和洞察力。

礼甫在经济上的经营,不知是不太专心,还是确实缺少经商的天赋,一生中,虽然也与人合伙经营过茧行,自己也开过油酱店,但终不见以商致富。礼甫年轻时交游甚广，远在一般乡人之上，常去江西、绍兴之地，但除了人们能见到宣家浜屋前从绍兴运回的，铺着当晒场的四块青石外，经济上也罕见其收获。只是靠着祖上留下的田产（租田 80 亩，自耕田 12 亩）维持全家生活。筠秋、振乾姐弟由外婆家接去海盐县城读小学，振乾也只能在小学毕业就辍学去海宁县当铺做学徒，这是礼甫经济背景的两个典型标记。礼甫中风后，生活就显得捉襟见肘了。

礼甫性豪爽，人说酒性见真性，饮辄用大碗一倾而尽。儿子振乾将长成，礼甫第一次招其对饮，就用此法教儿，振乾不胜酒力，不一时醉卧桌下，待酒醒，礼甫告曰：男儿当作如是饮。

礼甫会使枪，好狩猎，得闲时常带着双筒猎枪去离宣家浜三五里地的海滩射鸟。不消半日，便肩荷猎枪足踏长统胶靴捕获颇丰而归。

礼甫性达观，中风半身不遂后，常年躺在藤榻上度日。自身不能挪移咫尺。但遇天气晴和，还会让人抬着去集市散心。据礼甫的外甥金舜仪回忆，礼甫还会招呼上他和另一人名二观的。“二观，连官，今天老爷出会，白相去。”“老爷出会”，是指当地民俗，逢农历节日，众人抬着供奉在庙中的菩萨塑像，出庙在街上集市游走嬉乐。听礼甫的口气，全然没有寂寞悲叹之意。

自礼甫任海盐县西塘区十七图总董开始，四乡八里的人们都称他为：“礼老爷”。

张礼甫因病于 1943 年谢世，终年五十八岁。

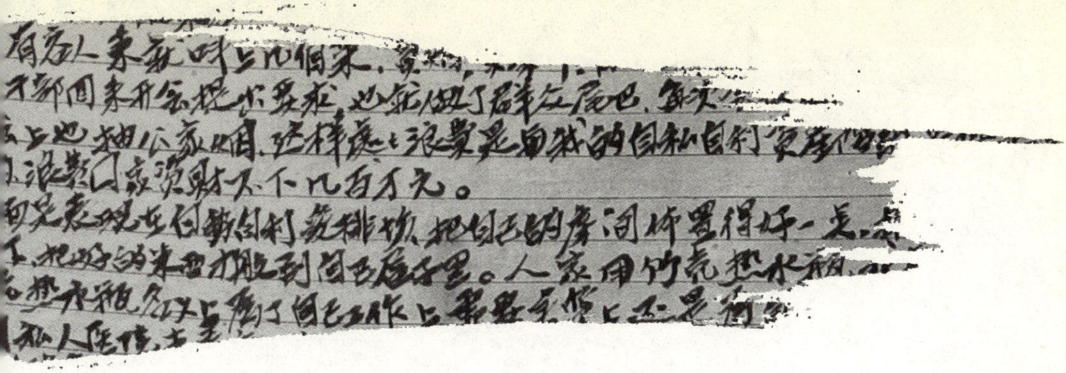

金氏先祖

浙江省平湖市，春秋时属吴，秦行郡县，属海盐县，县治在今上海市金山区东南境之柘林一带。仅仅十年，县治陷为湖泊，迁武原乡，即今平湖市县城外之东湖一片。不料三百年始过，到公元127年，海盐县治又陷为湖泊，名为当湖。按《说文》："当，田相值也"意，当湖，即是湖原为田地之意，后又有东夷洲、东湖之称。明宣德五年(1430)，从海盐县分出大易、武原、齐景、华亭四乡，设平湖县。

东湖，既是平湖县的别称之一，更是东临平湖县城的一自然形胜。东湖水连九派，上游承天目山、太湖来水，下有黄浦江潮汛顶托。平日湖水荡荡，水面辽阔。千百年来，以她为中枢的河网水系，更无声地养育了一代代生于斯长于斯的平湖儿女。

离平湖县城西约五公里处有金龙浜村，以此自然村为主要聚居地，生息繁衍着一支金姓氏族。

此支金氏，有《允古堂·金氏家谱》传世，张筠秋的丈夫，原中共当湖支部党员的金洪声，列《金氏家谱》第十五世。

据《金氏家谱》记载，其先祖是金森，字首赓，元末明初人，并说他是“内阁中书”。

金森是不是“内阁中书”？

据我们查考，“内阁中书”云云，恐怕是金氏子孙代代口授相传中的一种比较模糊的说法。质以明史《职官志》，明初无内阁中书之职。“内阁中书”一职，始设于清代。《金氏家谱》成文在清代，是金氏后人以清代官制附会明代的事了。

那么，明初的“中书”，究竟是怎样一种官职？这又要分洪武初与永乐初以后两种情形。第一种情形，是在洪武初，朱明王朝建立时期，洪武元年至十三年，即 1368—1380 年这十三年间。明初袭元制，设中书省，总领全国政事。至洪武十三年(1380)，明太祖为进一步加强皇权，以“通倭通虏谋不轨”的罪名，处死左丞相胡惟庸，废除了沿用七百多年的中书省。

第二种情形，是在永乐初以后设中书科的中书舍人，时间大约是在永乐元年(1403)后不久。中书舍人共二十人，分值文华殿东房中书舍人、值武英殿西房中书舍人、内阁诰敕房中书舍人、制敕房中书舍人四种，官职为从七品。此时的中书舍人实际任务仅是照例书写诰敕而已，权力和地位与明洪武初相比，已是天壤之别，大不如前了。

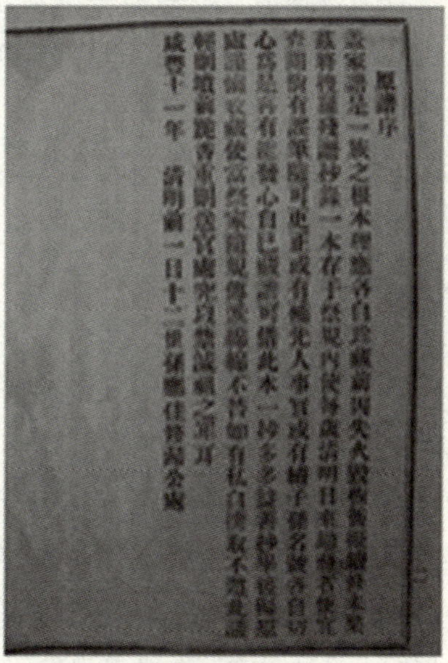

● 允古堂金家谱序

首赓的中书官职，是属于洪武十三年前在权力中枢中书省供职的官员，还是永乐初后仅司书写职事的中书舍人。从首赓的年龄上讲，似都有可能，但我们倾向于前者。不过有一点可以断定，若首赓确是在洪武十三年前的中书省中任职，其职位也是最低的正六品或正七品的官员，所以名不见经传。

胡惟庸案在洪武年间，是震动全国朝野的第一大案。此案从洪武十三年(1380)胡惟庸被凌迟处死全家抄斩开始，直到洪武二十五年(1392)该案的另一主犯靖宁侯叶升坐通胡惟庸狱，最后被捕杀为止，历时十二年，诛杀文臣武将多达三万余人，其中涉案国公一、侯二十一。

大概是因为首赓官职较低，且与左丞相胡惟庸的关系不甚密切，才能在这诛杀数万人的大案中得以幸免，其长子还可以保全而迁居至嘉邑(今浙江省嘉兴)。

首赓娶葛氏，生两子：长子玉，字竹坡，取得贡生资格，但未被授予官职。次子壁，字竹溪。

竹坡在明洪武初年携妻葛氏从马场桥迁居嘉邑上七庄竹啸村。从此，此支金氏在嘉邑生息繁衍，竹坡被奉为始迁祖。

首赓的次子壁娶毛氏，子孙是否仍居马场桥，在《金氏家谱》中没有继续的记载。

竹啸村在清代已隶属平湖县，后来改名金陆浜。这一更改，还与金家在清道光年间的一段传奇遭遇有关，我们将在稍后讲述。“陆”与“龙”在当地读音相近，且“龙”字在图腾意义上更加洪亮，所以当地居民大多写作“金龙浜”，现在已作为正式地名。

解放后，金龙浜村一度又归属嘉兴县曹桥乡，该乡 1958 年建立曹桥人民公社并划归平湖县，现属平湖市曹桥街道。

金龙浜的自然地貌，与星罗棋布地撒在江南杭嘉湖水网地带的其他千千万万个自然村落一般，临流水而居，得饮水灌溉舟楫之便。河港浜汊之间，铺陈着大小不一的水田旱地，为生于斯长于斯老于斯的一代代水乡子民，提供衣食之源。

当然金龙浜也有它的特异之处，人一旦身临其地厕身其间，风来水去，顿生一种袖里乾坤、宾至如归之感，让人觉得分外的静谧与安憩。二十世纪七八十年代，当地大规模的平整土地，在金龙浜方圆不到三公里的范围内，竟接连发现朱王庙遗址、图泽遗址、李墩遗址、俞家埭遗址等四处新石器时代良渚文化的遗址，及陆家坟遗存、古城遗存两处春秋至秦汉时期的堆积。排列程度之密，不由令现时的人们对此一带的风水地舆充满神秘的遐想和刮目相观。金氏先祖远道而来卜居此地，竟与人类先祖的择地而居如此声息相通，不能不钦服于他们的踏勘目光。

金竹坡的迁出地马场桥，望文生义应该是一个最单元的村落地名，所属何省何州何县，语焉不详。这种神龙见头不见尾的记载，似乎坐实了我们对这场搬迁与当时政坛恶风腥雨的“通倭通虏谋不轨”的胡惟庸案有关的猜测。而《金氏家谱》宁奉贡生而未授官职的竹坡为家族的始迁祖，而未奉任中书官职的金森为始祖，在中国历来崇尚门第有点影子就攀龙附凤的传统中，这种不合常制的记载，确也透露出一点世事和宦海中的波诡云谲。

竹坡去世后葬于赵泾坊乌字圩五十六号，此地在清代已属平湖县。竹坡以下六代子孙基本上都葬于竹坡墓周围，所以此墓地是允古堂金家族的共同祖茔。家谱中载有一篇制订于咸丰九年的“祭规”，说竹坡以下已传了十七世，四百年来分支轮祭。家族有祭产，包括田产和几处水港，每年的租米和水港租金归该年轮到主祭的那一家收取。祭祖必在每年的清明节举行，风雨不改。先祭始祖竹坡及其他共同祖先，然后各家分祭。最后参加祭祖的数百人都到主祭家“饮福”，也就是喝酒吃饭，意思是享受祖宗留下的福泽。

金洪声胞弟金舜仪在回忆当年亲历的清明祭祖情景时说：轮到主祭的人家要准备六只条箱的供品，有整猪整羊等牺牲和各式其他的物品。由人抬着，先到祠堂上供。一行人跟着来到祠堂，时辰一到，点烛焚香，祭祀开始。子孙们按辈分一批批叩头拜揖行礼，心中念念有词请求祖宗保佑。祠堂祭罢，再将供品抬到先祖坟前，供于石制的供桌上。包括始迁祖在内的列祖列宗主坟的祭祀叫摆“二十四桌”，意思要办二十四桌“饮福”酒，可见参加祭拜的人数之众。

但绵延到二十世纪三十年代初，“二十四桌”的饮福酒已呈节俭之态，再加上只要是金氏子孙都可泽被得享，而各人的家境又富庶贫寒不同。所以金舜仪说，他们已经不大愿意再去吃“二十四桌”的饮福了。他们重视的是另一场祭祀——他们祖父锡昌忌日的那回祭奠。供品中特异之处是一盆雪白的棉花和一盆煮熟的番薯，参加者是三房子孙，四桌酒，菜中有当令新上市的河蟹。

金氏家族最后一次续修家谱是在民国十二年，由十五世孙金元愧和十六世孙金燮主事。金元愧写了一篇“葺谱序”，总结了家族四百多年的概况。他说：“我族自竹坡公迁居于宇圩，尔来一十有七世矣，虽无大富大贵显名于当地者，亦无大奸大慝贻笑于后代者。率皆礼仪自守，勤俭持家，名誉不出里门，科举止于黉序，半耕半读，聚族而居。虽南北两支都以经商起家，然积资不过百万，积田不过百顷。数百年来一如其旧，岂非俭朴成风，子孙相守勿替也哉。乃近年以来，小康者厌乡居之鄙陋，慕城郭之繁华，迁于当湖者十余家，而居于乡者大都贫乏无资。”

上文中所说“科举止于黉序”，意思是无人曾列名举人榜。虽无中举之人，但家族中有官职或爵位的人还是有。事情的始末，还要从金洪声的曾祖父、祖父在道光年间历洪杨之变及竹啸村的更名说起。

金垠(1810—1860)，字东山，监生，列《金氏家谱》十二世，是金洪声的曾祖父。在他生命的最后十年，正值太平天国时期。

历时十年，席卷大半个中国的太平天国，对当时整个中国社会的政治、经济、权力架构的诸层面，发出了前所未有的撞击、震撼。而颠荡于滚滚洪流中的单个家庭或个人，更会发生命运根本的转折。金垠一家的命运就经历了传奇式的悲喜沉浮。

清道光三十年(1851)发轫于广西金田村的洪杨之变，战火蔓延到浙江嘉兴、平湖一带，已是九年以后的咸丰十年(1860)。不过，整个战势，已到太平军与清廷决一死战的关头，战事一经来到，就格外险恶惨烈。

咸丰十年(1860)初，太平天国天京危急，忠王李秀成用“围魏救赵”谋略，攻打杭州。二月，李秀成率军昼夜兼程，直趋杭城，三月中旬以迅雷不及掩耳之势攻克杭州。守杭清军退嘉兴，屯嘉兴西门外。太平军与清军在嘉兴恶战一场。嘉兴至陡门一带被掳掠一空，城西北两门外民居尽为废墟。这是嘉兴洪杨之变中真刀真枪的首涉战事。

五月，太平军粉碎清军的江南大营，解除天京之围，又用“乘胜下取”清除东顾之忧的策略。

六月，太平军李世贤首克嘉兴。

六月下旬，清军提督率残部万余人，反扑嘉兴。

七月中，太平军李秀成部首克平湖，三日后撤出。

……

咸丰十一年(1861)四月，太平军再占平湖城。

嘉兴、平湖是太平军奔袭杭州、进军上海的必经之地，也是清廷沪杭守军溃退反扑的必驻之地。太平军和清军的几番折冲，历时两年。金龙浜地处嘉兴、平湖两县交界，离平湖县城五公里。虽是处“袖中乾坤”的僻静之地，但仍不可避免地陷进这场战祸之中。

咸丰十年(1860)，五十一岁的金垠已生有四子，除长子锡永幼卒外，其余三子依序分别为：锡昌，二十八岁；锡恒，十七岁；锡安，十四岁。

在太平军与清军的战乱中，金垠指挥一家，并不如一般家庭举家躲避。此举虽非无奈，也属事出有因。

金垠一家的生计，除像一般农户经营稼穑之外，还开着一爿花行，兼营着棉花生意。

平湖一带的棉花种植与商贸，始盛于明初。自黄道婆将广东的纺织技术和工具带回松江，邻区的松江府二百余万亩土地，有上百万亩植棉，松江布名闻遐迩。影响所及，嘉兴所属东部各县也广植棉花，家庭棉纺织业兴盛，成为当地居民的主要收入来源。棉纺业兴，棉花商贸也必然兴盛。明《天启·平湖县志》称：“棉花可纺织成布，籽可榨油，为又一大利。”

金垠经营的花行，在棉农采摘上市时收进棉花，远销沪杭一带，近销嘉兴地区的棉花布疋集散地新丰。新丰与金龙浜只有八九华里之遥。平湖的棉花种植列浙江省三甲，棉花商贸也相应具有很大规模。

洪杨之变，已历时九年，嘉兴、平湖一带战火虽未烧及，但人心浮动，商路不畅，棉花市面也大受影响。但棉农、棉商为了生计，总还要种植、流通。金垠的眼光独到，他看到了战乱中的商机：战局已近尾声，战后的棉布需求必将恢复，而棉花生产需要一年的周期。到时候，仓库中的棉花会变得奇货可居。尽管他也深知这商机中所含的风险。然而现代人不是常说大的风险蕴含着大的利润回报吗？可以想象，金垠虽不会用这些现代的辞藻，然而一定懂得其中的商理精髓。

金埌经营的花行平常年景信誉就好，战乱之中，歇业的棉商又多，周边更多的棉农将采摘到的棉花卖给金埌。当然囤积一多，金埌出的价钱总要低些。而棉农心中自有他的算盘：贱卖总还能到手一些真金白银，而堆放在家里，不知是毁于战火还是被兵匪抢走，到头来半年的辛苦劳作可能会落得两手空空。

战火蔓延到嘉兴、平湖一带时，金埌花行的仓库中还存有大半仓库捆扎成包的陈年皮棉。金埌知道，战事一及，兵匪滋扰是不能免的，自己留在家里总还可多少虚与委蛇一番，免蒙太过损失。自己年逾五十，两个幼子还未成年，还不致被作战两方掳去充作兵丁。况且，闻说太平军进嘉兴城后的军纪还算整饬。为免女眷在战乱中受辱，金埌安排长子锡昌护着妻子黄氏、媳妇吴氏及孙女，躲避在外。

农历七月二十五日，一个七月流火天气中难得清凉的早晨，留在家中的金埌和两位幼子尚在睡梦之中。一股军队趁着天色未明进入金龙浜村，闯入金埌家后要金埌打开花行仓库搜查。金埌与之发生争执，被当场杀死，两位儿子被裹挟而走。清光绪《嘉兴县志》将金埌名列“忠义传”。两位幼子后趁战乱之隙，得以逃脱，锡恒活到七十九岁，锡安活到五十四岁。

金锡昌(1833—1893)，号幼山，字巳卿，监生，列《金氏家谱》十三世，是金洪声的祖父。世袭云骑尉，一生经历颇有传奇色彩，是近两百年金氏传人中出类拔萃的人物。

护眷在外的锡昌，风闻兵临金龙浜，家遭劫难，将母亲妻女稍事安顿后，急匆匆只身奔回，途中遭遇太平军。太平军士兵见锡昌一人反常地跑向村里，疑是清军探子，拦住盘问。锡昌心怒情急，抗争中肩项部被砍重伤，立刻血流如注，倒地不省人事。太平军以为锡昌已死，径自离去。

金陆浜七月底的农田，棉花已及人腰。枝条叶间，有零星的棉桃绽开，吐出白絮。要在平时，勤劳人家的农妇，已头顶烈日开摘棉花。而现在，整个田野除了远去的军队，空荡荡的不见人影。锡昌倒在路旁的棉田里，幸亏浓密的棉花枝叶，为他挡去了七月烈日的烤炙。良久，锡昌才慢慢恢复知觉，逐渐苏醒，但已无力站起来。这时逃散在外的乡邻，有几个胆子大的逐渐回村。有一陆姓邻居，发现躺在棉田沟里的锡昌，一试，还有些微鼻息，就赶紧将他背回家中。后经延医诊治，竟奇迹般生还。锡昌肩颈受重伤，饮食不便。那位救他的陆姓邻居的妻子，刚巧分娩生产，就每日从自家孩子口中省下一碗母乳，给锡昌调补，锡昌肩颈伤势慢慢收口。

锡昌的母亲黄氏，几天后携媳妇、孙女回家。丈夫身亡需要殓葬，大儿肩颈重伤生死未卜，两个小儿子又杳无音讯凶多吉少。这从天而降的家庭连串变故，击倒了妇人。在殓葬完丈夫后，终于一病不起，在两年后凄惶病故，终年49岁。

锡昌的肩颈之伤，历时一年半，才终于痊愈。如此深重的肩颈外创，仅靠中医中药的延治，锡昌能逃过一死，不禁让人惊叹锡昌生命力之强盛，在当时的人们看来，锡昌当然是获得了祖宗和神灵的保佑庇护，方能有此奇迹。

伤愈后，锡昌继承乃父衣钵，继续经营农耕和花行生意。此时，太平军势力日衰，嘉兴、平湖境内的两军战事渐趋靖绥。

同治二年(1863)，太平军在浙江处境恶化。

八月底，李鸿章的淮军伙同英国人戈登的“常胜军”进窥嘉兴。

九月，左宗棠和法国侵略军“常捷军”联合进攻杭州，杭州危急。

十二月十七日，平湖太平军守军将领降清，太平军退出平湖县城。

同治三年(1864)三月，清军炮兵、洋枪队炮轰嘉兴城，城墙被攻陷，经激烈巷战后，清军占领嘉兴。

洪杨之变平息后，金锡昌被朝廷授予世袭云骑尉。云骑尉在唐、宋、元、明各朝是武官职；清朝则只作为世袭的爵位，定为正五品，年俸白银八十五两。

鲁迅曾在《病后杂谈之余》中说：“给我指明长毛之可恶的倒是几位读书人；我家里有几部县志，偶然翻开来看，那时殉难的烈士烈女的名册就有一两卷，同族里的人也有几个被杀掉的，后来封了‘世袭云骑尉’。”可见那时朝廷对因与太平军抗争而被杀的读书人后裔，封“世袭云骑尉”还是较多的。

随着战事的逐渐平息，市场需求增加，商路重新疏通，市面渐趋活跃。锡昌以其在战争中未曾间断的经营，得以在市面复苏后的棉花商贸市场捷足先登。而那一大宗在仓库中蓄积的皮棉，使锡昌一跃而执嘉兴棉花市场的牛耳。究竟锡昌赚了多少，外人不得而知，但从锡昌营建竹啸村的大兴土木中可窥豹一二。一年之中，锡昌一次在竹啸村港南港北盖了一排长逾华里的房屋，房屋虽然各自独门独院，但前檐是一排长廊相连。下雨天走过，不湿鞋袜。为报答救命之恩，锡昌将最东上首的一幢华宅赠送给那位陆姓邻居，并与乡邻们相约，将竹啸村改名为金陆浜。——乡邻们乐得顺从钦授五品云骑尉的心意，从此竹啸村易名金陆浜。

对锡昌的豪富，有另外一种版本的说法，现也叙述如下：

战乱中的棉花生意，虽然仍是买进卖出，但价格的涨落大。卖主棉花的来路，有时也会与平常时日不同。太平时日，卖主的棉花绝大多数是自己种的。但在战乱时，或许是自己种的，或许是道旁宅边拣的，甚至还有些不能明说的来由。锡昌对卖主的棉花，只讲价钱，不问来历。当然价钱中明含着来历，只要愿卖愿买，全凭锡昌的眼力。

一日凌晨，有一艘船悄无声息地停在河埠，一位陌生人扛上十几包棉花。锡昌开价，陌生人也不还价。过称、算账、拿钱，陌生人拔篙划船，又悄无声息地走了，消失在晨曦之中。

锡昌对此类交易已是见怪不怪，但总感到今日的事情有些蹊跷。吃过晚饭后，蹲在地上对着陌生人卖的这十几包棉花端详。站起来时，顺势用脚踢了面前的一包，顿时觉得足尖一沉。随即双手用力一推，直觉得异常沉重。急忙关上仓库门，打开棉花包，顿时一堆金光耀眼的马蹄金元宝呈现在锡昌眼前。——莫非是哪家人家将细软捆扎在棉花包里，莫非是那陌生人无意间得到而又不知底细，莫非这是天意……

锡昌后人在金垠忌日的祭祀中，与当地民俗迥然不同的是有一盆雪白棉花的供品。是锡昌的兴旺发家与抓住先机贩运棉花有关，还是与得此棉花包中的马蹄金有关，抑或与两者都有关联，今日的金氏后人已不能确知，旁人更无从揣测了。但此事还在金氏后人口中传述，心中揣测。

锡昌丧亲罹伤在前，发家豪富在稍后，记下这一尽可姑妄听之的马蹄金传说和确实存在的棉花当供品的事实，无非是让读者对冥冥之中难以捉摸的“命运”，作一点遐想而已。

锡昌娶长他一岁的吴氏(1832—1886)，吴氏过门不久，即为锡昌生下一女儿，就是前文提到的随锡昌出门躲避太平军的那位小女孩，此女长成后嫁嘉兴廪生张赓墀。可是以后十几年，总不见吴氏再怀身孕。

洪杨之变，锡昌大难不死。既得世袭云骑尉的朝廷封赏；又经营花行有如神助，生财有道，成一方豪富；金龙浜一片屋宇的拔地而起。诸此种种，锡昌成为乡间众人仰视的人物，而无子的缺憾成了他最大的心病。

当时的社会伦理，还是“不孝有三，无后为大”。对锡昌来说，更有偌大一份家当后继无人的问题。这样纳一房小妾，冀其生子以续香火，是再当然不过的事了。

锡昌三十八岁那年纳妾汪氏，汪氏 1852 年生，小锡昌十九岁。

汪氏进入金家，锡昌虔诚求拜，望上苍赐恩、祖宗保佑，赐予子息，以承香火。大娘吴氏以自己未能替金家生育子嗣为欠，也希望汪氏能早日生子，所以也能真诚待人，和睦相处。一时间，汪氏成为金家大小众人注视的中心。

果然，汪氏不负众望，在入嫁的第二年，就有了身孕。1872 年的春节，锡昌家在一派喜庆中度过。当然在喜庆背后，是一层浓厚的冀盼，因为吴氏临盆在即。当年祭祖的供品格外丰盛，每样都由锡昌亲自选定，亲手奉上。祭祀的场面更显庄重虔诚。正月初十过后，锡昌已将邻近最有把握的接生婆延请到家，等着守候，唯恐仓促之间，有什么闪失。

闹完元宵，才算过完年。金龙浜照例的舞狮子，舞龙灯，挂花灯。元宵过后的第二天，正月十七，锡昌家门前树上喜鹊登枝，至傍晚吴氏产下一男婴。随着男婴的哭声和接生婆的一声“公子”同时传出房外，锡昌欣喜若狂，急忙点烛焚香叩谢祖宗神灵保佑。汪氏在经历了生产的磨难后，沉浸在如释重负的泪流满面的喜悦中，全家上下则沐浴在弄璋之喜当中。男婴取名巨济，金而得水是祀祝金家家业如江水滚滚向前、绵长不断的意思。

吴氏四年后又产下一男，取名巨源。在接连两女夭折后，与上一子出生相隔十年，吴氏又产下一子。锡昌五十四岁上老来得子，欣喜异常，为这老莱子取名巨滐。滐为溗的古字，水泉貌。巨泉虽好。但地下之物，总让人有点捉摸不定的幻意。不知是巧合还是别的难以说清的因果，巨滐出生两月，锡昌的发妻吴氏去世，终年五十五岁。

金巨滐（1886—1952左右），字荣伯，号梦石，列《金氏家谱》第十四世，是金洪声的父亲。

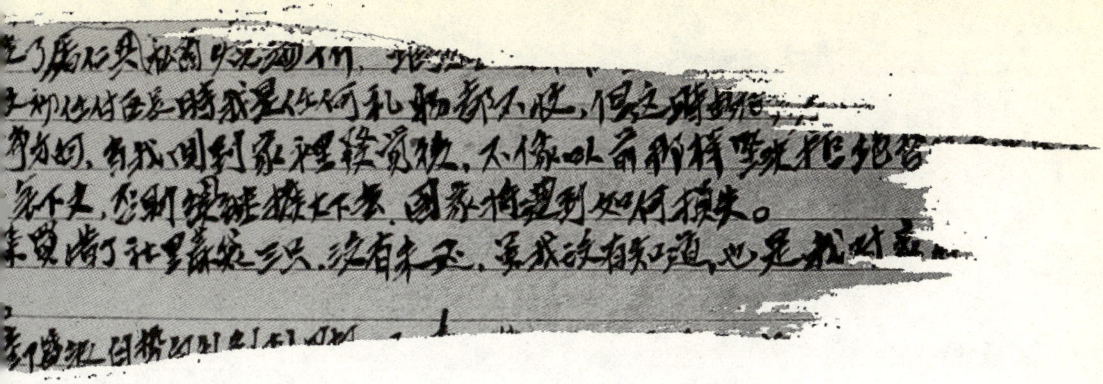

兄弟阅墙

锡昌发妻吴氏的葬礼，谨按诰命五品夫人的礼制进行。

金家大门洞开，两边高悬白色灯笼。后埭中厅设为停灵之处，灵台上，放着灵牌，上面写着：天朝诰授金门吴氏恭人之灵位。

吴氏虽未能为金家带来子息，但纳汪氏入金家以后，平日吴氏与其以姐妹相称，绝无以皓月掩小星之苛。特别是汪氏为金家添丁承续香火之后，更是爱屋及乌，同璧生辉了。金家二十余年来，后宅撙节有度，安宁不紊，使锡昌得以在外大展身手，无后院失衡之虞。吴氏在日，锡昌深得其襄助，今日离去，锡昌更每每思念及于此。故而对葬礼，丝毫不敢有半点马虎，不容发生丁点差池。在金家门庭内外，天朝诰授金门吴氏五品恭人的执事，一对对排列得刀斩斧齐。汪氏率巨济、巨源、巨滦及全家大小人等，以金门吴太之礼送之。殡礼还惊动了知县以下的各式官吏，当时的知县仅有六品衔，而金门吴氏是五品恭人啊。一时间，金府的大殡队伍，在原来大雪装饰的素装世界里，更加堆积起一座铺地的银山。各式的执事、彩棚，让金龙浜的乡民们大开了一次眼界。

丧礼过罢，就是旧历除夕的辞岁。“一叶知秋”，面对人世和自然的双重肃穆凋零，锡昌感到了一种从未觉察过的心灵幡动。如秋叶离开高高的树顶，归向树根，走向大地归宿的心灵震撼。尽管外人看去，仿佛锡昌只是在经历了发妻的葬礼后，有些略显疲惫。

锡昌独处书房三天三夜，只能一个人冥思运筹：儿子们都还小，长子巨济也只有十五岁。汪氏毕竟女流之辈，不了解家务外的世事，更不要说发生在县境以外的国事了。权衡斟酌之后，锡昌谋断如下：

第一，他决定逐步减少直至最后停止棉花行的生意。这项决策，源于锡昌对时局中一些事件的直觉忧虑。

早在同治五年(1866)，英商怡和商行即曾来嘉兴余贤埭，买地建洋房开设茧行并兼营棉花生意，当时虽被嘉兴府县两级饬令拆除停业。但二十年后的十九世纪八十年代，外商觊觎染指嘉兴棉花商贸，已成不可阻挡之势。而锡昌每每历见，朝廷视洋人如虎狼，一有纠罅，动辄弹压本朝臣民，对洋人退避三舍。

加深锡昌这一隐忧的，还有近年来不时发生的教案。连老成谋国的大学士曾国藩，也视赴天津办理教案为畏途，写下如同临终遗嘱般的家书，更遑论在其之下又之下的一般庸臣俗吏了。

光绪三年(1877)，嘉兴士民不满教民仰仗洋人鼻息，欺压当地居民之举，而与之发生纠纷。小小民间争斗，竟惊动在杭州的巡抚衙门，巡抚大人饬令彻查，要求“免生中外事端”。

近来洋人已在平湖县城建立基督教堂，教民与士民的纠纷时有发生，而县衙官吏照例循“免生中外事端”的宗旨，单方弹压。洋人的威胁，已在肘肋之间。

锡昌凭棉花买卖而富，现今要缩小乃至停止棉花生意，这在旁人眼里，简直是匪夷所思的事。而在今人看来，锡昌当年在洋人以强凌弱，清廷又腐败屈辱的大背景下，这种壮士断腕般的决心，和见微知著的洞察，确实不能不令人钦服他的经商天才。没过几年，外商大肆鲸吞嘉兴、平湖的棉花商贸。英商云龙轧花厂向平湖泰丰棉花行购买棉花，发生商务纠纷，英商逼迫平湖县衙处理此事。一场经济纠纷却以政治手段解决：英沪领事竟与中国官员一起在平湖县衙坐堂审案。官司在未审之前就已经昭示了结果：平湖泰丰棉花行败诉，经济蒙受了几近破产的灭顶之灾。锡昌几年前的超前决策，使金家的基业，免受了类似的惨重损失。

第二，用缩小、停业棉花生意腾挪出来的资金，逆时价而动，购置田地、房屋等不动产。当时的地价，已数倍于太平天国失败时。房产也因大量外籍客帮人的涌入和大户人家的返乡而价格飙升。但锡昌不计这些，倾其所有资金，尽悉购进。

别业购县城堰上，房屋四进，虽不能称轩昂，却也颇具江南宅院的错落有致了。选址堰上，锡昌还有一番堪舆上的玄理：儿子辈取名从水，堰者拦水而泄，有聚水蓄势，而又源源不息之意。当然也有日后子嗣繁茂，金陆浜老屋不能容纳时，多一栖息之所的打算。

第三，锡昌创下家业的延续。

历练汪氏的持家理财能力。吴太在日，一切家中应用全由吴太掌管，汪氏只管养儿育女。如今吴太过世，何况锡昌与汪氏又有十九岁年龄差距的隐忧。自己一旦撒手西归，那全家基业的掌管、家务的料理，儿辈可能均未成立，非依仗汪氏过渡一段不可。

此中，最关紧要之事，是锡昌需要延续他的金氏血脉，还要在他有生之年，得享孙辈绕膝之乐。

锡昌蒙朝廷恩赐，得世袭云骑尉正五品衔，但总希望子孙能从科举正途出身。他延塾师于家中课子弟，长子巨济十六虚岁，就命他应岁试。不料巨济一入试院，先在皂隶吆喝下被搜身，已受一番惊吓。而门禁关闭时，那几声“有冤报冤、有恩报恩”的叫喊，更使他毛骨悚然。总算熬到考试完毕，回到家中，却已成了半个傻呆。从此，锡昌不再催逼他读书应考，而急着为他谋划婚姻之事。

虽然巨济有点呆傻，但还不见得整天痴癫。以锡昌家在当地的富贵，稍费周折之后，就定下了亲事。锡昌择媳的条件，首先不是门当户对，而是女方有子嗣兴旺之相。巨济在十八虚岁那年完婚，娶吴氏，据说有多子之相。果然，进门第二年，就枝头开花，又越一年，就为锡昌家产下一男孙，取名元林。锡昌在六十花甲之年，终圆三代同堂之梦，坐享有孙无忧事之乐。

次年，锡昌似乎预感到来自冥冥之中的催促，新年刚过，就催问着次子巨源的婚事。此年入夏以后，暑热异常，锡昌常觉得肩颈旧创处，有不时袭来的阵阵隐痛。他当然不露声色，只是紧赶着在立秋前为巨源办完婚事，娶平湖县城同源酱园之女王氏。

不知是操办婚事的劳累加剧了旧创的复发，还是冥冥中的天命难违，锡昌终于没有能够活到那一年的中秋，距发妻吴氏去世不到七年，于1893年8月3日仙逝，享年六十一岁。

临终，锡昌一手执着相伴二十一年吴氏的手，一手指着八岁的巨濴，似有无穷的言语，似有无穷的眷恋、牵挂…… 锡昌在江南乡村一隅之地中，也算俊彦一生：大难不死创业在前，顺畅行事闻达在中，未雨绸缪筹划在后，但最终也只能抱着“出师未捷身先死”的人类共同遗恨和对生的无限留恋，以及一部未能刊印的《冬生草堂吟》诗稿离去。

锡昌的丧事，以钦赐正五品世袭云骑尉的礼制举行，汪氏更是尽其所能，所以比起七年前吴太的那次葬礼，更为排场壮阔了。

从料理锡昌的大殓丧事开始，汪氏就开始执掌家事。汪氏虽以妾身入金家，但中国历来就有“母以子贵”的变通之制，从皇家到庶民百姓，莫不如此。汪氏为金家承嗣香火有功，二十余年来，虽以妾身，却一直受锡昌爱宠。阖家上下，仆随主意，也视同宅院主妇。况且，汪氏的为人，在大娘吴太在日，也对她孝顺，两好并一好，和睦亲密。对家中仆人老小也怜贫惜贱。更不用说，对己出的三位儿子当然慈爱异常。对大娘所生女儿女婿归来，也待之如己出。这便得阖家人和之利，兼以锡昌余威，再加上二子巨源从旁帮衬，锡昌的丧事虽千头万绪，却也料理得风平浪静。

然而一时之事虽繁杂总还易料理，只要罩住场面舍得花钱，不出乱子就好。而居家过日子的百日流水账，就又是另外一种景象了。

此时汪氏手里掌管的金家，在全家的日用开支人情往来等金钱事项上，有锡昌留下的家业，量入而出，还能应付自如，并无大虞。慢慢风生水起的，是一些人员纠葛。

先说仆人丫头的事。锡昌在日，恩威并施，下人们大都驯服勤勉。汪氏掌事以后，不免个别的有偷懒耍刁之举，只要无大碍，汪氏总以包容感化。实在不像话的，也就治它一下，或可有些收敛。遇到个把耍蛮刁泼的，也只有辞退一法。杀鸡儆猴，虽不能永保无事，但也还能维持。

剪不断、理还乱的纷扰来自阋墙之间。大娘养的女儿早已出嫁，眼前的三个儿子都是汪氏亲生，为娘的手心手背都是肉。但龙生九子，各不相同。长子巨济，自岁试受惊呆傻，有时会犯点糊涂，但戆进不戆出，常令人哭笑不得。巨济、巨源业已成家，而两房的人口多少不等。巨濼年幼随自己生活，但又不能不为他往后的婚嫁着想。这样，为了长房、二房的平日家用之资，逢年过节的额外开销，背后不免有些猜疑和闲碎之语。起初汪氏自忖平等对待三个弟兄问心无愧。怎奈流水似年，人多嘴杂，慢慢地两位媳妇也纠缠进来，各自为着自己的那房打着小算盘。对儿子，汪氏还可说几句。对两位媳妇，汪氏既不愿做出"十年媳妇熬成婆"的强悍之举，却也拿不出更好的办法。有时实在烦闷了，就带着小儿子巨濼到县城堰上的房子里，住上一小阵，散散心躲过气头，料想金陆浜老屋里的火星，也该熄灭了，再打轿回老屋。

岁月荏苒，日子不知不觉过去了十年，到了1903年，长房巨济已有一女三子，二房巨源也有一女二子，巨濼已十八岁。汪氏感到掌管全家事务已力不从心。锡昌十周年忌日的祭祀一结束，汪氏就召集长房，二房人员、巨濼及家中大小人等，集中厅堂。当众将家事托付给二儿子巨源掌管，只留下二百亩祭田继续自己管理。接着还宣布一个决定，家庭人丁日盛，金龙浜老屋全家人居住已显狭仄，由长房居住。自己带二房和巨濼去县城堰上别业居住，择吉日乔迁。金家分住不分家，秉承锡昌公遗志，仍是三代同堂，传之永世。或许，这样的居住安排，在汪氏的内心深处，还有离开不时犯傻的巨济较远一些，以求耳根清净的算计。

对汪氏这一未跟任何人商量，事先又没有透露半点风声的决定，全家人先是惊骇于决定的突然，然后是巨源一味的坚辞。但母亲一句话掷出：

"你们还要累死我吗?"巨源只得无言接受。大房诸人面面相觑,对不能掌管家事有点悻悻然。但巨济有点呆傻人所周知,母亲传贤不传长,也在情理之中,况且母命如山,尽管心存芥蒂,但表面上也不得不顺从。巨滦未成立,只要跟着母亲就好,当然颔首答应。

二房巨源掌家务的前几年,兄弟之间,主要是大房和二房之间,虽也不时有些磨擦,但无非是大房认为自己人口多,又是长房长孙,巨源拨付的款项不够。巨源以遵旧例为由,婉转拒绝。要是半傻的巨济实在纠缠,巨源在禀过母亲后,稍微增加些,大家还能相安无事。

争衅的公开化,始于偶发与必然之间。火星由巨济的长子元林溅起。元林秉传乃父的呆傻遗传且发扬光大之,是一个全呆傻的人物。

1907 年的除夕之夜,金家阖家照例在金龙浜老屋祭祀祖先,吃年夜饭。几杯酒后,元林缠着巨源,要大叔叔给他讨娘子的铜钿。巨源带着酒意漫应一句:你一个戆大,哪家姑娘肯给你。不料说者无心,听者有意。巨济一听,马上拍案接过话头:我儿子是戆大,你乖,你把管的账拿出来,不要乖得把家产都弄到自家屋里去。此话一出,如一瓢凉水泼进热油锅中,在整个厅堂中炸开了。

酒后无好言,酒后也露真言。兄弟间的脸已经撕破,从此也挑起了动辄查账的由头。当年的年夜饭一片狼藉,不欢而散。

目睹这一折闹剧后,汪氏要尽快为巨滦完婚,了却她最后一件心事。尽管儿子年已弱冠,吴氏一直以"六囡"称之,而且终生如此,可见吴氏对小儿子的宠惯之深。

1907 年,巨滦在二十二岁上完婚,妻子张秀英,小他一岁,海盐县张家门村人。他们的婚姻一如当时的习俗,全凭父母之命、媒妁之言。唯有两人之间的互相称谓,让后人感到深为不解。妻子称丈夫为"少爷";巨滦对妻子没有称呼,只有一声"喂"。如此称谓自结婚始,贯之终生。

婚后第二年,秀英身孕在身,婆婆汪氏更沉浸在她的宝贝"六囡"要为她再添孙儿的喜悦之中。不料祸起萧墙,使两位女人惊骇万分。

冬至小过年,是一年中收入家用初步厘算的日子。若对年初的匡算有所增减,或者还要添加什么事项,也需在这个时候提出。冬至前一日,金龙浜的巨济来到堰上，上楼见过母亲后，说有点事要找巨源，巨滦也一同下楼。

不多时，只听得楼下声音由小渐大，再过一会，更夹杂着摔掼家具的声响了。最后，只见兄弟三人在院子里扭打起来。一群仆人面面相觑，不知所措。

原来，巨济、巨滦要巨源拿出历年的账目，巨源却认为账目已年年当母亲面结清，长兄和小弟的要求有点过分，欺人太甚。一面坚持要拿账，不拿就是账目不清，有中饱私囊之嫌；一面坚持账已结清，再要拿账实是节外生枝，蓄意挑起事端。两不相让，先是舌战，最后演出一折全武行。

汪氏见如此阵势，急忙踉跄下楼，劝说调停，想平息事端。不料三位儿子闹得正在兴头上，已丧失理智，全然不予理会。汪氏小脚伶仃，年近六十，如何拽得动喝得住三个发疯似的儿子。一边是三位如虎似狼儿子的吼叫厮打，一边是一位年衰母亲声嘶力竭的呼号哀求。一时间，汪氏竟被夹缠在三位儿子中间不能动弹。一群仆人丫头仍围着不知所措。

汪氏万般无奈之下，扑通一声，当众跪在三位儿子中间，哭着哀求昔日哺育长大、疼伊宠伊的儿子们停止吵闹打斗。

汪氏这一跪，犹如醍醐灌顶，使三个吵红了眼的儿子怔得傻了眼，半晌不知所措。少顷，总算就势各自停歇，搀扶着母亲上楼歇息。

一场全武行落幕，金家分家之事却同时拉开了帷幕。汪氏过几日就到锡昌遗像前恸哭一番，自知已无力再维系金瓯一统，愧对先人合家传世的遗志，决定三房分家。

1912 年，汪氏率领全家过完锡昌十九周年忌日后，当众宣布三房分家各过。各房所得大致如下：

大儿子巨济以长房长孙得租田 800 亩，住金龙浜老屋；

二儿子巨源得租田 600 亩，住堰上别业；

小儿子巨滦得租田 600 亩。因无住房，别拨租田 100 亩用作购房之资，房屋未购妥时，仍暂住堰上别业。

汪氏随巨滦居住，有祭田 200 亩。

锡昌在日，已将资金全部购作田产房屋，只留有少量首饰细软，也由汪氏当场分点给各房。

从此金氏三房，分灶而食，别居各过。

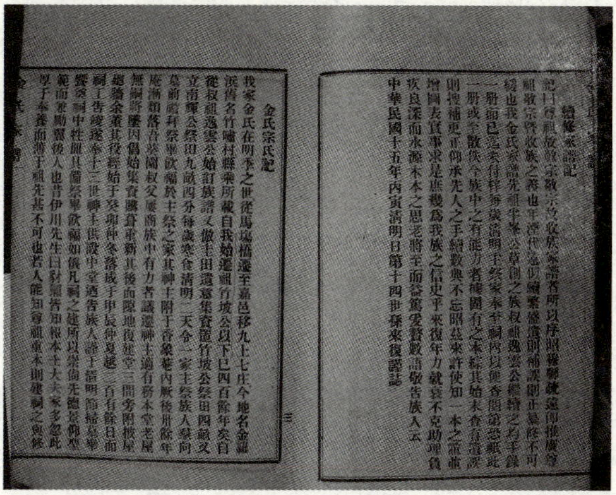

續修家譜記

中華民國十五年丙寅清明日第十四世孫來復謹誌

金氏宗氏記

● 再修金氏家谱序

1911 年到 1912 年的中国，发生了帝制向共和的嬗变，而在江南小县城中，这个由钦赐五品云骑尉遗孀汪氏主政的家庭，也发生了由合到分的蜕变。不知两者之间，仅仅是一种时间上的巧合，还是有着某种别的联系。

对于今日的读者，我们有必要缕析一下，金巨滐分家析产后所得家产的价值。

首饰细软据说不多，况且没有留下确切的数字，我们只能略提此笔，以付阙如。主要是评析他承继家产的核心部分——田产。

我们用以计算的参照标准是上世纪三十年代，当时的中央政治学校所属的地政学院组织师生到平湖，进行了大规模的农村调查后形成的资料。全部资料汇编成《平湖之土地经济》一书，现藏平湖市档案局。这在现今能见到的所有资料中最具客观性权威性。——1998 年由中华书局出版的《平湖市土地志》，仍引用此书的资料。从时间上，又与金家分家的 1912 年最为靠近。

土地的价格分为田底地价、田面地价两项，完全产权（田底加田面）的地价，低于底、面合计价的 10%。

当时，平湖一亩中等田地的地价为 45.66 元，田底地价为 25.78 元，田面价格为 24.49 元。

以此推算，金巨滐得购置住房的租田 100 亩，折 4500 元左右。可购大米 900 石，以米价折合成当今人民币的币值，约合 14 万余元。这在当时，对一般的平头百姓，无疑是一个天文数字了。用此巨款，巨滐在平湖县城八角亭，购得坐北朝南五开间房屋一幢，屋为三进两层楼房。前开四扇墙门，前埭是门房之类的用房，二进、三进底层中间都是厅堂，上面有各式用途的房间。后门是石库门一门关闭。购进后经大事修葺整刷，焕然一新。虽谈不上藏龙卧虎，在县城中也是宽敞向亮之居了。择吉日，巨滐奉母亲，携妻儿入住。巨滐自觉新居别有洞天，汪氏也十分满意，一家人是其乐也融融。

再看金巨滐凭田产可得的岁入。

平湖当时平均每亩中等田的实交租米为 6.7 斗，金巨滐 600 亩田可得租米 400 石左右。中等田每亩产米 1.43 石，金巨滐每年租米所得，大约相当于 280 亩田的总产量。

以这些租米的收入，维持金巨滐一家的生活，境况又如何呢？

据统计，平湖县解放以前，中农户均有田 6.38 亩，户均人口 4.89 人。中农的田中产出除去税赋，全部归自家所有，以金巨滐的收租所得折合成中农所有的田亩，相当于 44 户中农人家所拥有的土地，可供中农水准生活质量的 215 人生活。平湖解放前对中农的生活境况，有这么一句俚语："十亩田墩狗，衣食都勿忧"。而 28 倍于 10 亩的土地占有量，巨滐家中的正式人员只有 3 人，其消费可以说是相当奢华了。这还没有将汪氏掌管的 200 亩祭田的岁入计算在内。可也正是这些，却也种下了巨滐日后命运的跌宕的祸因。

最后，我们再来作一下纵向比较。

平湖县内的地主，总共 1200 户左右。其中占地 100 亩以下的中小地主为 920 户，占地百亩以上的地主为 278 户。占地 600 亩以上的地主约为 100 户，2000 亩以上的地主 22 户，万亩以上的地主 1 户。故在平湖全县地主层面中，金巨滐占地 600 亩，排名在百名之内。

当然比起在康熙年间就占地 10 万余亩的礼部侍郎兼翰林学士高士奇的后裔，到民国仍为平湖县内唯一占地万亩以上的地主来，那金巨滐就只能算是小巫见大巫了。

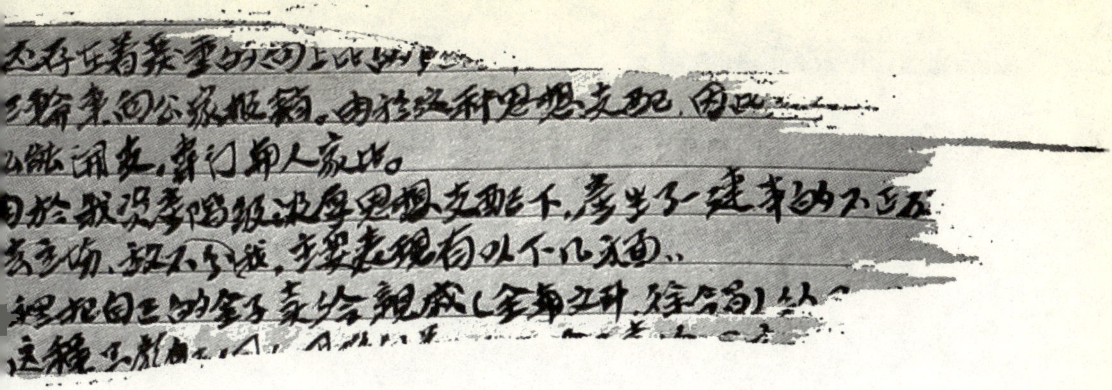

初入赌场

巨滐乔迁至八角亭新居后，俨然一派一家之主的阵势：合家居住堰上时，在母亲的娇宠呵护之下，巨滐一房一年的日用开支，管账的二兄巨源虽按时如数拨给，但毕竟长兄如父，有不少的节制和规矩。每有额外的用项，必要的，还尚须向兄、母开口，虽然总会同意拨付，但毕竟不能开口要，闭口钱就到。遑论一些可拨可不拨乃至更有一些在巨滐看是必需而在二兄巨源看是不必的钱项，往往不能着落，时时会在兄弟间闹些别扭。如今不同往日，事事可以自己作主，钱项都属自己支配了。

自打幼时起，人家都称巨滐为六少爷，直到兄弟分家别过以后，巨滐真要做个一呼百应、自己作主的六少爷了！

分家后，巨滐第一件做的事，是选定一位十六岁的阿福，面容姣好，聪明伶俐。阿福的主要职责是门房，负责来客的通报迎接。巨滐外出时作贴身的跟班，若在晚间，还司手提照灯在前引路。照当时平湖一带江南县城少爷班通常的称呼，这一番派头就叫家有“门房照灯”。

巨濼的妻子张秀英在两年间，接连为金家添了儿子鸿楹，女儿月珠。等生下月珠，自己带不过来，就寻访了一位人家老实本分奶水又足的奶妈。此时，除了原有的两位丫环阿梅、芙蓉，又买了一个丫环秋菊。房中的一些粗重活计和厨下的活儿，就再请了一位哑巴佣人，二十来岁。虽然嘴巴不会讲话，却颇有灵性，手脚又勤快，全由她一手打理。

金巨濼、张秀英夫妻的长子鸿楹，字逵仪，号洪檐，金氏家谱列第十五世，1910 年生。他们的大女儿金月珠，1911 年生。两人都出生在堰上的别业中，虽然按习俗都为新生儿摆过三朝酒，满月酒，但那时金氏家庭正处在合久必分的阵痛之中，家中气氛不够和谐，酒席的场面也差强人意。现在迁入新居不久，适逢月珠周岁，巨濼和母亲、妻子商量，想借机庆贺一番，一面补偿以往场面冷清的歉疚，一面显示一种来日兴旺的吉相。母亲和妻子本来就喜欢热闹，当是欣然同意。妻子张秀英还特地回娘家海盐张家门一趟，告知娘家，以作准备。

月珠的生日恰逢农历七月七日——鹊桥相会的七夕。那天金家的两位伯伯姑妈都举家前来，各家都带来了给月珠贺周岁的礼物。海盐外婆家来了舅舅，也送来了自制的米粉塌饼——名曰周岁塌饼，以供众人品尝，并分送一定范围内的邻居。

● 金洪声和父亲金巨濼(前坐者)

巨濼在新宅二进、三进的厅堂中摆宴十二桌。秀英抱着月珠，身旁随侍着丫环阿梅。月珠身穿新衣裳，戴着虎头帽，银项圈、百岁锁、手镯、足镯，一派小寿星的装束。当然还有年长一岁的小阿哥鸿楹，也穿戴一新，打扮得光彩照人，虽不是今日的小寿星，却在中国千百年来男尊女卑的习俗中，大家心里清楚，他更是今日筵庆的另一个主角。

过周岁的仪式开始，拜过天地诸神、列祖列宗，祈求天地祖宗为儿孙赐福保佑。一行人又穿过斜靠在大门外屋檐下的竹梯，称为过关，隐喻小儿从此一生顺利。然后月珠由娘舅张礼甫抱着，在附近街上兜了一圈，必须过两座桥，是在以后的人生旅途中过水有桥行程顺畅的寓意。那月珠人虽只满周岁，但在如此众多的客人面前，却一点不露丝毫的陌生怯场，嬉笑不绝。娘舅抱着高兴，一直过了九座桥才意犹未尽地回转家门。

接着是试小儿诸性的“试儿”，也是周岁仪式中至关重要的一环，试测小儿往后的命运，俗称“抓周”。在一只竹丝编成的匾里，放了尺、刀、针、线、首饰等物。这次出嫁在嘉兴特地回来庆贺的姑姑，还拔下头上佩戴的一株翠绿嫣红的玉制插花头饰也放进匾里，巨滦更是别出心裁地叫人增添了测试男儿的刀、笔、算盘。“抓周”开始时，众人在旁边围着观看，只见月珠胖都都的小手，在匾中的诸多物件中，乱摸乱翻了一阵，最后定定地挑了姑妈放进去的那株玉制头花。众人见了，一阵笑语：月珠生得白皙漂亮，果然就挑了件漂亮的头花。巨滦表面上也跟大家一样称赞月珠的漂亮。但心里不知道为什么却漾起一丝说不清的滋味，尽管随着大家的嬉笑声瞬间即逝。

抓周罢，在一片笑语中大家入席开宴，当日众人尽兴。宴毕女眷们自有女眷们的遣兴玩意不提，男人们是照例的各人寻搭子摆开场面。巨滦在招呼安顿好各方宾客后，却也被一伙平日里混的朋友拉去。三圈麻将过后，巨滦不知是上家逗他高兴放水，还是手气真好，尽是他一人自摸和牌。在家里遣兴，输赢出进虽然不大，看见自己总是赢钱，巨滦心里倒觉得有点不好意思。牌桌上有一朋友叫王佳平的说：梦石兄的手气如此之旺，何不改日去王公昌试试。众朋友附和簇拥着嚷；去，梦石兄一定要去，让我们也沾沾光。巨滦在女儿节庆之日，不愿拂众朋友的兴致，也连说：是、是，应该去，应该去。此语当真？一位朋友又敲钉转脚地逼问一句，巨滦的心莫名地颤动了一下，提高了声音说：好，明天就去王公昌，赢了钱全部请客，还望诸位到场助阵。

王公昌，坐落在平湖县城东大街上，学宫儒学庙的两侧。一排十来个门面开阔，房屋前后共五进，一色的两层楼房。这里本是平湖望族王氏聚居之处。王氏族人中，有人开设赌局于此。从外面望去，虽不显山露水，里面却是一派屋宇森森，除了赌局，其他的配套服务，一应俱全，是当时平湖全县境内最大的赌场，赌资的进出极大。那时出入期间的人都习惯称此赌局为“王公昌”。当然一般的小混混也能进去试试手气，赌场以此聚集人气。不过专设的几间豪赌包间，门禁十分森严，没有一定的身价是谢绝入内的。

第二天上午，巨濼梳洗罢用过早点，带上跟班阿福。阿福手提一只“考篮”，——原来是科举时代应试的考生用来放置文房四宝等物品的做工精细考究的专用篮子，考篮的四层抽屉中放了足数的银洋现钿。

昨天牌桌上的几位朋友，早在王公昌门口，等候巨濼的到来。

王公昌的东、南、西、北，各有一扇门供出入。每个门口都有两个年轻人把守——暗中还有什么人，就不得而知了。鹰鹗一般的眼光审视着想进门的各式人等，——不是随便什么人都能自由出入的。在中国的市镇，相当早的年代以来，存在着一群特殊的人群，他们没有正当的职业，却整天出入在各种娱乐饮食场所，吃喝玩乐活的十分滋润，当然偶有失风的时候，活得也相当不堪。在平湖这个小县城里，人们称之谓“白相客”。他们嗅觉极灵，那里冒出了一个涉世不深又颇有家产的纨绔子弟，就会不露声色的粘贴上去。他们称这种有钱人家的少爷为“阿官”。只要一沾上他们，这批人就有这种本领，把你侍候得十分周到，花起钱来感觉到前所未有的爽快。人五人六，在玩乐中日子过得异常的快。当然一伙人吃喝玩乐的花销都出在“阿官”身上。而且，毋需过多时日，“阿官”身边没有这批“朋友”围着，就会感到寂寞，百无聊赖，空荡荡的特别难受。当然“阿官”们大都智商不低，花钱供这么多人声色犬马也不是没有觉察，但转眼一想，反正钱是祖宗给自己留下的，花着吧。

巨濼等人一走进王公昌，就有人热情地跟朋友约来的一个女人打招呼，并将大家带到楼上。楼上是一个大厅，侧面开了四个小房间，朋友对巨濼说那是贵宾室，没得二三十万就不能进那房间。大厅里设置了两张斯诺克台球桌那么大的赌台，各色男女挤满了四边，朋友指着右边这张台说正赌牌九，又指左边那台说那里正赌二十一点。

牌九很简单，从一到十各两张，一共才二十张牌，长条块形，牌面都是用麻将的饼子来标记，九点就类似于麻将的九饼，唯有十点就用麻将中的白板来标注。洗牌由赌场专门请的老手来洗，赌场抽赢家水百分之五。庄家打骰子，玩家可以砌牌过牌。庄家随便那个人都可以来做，只要你有足够的赌本，朋友说他就喜欢赌牌九，牌九是最公平的，基本上出不了老千，王公昌的规矩就是不管是谁，抓到出老千的就是剁手。

记忆二十张牌九的洗牌砌牌排列顺序，这对于巨滦来说是再容易不过的事情，可巨滦知道牌九最关键的就在于打骰子，才二十张牌而已，你可以记住，别人同样可以记住。每一盘发五方，在这五方牌中必然有一对是最大的，这个赌场赌得不小，下注至少两百，个人单注最高两万，玩家选定一方下定赌注后，庄家才打骰。只要庄家可以控制打骰而且又记得住牌的话，那么就完全可以控制场面稳赢不赔。

朋友一上场就急着要下注，挤在台前问别人刚才哪方赢哪方赔哪方旺哪方衰，然后就催问巨滦预感哪方会胜。巨滦沉思少顷故意说我还不懂规矩呢，你们先玩吧，我看你们玩两把再落注。巨滦细心地观察这赌场洗牌手的洗牌，他手法极为熟稔，二十张牌如风火轮转，搓洗十数圈后啪啪啪地叠起来，又平摊成上下齐整的两排。那庄家是个四十来岁的汉子，脸色很难看。旁边有人说他做庄输了毛三万了，庄家粗声粗气地吼道：他娘的，要砌牌的快砌牌，落注的快落注。大概是庄家黑的原因吧，都没人砌牌，纷纷向各自看中的2345位放钱。巨滦把这二十张牌都记在脑子里，这牌的组合排列有很多种，庄家可以中开，边开，每一种发牌的方式都决定了组合牌后的大小，而且这把牌很奇怪，赌注也大致均匀，如果庄家打骰是从自己或者2、5两家开始发牌，他边开就稳赢，他中开就必输；打骰从3、4家开始发牌的话，他中开赢，边开输。就在庄家准备大喊买定离手的时候，突然有两个人往3、4位各丢四千，总计八千下去！

巨滦紧盯庄家眼神，但见他眼睛一亮，叫道都买定了，中开！抓起四粒骰子一把就向桌面丢去，巨滦心里一跳：这两个赌客该死了，这个庄家是深藏不露专等大鱼上钩的高手！他迅速在脑子里把牌组合一下，庄家打的骰子点数是从2位开始发牌，2位牌很大，是一对3，3位是7、8点相加成5点，4位是7、9点相加成6点，5位是1、6点相加成7点，而庄家自己是10点和8点相加，成8点！结果自然是庄家吃进了那八千。

凭巨滦的聪明，傍观几通牌九后，已经掌握了其中的奥秘。接着由小而大的试了几注，竟悉数赢钱。这样巨滦的心里踏实了，连连下注，到中饭时分，考篮中原来空着的两层抽屉，都装满了赢来的银元。估计总有200多枚。巨滦见考篮已满，就顺势歇手，一班人簇拥着他离开王公昌。巨滦兑现了昨日许下的诺言，到平湖县城最好的馆子同兴馆下了一次馆子，饭后又去浴室泡了半天，晚饭则去了馨德兰饭庄，又去长乐书场听了响档评弹，还给那帮朋友每人发了利市钱，然后喜形于色地回到家中。母亲和妻子见他满面喜悦，一打听才知赢了钱。见到阿福从考篮中摸出白花花的四五十块大洋，迭在桌子上，两位女人也不说什么。她们内心或许有一丝对赌博后果的担心，但女性的重于直感的天性使她们在一大堆白花花的银元前，那丝飘忽不定的担心早已荡然无存了。

初赢的兴奋夹带着人类贪欲的本性，再加上身边那批朋友的纵容，巨滦从此经常进出王公昌。开始两年，赢赢输输，进出基本扯平。不过赢了钱，钱来得容易，就不当钱用，呼朋喊友，吃喝玩乐，一掷千金；输了钱，反正大头已去，也不在乎那点吃喝的小钱，也照样吃喝玩乐——只是高兴了那班白相客们，不管巨滦输赢，他们总是吃着唐僧肉。而巨滦虽总体上不至亏空，但要掌控收支平衡已颇费踌躇腾挪了。

巨滦的朋友圈里除了以上的一班吃他用他的白相客外，过往比较密切的还有两位，都带着点表亲。一位是海盐县张家门出生的张崇仕，与妻子张秀英是堂兄妹，稍长巨滦一二岁，巨滦以表兄相称。

另一位是堂侄儿，住平湖县城圻堂浜的金少宜。据《金氏家谱》记载，金少宜1892年正月十六生，候补知州，曾任淮阴护军使公署兼江苏清乡局秘书，巨滦的祖父金垠是金少宜的曾祖父，虽说两人辈分上差了一辈，但少宜比巨滦也只小了五岁。金少宜家两代单传，到少宜手里，家产也累积得颇为可观了。

先述巨滦与表兄张崇仕的交往。张崇仕学成后，宦游福建。先在一位府台属下当幕僚，几经历练，府台大人看他有须眉气，就寻到一个机会外放到下属的一个县中当了巡检。巡检一职官虽不大，但手中掌握有一班武装，坐镇关隘，一亩三分地上，内有三教九流各色人等争着巴结，外有行商旅人过境时需要寻找保护，也算是个美差。美中不足的，毕竟远离家乡故土，昼长夜短，总常有寂寞之感。所以任中常招巨滦前去作伴。巨滦在平湖只见平原河流，也乐得去闽地游山玩水，逢时节还可以啖些在平湖不能吃到的新鲜荔枝和龙眼。有几次还满载而归，一次带回两个大厅内的成套家具，用材均是上好的紫檀木，加上地道的福州漆工手艺和得体地配以大理石台面和靠背，令巨滦的那班在平湖县城内也算是见多识广的朋友们啧啧赞叹。都说这两套紫檀木的家具，彰显了巨滦家的贵气。

还有一次，巨滦带回两箱狐皮筒子。母亲、妻子、自己一色的长筒皮袍大衣，短的皮马甲。一家人在新年里穿上，内在暖和外显华贵气派。在平湖县城少爷班的圈子里，也露了个头份。

几年后，张崇仕宦游倦怠，动了梁园之思，拜谢了那位府台大人回乡。他不去海盐县张家门村老家，举家定居在平湖县城。而且所择的宅第与巨滦的宅第紧邻，两人做了对面邻居。那就更是常相往来了。

再说巨滦与金少宜的交往。金少宜在清廷时获候补知州衔。民国初得任淮扬护军使公署秘书兼江苏清乡总局秘书。虽属幕僚性质，但在平湖小县城的人看来，也算是有出息的在外做官之人了。民国初，军阀混战，胜者为王，败者为寇，城头频频变幻大王旗。主子一换，树到猢狲散，幕僚也必然随着散去。金少宜于 1923 年春由江苏返回故乡平湖，在县城中圻堂浜老宅赋闲。金少宜由巨滦而得识张崇仕，三人平日里最为投契。

表兄弟、两叔侄这三人交往中有一风流韵事，曾轰动平湖县城一时，并对巨滦一生乃至整个家庭的命运产生了天上人间的巨变。这场与西湖船娘的交往而引起了变故，容后再述。

巨滦的妻子张秀英交际远没有丈夫广泛，唯一的闺中游伴，是她的胞姐张丽英。张丽英大秀英3岁，嫁海盐县西塘镇刘家庄刘家。丽英初嫁到刘家时，刘家还是西塘镇上数一数二的殷实人家。为娶张家门张丽英，还特地在刘宅临河处驳起石驳岸，盖一幢刘家庄最大的两进深的两层楼房。沿河五开间，张丽英夫妇住两间，临河开窗，中间一只厅堂。对着河面开着两扇大门，怕临河开门不安全，在大门外再装上半人高的木栅门，常年关着，以保无恙。此厅有一奇景，即可以在木栅栏内临河钓鱼，待鱼儿上钩，一挥竿，鱼就可直接钓到房里的厅上，有开厅见鱼（余）的吉兆。这幢楼房还有另一特异之处，就是在靠房屋的最南边，修了一个马鞍形的埠头，上面有屋顶。特地打造了一只丝网船，船有二丈长短，七八尺横阔。平时就停在马鞍形的船埠里。船在埠里时，船头上镇一块石墩子压船，头舱里不放物件，二舱里摆置一小方台，吃酒、品茶，打麻将都可以在上面进行。后舱是烧火做饭的所在。船停在埠里时，用铁链锁定。

旧时的西塘桥镇，每年有赛会。在阳春三月举行，会期二三天。每当赛会前一二日，丽英总要遣自家的丝网船来平湖接妹子秀英。秀英带着孩子当然还有随身的丫环去姐姐家住几天。看西塘桥的城隍老爷出会和社戏。那时，香客纷至沓来，各类摊贩云集，是海盐县内的几个大集之一。城隍庙前临时搭起戏台，请草台班子唱戏。更有城隍老爷出巡，锣鼓开道，旗伞前驱，全副仪仗，各式兵器。后随踩高跷，提香炉，饰肩戏，地戏以及吹打乐队。再其后是一班善男信女，各执塔香一柄，尾随其后。整支队伍长达里余。沿途遍设供坛，鞭炮声此起彼伏。队伍所过之处，乡民争相观看热闹。

赛会期间，城隍庙前日夜演戏。戏台临河而筑。台前空地不大，只能容纳少量人观看。而殷实的人家，就泊船对着戏台，张丽英家就属这样的少数人家。而河中黑压压的一片看戏船，则大多是邻村甚至外乡的人，一帮人合摇一条船，赶来参加赛会看戏文的。

每年一到秋天，丽英还会邀秀英和张家门娘家的弟媳，结伴到嘉兴南湖或杭州西湖去游览。去时都是坐着自家的丝网船，吃用都在船上。

可惜如此好景不长，张丽英生下二子一女后丈夫就因病过世，幼子早殇。留下一子一女，刘书鸿和刘佩珍，孤儿寡母。尤其是张丽英不善理财，丈夫死后，还只知道手不释卷的临窗看书，刘家从此走上衰败之道，或许这也是民国初年的战乱大势下的某一种必然。

辛亥胜利民国初建，由孙中山的临时大总统到袁世凯的大总统，袁世凯再摇身一变为洪宪皇帝。随着仅存活了五十六天的短命的洪宪皇朝的覆灭，一直到民国十五年(1926)，中国徒有中华民国之名，实际上陷入了军阀混战的不堪境地。控制长江下游江、浙、皖、闽、赣五省的是北洋军阀直系的孙传芳。北洋势力入驻浙江以后，人事变动频繁，乱纷纷你方唱罢我登场。不过尽管政治舞台上换帜频频，但作为社会经济基石的农村土地制度，未作根本改变。而每个家庭家境的稳定或者变易，主要悬于家庭主事者的能力和谋划，在西塘桥镇刘氏张丽英家迅速败落的同时，邻县而居的在平湖的金巨滐家的基本生活格局未受大的冲击。

巨滐一家的收入主要仍凭年底收租，以供平常一年居家度日。为消遣时光，常与一帮包括白相客在内的三朋四友们去茶室下酒楼孵浴室，不时也去王公昌赌楼试试手气，寻点刺激。如前文所述，此时巨滐的赌运输赢基本相当，无伤家庭财政筋骨。

1916 年农历七月六日，即中国农历七夕的前一天，张秀英为巨滐又生下了第二个儿子，取名金鸿木庸，字棣仪，小名洪官，后来的名字就一直用洪声，即金洪声。

金洪声出生之前的 1913 年，还有二姐金月蝉出生。金月蝉又名金筠倩，金静秋。

金洪生的出生，似乎流年不利。

1917—1919，连续三年的天灾时疫。

据《嘉兴市志》载：民国六年(1917)螟灾爆发，7 月间“旬日之内稻枯过半”，当年收成，平湖损失十之三四。9 月上旬起，平湖日有千余人赴县署求救。

民国七年(1918)稻禾又续受螟灾和涝灾。且数年中传染病连续肆虐。先是白喉蔓延，死者甚多，随后又天花流行，“小儿传染者十之八九，辄致殒命”。当年夏天，霍乱、痢疾又猖獗，染之者十死八九。9 月间，猩红热相继流行，天天死十几人，城中棺木供应不及，至 10 月份才减到每日死一二人。

据《平湖县志》载：民国八年(1919)，六月梅雨连旬，全浙江受灾26县，淹没田亩数万顷，加以风虫为害，平湖等10县尤为严重。

从民国七年(1918)起，省政府令：补征前三年因灾已减免的旧欠。12月起，各县署成立追租局，派人下乡催租，对抗租农民，即行拘捕。

当年6月1日，上海《申报》报道嘉兴境内征收之事，说："人民以连年荒歉，完纳正赋犹虞不逮，今带征至三年之多，无不痛恨官吏之不恤民艰。"《申报》更发表题为《嘉兴之闹荒》的评论："今日国内情况无一非迫民于死一途"，"人民几无一日不在死之中"，而政府则"漠然不顾，则其民之隐痛，亦必甚于鞭挞，此闹风潮所以起也"，"若视民为暴民而辄用其请兵拿办之惯例，则祸愈演愈烈矣！"

天灾时疫，官逼民反，极大地打击了嘉兴平湖的经济，当然也严重影响了以收地租为主要经济来源的金巨滐一家的收入，甚至还有点动摇整个家庭经济基础之虞。金家的租米收入减少超过一半，而米价的涨幅在三分之一。农耕社会以米价为整个物价的参照，整个物价也就上涨了三分之一，家庭的开支因米价上涨而水涨船高。而且，更有一笔大开支需要巨滐筹措；长子鸿楹，长女月珠已到了入学的年龄。在巨滐，为儿子女儿谋求最好的教育，既是一种为父母的当然责任，又是一种维持"少爷班"面子的需要。

巨滐为鸿楹选择了稚川小学。在女童入学读书还甚少的当时，巨滐为月珠择校淑英女子小学。——都是当时平湖县城内最好的学校。

巨滐与妻子特地为一双儿女缝制了新衣，新鞋。还到城里最好的南货店定做了状元糕，以供儿女在学校里分发给同窗学友。开学那天，巨滐和妻子还亲自将一双儿女送进学校门口。

金巨滐和妻子秀英的用心十分明白，望他们日后学得真正的一技之长，有所出息。当然，一如几千年的中国儒学传统，能"学而优则仕"地光宗耀祖最好。

然而这一切都需要殷足的财力作支撑，而赖以支撑家庭经济基础的田租又因天灾时疫而变得十分的纤小而脆弱，此时的巨滐，想到了一个生财之处——王公昌。

从朋友的纵容试手气，碰运气，寻刺激，到有意识地将赌博作为一种生财之道。在不谙赌场玄机的盲目情况下，巨濼的博弈生涯进入到了一个质变的阶段。

我们可以预言，博弈，将对金巨濼本人乃至整个家庭带来巨大的变化，而这种变化，我们将在下文中为你叙述。

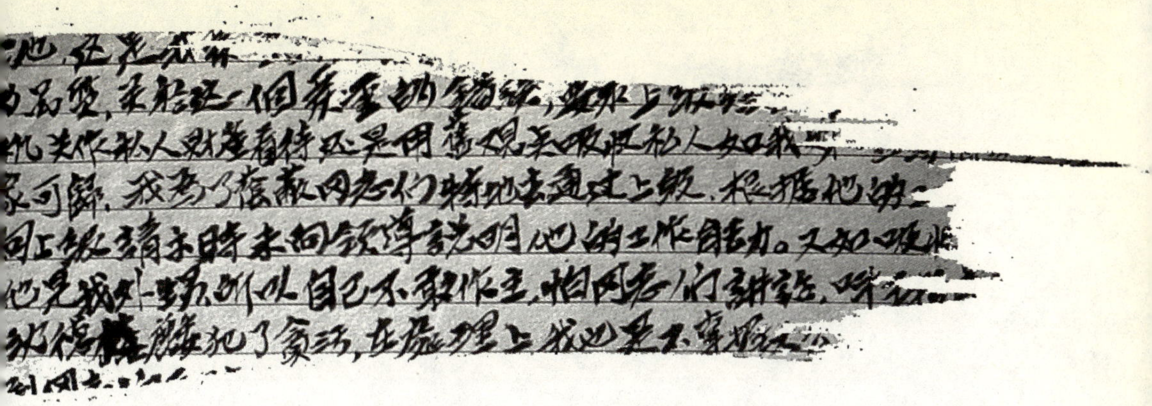

船娘风波

有句俗语：有意栽花花不发。巨滐想以博弈为生财之道，然而小试牛刀，即告失利。第一日，带了200块大洋进王公昌，出来时考篮中空空如也。叫阿福先回家，自己找了家不显眼的小酒店的包厢，独酌了一番。巨滐酒量在中等份上，喝的是绍兴花雕。我们不知道在这番独酌中，巨滐想了些什么，但看来他的心态还平和，依然一如平常地细酌慢饮。二百元钱当时大约可买五十石即七千五百斤大米。这在一般的劳作人家，实是一个不堪承受的数字，但对巨滐来说，毕竟还不是太大的事。翌日，巨滐更加着意地梳洗打扮了一番，带了三百块大洋，一天下来，还好，赢了四五十块钱。不料第三天又赔掉了本钱。总之，开始的近个把月，巨滐的博弈是输略多于赢，数目在四五百元之间，这点流失的钱巨滐还能腾挪，不至在母亲、妻子面前露出饥荒。但一个月下来，巨滐的心似乎已经离不开赌博，离不开王公昌：输了想翻，赢了还想再赢，王昌公成了巨滐的充满诱惑的魔窟,一个不知其有多深多险而又极具诱惑的黑色洞穴。

一个月后的某日,巨滦一反常态地在梳洗后,即喝起了卯时酒,饮酒的速度也大大快于常时。待酒力有点上来的时候,巨滦喊阿福将考篮拎来,在第三层的抽屉里放下一张银票,面值两千元,看态势巨滦是要博一记了。上午他带着两千元银票进王公昌,深夜巨滦迈着有点踉跄的脚步跨出王公昌大门时,二千元银票代表的二千个真金白银的大洋,已全部被王公昌那深不可测的大口吞噬。巨滦一走出王公昌西边的大门,只觉得眼前的路灯显得特别的苍白昏黄,天上的月亮星星更是惨淡无光。

巨滦回到家中,推说身体不适,把自己关在书房,闷睡了一天一夜。像一只在搏斗厮杀中被咬伤的野兽一般,躲在一旁,用口舌吮舔自己的伤口,想自己将伤口治愈。待受伤的心略微平复,他又要不得不面对现实:如何维持一家老小的开销,如何填补自己造成的相当于全家半年支出的财务窟窿。顶田——百般无奈之下,巨滦只能痛苦地选择了这一被视作是不肖子孙的做法——在自己手上败掉祖宗传下的家业。因为,除此之外,他已无法可想别无选择。当然,在形式上,巨滦还有一点回旋的余地,他准备将田顶给二哥巨源。田的价钱高低不说,总还能瞒住母亲妻儿,不至家丑外扬,保留一点六少爷的面子和尊严。

翌日,巨滦挑了约一百二十亩上好田亩的田契,去见巨源。见了二哥,屏退其他人等后,说明原委,愿以稍低于市价,二年为期,将好田一百二十亩顶给巨源。二哥巨源沉思良顷,放了一句话:既然如此,田契暂时放在我这里,钱五千元你拿去,等着你二年后来将田赎回,母亲和其他一切人那里,不会走漏半点风声。最后再三叮嘱:“三弟,你我都是有家室儿女的人了,不说愧对祖宗,总应该对得起妻儿老小吧,你人比我聪明,道理你都懂,赌是千万不能再赌了。”

民国初年的所谓顶田,就是将自己田亩的部分所有权在一定时间内转让给他人,顶期到后,可按原价赎回。而顶进田的人,可以转租,收取田租。顶田与卖田不同,卖田是将田地的所有产权全部转移到别人手里。在农耕社会,土地是最重要的生产资料,对农民来说是活命的根子,对以收取田租为生的地主来说,也是赖以生存维持门面的基础。所以卖田亦叫“绝卖”，以示事态的严重。

巨滦将一百二十亩田顶出以后，家庭的开支有了着落，亏空也已补上，而且除了自己与巨源知道外，外面看来，什么事也没有发生过。巨滦不去王公昌了，母亲和妻子都感到高兴，一家的生活也逐渐恢复了平稳。

然而，巨滦这一次的赌场失意，给他内心带来的无穷悔意，却长久不能平息。锥心之痛的顶田，几成败家之子的内疚，使他在数日内，满头的青丝中顿添了几多白发。二哥巨源信守诺言，三缄其口，没有透露丁点风声。但巨滦晨昏见母亲请安问候时，望着母亲日见衰弱的身影，心中总是惴惴然充满疚意。唯一能给巨滦郁闷负疚的心境带来些微鲜活生气的是二子埭仪的入学。金洪声自小显得聪颖，比起大哥鸿楹来更懂事。巨滦为洪声选读的也是稚川小学，不过学校已更名为稚川高等小学，这一年是公元1923年，金洪声虚岁八岁。

“赌场失意，情场得意，”不知是应了这句话，抑或还有别的因素促成，不久便发生了前文提及的巨滦、张崇仕、金少宜的结伴西湖之行。

1924年春，桃柳三月，已是游杭州西湖的最好时日，三人结伴同去西湖泛舟。除了流连于西湖十景和楼外楼的西湖醋鱼、叫花鸡、莼菜汤之外，三个人更堕入了同西湖船娘的一段风流韵事之中。

西湖船娘与游客的缠绵悱恻乃至终为共同生活一段时期的待价而沽，古已有之。白居易、元稹宦游浙江时，以诗称颂西湖船娘的青春娇美与风流姿韵，已使西湖船娘著称于天下，而秦少游的一句“西湖水滑多娇娘”，将西湖的柔水同船娘的娇美相连，更使人添了无限的遐想。

西湖船娘为游湖的客人划船，送客人到西湖中游乐，游玩得开心时，游客会多给些赏钱。也有喜好女色的男人，在清波荡漾的绿舟上，在湖岸边桃红柳绿、春意勃发的自然景色中，禁不住近在咫尺的浑身绽放出青春健康活力的船娘肉体的诱惑，打情骂俏之间，就喜欢上了年轻漂亮的船娘。按历来流传下来的习俗，游客肯出一份钱，包下那只小船，由划船的船娘陪着，在这西湖边上过一段快活销魂的日子。经过几天、十几日的相处，若两相情投意合，男人这边也有经济实力，还可给船娘家里一笔不菲的费用，随后携船娘回到男人家里。船娘明知这种游湖男人一般家中都已有妻室儿女，但在民国时期，官方虽明颁一夫一妻制，然纳妾不算妻，仍在可行范畴之内。而且，这种游客与船娘的结合虽有终船娘一生的，但大多只维持一段时间，比如说三年五年，这似乎也成为一种惯例，好像一切随缘听天命安排而已。

巨濚、张崇仕、金少宜三人，在西子湖畔盘桓旬日后，各自带了一位船娘回家。

张崇仕带回的船娘，现隐其名。在家里以娘姨相称，生了两个女儿，这两位女儿，长成后均自强自立。

金少宜带回的船娘叫二姑娘，在少宜家生了二个女儿，小名龙宝、阿宝，后不久，船娘二姑娘离金少宜家而去，不知是重回西子湖畔，还是另有他适。

巨濚带回家的船娘叫方姑娘。想来西湖船娘，为她的特殊生涯和来去方便，对外均以在家的排行加“姑娘”或姓氏加“姑娘”作为自己的名字，如二姑娘或方姑娘，都隐去了自己的真实姓名。这位方姑娘在带回的三位船娘中年纪最小(当然也隐去了她的实际年龄，外人只是凭她们的身段长相猜测)。年龄小，虽然离开了娘家，毕竟少不更事容易要些小性子。一进金巨濚家，就与巨濚的结发原配金张氏秀英，发生了一场由渐而烈的房闱之争。

纷争初起，始于巨濚对两人房间的安排。巨濚与原配秀英的房间本来就在楼梯上来的第二间，方姑娘进门后就住在第一间。巨濚上楼后先要经过方姑娘的房间，这种位置上的便利，势必使巨濚到方姑娘房间的次数更多些。方姑娘以年少恃宠，张氏是出于女人本性的醋意发泄，表面上也只为些琐琐碎碎的小事而口角，真真假假，真假难辨。一开始，态势还只停留在鸠占鹊巢，内室失和的口舌之争上。

随着时日稍久，这场争执进入了宿命的仇恨阶段。

方姑娘进门不久，排行在金洪声下的弟弟洪连突然发病，高烧几日后不治夭亡。张秀英将失子之痛，归于方姑娘的进门，斥方姑娘为“白虎星”。方姑娘当然不甘接受这种苛责，但又对这两件事的前后相连无可奈何。方姑娘同一切弱势地位的争执者一样，惯常会使用“强词夺理”的解数。这样两个女人之间的争吵在表面上看是更激烈了。造成这种激烈的根源田的，是两人内心深处除了女性争宠的忌恨，还有失子的母性痛恨和受无妄之怨冤恨的纠结。

本想在步入中年后更享一点温柔之福的巨滦，却陷入了内室失和争吵不断的尴尬境况中。这种大吵三六九，小吵日日有的情形，使得巨滦白天在外的时间越来越多，实在无处排遣时，他又回到了绝足多时的王公昌。

不料，自从方姑娘的到来，巨滦在赌场的手气就未见好过。输了想翻本，赌注越下越大，但每每血本无归。待到妻子张秀英发觉巨滦在家庭开支的手面上都有些挂不住时，一面依然是结婚以来一直在丈夫六少爷巨滦面前的无可奈何，一面就迁怒于克死儿子又使丈夫破财的“白虎星”方姑娘。先有鸠占鹊巢的女性忌恨，继而丧子变故的母性痛恨，再加世俗的破财的懊恨，从此巨滦的后院陷入恶语叠加，武行齐备，不得安宁的劫渊之中。

这场历时近两年，后来发展到两个女人几乎水火不容急风暴雨般的后院风波，终因方姑娘的半夜雇船遁走而落幕。方姑娘带走了她房间里全部细软，不知道什么原因张秀英当天夜里没有发觉，以后就称之谓“卷逃”。金巨滦对此事的沉默虽然使张秀英感到有些失落，但方姑娘的离开金家，总使她有一种胜利者的自我感觉。

这场风波的另一个结果是母亲从此离开巨滦家，到二哥巨源处居住。母亲对巨滦的托辞是：“你二哥一直要我过去住他那里，这两年，你屋里总不太平。我走了，怕失你面子。现在方姑娘走了，屋里平静了，我想也可以走了。”母亲临别早晨的那段话，使巨滦觉得母亲似乎觉到了什么，话中明显地有着弦外之音：“六囡(巨滦因排行第六，自幼父母称六囡，但今至不惑之年，母亲还称他谓“囡”，可见对这位老莱子的舐犊深情)。娘要走了，巨源是个有主意的人，我在那边你可放心。你也是有儿有女近四十的人了，总要有点主意，娘是灯笼大蜡烛，也照不了你前后”。

在巨滦看来，母亲是黯然离开自己的，母亲四十年来从未对巨滦有过责骂，连稍重一点的话也没有说过一句。母亲临走时说这些话的眼神让巨滦感到惨然，尽管语气仍舒缓平和。巨滦对母亲离去毫无思想准备，他有点手足无措地的再三挽留。但母亲去意已决，自己叫了两顶轿子，带着贴身的丫环芙蓉走了。

母亲走后，巨滦将自己关在书房里，闷了三天三夜。过后，就做了三件事。第一件事是辞退了跟班兼门房的阿福，支半年工钱让他去另谋生计。第二件事是托媒婆在县城近郊，找了两户本分的种田人家，为丫环阿梅、秋菊说定了婚事，还特地去看了那两户人家的门头和阿梅、秋菊未来的丈夫，人都还忠厚老实，身板也壮实。看到房屋和人都还不错，婚事就定下来。金家为阿梅、秋菊各置办了一份不错的嫁妆，择日将她俩嫁了出去。阿梅、秋菊虽然有些依依不舍，但想着总有一天要离开金家，而且对那份嫁妆也颇满意，六少爷也亲眼去看过那人家，两人也就称心地去了。在以后几年里，金家和阿梅、秋菊的婆家，还像亲戚一样来去走动。

三是与妻子秀英商量后，决定辞去奶妈，孩子由秀英自己带。秀英知道巨滦这番排布的苦衷，不愿意丈夫决定的事情在自己身上挂住，自己以后的日子虽劳累些，但也爽快地答允下来了。

巨滦这番辞人节流的举措，却在哑巴身上发生了执行的困难。哑巴得知主人要自己离去时，反应出乎意料的强烈。通过手势、大声地叫喊和各种肢体语言，表示她做得很好，她还会做，甚至还表明：金家若要她离开，反正她也无处可去，只有寻死觅活这条路可走了。巨滦和秀英商量后，觉得相辞太坚，恐生意外，再者屋里外的一些活计也确实需要人帮着料理，全部辞走佣人，怕秀英一时也做不过来。哑巴又勤快肯做从不惹是生非，就决定留下再说，从长计议。哑巴这才停止了焦躁不安，做事比以往更尽心尽力。在日后的岁月里，不管金家如何困顿，巨滦和秀英再也没有提出让哑巴离去，哑巴就一直在金家劳碌着，默默地见证着金家以后的几十年历史，同时也在金家走完了她一生的历程。

经过这番变迁，巨滦八角亭的两进宅院里，常住的人员是：巨滦还有秀英带着三女月婵，四子洪声，五女月蜍，六子鸿楣。另加佣人哑巴。比起往日来，整个宅院里显得有些空旷。

另外，长子鸿楹，长女月珠已在省城杭州读书。长子长女的学业，一直倾注着巨滦太多的心血和希冀。多年来,那是巨滦心灵深处一点捧供着的神圣的亮色,消融甚至荡涤着巨滦这几年生涯中的所有阴霾和不顺。一年前,两人已从小学毕业,学业成绩优秀。特别是月珠,出落得亭亭玉立,不经意间尽显出少女的绰约风姿,在校内外,令人注目。巨滦大哥巨济家的子女如前所说,都有些愚戆;就是生财有道的二哥巨源家的子女,在学业上也不能与鸿楹、月珠比肩。

兄妹两人小学毕业,当时平湖县境内尚无初中,为鸿楹、月珠两人的学业和日后的前程,巨滦秀英夫妻颇费踌躇。夫妻俩特地去了一趟海盐西塘大姨刘丽英家商议。与读书颇多对学校情况比较熟悉的大姨商议的结果,决定金家兄妹与刘家长子刘书鸿结伴去杭州念书。大姨刘丽英对长子刘书鸿的设计是:因丈夫早亡,自己又不会料理家事,儿子刘书鸿应在家继承家业,而刘家除了田产,别无其他工商业。刘书鸿就报读浙江省立甲种蚕业学校,预科。该校学制预科二年,正科三年,共五年。而且学校是公立的,学杂费用也轻,正切合当时刘家的家境。巨滦夫妻为儿子选的是三才学校,校名取天才、地才、人才荟萃之意,可见巨滦对长子鸿楹的期望之深。女儿月珠,选读私立弘道女子中学,是一所由美国女传教士任校长的教会学校,学风甚严,收费也不菲。月珠自幼面容姣好,伶牙俐齿。设想她自幼渐近欧美风气,进一步发展成为这方面的人才。

对鸿楹报读的杭州三才学校,笔者尽自己的阅读视野,并在写作此文时,搜寻了包括1994年出版,由杭州市教育局编纂、具有官方权威性的搜罗比较齐全的《杭州市教育志》在内的各种教育史资料,竟都不见记载。

以巨滦的学识和对长子的期望之殷切,为何要长子进这样一所学校?因为照笔者推测,这所不见于史志记载的学校,只能是一所存在时间不长的私立性质的学校。而鸿楹就读三才学校,有《金氏家谱》白纸黑字的确切记载,以及现仍健在的鸿楹胞弟金舜仪的亲口回忆。应该是确凿无误的。

这确实是有些令人费解了,因为在这次巨滦夫妻同大姨刘丽英的商议决定中,另外两人选读的学校都十分合理得体,刘书鸿报读的浙江省立甲种蚕业学校,既切合刘家的家境,又荟萃了不少日后的人才,是所不错的学校。如后来成为文艺界的领导人物，剧作家的夏衍也因家道中落而报考此校并毕业。而月珠就读的杭州私立弘道女子中学，那理所当然的是集中了全浙江省女学生中的精英。

对巨滦为长子鸿楹选读杭州三才学校的原由，笔者只将疑问提出，请读者自己来思索和判断了。

在1923年前后那个时期的江南小县城平湖，尽管自明代设县治以来，一直是比较富庶之地，后来更有“金平湖”的美誉，但绝大部分人家，儿子在当地初中毕业，女孩上个初小就已经是很稀少很不错了。当时平湖全县，每年只有二十来个女孩就读初中，送女儿去杭州读初中，更应该是凤毛麟角了。一要摒去世俗的“女子无才便是德”的陈见，二要有足够财力的支撑。而巨滦当然清楚家道已经开始中落，要送一双子女上省城杭州读书，家中还要供给到学龄的幼子幼女在平湖就读；不管巨滦的一生功过成败如何，在这点上，作为一家之主，作为父亲，他是担当起了责任。他是尽力了的，这也是一般为父为家长的人所不能做到的。

1923年8月底，新学期开学前几日，巨滦送鸿楹、月珠和刘书鸿三位新生去杭州上学。提前几天，也是为了要陪三位杭城未来的学生游览一下省城。在杭州游览，巨滦是轻车熟路了。当然是西湖十景，拜灵隐寺、瞻岳王庙，泛舟西湖、吃西湖醋鱼、啜叫化童鸡、佛跳墙等等。临别时，也少不了一番叮嘱：尊敬师长，和睦同窗，当心身体，用功读书，省城不比县城乡下，市面大各色人等杂，误人子弟的场所和手法也更多，要谨慎交友，免轧坏道，等等。书鸿和月珠都点头称是，只有鸿楹却说，学校的铺板是木板的，太硬，晚上睡不着。巨滦想责骂几句：别人能睡你为什么不能睡，但万事在开始时总望图个顺畅吉利。更何况在巨滦看来子女在杭州读书是头等的大事，只得用钱买通三才学校的门房，再买了一副棕绷，悄悄地雇人运到鸿楹宿舍，搁在床板上面。

若从见微知著和万事皆有征兆的角度看，这一细节，是否显露了一点鸿楹在杭州读书这段生涯的一点端倪。巨滦安顿停当，告别了儿女和内侄，留下了满腔的希望，回到平湖家中。

鸿楹、月珠及刘书鸿在杭州读书的第一个学期，在不知不觉中很快过去了，期间各自回平湖、海盐家里三四次，巨滐也在中途去看望了几次。到了除夕前半个来月，孩子们捧着各自的成绩单回家过年了。月珠的成绩优秀，鸿楹比起妹妹来略逊色一些，但也在中上之列。特别是值得在此处一提的，刚入小学一年级发蒙的金洪声，捧回稚川小学一年级第一学期的成绩单，除了因身体略显单薄而体育等第为良外，其余各科均为优秀，且列班级第一。一家人过了近几年来少有的一个其乐融融喜庆吉祥的春节，闹罢元宵，巨滐又送鸿楹、月珠及刘书鸿去杭州上学。

巨滐人在平湖县城，家中的事反正是日复一日的一天天过日子，无需他太多的劳心操神，心中天天惦记的是在杭州读书的一对儿女及内侄，他们过完年才一个虚岁十四岁，一个虚岁十三岁，刘书鸿十五岁。做母亲的牵挂着兄妹们的冷暖健康，巨滐牵挂的是儿女内侄的交友学业。使巨滐心中似春水涟漪稍起波澜不安的是鸿楹一封要他寄钱的来信。一双儿女的日常用钱，巨滐是每月按时定量寄去的，为怕他们在外委屈，总是尽家庭的财力，尽量多寄些。当然鸿楹的来信上有堂皇的理由，巨滐在收信的当日如数将钱寄出。不料未到半月，鸿楹又来信说是同学要借钱，急用，又要家中寄钱，巨滐不禁顿生疑窦。好在平湖到杭州走陆路经嘉兴上火车只需半天时间，巨滐接信当日就动身经嘉兴到杭州。事情比巨滐想象中的还要严重；就读于蚕业学校的刘书鸿交友不慎，吃上了鸦片，且经常夜不归宿。刘家的家道已经中落，刘书鸿知道无法再向家中母亲要钱，就只得求助于鸿楹，鸿楹在借钱给刘书鸿的同时，也由于好奇而在书鸿处尝试而吸了鸦片，且已稍上瘾。用完了每月的生活费，毒瘾上来时，只得向同学告借。学生的钱都是有定数的，待到要用时，就向鸿楹催讨。这样经济上就雪上加霜，鸿楹唯一的办法就是频频向父亲告急。

巨滐先是帮鸿楹还清欠债，以保全儿子和家庭在学校中的脸面，继而将鸿楹、书鸿两人召到旅店房间，关起门来，狠狠地训斥了一顿，且令两人具结，保证不再吸鸦片，否则就去告诉书鸿的母亲。鸿楹、书鸿在一派鼻涕眼泪中，信誓旦旦地保证，决不再吸食鸦片。巨滐特地在杭州多住了几天，看到两人的状态尚算稳定后才回平湖。回到家里，对妻子秀英也没有提起此事，以免徒使妻子担心和不经意的走漏。毕竟孩子尚小，以后还要在社会上做人做事，小小年纪就吸食鸦片可不是好名声。

巨滐人虽回到平湖，大半颗心却悬吊在杭州的儿子和刘书鸿身上，因为他知道，鸦片一旦上瘾，要戒掉是需要很大毅力的。巨滐别无他法，只有一个星期去一次杭州，加强对两人的督促，好不容易快捱到期末，巨滐心中稍松了口气。不料临近寒假时三才学校发来一函，请金鸿楹的贵家长金巨滐速来校一次，有要事商量。

巨滐忐忑不安地来到三才学校，校方告诉巨滐，鸿楹吸食鸦片成瘾，且经常夜不归校，不知在何处住宿，为严肃校纪，以免再带坏其他同学，劝其退学回家。

尽管巨滐再三恳求，校方拿出一大叠鸿楹违反校纪的记录，说：学校不是不教而诛，我们对他已仁至义尽了。为了不再影响带坏其他同学，学校只得出此下策。家长的心情可以理解，可怜天下望子成龙的父母心，望家长也能体谅学校的难处。临近学年结束，学校会开给肄业的证书。

话既已说到这个份上，巨滐知道再说也已无用，只得带着鸿楹怏怏地回到平湖家里。附带交代一下：在此之前刘书鸿也因吸食鸦片、夜不归宿而被浙江省立蚕业学校责令其退学。

不久，月珠也学期结束，回到家里。

长子鸿楹被学校劝退，读不成书了，女儿月珠也没有再去杭州读书的必要，巨滐让一双往日以读书为自己荣耀的儿女都留在家里。这时是1925年令人感到窒息的溽暑七月。脸面、希望、苦心……一切均化为灰烬，哀大莫过于心死，巨滐的心死了。

唯一能激活巨滐心的只有一种刺激：他疯狂般地迈向王公昌，就像飞蛾义无反顾地扑向燃烧的烈焰。

重回金罗浜

1925年整个农历七月，巨滦一家浸淫在黯然苦涩之中。本来，月初的“七夕”恰逢月珠的生日，往年必有一番亲友聚会，家庭小宴。今年却因为鸿楹被三才学校退学的事而提不起兴致，懒得操办了。当然，“七夕”当晚的晚饭，秀英还是为月珠煮了生日面，一家老小也吃长寿面。不过，总觉得是应景之举，全然没有往年的喜庆氛围。甚至西瓜大量上市后，巨滦带着儿女们每年必制的西瓜灯也没有兴致做了。一家人只见巨滦顶着烈日，每天往外跑，也人类不对家里人言明他在外面做些什么。

农历七月十五，是中元节。自周朝起，就以“农乃登谷，天子尝新，先荐寝庙”。在收获的季节，天子象征性的以新谷祭祀祖庙，表达对祖先的敬意。由于祖先崇拜在中国人的信仰中占有极重要的一页，所以“荐新”的习俗得以延绵数千年，甚至在它已从国家的祭典中逐渐消失以后，民间还都保存着荐新的习俗，集中在七月十五举行。传至平湖当时，有放路灯的习俗。习俗大致如下仪;以六个壮丁为一组,一人敲锣,一人打梆,一人提灯笼,一人沿途撒盐米,一人沿途摆设香烛(插在芋头或茄子上),一人沿途摆设一块豆腐及一饭团(置于一片大树叶上),大约每隔百米设一处祭品。

当年中元节后的第二天,即 1925 年 7 月 16 日,巨滦家的大事是,一具寿材由八人抬着,巨滦亲自指挥安置到后埭的西间屋。一家人恍然大悟,巨滦整整一个夏天是在为母亲物色、订制一具上乘的寿材。这具寿材的制作规格是十三圆心,重笃敦实——所谓十三圆心,是用十三根整段原木,每根去掉边皮,只取其木心,用木工的雌雄榫方法,匠制而成。这种取料和制作的方法,在当时的平湖,已是最上乘的手法了。当然决定寿材规格的,还有木料的种类。巨滦遍访了平湖县城中所有的木行和铺子,倾其全力,选了上等又与母亲的身份相配的楠木。

母亲和巨源闻讯,也从堰上巨源家里来到八角亭,两人看过以后,母亲望着巨滦说:"六囡,不知娘是否消受得起。"言下之意,是相当满意。巨源知道巨滦的经济底细而要分担一半费用,巨滦则说:"二哥,就成全我为娘尽这点孝心吧!"巨源也就顺从了巨滦。

八月初一,巨滦焚香祈祝以后,重新又踏进了他久违的王公昌。

王公昌门庭仍旧,一进门,巨滦却见里面的装饰绝非前几年自己常来时可比了,据说学的是上海一些大赌场的格局。平湖距上海仅百里之遥,且每天有几班轮船往返两地。上海的时尚,不消几天,就会风行到了平湖。

既然是歇手多时后的重新开始,巨滦也就选择了另辟蹊径的另一种赌法——"三通宝"。虽然此前对这种赌法从未染指,但凭着他的聪明,这种"三通宝"赌局的门道,巨滦看了两三局后,竟也瞧出了个十之八九。这种赌法实际异常简单:取三枚黄铜钱掷与盘中,用粗碗罩住,然后庄家一手托盘,一手抠碗,在空中用力摇十下,再把碗与盘放回桌上,庄家大叫几声:下呀,下呀!赌客则根据自己的判断把钱押到桌的四个边上。这四个边分别代表"三通宝"、"两通宝"、"一通宝"、"白宝"四种答案。其中,"三通宝"即三枚铜钱的"通宝"字样全部朝上,"两通宝"就是两枚通宝朝上，一枚朝下，其他类推，而“白宝”则是三枚通宝均朝下。这种玩法赌的就是运气，没有别的技巧。当然也有会做“局”的，除非手法特别巧妙，否则，一旦被捉，做局者必被打死无疑。赌法虽然简单，但由于根据押四种“宝”赌资的多少算赔率，输赢的出进倒是极大。

巨滦第一天，只默默地看着，尽管场主客气地一再催促：“六少爷，下一把”，却一直到离去没有下注。

第二天，巨滦带了两张各二十元、一张一百元的银票，准备小试牛刀以测手气。第一注，巨滦认准了一个“两宝”压了上去，一开盘：“白宝”，巨滦被吃了。第二注 ，巨滦再压“两宝”，盘一开：“三通宝”，又被吃了。巨滦的心一动，倒不是因为输掉了四十元，更大的输赢前几年也经历过，要紧的是兆头：莫非此番自己的手气不行！

接下来的两把，他都没有下注，眼睛紧盯着盘面。待到第三盘时，巨滦觉得背上激起一个机灵，似乎全身的神气都开通了，特别是头脑，显得格外清醒。他冷冷地瞅着桌面，新的一局又将揭开，桌上堆着的现银洋和银票，大大超过以前几局。刚才已连开了三个“三通宝”，没有一个人把宝压在“三通宝”上。而此时巨滦的眼中似乎有一道光线直穿碗底，他分明看到碗下面的铜钱，三个通宝统统朝上，就要揭开碗时，他猛掏出最后那张一百元银票，拍在“三通宝”上。环颜四周，“三通宝”上一枝独秀，对着逆势而上的巨滦。四边一阵哄笑。

盘开了，这下轮到四遭的人傻眼了，分明是“三通宝”，一枝独秀的六少爷巨滦押中了。

由于只有巨滦一家押“三通宝”，此局赔率甚高，他一下子赢得六百多块大洋。巨滦见好就收，悄然离去。走在回家的路上，他觉得这一个月来，顶着烈日酷暑为母亲定制寿材的孝心，到底感动了上苍，从小呵护他的母亲，在赌场上也呵护着他。他希望这种呵护始终伴随着他，至少能使他从二哥巨源手中赎回顶出的田地。

这种心理暗示的结果，使巨滦第二天的注下大了不少，下注的时候也更果断。然而，整整一天，幸运之神一直没有眷顾巨滦。这一天，巨滦是一输到底，血本无归——他输掉了家中所有的现金。

王公昌赌局的发展之一，是在内部开设了类似典当的营业，赌徒们不出门，就可以变现——大到地契、金银珠宝首饰、古玩文物，小至输急了的赌徒身上的衣服——当然王公昌的股东们又多了一项相当不错的生财之道。比起外面的当铺，对所典物件的出价肯定低了许多，有点趁人之危打劫的味道。但人一急到了这个地步，或者说输红了眼的时候，那时整个身心全被恐惧和复仇的本能控制着。赌资是宣泄恐惧和复仇的唯一武器，只要能得到，价高抑或价低，赌客们已经无暇计及了。

此时的巨滦已经输红了眼，完全丧失了理智。终于，短短几天，王公昌吞噬了巨滦几乎所有的田产——除了二三十亩极难收到田租的最劣等的烂田以外。当然，最后一刻猛地清醒过来的巨滦，在最后一笔田亩当得三千元银票时，他却神奇地歇手了，不是走向赌桌而是选择离开了王公昌。

这一年的农历八月十六，中秋过后的第一天，金家又添了第三个儿子——金鸿楣，字舜仪，小名连弟。

金巨滦合计，全家夫妻俩、三子二女再加哑巴八人，照目前已近于零的田租岁入，在平湖县城，柴桂米珠，实在是难以维持了。于是就动了回金罗浜乡下的念头，与妻子一商量，秀英也认为这是当今减少开支的唯一办法。金罗浜金姓氏族中，有些家庭，一待家境殷实，往往嫌乡下居住寂寞，纷纷迁至平湖县城甚至省城、上海。这样空关着的相当宽敞的老房子颇有几幢。巨滦看中与祖屋相邻的一幢，化一千二百元钱买下后，雇人修葺。房屋临河，前后共三埭。前埭八扇墙门（大门），第二埭是一排房间，后埭中间是颇为高敞的厅，东西两个大房间，又有几个小房间，再过来是迎送客人的客堂间，旁边有个小院子，种着几棵桃树杏树。二埭与三埭之间，隔着个丈余深的天井。屋后有一棵大树，树主干离地一人多高处长出五只大枝杈，匀称地伸向天空，一家人和周围的邻居都称之谓“五爪树”。此树六七岁的小孩，手牵手，三个人还抱不过来。枝叶繁茂，大有亭亭华盖之势。

金罗浜的房屋修葺完毕，已近冬至。巨滦要举家迁回乡下的消息，在亲友间已不胫而走传闻开了。向母亲正式禀告，是在临搬家的前三天。

巨滦夫妻专程到堰上巨源家去了一趟，母亲汪氏已是73岁的老人，只说了一句："你们到乡下去也好"。商议间也同意巨滦夫妻将她的寿材带回金罗浜的打算，"反正我也要叶落归根的"。

巨滦夫妻到巨源家的另外一件事，是同二哥商量：在乡下居住，一时也用不着从福建带回的那套家具，还有剩的几张狐皮筒子，想一并顶给巨源，换一笔现钱，数目任由巨源决定。巨源望着兄弟和弟媳，爽快地应允了：东西放在我这里吧。只是巨滦，几年前我就对你说过，那时你听不进。今天弟妹也在这里，我再讲一遍，你现在已是儿女一大帮了，为人一世，总要留点给他们。否则，以后怎么面对他们！巨滦听罢，低头不语。

从堰上回来，最使夫妻两人特别是巨滦难以决断的是二儿子洪声的去留：洪声正在稚川高等小学读四年级，读书的成绩一直不错。若同全家一起回金罗浜，乡下没有像样的学校，长子鸿楹的学业已半途而废，月珠终究是女儿身，也停止了学业。金家以后的希望看来仅存于洪声身上了。辍学回乡下定然不可，而要留在平湖县城继续读书，当时的学校还没有寄宿生，洪声年方十一，如何安顿照料？

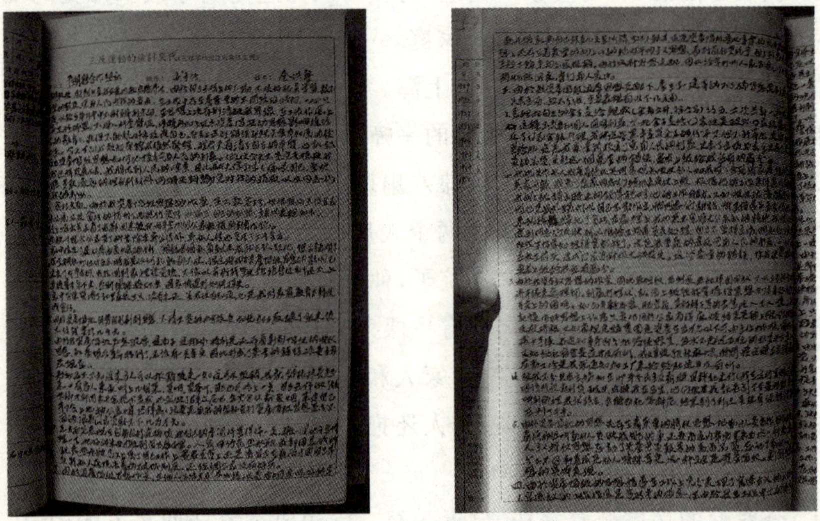

● 金洪声自述家庭历史

巨滐知道，自己只要开口，二哥巨源是一定会收留侄儿洪声的。但一想到母亲对自己从小的惯爱并非好事，更不愿洪声在祖孙的隔代亲中，重蹈自己的旧辙。就决定去同表侄金少宜商量。少宜家住房宽敞，前厅后院，各式丫环下人一应齐全，条件比巨源、巨滐家优渥许多。巨滐一开口，少宜满口答允："六阿叔，洪官（金洪声的小名）在我这里，就像在你自己家里一样，你尽管放心吧。"

行文至此，附带交代一下金少宜的家事。金家两代单传，没有分家析产，到金少宜手里，积聚的家产已颇可观，入了殷富之境。少宜的婚事，也一如当时习俗，全凭父母之命，媒妁之言，娶的是平湖钟家钟亦鸣的妹子。新娘子未过门时，就听说治家极能干。但拜堂之后，揭掉新娘子的头巾一看，风度相貌与媒婆介绍的相去甚远。鼻梁坍塌，且长金少宜好几岁，出嫁前高不可攀低不就地耽搁成老姑娘了。但钟家巨富，姑娘出嫁时，抬嫁妆的队伍前后望不到头，在平湖城里轰动一时。金少宜妻子过门后，确实治家能干，人也贤惠，同婆婆相处甚笃，颇讨婆婆欢心，不过对少宜而言，这桩婚事，仅是完成了母亲的一道指令和任务，勉强做着夫妻。这或许也成了前文所述的金少宜游西湖带回船娘二姑娘的缘由之一。金少宜与钟氏婚后生有一子，小名照官，又是独子，宠惯交加，专门服侍他的丫环就有两个。七八岁了，还不会穿衣服，大便后屁股还要丫环擦，可以说，生长在一派花团锦绣之中。不料，世事沧桑，1949 年一解放，金家家产被全部没收，照官从小就没有好好读书，没有一技之长，别的不能干，就只能进调配站。靠出卖劳动力养活自己。所谓调配站，是集体组织搬运站的补充，做一些搬运站剩下的零星体力活，活重又都是临时的，报酬也要低于集体性质的搬运站。想不到这样一个七八岁还不会穿衣服揩屁股的少爷坯子，解放后会被改造成一个掮包子拉车子自食其力的重体力劳动者。

再述巨滐搬家。巨滐一家祭过祖宗别过母亲兄长后，雇船回金罗浜。除了张崇仕、金少宜来河埠送行，往日的一批朋友们，都不见了踪影。巨滐虽没有"仓皇辞庙日，垂泪对宫娥"的后主辞宫之痛，但看着一家大小一个个低垂着头，走出家门，走入船中；尤其是在岸上频频挥手、泪眼告别的洪声，不禁心底一阵酸楚。而头舱里那具赫然放着的髹成玄黑的母亲寿材，为这次离去抹上了深浓得难以化开的黯然底色。

1912年夏兄弟分家，巨濼由金罗浜搬至平湖县城八角亭，成为一家之主；到今天，1926年初冬，又要举家回迁金罗浜。头尾十五年间的历历往事，在船行矣欠乃的橹桨声中，一幕幕地浮现在巨濼心头。随着船儿一起驶向河流的深处、远处。

船到金罗浜屋前河埠头，巨濼率先上岸，没有鞭炮，没有道贺，只有贴邻而居的长兄巨济家来了几个人帮忙搬东西照料，没有半点乔迁志喜的气象。乡间的条件本来就简约，巨濼又早已将那堂贵显的檀木家具留在二哥那里。一埭、二埭除了摆放一些杂物，再在三埭的房间里摆上一些日常起居用器，整幢房子显得有些空廓寥落。一家上下都住在后埭的几个房间里。

巨濼最注重的是母亲那具寿材的安放，他一反平常人家往往将寿材置放在某个比较暗色的角落的惯例，将母亲的寿材兀然地放在头埭大门旁。是表示对母亲的孝敬惦念，还是祈愿母亲为他这位老莱子在大门口驱邪保佑，旁人就不得而知了。巨濼每年要请漆匠在养漆最佳的黄梅季节重新漆一遍，自己亲自在旁边督看，不容丝毫马虎，一直到1934年暮春，汪氏仙逝。

汪氏在平湖县城二儿子巨源家逝世，临终时儿女孙辈都随侍在侧，在嘉兴的女儿女婿也赶回来了。老人走得很安详，据传统的算法，享年八十三岁，在那个时候是稀有的近米寿的高龄了。汪氏的葬礼，虽巨源尽力操办，但与四十八年前，锡昌元配吴太按诰命五品夫人礼制举行的那场葬礼相比，实在是不可同日而语了。不过，还顾及了县里中等人家的体面。首先，巨濼为母亲定制的那寿材不失庄重。用专人专船吊（吊，是当时平湖搬运寿材的约定俗成的专用称谓）出运往巨源家，再请漆匠仔细上漆，使其更密封防潮。其二，家中三房子孙和氏族中亲戚以及朋友，无一遗漏，都悉数哀告。汪氏十八岁进金家，在金家生活六十四年，先是与大娘和睦相处，继之又为金家传嗣香火。锡昌亡后又主持家政，虽然后来三房弟兄分家各过，但总能在关键的时刻调遣斡旋有度。在漫长的六十余年中，无论对长幼亲戚抑或下人，都和气随和。众人念及以上各层，各家各户都派人前来吊唁。其三，主其事者巨源率家人悉按乡俗，七七敲八八做，和尚道士尼姑，不使场面冷清，不使旁人闲话。总之，虽不能说如何哀荣，但也随了乡俗，完了功德。汪氏入殓以后，巨源在寓中辟一室暂厝，半年后发丧。葬金罗浜祖茔锡昌墓侧。

巨滐回到出生地金罗浜，在度过了人生四十年又一个月后，他开始了人生第一次真正意义上的经济谋划，以往靠田租维持一家生计，衣食无忧的日子已经一去不再复返。面对的是一家七口连加佣人哑巴共八人的衣食住行开销，已成年子女的婚嫁，未成年子女的养育教育，氏族、乡邻朋友的礼尚往来……手中仅存的一点顶卖家具狐皮得来的钱款，与整个家庭所需的开支相比，实在连杯水车薪也够不上。必须有生财之道，来供给整个家庭的经济所需，以支撑维持起这个家庭。

然而巨滐的作为，却让旁人如堕五里雾中：他养起了鸽子。众所周知，养鸽子于经济只有些微小补，更多的是一种闲情逸致式的消遣。人们认为巨滐还在继续他游手好闲式的少爷生涯，耍少爷脾气。

巨滐搬回金罗浜的住房宽敞得很，在后埭的最西边，巨滐单辟一间作为鸽房，请木匠做了养鸽的大棚。在房前的天井上方布了一张大网，网上也设了门，放飞鸽子时可供鸽儿进出。除了中、晚两次让鸽群冲出棚舍自由翱翔，其余时间都用整张网罩着。放飞鸽群时，巨滐会伫立在院中，望着鸽群飞去、盘旋、回来，一旁围着呼叫雀跃的儿女们。可以想见，乡村中的蓝天、白云、鸽群、儿女，的确可以抚慰不少巨滐那颗屡经创伤的心房，然而一家上下八口的衣食呢？

买进种鸽后，鸽子的繁殖速度极快，不几个月，就有百多只的阵势了。鸽子的吃食，全赖向米店购进的地脚米，几石几石的运来，也算是物尽其用了。巨滐养的鸽群，最多时，达到四百余只。飞翔在天空的鸽阵，蔚为壮观，成为金罗浜一道特有的景观，引得村民每每驻足观看。

巨滐养的鸽子，大多是良种，他有时还会请朋友来玩。当然也有实用的一面，鸽蛋当作一道菜供家人食用。也有菜鸽，但不多。鸽子爆棚时，会卖掉一些，补贴家用。但糖水不能充正餐，人们冷眼看着巨滐如何料理一家八口的生计。

日后等巨濼离开家中去通界桥时，特地托了一位邻居照料鸽群。但旁人毕竟不经心，往往忘了关鸽棚的门，不多日都被野猫拖走吃掉了，或许还有两脚的“猫”。

巨濼的养鸽，还有一段涉险的故事可记。数年后，通界桥恒昌南货店前面的河里，经常停着一只以捕鱼为生的江北船。船既作捕鱼的工具，也是全家人的居住场所。每逢农历的节日，如春节，端午等，当地乡民做米糕、粽子时，他们都会以“拜”的方式去乞讨一些，在平日也会化讨一些米饭、大米。有一日，化讨来的米饭吃不完，就放在船棚上晒干，一只不知何处来的鸽子，先是惊鸿一瞥般地俯冲下来，啄食船棚上晒着的饭粒，几次以后，胆子大了，索性停在棚上吃了起来。一定是鸽子被饿急了，竟被船主发现后，不费吹灰之力用竹筐罩住捉住了。巨濼在店里目睹了这一幕，便以一百个铜板的高价买下这只鸽子。捧回一看，原来是只信鸽，鸽子身上系着三只鸽铃，脚上绑着信筒，拆开信筒却是日文书写的信件，显然是只日军信鸽。巨濼把鸽铃、信筒卸下，恐在通界桥处理露眼，专程去金罗浜埋掉。又特地去平湖县城养鸽子的照官处，借来良种种鸽，交配繁殖后，在店房旁边搭了一个小棚，养了四五只鸽子，都是那只日本军用信鸽的后代。“有时想想，父亲的胆子也是够大的，被日本人知道，私自捕捉军用信鸽，可能信鸽上带的是重要军事情报呢，又私自销毁，这祸可闯大了，弄不好要杀头”2006 年 4 月 13 日，巨濼的小儿子、年已八十二岁的金舜仪在向笔者讲述此事时，发表了如此评论。

当巨濼饲养的鸽群达到二三百只时，每日两次的放飞，鸽群的盘桓加上鸽哨的奏鸣，一下子使六少爷巨濼回乡的消息传遍四邻八村。就在那当口，巨濼宣布了要开南货店的决定。不言而喻，养鸽子的六少爷要开店的消息随着鸽群的飞翔不胫而走，——人们到此时才恍然大悟，巨濼的养鸽竟然是一次绝佳的商业广告的企划。

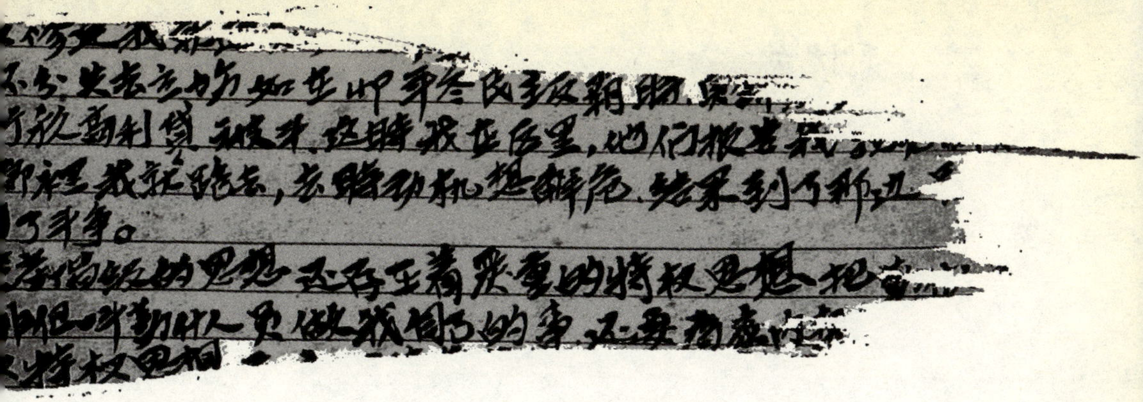

六少爷开店

巨濼第一次以养家糊口为目的的经济活动，选择了将本求利的商业，并且一经择定，就终生从事此业，再无旁骛。看来，他在选择前还是经过深思熟虑的。士农工商四业，细分三百六十行，少爷出身，年逾四十，以弱冠为成年也过了二十年无忧无虑乃至声色犬马的生涯，现在却要择一业，既能自食其力，还要养家糊口，这委实是一项很难的抉择。巨濼虽粗通文墨，但“士”一途是可望而不可企及了。“农”，虽可种一得十，但祖产的田地在前一番的豪赌中，已挥霍殆尽。所剩的二三十亩薄田或有产出，尚不足一家人半年的口粮，更遑论其余的开销了。若要再向人家赁田耕种，对自幼“四体不勤，五谷不分”的少爷而言，断吃不起那沐雨栉风，胼手胝足的劳作之苦了。务“工”，要有压身之技，巨濼知难而退了。在旁人看来，选择“士农工商”四业之末的商，用今天的话来说，巨濼是调整好心态面对现实了。不过，或许金氏先人锡昌公的经商致富，还是有点传承到巨濼身上了。

巨濼有着自己的盘算：毕竟在平湖县城混了十年，尽管离去得凄惶，但瘦死的骆驼比马大，总还认识几家殷实一点的店铺，进点货人家还是会给予方便的。巨濼准备经营南北货——名为南北货，其实也不仅限于南货和北货，而是烟杂、干果日用品的泛称，特点是清一色的干货，便于保存。进货后，只要勤于保管，可以存贮几个月甚至半年以上，这对于初入道的经营者来说，还是一个比较稳当、风险较小的商业领域。

巨濼开始盘点资金。至此时，巨濼手头尚有现金陆佰元左右，留下一半给妻子张秀英，以充家中今后若干时间的开支之用，以另一半当作求利的本钱。巨濼不是倾其所有，而只择其所有的半数，可以看出，在心理上，他对往日的赌博生涯已作了告别，不是盲目地以求一博，而是留了余地。另外在人员的安排上，除了留二子金洪声继续在平湖读小学，妻子秀英和长子鸿楹以下的小孩都还住在金罗浜。从巨濼的这种安排来看，这次经商的举动还带着点试水的味道。

随后是店址的遴选了。金罗浜不宜，巨濼觉得它过于狭仄，没有商贸经营所必需的兴旺人气，店址只能在金罗浜以外去寻找。

金罗浜所在的杭嘉湖一带，总体地势低平，从先民入住至今的数千年来，人类垦殖开发于斯，平原被纵横交错的塘浦河渠分割，田、地、水交错分布，形成“六田一水三分地”的地形结构。人们于地上栽桑，湖荡养鱼菱，田里种粮油。河道纵横，湖荡众多，水上交通发达，是典型的江南水乡地貌。

这片江南水乡上的村落集镇，状如星罗棋布的散落排列。对其散落的状态略加梳理，似也有某些规律可循：一是民户沿河而集居，十几、二十几，数十家，上百家聚居而为村落。村落越小，则姓氏越单纯，往往是一个村庄（当地人也俗称为宅基）一个姓，抑或两个姓，表明是由一个世祖繁衍而下，全村均是同宗的弟兄叔伯。集几百家而居的，就是市镇了。在一个县中，也只有三、四、五处，市镇就广集着众多的姓氏了，表明他们除了当地的基本住户以外，有来自本府的其他县治，甚至是外府，乃至外省的客籍人家的。所操持的行业，就广涉农工商的所谓百业了。二是临河造桥，以桥聚店，以店建村镇。而这村镇的名称，往往以桥名命名如三里桥、西塘桥等等。三是杭嘉湖地带，在人口的分布上属于稠密地区，故而这里村镇之间的路程相隔，都以三、六、九里计。若是两地相距在十二里外，那就是很远的相隔了——可见人口之稠密。

巨滐选中在曹家桥开店，所谓曹家桥，就是前述的以桥名为地名的一种命名。曹家桥在金罗浜西北 6 里，有着百来户人家，是方圆四五里地界内的集市中心。称之集市中心，就是一天早、中两市，周边的村民来镇上茶馆吃茶，手提肩挑来一些时鲜蔬菜或柴禾出售，到店铺购办一些日常用品，当然还有春熟、大熟时油菜籽、棉花、稻谷上市的大宗粜卖。

为了在店中有个照应，巨滐请了同氏族的一位义兄一同前去料理。这位义兄一眼失明，还带了他的一个儿子。义兄的儿子叫金钱劳，又像学徒又像小相帮。这位义兄一直跟随巨滐开店，直到他的另一个儿子金玉麟任县城国民党外围部队大队长，将他接回家中奉养才离开巨滐的恒昌南货店。

店址一旦选定，巨滐就租了店面，是朝南向的二开间的门面，稍事粉刷，去平湖县城进了点货后，择吉开张。巨滐手书一店名招牌：恒昌南货店，悬挂在门楣上。

尽管养鸽的六少爷开南货店的声名在外，鞭炮声中新店开张时也聚集了不少乡邻围观，但人群随着爆竹的硝烟散去以后，门面前就显得十分冷清。生意好时，一天有三五笔生意，而且是赊账居多，有时竟是整天不开张的白板。

店中的这种不景气的状况，一直维持到年底。巨滐派义兄到赊欠的那些顾客处结账，尽量回笼资金。

金舜仪老人回忆起这位义兄，至今仍说他为人极好，忠于职事。年底前要账是商家一年中极为要紧的事，金舜仪还记得，他有时会在年底前几天，跟着这位他称为二伯伯的人，去农户家收账。二伯伯手里举着灯笼照明，肩上背着装钱的褡裢。天上是满天寒星，地面是若有若无的黑幽幽的村庄的轮廓，传出一二点依稀的灯火，猛不丁不知什么时候响起几声狗吠，一老一小漏夜奔走在寒夜旷野的情景，至今仍历历在目。

巨濼自己回金罗浜家里一趟，与妻子商量对策。商量的结果，决定由妻子张秀英出头去催讨一点田租，以解一家过年开销的燃眉之急。南货店的生意维持到春节看看，过了年档再作计划。

巨濼家剩下的二三十亩烂田，都是离村落较远较僻的贫瘠之地，每亩的收成只有平常好田产出的一半，而租种这等烂田的佃户又都是些贫困之人，所以去催讨田租更显得困难。张秀英自小缠脚，一双变形了的小脚一天要行走二三十里路去讨租，着实是难为了她。陪伴母亲的事，就落到了放寒假回家的十二岁的金洪声身上。

每到佃户家，佃户一看金家已落到这种地步，多少会答应交一点租，当然也有的佃户家徒四壁，秀英母子也只能唏嘘一番，空手离去。几天下来，秀英看看收入无几，情急之下，只得去求助在县城的三伯伯巨源了。见了巨源，说明原由，巨源一口答允，立马写了十几亩田六七户佃户的田租，写明此十几亩田的田租，今年归巨濼家收取。——当然，这些田也是较差等级的。平常巨源去收，往往费了九牛二虎之力，所得恐还不够雇人催讨的费用。

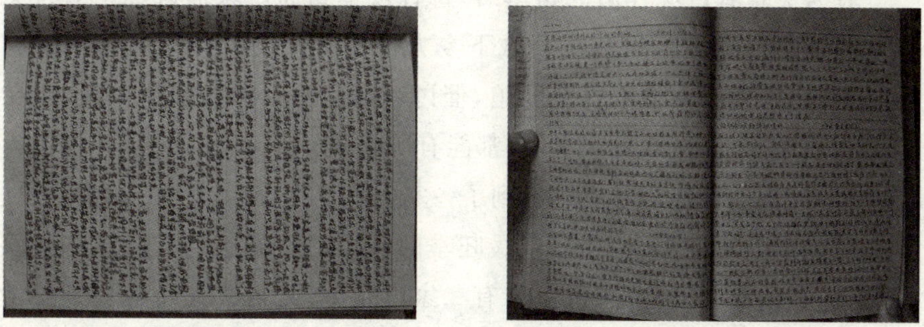

● 金洪声自述家庭历史

当年平湖佃户的交租情况大致如下：上个世纪 30 年代，当时的中央政治大学地政学院组织师生到平湖进行一次大规模的农村调查，并将调研成果汇编成《平湖之土地经济》一书正式出版，其中说道："从前平湖佃农，最为驯良，每于秋收之后，即赶将一年辛苦所得之农作物，上砻制成糙米出售，变换现款，依霜降头限送交租栈，其较迟者，亦在二限冬至三限腊月内完清，极少有欠租情事”(122页)。又说：“平湖地势平坦，气候温和，物产丰富，农民生活向称宽裕，因之情性大半淳朴和平”(193页)。

然随着战害日繁，天灾频仍，农业常遭歉收，佃农很难缴足租息，缴租由约六成，递减至五成。到民国二十四年，仅三四成。在这等情景下，地主催租，多数依赖“跑栈”。尤其是大地主，大都身居市镇，佃户及租田所在不甚清楚，于是跑栈(俗称“狗腿子”)成为地主的代理人。金巨源就属于此类委托跑栈催租的地主。跑栈兼管田地，催收租息，又被租栈所雇佣。租栈专为一方地主收缴租米，全平湖县有99处。每处租栈雇佣跑栈多者七八人，少者四五人。下乡催租“如狼似虎，凭借地主势力，对佃户威胁欺诈，勒索小费，挪款自肥，以多报少，谎新收为旧欠，佃户明知其非，而慑于其权威，只得容忍而已”。跑栈催租，每户加收“脚步钿”一斗半。

另外，如佃户欠租过多，地主可以推出田赋，责令佃户完纳，谓之“着佃完粮”。此法由地主开出租单，连同粮串，呈请政府派警追缴，称为“差办”。警察上门催租，加收催租费每石3升，若逼迫至抄家、抓人、吃租米官司，称为“开租”，一切费用仍向佃户收取。

张秀英拿到巨源开出的租单后，每日按单到佃户家催讨。一则秀英已居乡下，以近为近，比起从县城下乡方便得多，二则恻隐之心，人皆有之，佃户农家一看秀英家境况窘迫，催讨者又是缠小脚的妇道人家，实在也是百般无奈之举，故每次上门，都能有所收获。

张秀英奔波旬日，总算筹集到了一家的过年之资。

恒昌南货店的生意，在一年最旺季的年档仍不见起色。巨滐究其原因，认为在恒昌之前，曹家桥镇已有二家南货店，而且又是经营多年的老店，要想再去分一杯羹，就显得得前景惨淡了。但店仍旧要开，否则一家人的生计无着，所以巨滐决定将店搬至离金罗浜南面6里的通界桥。

通界桥枕南北流向的嘉兴塘支流上，桥西属嘉兴县，桥东是平湖县，去东南不远，又毗邻海盐县，集市虽小，只有三爿茶馆，一家面店，但地处三县交界，过往行人客商甚多，故名通界。巨滐思忖，通界尚无南货店铺，更处交通要道，开店可能会行。

通界桥东堍有一庙。因无其他房屋可租，巨滐就租下庙边俗称“搭庙脚”的空余房间。稍作修葺，恒昌南货店移址重新开张，且仍是义兄帮着巨滦两人经营。

“搭庙脚”充作店铺，西面是桥，南面朝向漾口，北面贴隔壁是庙。庙中有一和尚，后又收一徒弟。两开间的门面，大约 40 余平方，中间隔断，前半间作店堂，后半间又隔成两间卧房。外搭一披间作厨房。

店堂前面装修成踏子吊窗，另半面是门口，门口里面一只长柜台，上置各式货物或货物样品，柜台上面是一块匾，上面仍是巨滦手书的“恒昌南货店”。两边贴一副对联，巨滦用的是随俗的内容：“生意兴隆通四海，财源茂盛达三江。”再后面是账台，账台后设一椅。账台旁设钱筒，人在柜边做生意，每笔生意都要走回账台放钱麻烦，就一甩手将铜板抛入钱筒。再旁边放着一只藤椅，巨滦生意间隙就躺着小憩。巨滦在藤藤榻上休息时，会用手摩拭一柄白铜的水烟管，这是一柄随他从县城带到乡下的贴身用物，而且从表面上看，这也是巨滦保留着在县城时生活习惯的唯一嗜好。吸食水烟，在当时的平湖城乡，普遍风行，包括自食和敬客。但一般的人家，吸的烟丝大都是压制成两寸见方块状的烟砖，烟丝有优劣，但相差不大。而巨滦抽的这种烟丝，名为皮水烟，外貌如上等的肉松，烟味极淡醇平和。吸食这种皮水烟的人犹如凤毛麟角。第一，这种水烟在平湖县城的各色烟杂店里不能买到，只有在上海城隍庙的专营店里才有货。第二，价格要十数倍于一般的水烟丝。巨滦在生意闲暇，长吸一口皮水烟直沉丹田，又长吁吐出一团烟雾，吐纳之间，只有巨滦知道其间的滋味。

这次来通界桥开店，巨滦将交给妻子的另一半钱也悉数拿来，拼凑了大约五六百元钱的本钱，以示全力以赴，只准成功不准失败不留退路的决心。经营方法上，也一改在曹家桥时全凭现金进出的方式。对周边比较殷实或可靠的人家，采用赊账到年底结账的方式，每户给一“金折”，铺底十几、二十元不等，固定了一批长年的客户。这些客户，平常的家用直至年货的置办统统都在恒昌交易，平常到恒昌店里买东西都不需付钱，到年底一并结算。说是结算，明里也可称为结账要钱，行话叫“复年货”。就是在春节前，到发金折的客户家，去问置办年货的情况。若这家客户仍在店里置办年货，他会说我们会到贵店来复年货，这说明明年他还会在你店里购货，而明天客户就会来店里付钱。在付钱时将全年应付款项少付一部分，不把账给清。而当场付清钱的，可能顾客明年就要换店了，行话称“逃账”。当然还有一些窘迫的人家，货款多少也付一点的，但拖欠一些，道一声：“对六少爷说一声，我们到明年菜籽汛再付。”巨滦关照义兄，对这样的人家就不要收清了，好在明年的生意还在。

恒昌南货店搬到通界桥一年来，固定的客户加上散户，再加上来往驻足的行旅之人光顾，一天的生意竟也能做到十几、二十元，算毛利在日进二元左右。这在当时，也算是中等偏上的店况了。通界桥附近，有个渔村，当地俗称网船村，有三十几户人家。多数整年以打鱼为生。在水中打鱼，常年接近水气，为祛寒湿，往往以酒祛散。巨滦决定顺应此民俗，在经营南北货之外，开辟一项卖酒的业务。店里多进点糕饼，卖给喝酒人下酒，义兄再烧点简单的酒菜待客。渔民们有时来吃卯时酒，更多的是买鱼归来，来柜台前站着喝酒，“六少爷，来一开酒”，打鱼人豪爽的吆喝声，有时像要掀起小店的屋顶。巨滦安然地为来客酌满一碗酒送上。这时“六少爷”的称呼，不知还能否唤起他心中往日的涟漪？

卖酒又为恒昌南货店增加了一项进益，正当小店的生意日渐红火时，从开店起一直在帮忙的义兄被他当队长的儿子金玉麟接走了。巨滦颇能体察对方的境况：儿子有条件尽孝心了，不管自己店中如何需要人，总是应该成全义兄的。

义兄离去后，中秋前一天为了要商量解决店中缺人手的事，巨滦回金罗浜家中一次。虽只有六里旱路，但巨滦每次回家，总是雇一小船，由人划着由水路返回，——杭嘉湖水乡，是无村不通船的。

巨滦因此段时间南货店的生意日好，是几年来少有的好心情，秀英和儿女连同哑巴都感染上了这种心情。今年的中秋节又全家团圆，巨滦带回了苏式和广式的两盒月饼，秀英还自制了不少眉毛饺——一种平湖过中秋节时应景的甜面食，状似眉毛，内包的馅多为捣碎的籽麻拌糖，口子捏成花边状，颇为精致。吃过月饼、眉毛饺，还在天井中供了月华，焚香拜月。天井中央，摆一长案，两个花瓶中插了两束桂枝。绽开的桂花飘香，弥漫整个庭院。案上还供了六样时鲜瓜果和月饼、眉毛饺。待香烛点燃后，一家人依长幼次序，依次对月祝拜，每人许下心愿。今年的月亮也遂人愿，一轮满月，格外明亮。

巨濚到家后，还特地买了两个大西瓜，刻了两个西瓜灯，图案是三国志中的桃园三结义和三英战吕布。儿女们围着看巨濚制作，巨濚先将花纹雕好，用刀将瓜顶切去一片，把西瓜开顶，小心翼翼地挖空瓜肉，配上吊绳。待天黑时，将瓜灯内的蜡烛点燃，那忽闪的烛光，衬映出图案分外明亮，——一晃几年，巨濚都没有兴致摆弄此技了。

天上月光，地下西瓜灯光，今年巨濚家的中秋节显得十分明亮喜庆。

过完中秋，巨濚带妻子秀英和大女儿月珠、小儿子舜仪（小名连弟）来到店中。妻子张秀英帮助料理店中事务和家务，月珠带着年尚幼小的弟弟舜仪帮衬。

正当店中事日趋顺利时，不料巨濚的家事骤起风波。

1929年，当年被巨濚寄于满腔希望送往杭州念女中的大女儿月珠，随母亲来通界桥时，已是亭亭玉立的十九岁姑娘了。由于家道的中落，由于家兄的过错而涉连到无辜的她中断在杭州的学业，在这位见过省城世面而又复蜗居穷乡僻壤的少女心里，埋进了过多的怨艾和阴影。

从依稀可望的激荡时代新女性的前景，跌落到蜗居家中更复操持庙旁小店中的杂务的现实生涯，生活的极大落差，此时的月珠需要有人疏导排遣。可恰恰在这时，作为父母亲的巨濚和秀英，正在为全家的衣食殚精竭虑，无暇顾及而疏忽了。

金舜仪在八十余岁时回忆起这段往事时说："我从小是大姐带大的，在通界桥店里，我和大姐同睡外间那间卧房，隔壁就是庙。庙中的和尚，一大清早就敲响晨课的木鱼，一敲一个来时辰，每天每天，我的头都被敲疼了……"

女大当婚，金月珠的出嫁是相当凄惶的一幕。闪电般定下的夫家是曹家桥唐桥的唐元华家，急匆匆地雇了一条船从金罗浜出嫁，也没有置办什么嫁妆，用金舜仪回忆的话说："比嫁一个丫头都不如。"

月珠婚姻的风波骤起，是在出嫁后两个月不到。唐家提出离婚，理由是一些莫须有的传闻。两家经媒人协商不成，唐家向法院提起离婚诉讼，法院判决准予离婚，男家赔偿女方三百银元。

巨溁的少爷脾气在这件事上又犯了，待唐家送钱来时，当场在通界桥雇了只网船，将这些银元连同女儿月珠，一起送到海盐宣家浜张礼甫处。巨溁的意思，依旧俗，姑娘若出落得有瑕疵，就送回外婆家交舅父管教。其实，这哪里是管教，设身处地地为月珠思忖，这无疑是往伤口上撒把盐搓擦，这无异于将月珠当众裸体鞭笞，何其痛哉，何其伤哉。

一年不到，月珠便从舅父家重回金罗浜，她的神情已与前判若两人。婚嫁适人的事，从此不再提起。虽在家中，但孤苦伶仃地独自缩在一旁。为解决生计，有时也在家中厅上开私塾，收几个学生。在当时，有月珠这点文化底子的女子还极少，授课的内容是符合时势的新式教育，但无奈月珠做人的"名声"已坏，私塾时开时停，日见式微，最后在凄苦郁闷中，于1935年去世，年仅二十五岁。月珠的一生好似一朵刚绽放的花朵，骤遭寒流风霜摧折，就过早地凋零了。当然酿成这悲剧的，还有月珠本人性格懦弱的原因，这从屈从父亲去娘舅家一事可以得见。"过去礼教害人，大姐的这条命就是这样去掉了。"金舜仪显然对大姐月珠充满眷恋，他在七十年后回忆起这段往事时，对"吃人"的旧礼教，忿然之情溢于言表，不由大大地提高了嗓音。况且一改为长者讳的传统，指谪起了父亲："我们小的几个议论，我爷这件事做错，不应该将阿姐送到宣家浜，不应该将这些钱交给大娘舅，应该将这些钱交给大姐，让她自己掌握就好。"

如此苛责女儿月珠的当事人巨溁，是爱之愈深而责之愈切呢，抑或是满怀希望而骤然失望后的迁怒呢？还是其他……不管如何，父亲巨溁对女儿月珠的处置显得太过鲁莽而太寡亲情了，曾被巨溁寄予厚望并一度引以为傲的长女月珠的生命之花就这样过早地凋谢了。我们再来述说巨溁长子鸿楹的人生轨迹。

鸿楹在杭州读书时染上的鸦片瘾，始终没有戒尽，待严父一离开身边，更呈死灰复燃的态势。母亲张秀英毕竟心软，看到儿子犯瘾时痛苦不堪的模样，也睁一只眼闭一只眼的让他吸几口。

鸿楹烟瘾的不可收拾，是在母亲也去帮父亲开店之后。金罗浜的家中，只剩下哑巴和小的几个弟妹，父亲巨溁个把月难得回来一趟，哑巴只管兄弟姐妹几个的吃饱穿暖，哪里管得了他的烟瘾！鸿楹完全失去了管束。

吸食鸦片，所费甚巨，每有因此瘾而倾产荡产的。鸿楹吸鸦片所费的钱，大部分是凭他一手好字和肚中的文化挣得。他的毛笔字一如其人，相当端庄秀丽。那时的乡村中，识文断字的人极少。凡村人家中有红白喜事，还有为分家析产等等的经济事务，被乡人称为“千年文书好做药”的写纸写笔，更有书写官司诉状等等，都会请他代笔。每次会给他一定酬谢，有时赢了官司，礼金还相当丰厚。反正日常饭菜是哑巴料理好的，这笔进项就成了鸿楹毒资的主要来源。

待到烟资接济不上时，他只得向母亲求告。然而毕竟还是读过书知道廉耻的人，自知无颜直接面对父母双亲，每当向父母告乞时，只站在通界桥桥西，或向店中的小弟舜仪示意，实在不见舜仪时，就央路人把小弟舜仪招过桥来，由小弟向母亲求乞。这件事是不敢让父亲知道的，或者父亲巨滦只是装作不知。母亲毕竟是自己身上掉下来的肉，自肉自痛，每每背着父亲从店中拿一些铜板洋钿银角子，数量不多，但次数不少。接过钱，鸿楹转身又去耗在鸦片上了。

鸿楹虽染鸦片毒瘾甚深，但终身还能自持住一点：不论如何的毒瘾煎熬和冻馁饥饿，不私自毁损金罗浜老屋的一草一木。若换别的不肖子孙，家中大人又都不在老屋居住，将屋中的一切卖尽当绝也是屡屡可见的。

在鸿楹的一生中，也有过些微的亮色和仅有的一次悲壮举动。那是在抗战开始以后。金洪声促其戒掉鸦片。巨滦等人要回金罗浜修老屋，鸿楹接替父母亲常住在恒昌南货店里，照料、经营店中生意，金洪声有时也会帮他料理一些。小店在独具商业眼光的金洪声的谋划下，竟成了四邻八村商界中的一枝独秀，有关金洪声在偶涉南货店经营时显露出来的商业天赋，我们将在以后详述。

不料树大招风，引来了两次强盗的光顾。说是强盗，其实也就是乡邻，甚至是熟人，晚上蒙面打家劫舍。第一次是强盗抢劫别家后，作鸟兽散前的偶然闯入。当时已近黎明，鸿楹、洪声兄弟都在店里，抢去东西不多。强盗恐被来通界桥吃早茶的农民发觉，在晨曦中认出他们的嘴脸，因此仓促间就逃掉了。不料，强盗尝到了甜头，第二天复又重来。金洪声不在，只有鸿楹在店中，强盗拿走了拿得动的一切，连金洪声存放在那里的一箱新衣服也全劫走了。不过，强盗还不满足，怎么不见钱款？就用洋蜡烛点着烧鸿楹屁股，逼他拿出钱来。其实，当时店中就根本不会存钱，鸿楹只得硬扛着，直到整个屁股被数十个烟头烧得血肉模糊。最后，强盗见实在逼不出钱来，就又将店中洗劫一遍后，复作鸟兽散般离去。金舜仪向笔者讲述此事时最后说："连藏在火纸卷里的每盒香烟都不放过"。

鸿楹这次近乎英雄般的举动，使他获得了在家人中前所未有的尊崇，我们希望这犹如一个里程碑般的转折，使他在今后的路上越行越远越好。

然而事不由人。巨濼长子鸿楹陷入不堪境地的起由，是父亲巨濼发觉他又在偷食鸦片烟。时隔七八十年后的今天，金舜仪回忆起此事还是十分惊异于巨濼的惊觉发现。当时常去恒昌南货店的金洪声没有发觉，连天天在店里帮助烧饭的那位帮工也没有发现。大概巨濼是太在意他那爿南货店了，那店承载了他往后全家人的衣食之源，也记录了他人生自食其力的唯一一次成功。大概是这种第六感官启示了他，否则近在咫尺的人都没有发现，而远隔几里在金罗浜家中的他倒发现了，这如何解释？

勃然大怒的巨濼将长子逐出恒昌南货店，并扬言断绝父子关系。"江山易改，本性难移"，一如对待女儿月珠，巨濼此时又一露峥嵘，显出了他刚愎的一面。鸿楹知道父亲勃然大怒后面藏着对他深深的挚爱，也深藏着对他的希望和失望。他十分悔恨，但他实在无法抗拒鸦片对他生理和心理上的诱惑！鸿楹无言怏怏地离开，抖索着肩膀，迈着比离开三才学校时更沉重万分的脚步，行走在茫茫田间的小路上，回到了金罗浜那已不存在多少亲情的家中。

金罗浜的老屋如何呢？不知出于何种原因，国民党的维持会设在金家，也不知是由何人向日本人告密，驻平湖县城的日本人来金罗浜扫荡，有目的地在金鸿楹房间的桌子上发现了维持会的文件。日本人放了三把火，前埭一把，二埭一把，后埭鸿楹房间里一把。火烧起来，一下子房屋倾圮了，亏得鸿楹房间里的那把火没有着起来，还烧剩了几间，但木制的门窗均已毁于烟火燎烤之中。房间前后已没有了关闭,也不能住人了。万幸的是,房屋的风火墙砌得好,没有殃及四邻。

日本人的这把火,使金鸿楹流离失所,将他逼上了绝境。

无家可归的金鸿楹只得寄住在马厩庙村庙旁的小屋中。马厩庙距金罗浜,通界桥各三里地远近。不知最后的那段人生岁月,他是怎么度过的。只知道,他有时还会去私下贩食鸦片的俗称"燕子窝"的烟榻上,吸上一二口鸦片。只知道,还有二十来亩收不上租的烂田,母亲张秀英让他去收,原想他这一副穷困不堪的样子,或许还能给他要来一点谷米,聊延他苟且的生命。不料,鸿楹见佃户人家家徒四壁,反而就掉眼泪,讨租的事只字未提,转身就走。终于在某个夜晚,蜷缩在他栖身庙旁小屋的那堆乱稻草中,无人知晓地停止了呼吸。那年大概是日军侵华的第二年,算来应该是 1938 或 1939 年,金鸿楹活了二十八九岁。

庙中的和尚在第二日清晨,发现金鸿楹已死去,急忙赶到通界桥恒昌南货店报知。闻讯,母亲张秀英拉着小弟舜仪,急匆匆赶到马厩庙。到马厩庙旁小屋,见人已僵卧在地上那堆充作床铺兼被褥的乱稻草中。随即买了口薄皮棺材草草入殓,由小弟舜仪在前面撒黄纸引路,抬回金罗浜,葬在自家稻田旁的桑园港上。由嫌杭州三才学校宿舍的木板床硬而要上加棕棚才能入睡,到倒毙在乡村庙旁破屋地上的乱稻草堆里,金鸿楹走完了他一生的道路。死而不得归葬祖茔,也算是对他的一种盖棺定论了。

巨濴听着妻子和幼子向他讲述鸿楹死葬这一切时,默然无言。"君子之泽,五世而斩",自己的父亲锡昌,以五品云骑尉衔富甲一乡;自己寄托了无限希望的儿子,终极的归宿,竟是如此不堪地死在庙旁的破屋稻草堆中,还有几年前去世的大女儿月珠,真是应了"富不过三代"这句老话。巨濴的无声中,一定蕴含着无限的人生感慨;也一定超过了"恨、恨、恨,错、错、错"的情愫。

从 1929 年张秀英到通界桥起,巨濴夫妇一直经营着恒昌南货店。秀英的到来,为店铺新增了一项业务,通界桥附近盛产环菱,那菱两角如水牛角般弯曲,每年九十月份大量采摘应市。秀英每天从菱妇处购得,第二天清晨,煮熟一大铁镬,倒入木桶中,供吃头开酒的顾客们下酒。熟菱既糯又香，还可当饱，更兼以价钱便宜，大受渔民食客们的青睐。且熟菱出镬时热气腾腾，使店堂呈现出一派蒸蒸向上的兴旺气象，巨滦对此大加赞誉。

经营商店，进货是业务的源头。平日里，巨滦固定了两只栈船，去平湖进货。巨滦在县城里有些人脉，恒昌的信用也一直不错，所以都是巨滦开出货单，栈船的船主凭巨滦手写的货单到平湖店家取货，到一段时日，巨滦才随栈船去县城结账。通常两只船间隔着轮番去平湖，生意好的时候，两船要同时去平湖才够供应。

临近年底岁末，还要去较远的乍浦进批山货海货。去乍浦进货，要提前一天叫好一只较大的网船。第二天清晨巨滦饭后登船，有时还带上三子舜仪。乍浦的笋干从对江产地运来，质量上乘，每次要进五六荷包袋，每支笋干二三尺长。杭嘉湖乡村的习俗，每到过年，家家户户都要买上几斤笋干，少的一二斤，多的三四斤。过年前，就早早将笋干浸开煮透发好，切成条或滚刀块状，再加肥肉煮成笋干烧肉，菜取名“节节高”。辞旧迎新，寓意家境年年高升之意，所以店家要备足笋干。同船还要捎上一些黄鱼干、鳗鱼干之类的海货，以备家境宽裕的人家选购。通界桥到乍浦有近三十华里，往返需要一天。

不管时局如何变化，不管政坛上旗色如何变幻，不管市面上丰歉如何，巨滦夫妇总是守着恒昌南货店，将本求利。二十几年来，迎来一度度春秋，送走一个个寒暑。每日清晨，秀英第一个起来，先拔排门板开店堂，再进来一边烧四个人的早饭，早饭通常煮粥，一边要烧供顾客下酒的酒菜。只是有时会觉得隔壁和尚的木鱼声十分恼人。巨滦也早起，没有主顾来时，就擦拭清洗那柄白铜的水烟管，随后笃悠悠地抽第一筒烟，皮水烟的烟味很淡，往往要一连几筒才过瘾。

白天，巨滦有顾客来时就招呼生意，清闲时，就倚在藤榻里，一手托腮，整年看一本三国演义。这本三国，他不知看了多少遍。

傍晚，当最后一个顾客离去，清点完当天的账目后，全家人就对着河边的夕阳，或对着昏黄的灯光，吃晚饭了。巨滦和秀英，两人每晚都要喝点黄酒，两人酒量相差不多，但喝法大不相同。秀英是大口喝酒，有乃父的酒风，往往几杯下去，动辄就醉。醉后也不言语，有点摇晃地扶着墙壁，走回卧室。有一次过门槛时，不慎脚踏进门口旁的一只甏里，巨滐依然坐在桌边喝酒，笑秀英的失态。往往秀英有点醉了，就倚在床上，衣服未脱就睡着了，倒是一双儿女帮她脱去外衣，躺平在床上，再盖上被子，以免母亲着凉。

巨滐吃慢酒，一顿酒往往要吃上一个时辰开外，小口慢品，除了平常吃饭的菜，他还专备一样下酒菜——花生酱。女儿月珠在家时，月珠用小石磨替父亲磨好花生酱，女儿走后就由妻子秀英替他磨了。每到霜降蟹肥膏黄的时节，从蟹簖上直接买回蟹煮熟，持螯品酒，夫妻两人的酒兴要平添几分。每年在蟹汛还要买些蟹养在甏中，喂以黑籽麻，待冬日享用。

每当巨滐酒色上头，脸露微酡而醺醺然时，他会对着儿女讲三国，讲他以往年轻时的经历。这时的巨滐，似有几分豪情，似有几分愧疚。

自从离开平湖县城回到金罗浜，再到曹家桥，再到通界桥开店后，除非结账进货，巨滐轻易不去县城，也很少与以往的熟人朋友交往，倾心于经营恒昌南货店养家糊口。或许只有面对年幼的儿女，才有一吐胸中块垒的机会，至于年幼的儿女是否能听懂古时的三国故事，还有他前半生的沧桑历程，此时的巨滐是全然不顾及了。

恒昌南货店终于歇业了，歇业在巨滐夫妇的意料之外，歇业在中国政治翻天覆地大变革的 1949 年 7 月。

1949 年 5 月平湖解放。6 月，金洪声受共产党平湖县委指派，任平湖县城郊区副区长兼城关镇镇长。金洪声考虑到，平湖地面尚未平静，敌特活动时有发生，父母在通界桥安全恐有不测，就派两名区中队队员，去接两位老人到平湖县城。他指定了雇用船只的船户，又关照队员要待船驶离通界桥后才能离去。

船到平湖后，巨滐夫妇被接到堰上巨源家，后又住到官弄 3 号弄口定居。

至此，巨滐结束了二十二年的少爷开店的生涯。

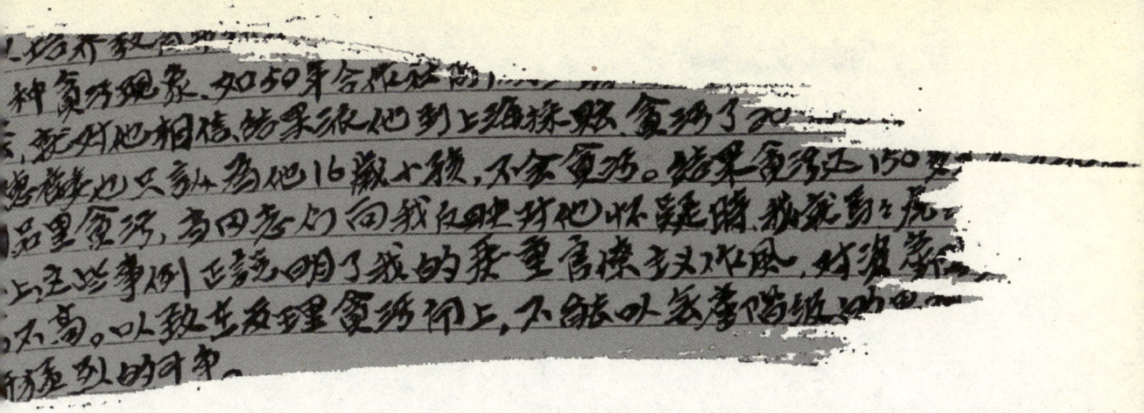

长大当老师

张筠秋的祖父，以乡村教师终其一生的张老先生，在1904年为长子张书奎（字礼甫）、媳妇朱贵珍完婚。那一年礼甫二十岁，贵珍十九岁。媳妇秀慧，只是身体稍见单薄纤弱。

张老先生未至天命，身体已见衰老之相，盼孙之心尤其急切。可是婚后数年，仍不见儿媳有梦熊之兆，张老先生终于怀着未见孙儿的莫大遗憾逝去。

多事之秋的辛亥年初，贵珍始觉体征有异，待确证有了身孕后，全家大喜。贵珍的母亲闻讯也如释重负。临近产期还有一个月时，娘家着实地备了一份催生礼，由朱母乘船从武原镇送到宣家浜。内有：贵珍母亲手缝的“蜕毛衫”，是一件无领的和尚衣，可避邪，宽松，以示能脱掉身上胎毛。另有从店铺买的红糖、胡桃、桂圆、荔枝等滋补之物，还有自制的糯米饭糍、糕饼等供孕产妇充饥之物。

1911年12月16日，紧随着祖国母亲五千年以来最激剧的临产阵痛，张筠秋也从母腹中呱呱落地，来到人间。

父亲张礼甫时任海盐县西塘区十七图总董，筠秋降生时，他正在治下的乡间奔波，料理打点着社会上的那场阵痛：挂白旗、剪辫子，完成清朝到民国的改朝换代。

礼甫虽然婚后期盼了七年，七年中他也不知默默地在心中朝夕祈祝过多少遍，但在妻子一旦分娩前，却将一应事情，全撂给了母亲。

那时的乡间还都是老法接生，妇女一朝分娩就踏进了一脚跨在阳间、一脚跨在阴间生死难测的境地。一个催生婆，一把剪刀，一盆热水，最多旁边还伴着两三个照应的女亲属。大人小孩平安与否，大半系在产妇、胎儿的造化上。好在礼甫的母亲生育过四男二女，处事熟练沉稳。二个多时辰的声嘶力竭挣扎过后，贵珍终于产下一女。女儿似父亲，颇巨硕，哭声也洪亮。

待礼甫赶回家时，只见母亲已在堂中设香烛叩拜，感谢神灵祖宗保佑大人小孩均平安。礼甫拜谢过后，听说生了女儿，就对母亲说："小名就叫佩兰吧"。母亲说好，头生是孙女，希望能陪(佩)着来(兰)一个孙子。

礼甫照着母亲的吩咐，即着人去武原镇丈母家报生，因为是生了女儿，报生人就携了只母鸡，外婆家则回赠红鸡蛋88双。那尾母鸡，在耳边系上一根兰线后，也作为回礼抱回张家。"兰"与"拦"谐音，意为"拦牢"小囡，使之健壮成长。

从佩兰出生到"斋三朝"的三天内，每天上午，礼甫推卸掉一切"委员"的事务与应酬，专在家中迎候来送月子礼的亲戚，还有各色闻讯而来多半是与，"委员"有事务往来的朋友。

最先送来月子礼的，是礼甫的三位胞弟，礼虽丰俭不一，但都是同胞的一片心意。

大兄弟张关甫与礼甫同住在宣家浜的房子里，得讯最早，送礼也最早。关甫娶海盐武原镇黄同源家的闺女，黄同源商铺在县城也小有名气，可惜黄氏过门后，一两年就因病故世，未生育。关甫也从此未娶，孤身一世。他妻舅在县城开黄同友酱园，对关甫颇为关照。关甫开串乡店为生，进货时妻舅均按成本价拨货。所以关甫经济上尚小可，出手也大方。金舜仪在回忆幼时去外婆家拜年时说："关娘舅（关甫）顶出客，每人一个银元，大娘舅大舅妈（礼甫及妻子）双角头，小娘舅（方甫）去拜年呒啥啥，胡子一抹。"

小弟方甫，住老宅知稼堂。张老先生以此堂名，告诫子孙应知稼墙之难，一餐一粟来之不易，以耕读诗书传家。方甫生两子：振麟、振祥。妻子陈氏在产第三子时难产亡故。岂料方甫不能铭记生父遗训，染烟、赌两毒，倾尽田产后，靠兄长礼甫接济度日。在上海谋生的妻舅陈跃明，先后介绍振麟去上海浦东一家酱园当学徒，振祥进上海钢铁厂做学徒。方甫了无牵挂后，更加游荡乡里，一直至死。

二弟平甫，与小弟同住知稼堂。娶平湖俞兴里俞氏。平甫学校毕业后（据张兴华回忆，平甫毕业于省立第三中学，即现在的嘉兴一中前身），曾设塾教书，因病早逝，撇下俞氏守寡，未生育。俞氏后归娘家居住，郁闷至极后到平湖县城西门外庵中带发修行，意欲黄卷青灯了此终生。张振麟在岳母去世后，荫寄平甫俞氏为继子，以母亲称俞氏，且将俞氏接往上海。

三朝过后是满月，满月以后是周岁，礼甫生性喜欢热闹，都摆酒设宴会聚亲友。筠秋周岁过后不久，贵珍又有了身孕。一天，细心的婆婆，看着贵珍迈过门槛时，先出左脚，就兴奋地对媳妇说："这次是个男孩。"贵珍闻言，又是喜悦又有些羞涩地低头不语。

又一番十月怀胎后，果如婆婆所预言，贵珍产下一男孩，礼甫为儿子取名振乾。《易经》云："乾为天，为圜，为君，为父。"可以想见，礼甫对儿子寄予的厚望。

然而振乾降生后，并未显露出健相，倒有点体弱之征兆，哭声还不若筠秋洪亮有力，尽管全家上下悉心哺育，但没有婴儿应有的日长夜大的旺劲。更使人隐忧的是，振乾的降临，三年之内，给礼甫家带来两次变故。莫非此儿的生辰八字不好？

先是礼甫母亲，刚入寿年就撒手西逝，且逝得异常突兀。

宣家浜所在的杭嘉湖平原一带，方圆几十、上百里的种田人家，几乎家家都有一片自家的竹园。竹园往往就在屋旁，从离北窗或西墙三五尺远的地方开始，逐年蔓生一直长到屋主人地界的尽头。竹园里的竹子，夏日里翠影婆娑，可挡去不少六月里骄阳的暑气。到了冬天，却如排箭般挺拔密立，又能抵御住西北风挟裹而来的凛冽寒潮。最能给庄户人家带来喜悦的，远不是文人雅士们的“宁可食无肉，不可居无竹”或者“一枝一叶总关情”之类的闲情逸致，而是春雷响起春雨过后，从地下不时冒出的茬茬春笋。这是皇天后土一年中对种田人家的首次馈赠，种田人喜悦的是实实在在的收获。

同是春笋，却有分别。最先破土而出的是早笋，当地人叫燕来笋，数量不多，味最鲜美。第二茬长出的笋叫孵鸡头，有两层意思：一是出笋的时令，正当农家将蛋放在母鸡身下孵小鸡的时节；二是竹园里的笋出得多了密了，像母鸡身下破壳而出的小鸡，接二连三，成窝地来了。最后一茬的笋叫乌壮头，笋壳的颜色带点乌黑，笋的个头特别粗壮，只是笋味稍微夹杂点苦味。

第十二課 帽
帽所以護頭。四時皆用之。天暑時。多用草帽。天寒時。多用呢帽。或以絨布為之。

◀“共和国教科书·新国文”第三册，第十二课：帽。

第二十四課 勿貪多
瓶中有果。兒伸手入瓶。取之滿握。拳不能出。手痛心急。大哭。母曰。汝勿貪多。則拳可出矣。

◀“共和国教科书·新国文”第三册，第二十四课：勿贪多。

● 张筠秋读小学时的课本内容

一个从悠远的祖宗那里传下，又历经先农子孙代代口授相传的说法，仍为今日宣家浜及其周围的庄户人家深信不疑：竹园里竹子长势的枯荣，往往征兆着主人家家运的盛衰。因此，正经的种田人家，都会经心莳弄着自家的那片竹园。其中至关重要的第一步，就是在出笋时节决定笋的去留。园里的笋，要留下挺拔粗壮的，使其长成竹子，不能太密，也不可太稀，以延续竹园的强势和茂盛。那些长得过密的竹笋，那些长得歪斜瘦弱的竹笋，则要将它掘去。掘下来的笋，在崇尚自给自足的乡村，大多供自家食用，少数也有拿到附近的小镇或集市上去卖了，换成妇女们的针头线脑或家用的油盐酱醋，当然还有男人们的茶钱酒资。殷实一点的人家，竹园常常也大，那是不屑将笋外买的。尽管笋多，但这些人家自有他们处置的办法：在每年竹笋刚出，还是时鲜佳蔬时，他们就掘来，分送给邻近镇上或县城里的亲眷朋友尝鲜，虽不是什么贵重的珍馐，但对方珍惜的还是这地头鲜中透露出来的亲情。等到笋大批地从地下冒出时，主妇们就忙了。每隔二三天，就要去掘回大篮大篮的笋子，随后切成笋片或笋丝，晒制成笋干。

1914年，张筠秋四岁，祖母四十七岁。那年的春天来得格外早，春分刚过，接连下了两场透雨，在地下蓄势一冬的笋儿，也耐不住地下的郁闷急着要往地上窜了。那年筠秋家的笋长势极好。

祖母带着筠秋去竹园里掘头朝笋，不料篮中的竹笋刚遮住篮底时，祖母在掘笋用力时，身子一歪，倒在地上。筠秋大声地叫着“亲亲”，可祖母就是不应。筠秋急了，心里怕了，飞快地跑回家。哭着告诉了母亲。母亲放下怀里的振乾，睡在床上，叫筠秋看住弟弟，什么也不说地飞快冲出屋去……

待筠秋再见到祖母时，祖母已静静地躺在床上，旁边围着一圈的是低着头的爸、妈、叔、婶……

筠秋后来哭着要找祖母，大人告诉筠秋，祖母到天上掘笋去了。筠秋不明白：今年家里的笋是大年，祖母头朝笋也没掘完，为什么要去掘天上的笋？

母亲的骤逝，礼甫连随侍汤药的孝子之行也未能稍尽，更陷他于“树欲静而风不止，子欲养而亲不在”的无可弥补的抱憾之中。礼甫只得将孝心移情于母亲的葬礼之中，倾其全力，为母亲送行，以表人子的哀思。礼甫体形壮硕，但至“五七”，已是一副形销骨立的孝子模样了。

正如俗语所说，祸不单行。翌年，礼甫丧妣之痛始觉消解，妻子在第三胎的分娩中，血流不止而亡，胎儿也未能保全。那是1915年，朱贵珍终年三十一岁。

五岁的筠秋已初谙人事，知道妈妈已离她而去，只在一旁抽泣。而三岁的弟弟振乾，却屡次屡次地哭喊着要寻找妈妈，闹着要妈妈抱……，众人无法，只得让振乾去见僵卧在床的妈妈。振乾号哭着猛扑前去，伏在妈妈身上，然而任凭儿子怎样呼天喊地的呛号，妈妈终不能回答。振乾哭得累了，只能脸贴着妈妈冰冷的脸睡去。弟弟睡着了，筠秋靠着妈妈的床边陪伴着，妈妈和弟弟都睡着了，只有筠秋一个人还在流泪……

三年中，张家两举丧事，连亡三人，有旁人向礼甫进言，是否租住的房子不吉，以另觅新居为上？礼甫一言：人生祸福事，岂关宅第中。朋友以屋遗我避风雨，此乃尚义之举。尚义之屋，何涉阴凶？于是，旁人止言，礼甫一家仍泰然在宣家浜屋中居住。

1917 年振乾五岁，已到发蒙的年纪了。春节刚过，礼甫开始计议起儿子振乾读书的事了。宣家浜村落较小，又都是靠种田谋生的庄户人家，故没有设私塾，要为振乾发蒙就得到张家门张氏宗族开设的私塾中。

闹完元宵，私塾的先生就要坐馆，礼甫趁着年初十姐弟俩去海盐外婆家拜年回来，就向振乾说起了今年要去读书的事。不料，筠秋在旁说："弟弟读书，我也要去读书。"事出父亲预想之外，礼甫脱口而出："女孩子家读什么书！"在张家门、宣家浜，十七图图董张礼甫也算是个开通有识见之士，然而潜意识中，毕竟还不能越出几千年来"女子无才便是德"的旧思想窠臼。

"反正我要读书。"

父亲一时失了应对。

"你难不倒我，弟弟去读书，我跟着弟弟一起走到张家门，也好读书了。"

"佩兰宝，你为什么要读书。"父亲似乎已经有点正视筠秋提出的要求。

"爸你听着：'读书好，读书好，读书不分迟和早，人不读书，就像瞎子看不到，知识无价，学问是宝，读书好。"

"佩兰宝，这歌你是怎么会唱的？"

振乾抢着说："爸，去年，姐就带着我去张家门，在私塾外面，听先生教时，偷偷学会的。"

至此，父亲已无言可说了，对着筠秋、振乾俩说："好，备两份拜师礼。

筠秋，你和弟弟振乾一起上学。”

张筠秋在七岁时发出的“我要读书”这一呼声，开始了她一生向旧习俗的挑战，至今我们仍不清楚，这是出于她求知的本能，还是来自于她体内潜藏着的与生俱来的叛逆因子。

私塾设在张家门礼甫家的老宅知稼堂厅堂上——那所老宅虽经火灾，但修葺后，仍住着平甫、关甫兄弟两家、据曾在此上过学的张礼甫的孙子张欣田回忆，知稼堂私塾的大致布局如下：“学校位于宣家浜的南面，从宣家浜的家里出发，走过了一片高地和田野，就有一个大院子，住着两户人家，他们是亲兄弟两家(即关甫、平甫)。房子大门在南面，面前是晒场，晒场前面又是一条小河。进大门后来到大厅，两边是两户主人的房间。前厅北面是很大的天井，中间的步道直达后厅，步道两旁还有两个已显损坏的花坛，里面种着月季、芍药，还有小葱和杂草。再两旁就是厢房，是主人的厨房和仓库。我们的教室在后厅。厅很大，有我家(指张礼甫在宣家浜的房屋)三个厅那么大。我们上学是从后厅东面的边门进来的，这样可以不穿过主人们的起居室。”

继承张老先生教员薪火的是礼甫的二弟关甫。虽然是叔父，但入学时筠秋和振乾仍以先生礼拜见，跪了红毡毯，行了三叩首礼，以免日后管教上失于偏怠。塾中已有十二三个学生，今年除了筠秋、振乾，还增加了另外三个学生。只是女童入学，只有筠秋一人。

先生教的是《百家姓》，以识字为主，后来又课以《三字经》，虽然此经意贯我们民族五千年文明精粹，但先生一秉历来的授业方式，识字读诵。其间文义，大多不释，只待学生日后逐渐自己明了。关甫教书胜过一般冬烘先生之处，是他进过新学堂，故在百家姓、三字经外，还兼授算术。虽是简单的识数，加减，但学生在日后大得认数记账的裨益。循私塾的惯例，向先生献上拜师礼，向同窗分送状元糕后，七岁的张筠秋开始了她的识字上学之途。俚语说，上学是穿了牛鼻子，喻儿童失去了童真的自由，如同牛被鼻绳牵着，不由自己了。筠秋因为自己要上学，所以只有能读书的喜悦，而少有被管束的窘迫；只有“没有学问无脸见爹娘”的焦虑，而没有半点倦怠松懈。不过当时读书的一个困难，恐还是现在非亲历的孩子们甚至大人们所不能想见的。

筠秋、振乾的读书之难，在那宣家浜到张家浜二三华里十几分钟的泥路。若是晴天，哪怕是严寒酷暑，都还不算难事，难在春天。江南春天的雨，常是连绵不断的一下几天，十几天，淅淅沥沥地下个不停。对筠秋和振乾来说，那就没有“昨夜枕边听檐雨，明朝巷中买杏花”的浪漫风情了。路是泥路，雨后第一日走去，若前面的行人少，一步沾上一脚泥巴，脚下挂得十分沉重，使你举步维艰。雨后第二天、第三天的路况就更使人窘状异常了。路面已是一派泥浆，泥浆没过脚踝是经常的。最要命的是脚下的滑，一不留神，或是倒向前后，或是滑向左右，人失去重心，倾倒或仰面在那片泥浆之中。倘若摇晃的身躯在行人踏出的足辙中停住，那也是惊魂乍定，一身冷汗。天晴时十几二十来分钟的路，半个小时，一个小时还不能走到。人说如临深渊，如履薄冰，江南水乡的春雨天的泥路泥泞，同前者的景象也相差无几了。

入学几个月后，筠秋和礼甫同时感到了读书识字的喜悦。

1917 年夏，杭嘉湖螟灾炽烈，政府号召农户白天入田逐株摘去有卵块的稻叶，并计数发放酬金。图董张礼甫至傍晚还在田头查看，筠秋就在家中，帮着记数。待礼甫回到家中，意料之外地见到前来报卵块数量的村民已经散去，女儿筠秋捧着记数本，在等他回来向他交账时，父女俩喜由衷来的大乐了一场。筠秋到晚年时，还清晰地记得那时的情景。

礼甫是力尚男子主外的人，母亲、妻子在日，一应家务全由她们操持，而母亲、妻子三年内相继离去，很使他有后宅空乏，内外难得兼顾的困难。劝礼甫续弦的事，在妻子张贵珍刚过“五七”，就有人提起，但礼甫断然拒绝。以后，又陆续有人或建言或作伐，礼甫一直在犹豫之中：这位壮硕的男人，怕一双儿女受委屈，“后娘的拳头，夏天的日头”……

过了三年，到 1918 年，在旁人的撮合下，礼甫终于决定续弦。后妻魏五室，平湖县乍浦人。乍浦，虽属平湖县，但却与海盐县张家门紧相毗连。

续弦的婚礼，虽不能怠慢了新人魏五室，但比起花烛娶亲来，总要逊色一些。不过，婚礼上在振乾身上引起的事，却让全体参加婚礼的亲友，感到突兀和惊愕。

婚礼进行到"拜堂"时，有人对在一旁观看的振乾说，那位与你父亲拜堂的女人是你的新妈。振乾听后突然哭着大叫："那不是我妈妈，弟弟要弟弟的妈妈。"筠秋在振乾的旁边，也受到感染大哭起来。身旁的家人竭力劝慰，但姐弟两人的哭声不止反扬。众人弄得手足无措，抱着拽着两人去房间规避。不料正在行夫妻对拜的礼甫，撇下新人，跟随姐弟俩跑入房间，众亲友都惊呆了，新人孤兀地一人被撇在厅堂中间，少顷也放声大哭。一时，婚礼上竟然弥漫了哭声。

终于将新人扶入洞房。婚宴开始，礼甫也恢复常态，向亲友逐桌敬酒致谢，然而，刚才这一幕总给整场婚礼罩上一层阴影，或许还会延留到往后的生活中。

礼甫续弦后，筠秋振乾姐弟就不能与父亲同住一室了，姐弟俩的房间，在父母的房间后面紧挨着。本来应从前面的房间走入，比较亮堂方便。但姐弟俩不愿穿过父母的房间，在孩子的心中，一定是不愿经过继母居住的房间。他们不愿意接受这样一个事实：那是他们的母亲曾经居住过的房间，现在却被另外一个不相识的女人占住去了。父亲拗不过女儿、儿子，只能由着姐弟俩从后面堆着杂物的北间进到卧室。北间窗小，每到傍晚更是昏暗，要点灯才能看见。有时冷不丁还有老鼠窜出，更令人悚然害怕。每晚筠秋拿着灯在前面照路，后面振乾拉着姐姐的衣襟，摸索着脚步探着路，抖索着进入房间入睡。在两个孩子的心目中，每晚的睡觉竟成了涉险的畏途。张筠秋本人1985年12月的回忆，对其间细节记忆犹新："我拿了手照（照明用的灯），弟拖着我的衣服进后房。当时我们穿的是布袜。因砖地潮湿，弟弟袜内爬进一条蜈蚣，第二天早上，穿进去被咬，吓得直哭。"张筠秋晚年还向侄女张欣华回忆起此事，张欣华评论说："姑母坚持从后面进，吓得我的父亲只能躲在姐姐身后，拉住她的衣服往里冲，姑母所以从小就形成了巾帼不让须眉

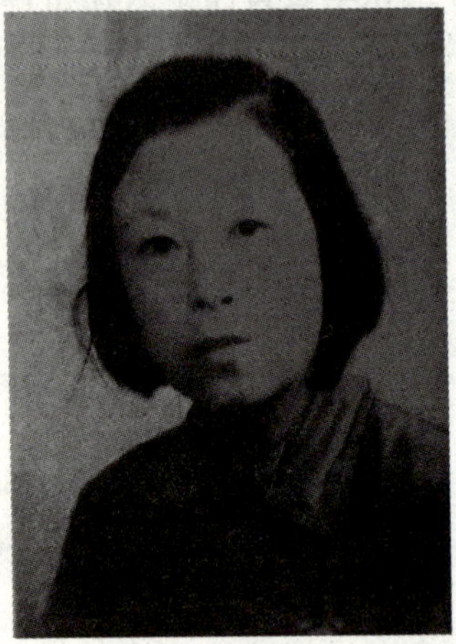

● 张筠秋

的性格。”

1919年，张礼甫续弦后第二年，五宝产下一女，小名大宝。虽是续弦后妻所生的女儿，一则均是己出，二则决不能怠懈了魏氏，大宝的三朝满月铺排，与当年筠秋相比毫不逊色，甚至更有过之之举。俗话说：“好吃油盐，好看铜钿”，张礼甫的家底，经过这短短五年中两丧一娶一生的四宗红白喜事折腾，只能靠借贷度日了。

更遇时局的艰难。1919年前后的嘉兴时局，使生活在其时其地的芸芸众生们，深受困厄。1917年，北洋军阀军队进入嘉兴，不久嘉兴全境就爆发螟灾，白穗遍野，当年稻谷收成仅为正常年景十之四五。数年中又时疫施虐，白喉、霍乱、痢疾、猩红热接踵袭来，一时间竟至棺木供应不及。

面对这般天灾时疫，执政当局却仍滥施淫威、加紧搜括。各县成立催租局，下乡催逼租税。连年饥荒，米价飞涨，1918年八九月间的米价，从五六元暴涨至八元以上，一般居民糊口艰难，难以果腹。

市场萧条，银根奇紧，海盐县城内商铺时时被迫停顿歇业。典当业每日营业仅两小时，以防典当衣物救急的贫民挤破门槛。

新丝上市时，丝行因资金短缺不能开市收购，茧农哭告无门。

社会治安更加动荡，大案迭出，海盐境内海盗数次登岸洗劫……

以上种种大势，更使礼甫的经济雪上加霜。

凭礼甫的场面，举借数百甚至更多，在1920年前后还非难事。但求人口难开，无故而受人“馈赠”，往后的人情债更难偿还。礼甫只得从事起被他一贯不以为然的末业——商业来了。他先是趁着春蚕讯，与人合秋开设了一爿茧行，后来又独自经营了一爿油酱店。

然而将本求利的商贸之道，岂是易事，而适逢市场萧条，流年不利，礼甫如同屋漏偏逢连夜雨。茧行经营，另外一位合秋人的盈亏确情不得而知，礼甫是实实在在的亏了。油酱店小本经营，张家门宣家浜一带住户又不多，平常的需求本来就有限，虽可维持，但付出雇人的工钱——以图董的身份，礼甫不可能亲自站柜买油酱，所剩也就于家事无大补了。

受经济困顿影响的，除了在家庭日常开支上的节约外，连振乾的私塾也无力供养了。当然，筠秋的上学就更难以为继了。我们可以想见，礼甫在决定筠秋、振乾姐弟俩停止学业时的窘迫境状。一位是自己寄予厚望，以“振乾”嘉名名之的儿子，一位是幼稚童心就懂得“读书好”的长女。不到万般无奈之时，礼甫是决不会有此决定的。“一钱难倒英雄汉”，礼甫常常深夜扪胸自叹时运之不际。

筠秋姐弟辍学之事，终于惊动了海盐县城的外婆家。

姐弟俩自幼就受外婆宠爱。女儿不幸产后早逝后，白发人送毕黑发人，外婆对两外甥更添一分爱怜之意。逢时过节，或者遣派孩子的舅舅去宣家浜探望，或者接孩子到县城小住。礼甫家境困顿后，更不时接济。知道礼甫讲究面子，名义上都是给外甥用的礼物，接济和馈赠常使礼甫觉得内心有愧。但外婆舅舅爱外甥心切，礼甫往往在一番推辞后终也受纳了。在礼甫续弦后，两家也走动如前。

外甥因贫辍学，事关孩子前程，非同一般，外婆决定亲自去一趟宣家浜。

杭嘉湖一带的县城以及较大的集镇，一般都是一条市河横贯全镇。民宅就临河而筑，前门外就是街衢，后窗枕着流淌而过的市河。殷实一点的人家就在窗下驳起一座自家专用的河埠，平日里在埠上洗涤，出行时，船可直接泊在河埠。

正月初八，外婆就从自家的河埠下船，出县城经白苎到宣家浜。十二里的水路，三个来钟头就到礼甫家了。谈起外甥读书的事，外婆的意思，上学断不可停。在张家门上学不方便，可以接去在海盐县城里念书，住的房子是现成的，收拾一下就行。礼甫若怕孩子受委屈，就让姐弟俩跟着外婆吃饭。礼甫知道外婆接孩子去县城上学的心意已坚，在言语之间又极有分寸地给自己留足了面子，也就顺水推舟地答允了。两个孩子则闻之欢欣雀跃，尤其是筠秋，知道自己可以上洋学堂了，更是喜上眉梢。

张筠秋张振乾姐弟同去海盐县城上学一事就此决定了。

那时的学校都是春季入学。1921 年元宵过后，礼甫就送一双儿女到外婆家，临别叮嘱筠秋，弟弟自幼体弱，除了自己好好读书，还要照顾好弟弟。

外婆为姐弟俩选定的学校是私立兴武小学。海盐邑人朱瑞在民国肇始，受封为“兴武将军”，其后人于民国七年创办此校。教员多为高等院校、师范学校毕业生，并延请地方有识之士及朱将军故旧僚属，其师资之强，是当时县上其他小学不能望其项背的。治学严谨，管理甚善，声誉最隆。学校经费来源以朱氏及首任校长张氏的产息为主，故能对贫困学生免收学费。

筠秋、振乾已在乡间念过私塾，经兴武小学测试后，直接插入二年级，读第三册的书。

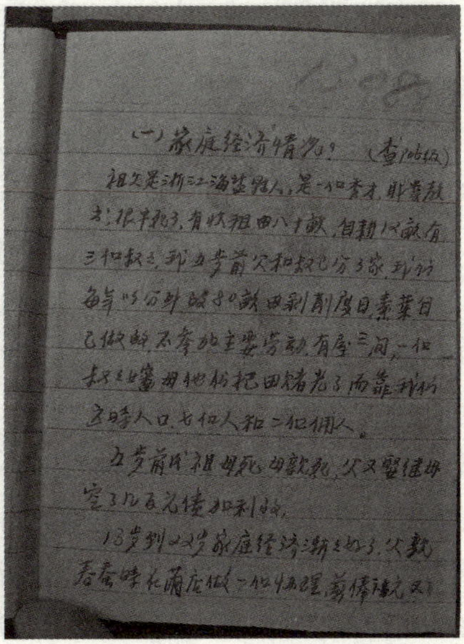

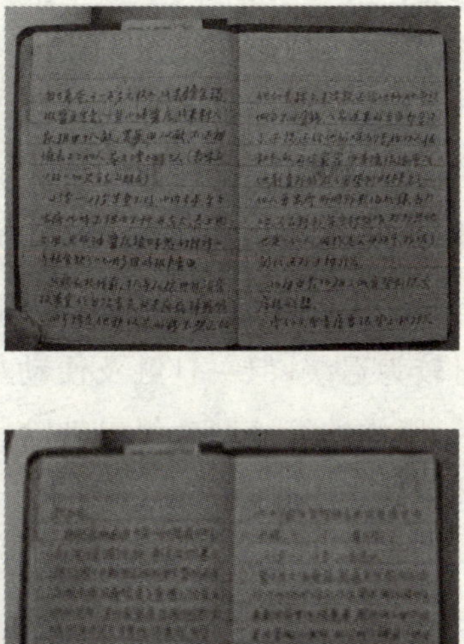

● 张筠秋自述家庭历史

学校坐落在海盐县武原镇水仓桥西堍，筠秋振乾姐弟一进校门，就大吃一惊，顿觉眼前豁然敞亮：一片开阔的操场在前，一根旗杆矗立在操场左前方，顶上旗帜猎猎有声。一排五六间平房，虽不显轩昂，但窗上都装有当时尚属罕见的玻璃。与往日自己在宣家浜就读的私塾借着民居作的颓旧学塾相比，确实是不可同日而语了。上课以后，更有新颖的课程，特别是仪态、气度令人心仪不已的女教师，给筠秋留下了刻骨铭心的记忆。

在海盐县城这段读书的经历，张筠秋 1950 年在浙江省委党校学习时，有一段文字回忆资料，现原文抄录如下："我在校内看到教师的生活很羡慕，想我好好用心，将来也要做个老师。所以我上课前已把功课预备好，每次月考不落五名之下。可是不喜欢活动，老师叫我少年老人，我以为很好了。"

1921 年，张筠秋十一岁。一个十一岁的女孩，就立下了长大当老师的心愿。而且在日后的岁月里，教师果真成了她半生的追求和职业，倘然她的命运不是随着时代的变革而发生转折，或许会成了她终生的追求和职业。可见"教师的生活"对这个年方才十一岁的，刚从乡村到县城的女孩影响之深，倾慕之深。

无疑，这种影响和倾慕从直觉开始，所谓"一见钟情"。

"人看衣装马看鞍"，首先是服饰。辛亥革命对中国旧社会的冲击是全方位的。中国服饰素来有严格的等级之分，特别是女子服饰。由于女子长期生活在封建专制的禁锢之中，近代变革的风雨作用于她们虽然相对较为迟缓，但一旦触及便动如脱兔，直摧心底，一发而不可收。辛亥以后，服饰的等级制度得以破除，文明新装急速为女人服饰打开了多变缤纷的空间。

兴武小学女教师们的着装，由于她们多为高等学校、师范学校的毕业生，来自都市，尽得风气之先：短小化发展的衣裙，一扫往日女装的臃肿。下摆成弧线形的上衣塑造了温文尔雅的女性形象。小裤筒的裤子，在裤口加镶花饰。外边的裙子更为艳丽耀眼，洋印花的面料质地柔软，花色清丽繁多。在婀娜摇曳的款款轻步中，青春的气息，东方女性特有的曲线与丽质被极致地张扬着，向一切人扑面袭来。

女人与生俱来的仿效与从众的心理，在十一岁的筠秋身上纤毫毕现。尽管此时的她还不具备治装的经济实力，但心理上的趋之若鹜，恐怕是一种尤为深刻的柏拉图式的心恋。

在张筠秋仅几天前生活着的宣家浜、张家门一带，村民们的穿着与以往并无多大的变化：传统的大襟衫袄，肥大的中式裤，白布袜、黑布鞋，还有杭嘉湖地区特有的，不分男女，下身围一条蓝色似裙子样的围腰布拦，从腰际到脚踝，将下半身尽悉裹在里面。布料粗糙，款式简单，色彩单一。

这种几天内呈现在筠秋眼里的极大反差，更加剧了对她那初谙世事的心灵撞击。

接踵而来的是教师们的学养风姿。经历过1919年“五四”运动的一代新女性，更加催化了女人个性的解放。她们认为恋爱与婚姻自由，自主、平等，是自我解放与个性独立的首要表现，是女子迎合社会新潮流的必要素养。在课堂内外与学生的接触中，无疑会“润物无声”地潜移默化影响或是醍醐灌顶般地灌输给学生。而崇尚“科学”精神下的声光电化知识，更是以前私塾先生处闻所未闻的。

尽管年幼的筠秋对人赖以生活于世的所谓“经济基础”还处在朦胧的认识阶段，但因贫失学的经历，应该使她比同龄衣食无忧的孩子对金钱重要性的认识更早一些。女教师们一反以往的传统，摆脱男人自食其力，这点对筠秋有更大的冲击力吸引力。

因贫失学“苦其心志”的经历，使十一岁就立志当老师的张筠秋，在心理上比同班同龄人要早熟一些。我们在追踪了她的一生历程后发现，这种早熟或者说是得风气之先的先见之明，伴随了她一生。此时的早熟，就外化成为在学习上的刻苦。诚如她说“月考成绩总不落五名之下”，这名次的后面，我们还要看到筠秋先前受的旧式教育和新教育的巨大差别：辛亥革命造成的清王朝被推翻的政治形势的大变化，迅即在教育领域产生了巨大影响。以民国六年(1917)各级劝学所设立为契机，将新的学制和课程设置标准推向全国城乡。教育部定：初级小学校学习年限为四年，高级小学校缩短为两年。在学校的冠名上也有区分，只设初级小学的学校名为初级小学校；初、高级合为一处的，则总称“某某小学校”，如筠秋就读的兴武小学。学校的课程改革更多，小学阶段共设国语、算术、社会、自然、卫生、美术、劳作、音乐、体育等科目。

筠秋以私塾的底子，直接插入二年级，除了国语以外，其余几门功课的基础几乎是白纸一张。她月考成绩在全班五名以内，付出的努力一定要大于从一年级就接受新式教育的其他学生不少。在学习过程中，只有国语，还能驾轻就熟。比如第三册国语的第一课《读书》，全文如下：“学生入校。先生曰，汝来何事。学生曰，奉父母之名，来此读书。先生曰，善，人不读书，不能成人。”对于已经读过《百家姓》、《三字经》的筠秋来说，读、写、背、默易如反掌，而这种贴近学生生活的内容，更加强了她学习的兴趣和理解。但其余几门功课，算术已至百数以内的加减乘除，筠秋的那点私塾底子就相差甚远了，而社会、自然等科就更是前所未闻了。一句“我上课前已把功课预备好”，不知蕴含了她多少秉烛夜读的辛苦。

在从未上过的体育、唱歌之类的课程中，筠秋显得有些拘谨，老师说她“少年老人”，也就不足为怪了。

筠秋读初小的二十世纪二十年代，正值我国近代史上新旧思想文化争斗交替的大时代。她白天在兴武小学接受的主要是新思想、新文化的陶冶启蒙。而晚上，外婆向她讲授的是《女孝经》，训导的是千年封建道德对女子的标准三从四德。外婆心目中的外孙女，应该和她的母亲一样，也应该和她本人一样，同时与千百年来的中华妇女一样，成为在家从父母出嫁从丈夫、夫死从儿子的贤妻良母。所谓种瓜得豆，孰料外婆的谆谆训导，却客观上造就了外孙女对另一种人生的追求渴望。她在1950年回忆道：“从夫从子是不对的，靠父母是对的。我不要听，我时常要听老师说，要读书，要自立。”十一岁的女孩，面对世事的纷纭，已显露出她过人的甄别选择能力。

那段时间的日常生活，较在宣家浜要好一些。姐弟俩仍同住一室，跟着外婆吃“轮饭”——一种奉养父母的方式。筠秋有两位舅舅，一位在上海做事，一位在海宁开钱庄，经济状况均不错。外婆自己不起伙做饭，轮流着在两个儿子家吃饭，或一月一轮换，或一季一轮换。孝顺的子女往往在父母亲来吃饭的那段时间，格外地经营全家的伙食，唯恐怠慢了老人，唯恐伙食比另一家逊色。当然也有少数子女在当值的那段时日，会故意弄得清水寡汤一些。筠秋的舅舅属于前者，跟着外婆一起吃饭，饭菜要比在宣家浜家里的好许多，而且外婆总在席间叮嘱姐弟俩要吃饱吃好，还挑他们喜欢吃的菜为他们挟上。

外婆对姐弟俩是呵护有加，舅父舅母也是明理晓礼的人，由惜爱妹妹而移情于筠秋姐弟身上。但两位舅舅都有儿女，且都比筠秋稍长几岁。

人类排他求专宠以及以强凌弱的本性，有时会使筠秋感到伤怀：“放学时，表兄欺侮弟，将泥塞在弟嘴里。我胆很小，想我们住在他家里，不敢批评他。只拉了弟弟到房内去温书，我看见弟吐血时常生病，二人经常哭着。又感觉到没有母亲的孤苦伶仃。看到表姐有母亲很羡慕。”

由于弟弟振乾的生病，使读书的事又起波折。振乾自幼体弱，不知什么缘故，在外婆家住了几个月后，突然吐起血来，而且是大口地咯血不止——张振乾的吐血病后来几乎伴他一生。外婆舅舅为他求医，此时海盐县城还不尚西医，只能由中医望闻问切，以草木中药止血。待病情稍稍缓解后，与礼甫商议，决定让振乾回宣家浜养息一段时间，伴读身份的筠秋也只得辍学回家。

1922 年春节过后，振乾的病基本痊愈，姐弟俩回到外婆家继续上学。虽然耽误了一些学习时间，但因为成绩优秀，仍升入三年级。此后的一段学习，对筠秋的思想影响更大，或者可以说，初步奠定了她对世事看法、人生追求的基石。1982 年，已步入晚年的张筠秋回忆说：“我在一所学校读书，老师就教育我们要爱国，并引用古诗‘商女不知亡国恨’来教育我们，不要学‘商女’，要知亡国恨。革命前辈秋瑾的书对我也有很深的影响，记得有篇文章中写到，我们妇女应当自奋，不做父母的寄生虫和丈夫的奴隶。在秋瑾的这些言论影响下，我决心冲出家门，走上社会谋生自立。”

以反对北洋军阀准备在丧权辱国的“巴黎和约”上签字为导火线的史称“五四运动”的北京学潮，将爱国雪耻的浪潮推向整个中华大地。筠秋生活读书于斯的海盐县，也于 1919 年 5 月 9 日，在县城西门外天宁寺千佛阁，召开海盐“国耻日”纪念大会，发出要求北洋政府释放学生的电报。会后游行，演出师生自编自演的节目“雪耻我天职”。而杜牧《夜泊秦淮》中的名句“商女不知亡国恨，隔江犹唱后庭花”，恰恰切合了当时中国的政治态势。而诗歌的音韵上口和如画形象，更使六十年后的老人记忆犹新。

延至 1922 年，嘉兴海盐均爆发了抵制日货的游行。参加游行使十二岁的张筠秋兴奋不已。队列行走，教师引导，振臂高呼，师生振奋，尽情宣泄。一路是万人空巷的驻足观瞻和议论。……或许我们还能在此探溯到她日后热心于社会活动的肇始之端。

游行回来,便付诸行动。张筠秋在 1981 年 10 月 16 日回忆:“我问外婆扎头发的头绳是不是国货,我就要外婆买线头绳扎头发,把原来用的洋货头绳扔掉。”

朱瑞以兴武将军督理浙江军务,在《海盐县志》的朱瑞传中,有“曾以秋瑾等往来,先后加入光复会和同盟会”。在以“兴武”命名的小学中,昭彰女侠秋瑾的事迹,应是题中应有之事。而筠秋在禀性上的豪爽应与秋瑾相通,故从人性的范畴而言,对秋瑾的仰慕更加深切,受的影响也就终生不悔了。筠秋回忆中的秋瑾文章,同秋瑾的《日人石井君索和即用原韵》和《满江红》两诗,甚合语境,现抄录秋瑾原诗如下:

日人石井君索和即用原韵

漫云女子不英雄,万里乘风独向东。
诗思一帆海空阔,梦魂三岛月玲珑。
铜驼已陷悲回首,汗马终惭未有功。
如许伤心家国恨,那堪客里度春风。

满江红

小住京华,早又是中秋佳节,为篱下黄花开遍,秋容如拭,四面歌残破楚,八年风味徒思浙。苦将侬强作蛾眉,殊未屑!身不得,男儿列,心却比,男儿烈!算平生肝胆,不因人热。俗子胸襟谁识我?英雄末路当折磨,莽红尘何处觅知音?青衫湿!

“身不得,男儿列,心却比,男儿烈!”,张筠秋和秋瑾两人的人生追求何其相似也,只可惜筠秋未能早生三十年。

她在县城的读书,终因振乾的又一次大吐血而终止,时为 1923 年岁末,刚读完小学三年级。筠秋也从此结束了她一生的学校读书生涯。这段读书的经历,尽管只有短暂的两年,却对她的人生留下了极深的思想烙印:教师职业的选择,自立思想的确立,热衷国事参与社会活动的开端。

“有时我和父亲吵,要读书”,张筠秋后来回忆,回宜家浜后,她向父亲张礼甫继续要求读书。此时的礼甫公，在经济上的山穷水尽和观念上的“女子无才便是德”的双重夹击下，终于没有答应女儿的要求。而失去为振乾伴读的身份，外婆也不能再为她提供读书的机会。无奈之下，礼甫对女儿的吵缠只能应以“匡衡掘壁偷光、苏老泉二十七岁读书”的历史故事。筠秋的屡屡要求最终得到了一点结果，父亲买回一本商务印书馆所编的《共和国教科书新国文》第七册，供其自学。筠秋在1950年回忆起那段自学生涯时说道：“我想我要自立，可以离开家庭，没有机会读书，只好自修。白天做家里的事务，晚上看书。看到眼睛合拢来了，在臂上狠狠的咬了一口，醒了再看”。其志之坚，其状之可见怜，悬梁刺股的励志情景历陈于字里行间。

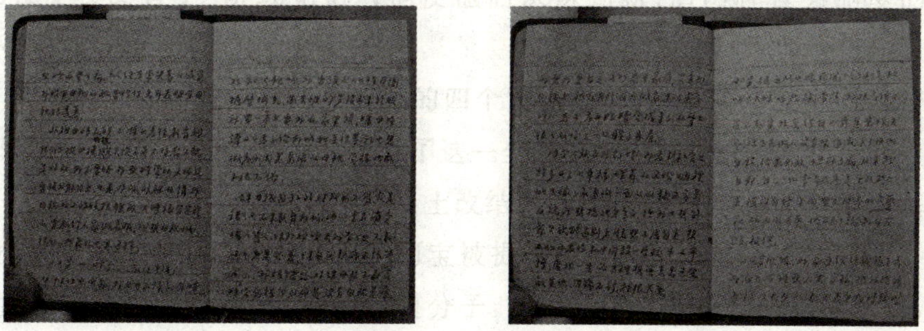

● 张筠秋自述家庭历史

1921年末，继母又生了第二个女儿，小名二宝。筠秋姐弟从海盐县城读书回家后，与继母魏氏的关系仍然不睦。此时家中筠秋以下还有振乾、大宝、二宝，分别是十四岁、十二岁、六岁、四岁。四个孩子在一起生活玩耍，有点打闹起点别扭也是极正常的事。但两母所生的天然隔阂，会使孩子之间的抵牾，演绎成继母的迁怒。振乾是张家的独子，承载着延续张家香火的重任。继母也有投鼠忌器的顾虑，这样责骂更多的指向筠秋。而代人受过甚至是无端受过的委曲更加剧了她和继母之间的积怨。张筠秋回忆道：“继母很自私的，对我们（应指筠秋、振乾两人）不管。借人骂人，妹打我咬出我有了血，不敢还手，只是哭着。继母就说我不该哭，她小。我很懦弱，对继母敢（怒）不敢言。时常觉得自己命苦，没有母亲苦痛。”哀楚之情景溢于文字。

1927 年的国民军北伐，是中国历史上对几千年士绅势力最猛烈的冲击，十七图图董张礼甫虽没有被戴高帽沿乡游斗，但图董的名号已不存在，实际上对乡里事务的掌控也荡然无存。失去权势而最终家庭经济也陷入末境的礼甫，在 1927 年 12 月，将儿子的出路作了如下安排：妻舅朱云鹤（又名茂生）在海宁一家钱庄当经理，振乾去那里当学徒。尽管在当时的县城乡镇，钱庄是头等的择业选择，但对以士绅为尊荣、一向鄙视商业的张礼甫而言，那是一种相当的无奈了。

“祸兮福所倚，福兮祸所伏”，以上诸种，对张筠秋的影响，其主流却是相反相生的“我要自立，离开家庭”。

1928 年岁末，张筠秋十八岁。正当她每日秉烛夜读，立志走出家庭当一名小学教师自立的时候，父亲张礼甫却也在为女儿安排前程：为待字闺中的女儿择一乘龙快婿。正当这事在张筠秋不知晓的情况下紧锣密鼓进行时，却在张家掀起了轩然巨澜，几至不可收拾。

姐弟之恋

金洪声和张筠秋的婚姻，颇有传奇色彩，两人的结合，在不知情的外人看来，甚至有点不可思议：张筠秋的父亲张礼甫同金洪声的母亲张秀英，是同父同母生的同胞兄妹，以当今的法规来说，是三代以内的旁系近亲，属于法律上禁止结婚的范畴。不过，在当时还未有此说，姑舅、姨表姐妹之间结婚，是所谓"攀攀近"的亲上加亲，也算是一种通行的时尚，如红楼里的宝玉黛玉和宝玉宝钗的姻缘，一直被视为"金玉良缘"。

不可思议的第二点，张筠秋 1911 年生，金洪声 1916 年生，两人结婚时都是初婚，筠秋比洪声年长五岁。在上个世纪三十年代，姑娘到二十九岁方才初婚出嫁，在乡村中实在是少而又少的迟暮的晚桂花了。

两人的婚姻经历了几多曲折，是当时世俗通行的父母之命媒妁之言下的婚事，抑或是有情人终成眷属的天作之合？我们将细述其中的究竟。

我国古有"及笄"之说，谓女子十五岁及笄成年，已到了出嫁的年纪。

到张筠秋长成的民国时代，若女孩二十岁仍待字闺中，就已经成了“老姑娘”了。

1929年，张筠秋虚龄十九岁。谋图政治上东山再起的父亲张礼甫，正忙于报考浙江省民政厅举办的以培养区乡领导人为宗旨的浙江自治学校。但“齐家”的儒家格训并没有使张礼甫忘记女儿的婚事。虽然1927年的北伐革命冲掉了他的图董一职，但在江南小县中的四邻八村，礼甫仍是名震一方的知名人士，张家也可算乡里中的望族。在张筠秋十五六岁时，媒人就纷至沓来，踏破了门槛。在媒人的屡屡央求下，张礼甫终于为女儿出示了“年庚八字”，男家的公子礼甫见过，长得颇端正，家境也殷实。除了媒人的巧舌莲花，礼甫也特地亲自打听了一番男方的人品。各方都说人品不错，无赌博鸦片之类的劣习。“话亲”的开始进展得还算顺利，然而循那时的婚俗，女当事人张筠秋全不知情。婚事一定，礼甫按习俗要邀集亲友聚宴吃对亲酒，张罗酒宴之间，筠秋方才得知家中为自己择定的这门亲事。礼甫到这时才发觉，自己竟然疏忽了一个重要的环节：筠秋决然不允。任凭父母百般劝说疏导，女儿就是不依。她的理由很简单，要做

● 金洪声张筠秋

自立自强的时代新女性，不做旧礼教下的笼中鸟。这位在乡里为他人排解各式公差私事，举重若轻应付自如的昔日图董张礼甫，在女儿婚事面前一筹莫展，在媒人、男家和亲友面前大失了一次面子。不过，礼甫确有常人不能企及之处，一旦发觉女儿的识见已超越了自己，就不再强逼，宁可自己栽面子，也毅然退掉了这门亲事。当然这决定里头，也不乏对自幼失去生母的女儿的爱怜和宠惯。

处理完女儿的事，礼甫就踏上浙江自治学校的求学求仕之路，而张筠秋也开始扬起“自立自强”之帆的人生之旅了。

张筠秋的人生自立自强之路，一开始就走得并不顺利。

1930年春，继母所生的大女儿、张筠秋的同父异母妹妹大宝，染上时疫，不治夭亡，年仅十一岁。人类在突然降临的巨大悲痛或喜悦面前，往往会不知所措，显得十分幼稚、盲目。陷入巨痛中的继母魏五宝为求女儿的死因，几番问讯于神婆佛娘，结果竟众口一词，说是家中养有长女，不肯出阁，所以于大宝有碍。于是继母的失去爱女之痛，就演变成对筠秋的迁怒。这样，前妻子女与继母之间感情失和的千古命题，有了在特定情景中的嬗变和激化。筠秋百般无奈，有口难辩，与继母十二年的微隙不睦，经过这次事变的诱发，爆发了暴风雨般的两人争吵，而结局是酿成了张筠秋闭门自杀的悲剧。

幸运于继母魏五宝的还算警觉，母女两人争吵骤停后，继母发现筠秋的房间中动静异常，一任外面敲门呼喊，房内全不答理。继母见势不妙，情急之下呼人破门而入，只见筠秋已悬梁自尽，解救下来后仅存几丝鼻息。从此筠秋与继母就落落不合，郁郁寡欢。

1930年秋，礼甫从浙江自治学校毕业，回到家乡任海盐县西塘区自治委员。由于父亲的回来，使筠秋与继母之间的冲突有了少许居间的折冲，表面上缓解了些，两人之间偶尔也开始有招呼搭理。

使得筠秋郁结的心情得到不少宽慰的，是她闺中密友刘佩贞的到来。刘佩贞1913年生，小张筠秋二岁，曾名刘筠仙，刘佩贞是1939年后的改名。刘佩贞的母亲张丽英和张筠秋的父亲张礼甫，也是同胞的兄妹，故筠秋、佩贞是姑舅姐妹，从小就过往甚密，1931年发生在刘佩贞身上的事，更使两人同病相怜。

佩贞的兄长，就是那位与金鸿楹一同去杭州上学，进杭州蚕桑学校，后又因染上烟瘾退学回家的刘书鸿。退学后，母亲刘丽英管教失之以宽宠，又不善理财，致使很快家道中落，陷入穷途的刘书鸿后来竟沦落到聘胞妹以续烟瘾的境地。

佩贞在西塘镇小学五年级时，因家道中落而失学两年，本家婶母见其秀慧，辍学殊为可惜，十六岁时就资助她到省城杭州，入奎恒巷私立女子职业学校就读。虽半年以后又因经济难以接济而再次失学。但在省城的半年职业学校熏陶，开了刘佩贞的眼界，萌发了她女子应自立于社会的新女性思想。不曾想到回家后，只能靠随母亲做纸锭度日，“心中非常不乐，恨不能自立之苦”——刘佩贞在 1951 年 9 月的自述中如是说。对于兄长谋划的婚事，佩贞以死坚拒，无奈兄长已将聘金作烟资耗尽，亏得由舅父张礼甫出头了结此事。事后佩贞在家居住与兄长朝暮相见，总觉得了无趣意，就常来舅父家小住。筠秋、佩贞两位都崇尚女子自立而又都有冲决封建包办婚姻经历的年青女性，聚拢在一起，犹如在风浪中颠簸累乏了的两叶小舟，驰进了可避风浪的港湾。

刘佩贞后来回忆与表姐张筠秋的关系时说：“表姐和我关系一向很好，关系最密切，两人经济也统一互助，志同道合。”可以想见，面对如磐的旧习俗旧势力，两位弱小却又想顺应着新观念新潮流的年轻女子，在一起时是何等畅快地谋划着人生，憧憬着生命前程的绚丽。有两件小事可以映现出她俩当时的心境：犹如阴霾的云层中，有时也会从云罅间露出几抹绚烂阳光。上个世纪二三十年代如筠秋佩贞一般的待字闺中的姑娘，女工是必不可少的女儿功课。为了不荒废手艺，也为打发闺中的永昼长夜，以筠秋佩贞当时的境况，还有一层补贴家用自立谋生的意思。先是为礼甫量身定做了一身外套，挺合身，针脚也细密平匀。随着礼甫穿着这身衣服出现在公务场所，张家姑娘会做衣服的消息很快传开，亲戚和朋友托礼甫或张委员转请制衣的纷至沓来。筠秋佩贞姐妹第一次接外人的活时，是既兴奋又紧张，一件长衫将襟做反了，把右襟缝在左襟上了，自己试穿的时候才发觉，费了九牛二虎之力才将衣襟改回来。“亏得没有在外人面前露出破绽，否则要闹笑话了。”晚年的张筠秋对内侄女张欣华如此回忆。缝纫衣服最难的技术活是做皮长衫，要将硝好的羊皮里子缝好，行话叫“镶皮筒子”，再缝到面子上去。这镶皮筒子做皮长衫的顶级技术，两姐妹也飞针走线地操作自如。

姐妹俩也有率性排遣作乐的时候，自己动手做点杜米酒。杜米酒是杭嘉湖地区农家用自产的糯米酿制的米酒。酿酒，坊间俗称“做酒”。筠秋和佩贞自小耳濡目染，也做得一手好酒。佩贞来舅父家时，刚好是农历十月，新糯米登场，正是做“十月朝酒”的最佳时机。姐妹俩将砻出的糙米，浸缸内半天，在清水中淘清后，置蒸笼中蒸成粢饭。佩贞在灶下烧火，筠秋在灶前察看镬中喷溢出蒸汽大小，掌握灶下的火候。待笼中饭粒熟透发亮，颗颗饭粒能竖立时，再将蒸好的粢饭放入清水里淘过，倒入准备好的酒缸内。放酒药花水是做酒的关键，此道工序由比较细心的佩贞负责，佩贞将事先配兑好的酒药花水，放入粢饭中，用双手拌匀、铺平。再在铺平的饭中间捣一个洞，留一个“酒酿潭”。接着就由筠秋用稻草和被絮将酒缸口四面围住压实。佩贞又仔细地掖了一遍，以恐漏气影响酒质。三天后，酒基本酿熟，揭开遮缸口的被絮，一股酒香扑鼻。姐妹俩再将第二次配兑好的酒花药水冲进缸中，又将缸口捂实。再过半个月后打开，酒香四溢。姐妹俩这次的做酒格外成功，若杜米酒陈过半年，喝时味更醇冽。

就酒的菜也是自制的，很别致：海盐盛产红梗芋艿，即芋艿地上的茎梗是紫红色的，口感比较糯软。放入腌菜后所得的菜卤中煮，待菜卤汁深入芋艿，芋艿也熟透了。就在做菜的灶头上，俩人喝着杜米酒，菜卤芋艿的诱人鲜味伴着杜米酒的清冽醇香，将俩人引到微醺时，俩人会陶醉在对将来美好生活的向往中，暂时忘记了眼前的种种不快和烦恼，还有平时里难以拂去的闺怨。

从 1931 年拒婚到 1934 年经人介绍去上海大康纱厂做工，刘佩贞在舅父家居住的时间居多，偶尔回西塘刘家庄省视母亲，也就一二天时间。三年中与筠秋朝夕相处，后来嫁给筠秋的胞弟张振乾，是姑舅兄妹结婚，刘佩贞就成了张筠秋的弟媳。

1931年，在海宁小舅父当经理的钱庄里学生意的张振乾，要端着整盘银元经常出入地下钱库。振乾自幼身弱，不堪此种重负而诱发吐血老毛病复发，只得回海盐宣家浜家中休养将歇。振乾的回来，又使筠秋多了个说话和商量事情的人。

这一年，张筠秋和张振乾商议后，作出了她自立人生的一个重大决定：办一个农场，并在农场中兼办一所小学。所需经费是向父亲张礼甫筹措的，条件是以后出嫁时，不再向家里要妆奁钱，算是家中提前付了她的出嫁费用。

1949年底，张筠秋在中共浙江省委党校学习时撰写的向党交心材料中，这样回忆此段往事："我想独身主义，但我又想到靠父亲不能到老，总想办法自立，想办个小农场，在中间设一学校，半工半读，度我一生。"

一个二十岁左右的青年女子，要办一个农场和小学，遑论在上世纪三十年代，妇女还基本上是依附丈夫，极少经济上独立的时代，就算是七八十年后的现在，女强人辈出的时代，也是一个大胆惊人的决定。张筠秋的那个决定，在当时当地说是惊世骇俗也绝不过分。

在这等节骨眼上，张礼甫总有他的过人之处，不管妻子在耳边的闲言碎语，一口应允了女儿筠秋的要求。

当然，张筠秋的这项决定也并非是凭空的臆想，我们可以从中追溯出现实和思想两方面的渊薮：小学蒙训时对鉴湖女侠秋瑾的极度崇仰，以至爱屋及乌般的推及女侠从事的事业和结交的志士仁人。

在嘉兴府与秋瑾交往甚密并共同从事光复事业的志士敖嘉熊，也曾以创办学稼公社为起事之肇始。

敖嘉熊，嘉兴地区光复事业的主要组织者和推行者，嘉兴辛亥七烈士之首。浙江平湖人，世居乍浦。平湖乍浦与海盐张家门虽隔县，但地相毗连。地域上的毗邻，一定会加强敖嘉熊事迹对筠秋、振乾的影响。

敖嘉熊坊间所传诵的奇事之一，是他大白天行走在嘉兴街头，总是手提灯笼，灯笼中烛光通明。人问何意？敖答曰："世界太黑暗，我要以光明之光，照亮黑暗大地。"人称"敖毒头"，"毒头"是杭嘉湖俚语，痴汉之谓也。

敖嘉熊约在1899年，创办学稼公社于嘉兴新篁，并办竹林庙小学。

加入上海农学会，广事宣传改良农业的重要性。陶成章在《浙案纪略·敖嘉熊》中说："……从嘉兴乡间，以改良农业，提供教育为己任，合办学稼公社，既又设竹林小学，寻又倡办团练以卫乡里。"字里行间透出玄机，办社办学的目的是为反清举事。

敖嘉熊事迹的高潮是在稍后1904年的创办嘉兴温台处会馆，成为嘉兴乃至浙江的主要秘密革命机关。秋瑾也常来嘉兴温台处会馆，与敖嘉熊共商举义大计。

张筠秋、张振乾办农场设小学的规划与敖嘉熊的办学稼公社办竹林小学如出一辙，受其影响是显而易见的。筠秋、振乾姐弟俩去看了二十亩沙滩地（地价较为低廉），振乾甚至还手制了一台脱粒用的打稻机，但终因资金上的杯水车薪，而在计划刚刚起步时就流产了。

即使筠秋、振乾的计划能实施，这种乌托邦式的农场也不能维持多久，肯定不能实现张筠秋"在此了此终身"的初衷。不过，他们这一举动确凿无疑地向人昭示了姐弟俩与众不同的人生追求和价值趋向。

1931年，张筠秋因创办农场失败，人生命运又沉入低谷。经济上的损失，必然招来继母内心的更加不满，虽然有父亲张礼甫挡着，但言谈举止之间，筠秋会感到埋怨和挑剔时常向她袭来。

1932年，在弥漫着沉闷惆怅的气氛中，平湖表弟金洪声的到来，悄悄驱散了张筠秋心头的郁闷。

自从金家从县城搬回金罗浜，一般亲戚间的走动也少了。不过张秀英还是每年过年前要带上孩子往娘家去一次，孩子们也会在外婆舅舅家戏耍一番。洪声留在平湖读稚川小学时，也会趁夏天放暑假，去舅舅家住几天，到海边捉鱼，到田头吃西瓜。那时，两小无猜，筠秋是大姐，洪声是小弟。后来，洪声去米行当学徒，由于米行店规，学徒期间没有假期，所以学徒三年，洪声没有来过舅舅家。这次来，金洪声是学徒满师，第一次拿到月薪，买了些点心当礼品，来宣家浜看望舅舅、舅母。

十七岁的金洪声已出落得楚楚一表了，颀长而略显单薄的身材，反倒衬出一种先生帮的儒雅、柔弱之美，而在县城生意场上的见识、历练出来的言谈举止，已初显大方得体的端倪。

舅父张礼甫停掉在外的应酬杂务，专门陪外甥玩了一天。说是玩，宣家浜毕竟乡间小村，并无遣兴的场所，无非是在家里陪着洪声说话、吃饭。舅妈和表姐筠秋则帮着张罗饭菜和午后的点心。

筠秋趁着大家和洪声说话的当口，也问了些他当学徒的事，洪声说了做学徒时的苦事还插入一些趣事。筠秋听着像着了些迷，望着已显露青春气息的往日自己一直当他小阿弟的表弟，不禁说了句："还是你好，终于苦出头了。"

午后，用过一道银耳莲子羹点心，洪声就起身告辞。舅父却说："三年才来一趟，吃过晚饭再走。"洪声说一定要今日赶回平湖，不能误了明天早上的开店。不料，舅舅礼甫哈哈一笑说："棣仪，这就是你年幼了，宣家浜到平湖城关区区三四十里，哪里能难倒你娘舅。你只管放心，吃过晚饭走，断不会误了你今夜到平湖，明日早晨开店。"

晚饭间，张礼甫兴致颇高，也免不了一番叮嘱的长辈之言和愿洪声日后兴隆发达的祝贺，洪声频频应诺感谢。

饭后，一艘网船已停泊在屋边船埠头，洪声与舅父一家告别后登船。心想，舅父不愧管辖一区之长的自治委员，有此种安排，还怕今夜到不了店中！不一会儿船已消失在茫茫夜色中。

舅父、筠秋、振乾送走洪声，一进宅门，礼甫对着女儿说道："筠秋，今日你的谈兴真高，平日一个月也没有今天见了洪声讲得多。"

或许是说者无意，听者有心，筠秋不禁觉得脸一红，赶忙回应道："爸，你自己今天酒都快喝醉了，还知道人家说话多不多？"

"你以为爸喝醉了，哈哈"，礼甫的笑声震颤屋宇……

洪声到店中已是将近黎明，也不敢睡觉了，和衣在床上等着天明。回忆着昨日在舅父家的一天，觉得很长时间没有这样

● 金洪声，1947 年入党

舒心过了。与舅父兴高采烈为自己高兴的样子相比，倒是表姐关切的神情更多地在眼前晃现。而且，他似乎觉得，表姐盛上莲子羹向他端过来的样子很美，很好看……

这次见面，张筠秋和金洪声心中都似春日的微风吹拂过湖面，泛起阵阵涟漪。但年长五岁的表姐与表弟之间的姻缘，注定还要经过几年的历程。逐渐逝去的日月，似乎慢慢抚平了曾经有的心旌波动。倘若十一岁就长期与母亲别居寄人篱下的洪声身上，有着恋母情结，容易在表姐身上寻觅依稀的依赖的话，那么曾经以死相拒，有独身念头的筠秋，要唤起对异性的萌动，那就要更多的酝酿、对方的魅力了。

1934 年，刘佩贞经人介绍，去上海大康纱厂做工人以图自立。直接的起因是为了远离缠扰——以前许过的那家后生，已沦为败家子，闲荡穷极无聊之际，每每要到刘家纠缠不清。

“工作，吃的冷饭泡开水。尤其在日本帝国主义的压迫之下，痛苦更上一层，言论谈笑都不自由，有病死活不管，我忍气吞声做了三年的‘奴隶生活’。”

看了以上的刘佩贞自述，我们无意苛责刘本人的编故事般的述说，经历过那个时代的人，知道刘若如实地写出做职员的经历，这段历史会给这位已是共产党员的本人在“审干”时带来多少麻烦。或许，就是这三年历史，会让刘佩贞在“七八年搞一次的运动”中屡屡受审查而弄得心力交瘁，甚至难以过关。

关于刘佩贞去上海做工的生活情况，金舜仪的回忆是这样的：“通过海盐刘建斋介绍，到上海杨树浦一爿公司，实际做低级职员，做得蛮好。一个人出去不行，带个丫头叫翠香，住在杨树浦，丫头相帮汏汏衣裳烧烧饭。”

金舜仪还回忆道：“金洪声一个刘佩贞、一个张筠秋都欢喜。刘佩贞年轻时生得漂亮，张筠秋不如她，要身段有身段，要面架子有面架子。他(指金洪声)在平湖开义兴米行时，我顶多 10 岁，一起到上海去，看望过刘佩贞。”

关于这次上海之行，金舜仪还说：“乘火车，向上海方向的一个小站，好像是枫泾，走过天桥上火车。刘佩贞的房间很小，平房。我、金洪声、还有烧饭的翠香睡地上，刘佩贞睡床上。”

显然，刘佩贞在上海做工的情形，与刘佩贞个人档案里由刘本人述写并经组织“审查认可”的情形大相径庭。档案里的说法是：“在工厂时的生活简直非人，像牛马般地做十二个小时。”

我们留存金舜仪的回忆，是尽可能地真实再现历史事实。虽然我们知道，在各种条件（包括我们的认知水平）的制约下，做到这点很困难，但只要我们尽力了如实了，但求心安而已。在“姐弟之恋”的章节里，记下金洪声去看刘佩贞的事实，也是基于这样的思考。首先这是在生活中确确实实发生过的事。金洪声和刘佩贞是姨表姐弟，而刘长期住在张筠秋家，金洪声在去舅父家见到张筠秋时，也必然见到刘佩贞，而刘佩贞姣好的面容身材，春心初萌的金洪声不可能视而不见。对两位表姐都曾有心仪，实在是年轻金洪声心里再真实不过的事，或许是张筠秋的刚迈更适合于金洪声的恋母情结，或许还有其他的因素，我们只是记述事实，供读者品味。

对刘佩贞去上海做工，教私塾的关甫舅舅大不以为然，说：“不弄到残花败柳才怪呢！”几千年来，女人的所谓贞节大于生命，男女之设防大矣。二十二岁的外甥女去的是男女摩肩接踵的东方巴黎大上海，关甫的担忧是必然的，尽管用的是隐喻的语言。然而筠秋却鼓励表妹道：“事在人为，只要身子正，不怕影子歪。”

刘佩贞离开宣家浜、刘家庄去了上海。张筠秋虽为失去闺中知音而感寂寞，但更为表妹的能够自立而感到由衷的高兴，甚至暗生羡慕。不久，她特地去上海看望了表妹。亲眼见到了刘佩贞在上海的自立生活，更坚定了自己自立的心意。据刘佩贞在1951年回忆：“表姐因我去上海工厂的影响，她也跳出封建家庭，挣脱束缚而找到自立之职。”

1934年前后，张筠秋的家境益见窘迫，她回忆道：“24岁那时，我家庭经济破落下去，我自己的理想不能实现，把我抱独身主义的思想打消，与表弟（指金洪声）感情较好。但我思想上是想能有了自立可和他结婚，否则同样做奴隶，换了一个环境而已。”

我们在这里看到了物质和意识对人行动的双重影响：经济上的破落，改变了她独身主义的想法；而自立的思想，推迟了她与金洪声的结婚。

改变表姐独身主义想法的金洪声，在1934到1935年，可谓是节节顺遂、春风得意。仍在平湖隆顺兴米行当店员的金洪声，此时已升为副账房，而且还出资三百元与师兄王佳牟合伙开米行。金洪声人虽仍留在隆顺兴米行，但外面兼着半个老板，收入已非昔日可比。

这年的端午，金洪声又去海盐宣家浜的舅父家。张筠秋也因端午而从学校回家过节。

此刻的洪声，手面非当年刚满师的小伙计相比，除了应景的粽子、点心外，还为舅父全家上下准备了每人一身的衣料。为筠秋挑选的衣料更费了一番心思：料子的成色上不能盖过舅父舅母，但花色上要更新颖时尚，又要恰如分寸，切合筠秋做老师的身份。

在筠秋的眼中，此时的洪声一身账房先生的长衫显得很是合身，而言谈之间，已有一种处处泰然的男子气息，也褪尽了往年的那层初见世面的拘泥。

在全家人观看衣料时，洪声看着对镜比划衣料的筠秋，终于说道："表姐，你也出山了。"筠秋似有所悟地一语双关地说："谢谢你了。"

1935年，金洪声虽在生意上大遂心愿，家中却有令人痛心的事。大姐金月珠，终因郁郁寡欢，在孤苦寂闷中离世。月珠的丧事，只由母亲张秀英一人料理，与她的出嫁一样，父亲巨濚都没有回金罗浜，也没有通知亲戚朋友。筠秋因为金洪声来宣家浜参加《奔腾》文艺社聚会的缘故，而得悉了月珠的死讯。筠秋与月珠都是1911年生，月珠的月份要大些，筠秋一直称月珠为姐姐。姐妹一场，筠秋约了刘佩贞一同前往——虽然不合未接到报丧不参加丧礼的乡俗。

参加丧礼，赶早不赶迟，不能吊了末孝。从张家门到金罗浜要二三十里，两人半夜就雇船起程了。到金家后，筠秋、佩贞看了月珠的遗容，惨白瘦削的脸庞，哪里还有一丁点往日如花似玉的娇容。筠秋、佩贞不禁失声痛哭，潸然泪下。

月珠的丧事简陋之极，没有请尼姑念经，也没有请吹鼓送行，只撒了一点黄纸引路，草草地葬在自家田旁的桑树港上。

筠秋、佩贞当夜赶回宣家浜。想着自己，若不拒绝父母兄长定下的婚事，恐怕也是如月珠般的归宿，不免辗转反侧，难以入睡。话闸一启，两人就不免回忆起往事：当年月珠在杭州上学，那时的她人长得真漂亮，是何等的亭亭玉立鲜亮娇丽；从杭州回来，听她讲起省城的见闻和新学堂的事，真令一班姐妹们艳羡不已；不想先是殃及池鱼地从杭州退学回家，接着又是一场谜一般迅速破碎的婚姻，使她就如遭严霜摧打的鲜花，顷刻蔫落了。

可叹的是，筠秋和佩贞怎么也想不明白，月珠怎么会如此驯顺的逆来顺受这一切，你也是一个到省城读过书，上过新学堂的人啊！

两姐妹倚被谈论着，不觉鸡已三啼。她们心里有些庆幸，又有些后怕。庆幸自己当时能拒绝父母兄长之命的婚姻，后怕的是以后自己的婚事还会有多大的风波。“反正我不听他们的，独身一人过也很清爽干净。”筠秋用这句话，结束了这场谈话，而窗外的天边，已现黎明的鱼肚白了。

月珠之逝，至今令人扼腕叹息。筠秋、佩贞两人从自身的婚姻，开始了向世俗的抗争。尽管以后的路还很曲折漫长，甚至还充满险恶，但毕竟她们暂时地获得了掌控自己命运的权力、自由。西方哲人云：“性格即命运。”就三位年青女性对待自身婚姻的迥异态度及结局而言，或许观念的差异，更能迅捷地决定各自的命运。

一晃又是一番寒暑，张筠秋、金洪声两人的进入热恋，是在1936年。

据全洪声胞弟金舜仪回忆：我那时在稚川小学读书，是住宿的，每个周末回到隆顺兴米行里。可是有一段时间，老是见不到阿哥。正账房王应生说：你阿哥娘舅家(指张礼甫家)去得闹猛，他交代我给你两个双角子，作为一个星期的零用钱。

金洪声此时任副账房，正账房王应生对之十分倚重，只要分内的生意做妥，关照过师兄，就可以在店中自由进退了。

然而王应生和金舜仪不知道的，是金洪声之所以频繁去宣家浜舅父家，还有一件与他今后人生道路关系极大的事。

1935年，中共领导的红军长征胜利到达陕北，蒋介石集团虽全力阻击围攻，但红军北上抗日声势不可阻挡。1935年，日本进窥华北，北京的“一二·九”学潮带动了抗日思潮在全国涌动。1936年11月7日，当局逮捕沈钧儒等“七君子”，更激起了全国各界人士的抗议浪潮。至“西安事变”前夕，当局已陷首尾难以两全之境，对全国各地风起云涌的抗日运动更穷以应付了。从而在学禁和思想上的钳制方面，不得不有所松弛。

“七君子”之首沈钧儒的故乡嘉兴，抗日的活动也方兴未艾，各种抗日组织频频出现。

在海盐，李石农、查今文、张振乾组织了“奔腾”文艺社。李石农，又名李开基，平湖人，幼年迁居海盐县。是三人中思想领袖，后加入中国共产党，解放后曾任上海市中级人民法院副院长。查今文时任海盐《海滨日报》编辑，正好编发“文艺类”的刊物《奔腾》；张振乾以张家在当地的乡绅地位提供活动场所，成为具体的组织者。张家宅院中有一暗室，十几个人在其中开会议事，外人不易发现。“奔腾”文艺社的集会大都在张家暗室中进行。

“奔腾”文节社的宗旨，在当今的各种书面文字中都以“进步青年组织的宣传抗日的团体”称之。保存在张筠秋档案中的她1954年填写的《中共党员登记表》中是这样说的：“参加奔腾文艺社，写写文艺小品，也是对反动的人看不满，发发牢骚，后来被反动政府禁止。”看来，这样原生状态的记述，对“奔腾”文艺社的性质描述，还是相当客观真实的。从后来即被当局禁止这点看来，“奔腾”文艺社是披了当局逆鳞的——抨击时弊、宣传抗日。

● 金洪声张筠秋夫妇和儿子金晓红

“奔腾”文艺社的结社形式如何？是迄今为止一切回忆文章中

所没有叙述的，或许是撰述者的疏忽，或许是当事者对“进步事业”要纯之又纯的形而上学的禁锢。其实我们民族历史上的多次农民起事都以宗教的形式为掩护，如实的叙述，断不会改变其农民运动的性质。如实地披露奔腾“文艺社”的组织形式，同样不会贬损它的形象，反而会使人感到真实可信——尽管乍闻之下有点会出某些人的意表。

“奔腾”文艺社的几位主要成员之间，是以义结金兰、结拜兄弟姐妹的形式连结的——犹如我国有名的三国桃园三结义。男的大致有李石农、查今文、张振乾、金洪声；女的大致有张筠秋、刘佩贞、宣兰珍等。铸有银牌标志，每人一块挂在胸前，正面写“义结金兰”，反面写着各人的名号。金洪声的名为“瘦蝶”。

“奔腾”文艺社的人员有三十多人，绝大部分是失业青年，金洪声以账房先生兼半个米行老板的身份置身其间，很重要的因素是张筠秋在“奔腾”文艺社的缘故。爱情的力量和影响有时是惊人的，不然，“冲冠一怒为红颜”改变历史走向人生轨道的事件，为何屡屡记录在史册。

《奔腾》杂志仅刊行了两期，就被当局禁停。第一期上发表了张筠秋的一首短诗《牧羊歌》。据张筠秋回忆，此诗“是描写苦难的农村姑娘养羊的故事”。由于原诗已散佚，就只能揣摩其大致内容。当时的海盐一带，肯定没有以养羊为生的牧羊女，多是农家养一二头羊，作为家庭的副业。养羊比养猪容易，不需喂米糠一类的饲料。只要白天将羊牵出，往草地上一放，也不是散放，而是将连着羊绳的细木棍插入地下，把羊拴住。羊儿就把能及的野草啮完，再将它换一个地方——需要说明的是，那时的海盐一带，野草荒地还比比皆是，不如现在田野里连小片的草也极少见到。到傍晚将羊牵入羊舍。也要割一些青草，以备雨天之用，待暮春盛夏草旺长时，更要晒些草干，作为羊儿过冬的食物。

养羊的事，一般都是家中小孩的活计。据刘佩贞回忆，张家养有羊两只。当然，以张家的家境，养羊的活应该不会落在筠秋身上。

诗的具体内容，最大的可能，是以邻家女孩放羊的经历，再掺杂自己幼年孤苦的心情。

第二期发表了她的另一首诗《秋瑾女侠读书感》，是以秋瑾励己志的。

在写诗稿时，恰好金洪声来宣家浜时看见。张筠秋的原诗为：

《秋瑾女侠读书感》

鉴湖豪侠女儿身，骑匹白马过街心，
醉里挑灯试剑刃，更喜携枪技臻精。
闺中吟诗总嫌闷，为广见闻渡东瀛，
越中首赞同盟会，撰文奔波为复兴。
归来督办大通校，志士仁人聚其中，
骤闻事变心不惊，从容洒血古轩亭。
壮志未酬香魂去，只留风雨愁煞人。
女侠逝去三十载，深夜对卷泪满襟，
吾辈当继先贤志，女子自立向前行。

“表姐，我为你改两个字。”金洪声看过诗稿后说。

“哪两个字，你说！”

“‘街心’是我们这里的土话，改成‘街亭’吧，街中有亭，城中闹市通衢的意思不变，韵也押着。”

“好，到底是你这位账房先生文章好。”

发表出来的诗上，就变成了“骑匹白马过街亭”。

张筠秋对与金洪声的结合，在我们见到的她本人的所有文字资料中，只有一句话：“与表弟比较谈得来。”大概就是以上此类情景之谓吧。

张筠秋与金洪声的相恋没有更多的花前月下和山誓海盟，就进入了谈婚论嫁的阶段。然而一场民族的灾难，又使这对年轻人的婚事起了变数。

1937 年，在北方是卢沟桥事变，全面抗战爆发。在南方，当时的京沪地区，“八一三”日军大肆轰炸上海，淞沪会战爆发。8 月 23 日，日军在吴淞、川沙登陆，战事扩大。敌机频繁轰炸杭嘉湖地区各县，11 月 5 日，日军在金山卫登陆入侵，我淞沪前线军队全线撤退。11 月 11 日上海沦陷。至是年 11 月下旬，包括平湖、海盐在内的嘉兴各县相继陷入敌手。

日军入侵后一路烧杀抢掠、杀戮平民的暴行令人发指，一般百姓陷入了天无宁日生死难以逆料的逃难之中。一直到局面稍为安稳的1939年,海盐县招考小学教师,张筠秋报名参考,被正式录用为教师,遂了她自立的心愿。她与金洪声的婚事终于水到渠成地提上日程。那年张筠秋二十九岁,金洪声二十四岁,与人合伙在平湖西大街开设小米行,惨淡经营,勉强度日。

如世上某些事物一样,新的内容还需要裹上旧的形式才能面世,虽然金洪声和张筠秋已心有灵犀,但那"一点通"仍要依照当时平湖、海盐的民俗来进行。

事情由金洪声起头,洪声向母亲提出,要娶表姐张筠秋。母亲听后,不觉一愣,作为娘姨的张秀英深知筠秋自幼心气高傲,比儿子又大五岁,而自己哥哥张礼甫虽已风瘫在家,不理外事,然往日图董、委员的余威尚在。而自家已沦落到开小店糊口的地步,虽是亲眷,但门第不当。转而一想洪声自幼不是鲁莽的人,儿子说这话定有道理。就去和丈夫巨濚商量,不料巨濚更不答允,不愿和张礼甫结亲。

金巨濚和张礼甫这两位妹夫和大舅之间,久已心存芥蒂。金巨濚与张崇礼交厚,而张崇礼和张礼甫虽同是生于海盐张家门的叔伯弟兄,却形同冰炭,"鸡斗百脚(蜈蚣)"。张礼甫是图董、自治委员的地方士绅。张崇礼是宦游他乡的朝廷命官巡检大人,职务官衔虽然不高,但在张家门这种百来户的小乡村中,也说是出了个人物了。两人内心谁也不服谁,外面却是另一番"道不同不与谋"的模样:张礼甫指张崇礼为官僚胚子,搜刮地皮;张崇礼则讥张礼甫为土豪劣绅,包揽讼词,横行乡里。先是私下指桑骂槐,后来竟至在亲友的红白喜事上,使酒骂座,每每不欢而散,弄得亲友们十分尴尬。而两人间,也视相聚为畏途。

人以类聚,不觉之间,巨濚与礼甫之间也有些隙隔了。巨濚家道衰落后,张礼甫言语之中,也难免有巨濚败家,连累妹子受委屈之词。而巨濚虽自己当年举止不当,但对大舅子的假以辞色则不以为然。一边是心怀不屑,一边是我败我家,于你何干!而对张筠秋,拒婚、自杀、办农场破财,与继母的不睦,又在外面做些没有工钱倒贴饭钱的疯事……,如此等等,早有耳闻,年纪又比儿子大了5岁,恐怕日后自己儿子洪声在这位大阿姐身边,被"萝卜不当小菜"——不当回事。

洪声和筠秋的婚事，一开始就不能获得父亲的首肯，而母亲张秀英虽不似巨滦一般执意，但几十年"出嫁从丈夫"的惯性，使她在儿子和丈夫两者之间，总更多地倾向后者。"父母之命"成了洪声和筠秋婚事首先要迈越的关隘。

张秀英想洪声已是二十四岁的年纪，在当时，这个年纪早过了男子娶妻的年龄，所以夫妻俩也有些着急。张秀英就物色了一位姑娘，是张家门大嫂家的一位内侄女，乍浦人姓曾，在平湖县城小南门外名为菜苦庵的一所小学里教书。秀英去看过姑娘后，很满意。金洪声带着小弟金舜仪也去那所小学里看过，确如母亲说的人很漂亮，也是能自食其力的职业女性，但事情总因女方曾家是独生姑娘，要找上门女婿，金家又断不允将儿子改姓他姓，此事只得作罢。

金洪声见父母态度若是，只得自己去海盐刘家庄大姨家，求大姨刘丽英为自己作伐。刘丽英则很开通，同意去宣家浜为洪声说亲。平湖海盐的婚俗，第一步俗称"讨八字"，即向女家讨姑娘的生辰八字，而像洪声这样男家看中姑娘，主动托媒人说媒的，称为"央出媒人"。

两家的家境人品都是熟稔的，刘丽英就开门见山地向哥嫂要讨筠秋的生辰八字。张礼甫心目中一直以绅士为高，很有些鄙视生意人。就以"要问问筠秋自己的意思"为由婉言拒绝。

洪声闻讯再次去刘家庄央求，大姨已略知了婚姻是侄儿侄女自己的主意，就再次去了宣家浜。言语间，向礼甫夫妇暗示了筠秋的心愿，既然女儿已经心许，礼甫当然依允出了女儿的八字。——一位二十九岁的姑娘待字闺中，毕竟是做父亲的一桩难以释怀的心事。继母魏五宝，对这门亲事的评论一直是："灶头配了泥涂灶。"灶头是有烟囱在屋上，泥涂灶则是没有烟囱伏在屋下，意思是两家门弟高低不当。而在金家，一直到吃完喜酒，巨滦借着酒意，还惯出一句对此桩婚事不满意的话：讨张礼甫的姑娘，我们饭吃不成。筠秋在外的传闻，实在是太能干了，在"女子无才便是德"的影响下，未来的公婆心中不免隐忧重重。

巨滦夫妇将大姨拿来的筠秋生辰八字，在灶君菩萨的香炉下压了三天，焚香默祷，祈盼男女双方的八字能合拢相谐。不料，好事多磨，请算命先生“合八字”的结果，洪声筠秋的八字六冲不合，照当时一般人家，若顺民俗，这桩婚事也就不成了。但洪声力主无碍，只要求父母休张扬此事。巨滦夫妇见儿子心意已决，也就顺应洪声的心愿，压下了“八字六冲不合”之事，对外说，两人八字相合，就定下了这桩婚事。

金舜仪在回忆起大哥洪声的这件婚事时，还将成功归于媒人刘丽英：“全凭大姨读书多，会讲道理，嘴巴的道理斗得过张礼甫。我爸妈没有办法，只能由儿子做主。”

虽是亲上加亲，在婚事财礼上的斤斤计较和讨价还价免去了不少麻烦，但依习俗，拿八字以后的礼仪也要步步做全，依次是：一是“准日”，决定日期，请星相先生择“黄道吉日”，男方全家邀集长辈、媒人，设酒两桌，施聘礼，有“正礼”付银钱，“四牲礼”块肉一方，还有“带脚腿”、鸡、鲤鱼共四件。女方张家就向四邻分糖果。二是“对亲”，有正礼，以及首饰、衣料等聘礼。金家邀集亲友宴集，亲友不送礼，吃过对亲酒后，结婚时就要送礼，故对亲酒俗称“下秧酒”。张家按俗不受花红礼，且要加半回礼，另掘一株“万年青”用红纸包妥，意思是日后新婚夫妇万年长青，一双带脚的“铜饭盂”作为喜物回礼，谓“有脚气”。三是“担盘”，男女双方都设了酒席，男方的正礼较大，还要有“四牲礼”、“准舅”、“鞋袜”、“抱舅”等礼钱。张家办“担盘”酒，亲友都送来各种实物，作为新娘子的礼物。

由于在战时，金张两家的以上婚俗，虽然按部就班地都做全了，但排场和礼品的数量上都节俭多了。举一例，可见一斑：张筠秋准备新婚被具时，因为有言在前，在办农场时，已将自己的嫁妆钱预支了，以至做好枕头连枕芯也无物充填，只得充以砻糠。旁人说，砻糠砻糠，日后这场婚姻恐怕是空的，劝筠秋改填他物。而筠秋实在无物可更换，而心中确实也根本不信，就说：什么空不空，在人不在物，斥之为无稽之谈。

礼甫常有惊人之举，4 月 24 日，娶媳妇，刘佩贞嫁入张家，与张振乾完婚。三天之后，1939 年 4 月 27 日，送张筠秋出嫁到金洪声家。张、金两家亲友，三天之内，吃了两场喜酒。

金洪声、张筠秋的婚礼，用新式结婚礼仪，在金罗浜举行。金家在经历家运中落，更兼长子长女的不如意后，十二年来，首次家有喜庆之事，巨濼、秀英夫妇内心纵然对这门亲事不满意，但对寄予厚望的二儿子洪声婚事场面上还是倾心倾力了。

先将金罗浜老屋稍事修葺、粉刷，将后埭房间中，东面靠大厅的一间房布置成新房。为了迎接招待张家送亲的客人，还临时借好隔壁金哲明家的房子，整理干净，供女家来人居住。

虽然礼甫夫妇心里也不满意女儿的婚事，为了顾各方特别是女儿的面子，礼甫虽已风瘫，但仍躺在藤椅中同妻子一同坐船前来。

张家送新娘的喜船，也比一般人家考究气派：用两只较大的龙船，前后捆住，拼成双排的大船——当地一般人家就只用一只船。船的前舱放着花轿，第二舱上面，搭起船棚，送亲的亲人坐在中间，当然还有媒人大姨刘丽英。

双船并排着，既大又稳，一路燃放鞭炮。从海盐张家门驰向平湖金罗浜，船行之处，引得河岸上无数路人驻足相看，风风光光地将新娘张筠秋送人金洪声家。

婚礼上的鼓乐中西合璧：既有中式的茶担吹打，又从平湖县城请来西洋乐队。一中一西，两套班子，为了各显自己的声势，都舞弄得分外卖力，一场婚礼显得格外闹猛喜庆。

婚礼的仪式，依新人们的意愿，用新式礼仪，用了结婚证书，请了证婚人。

细细算来，金洪声张筠秋之间的姐弟之恋，其间几经起伏曲折，长达六七年时间，以有情人终成眷属步入婚姻殿堂为完美结局，委实也是一件难能而又值得庆贺的事。

婚后，巨濼夫妇回通界桥，金洪声仍回平湖县西城河滩与人合伙开设小米店。新媳妇张筠秋，未度完蜜月，在金罗浜住了半个来月就回到她日夜萦怀的张家门小学，继续当起小学教师。

这段伴随金洪声、张筠秋走完人生道路的姐弟之婚姻，还有两人之间的称谓一事可记：在解放后的公开场合和张筠秋晚年的回忆文章中，都称金洪声为“老金”；而在家里人后，从婚后一直到两人暮年，张筠秋对金洪声的称谓一直是“瘦蝶”，四十余年不变。金洪声则在婚后，一改以往称张筠秋为“大姐”的习惯，改称为“筠秋”。

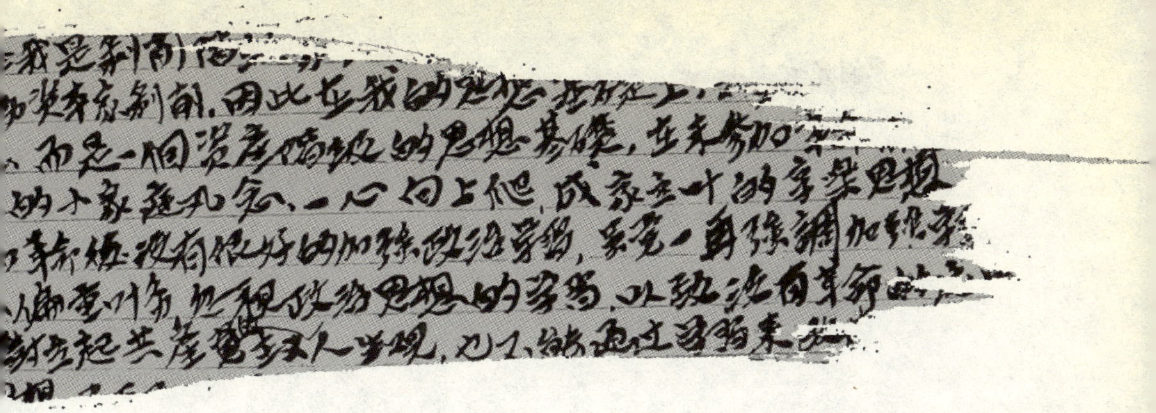

当家姑娘

1923年,张筠秋从海盐县城辍学回家,那一年她十三岁;到1937年,她二十七岁;及至1939年出嫁离开宣家浜家中,她二十九岁。整整十三年时间,若以出嫁论,则整整十五年间,在她所有的履历登记表中,只有"1923—1937年3月:海盐县西塘区宣家浜家务"寥寥不足二十字。除了前文已述的拒订婚、欲办小农场、参加"奔腾"文艺社,与闺中女友刘佩贞的交往外,——而这些也只是她日常生活中短暂的几个片断,远不是她在这十三或十五年中的生活常态。

"家务"两字,仿佛使她那段生活的记载成了一段空白,这对于一个人的经历来说,是不能容忍的阙如,——几乎囊括了她的整个青年时代。本章,我们将以张筠秋本人1950年在浙江省委党校学习时向党交心的亲笔材料为主线,辅以笔者尽力搜觅到的一切文字资料,以及知情者的口述回忆,尽可能真实地还原她在那十余年时间里的其人其事。

张筠秋的家境情况，她自述如下："有收租田八十亩，自耕田12亩。我们每年以分到的八十亩田剥削度日，素菜自己种的，不参加主要劳动。我们这时人口七个人和二个佣人。"

七口人是：祖母、父亲、生母、筠秋，振乾；还有两人是被长兄接济的方甫夫妇。祖母、生母死后，家庭人口变化为：父亲、继母、筠秋、振乾、继母所生的女儿大宝、二宝，失去妻子的方甫，仍为七人。

佣人是王二观和宣善祥。

1955年9月29日，中共平湖县委根据上级党组织的统一部署，制定《审查干部计划》，意欲从政治、历史上进行审查，清除混入党政机关的反革命分子、阶级异己分子、蜕化变质分子。在这场极其严格的审查和筛选运动中，对家庭的经济情况，张筠秋仍保持1950年的说法："我的家庭成分在表格上是填地主。家里有80亩收租。父亲又开过店等情况，我在省委党校学习时，历史材料中已写明"。

土地的数量在以农耕为主的社会中，是家庭的最重要财产，为了慎重我们还查阅了张筠秋弟媳即张家唯一的媳妇刘佩贞的全部档案资料。在刘的档案中，有关张家田产数量的填写，共有五处，但数量多寡不一。少者如1950年3月25日《干部登记表》所写："有自耕田地共拾壹亩，租入地田共伍亩叁分，尚有柒亩伍分租出田。"比较接近张筠秋说法的是1956年"审干"时写的"自耕田十六亩，还有出租田三十余亩，雇半个长年（长工）"。

1956年"审干"时，为了弄清张筠秋家庭的问题，张所在的组织进行了调查，对张家的田产也进行了核实。其中一份调查证明材料，被调查人是海盐县海塘乡十一村的陈玉亭，现择要摘录于下："我叫陈约（玉）亭，现年62岁。我在抗战前干过伪乡长两年多，从小未出外过，在本村到现在。我所知道的张礼甫的情况……当时有100余亩田"。此份材料有"五一社长张顺金"的副署证明，还有海塘乡总支书记曹钊葆签署的"同意上述意见"文字，具有代表村、乡二级政权组织的权威性，陈玉亭当过国民党的乡长，又一直在本村居住，对情况应该是熟悉的；而解放后是新政权的"专政"对象，又使他在提供情况时，只有如实交代才能免于非祸的心态，所以

“张家有田 100 余亩”的说法，是一种比较符合事实的说法。

质以此，张筠秋本人的“自耕田 12 亩，租田 80 亩”的说法是比较可信的，而且在 1950 年、1956 年，组织上也均未提出异议。

那么，刘佩贞对张家田产的说法为何五处各不相同，总让人有藏藏掖掖之感呢？在人被划分为阶级的时代，家庭出身、本人成分事关“谁是我们的敌人，谁是我们的朋友”这个“革命的首要问题”。家庭田产的拥有数量，根据“一定量的积累会引起质的变化”的哲学理论，是决定个人、家庭是人还是鬼，或者说是敌人还是朋友的生死攸关的大事。虽然张筠秋、刘佩贞都坦说自己出身、生活在地主阶级家庭（这是众所周知，无法掩饰的）。但由于当时张、刘的政治处境不一样，张在掌握政权的县级机关里工作，而刘在短暂的 5 个月政权机关工作后，即已被调入海盐城郊区粮库工作。再加上刘佩贞胆小敏感的个性，在田产数量上有所藏掖，也是可以理解的事。扯远一些，当时的伟人，在 1935 年对斯诺的自述中，即后来成书的《西行漫记》里，自称“出身于农村小地主家庭”。而 1949 年解放后官方对伟人的出身一律统一于“一般农民家庭”。一边是为尊者讳，一边是为自己讳，对刘佩贞的所为也确实无需苛责了。

从 1923 年到 1937 年乃至 1939 年，这十几年中张筠秋家的家境，也会随着时局变化、年成丰歉、家运盛衰而有些起伏。大致是：

1916 年后，家境渐差，“空了几百元债，加利的”。1929—1933 年，“家庭经济渐渐好转了，父亲春蚕时，在茧店做一个协理，薪俸六十元，又自己弄蚕，可一百多元收入，后来可买金镯。做酱豆（油）生意，一爿小油酱店。后来种人家租田十八亩，买荒田 12 亩，不还租。雇长工二个人，家又增加了三人（表妹及父的一个没有家的朋友）”。可以接纳供养着亲友，家庭财力是有点根基的宽裕了。

1933—1938 年，时值战乱，“生意不好，田内亏本，弟弟生病。此时还租田不种，开支大，长工也不用。开设的油酱店被日本鬼子毁掉。一年粮食缺了一个月，因此破产卖田。”

但不管家境起伏如何，在这样一个家庭里，整个经济基础是以田租收入为主要来源支撑的。用张筠秋自己的话来说是过着“不参加主要劳动，剥削度日"的日子,按《中华人民共和国土地改革法》的诠释,"主要劳动"是指田间耕作的主要农活。

张筠秋自述中说"白天做家里的事务,晚上看书",看来,张还是比较忙碌的,白天做家务事,只能晚上看书,那么,"白天做家里的事务"又何所指呢?

◀"共和国教科书·新国文"第二册,第二十二课。

◀"共和国教科书·新国文"第一册,第八课,中华民国六年印。

● 张筠秋读小学时的课本内容

张筠秋自成年(十八周岁,1929 年)至 1937 年谋得教师职位乃至 1939 年出嫁离开家庭,共 8～10 年中,她的自然态的生活状况,或者说她表上填写的从事"家务",大致可以描述如下:

辅助继母魏五宝带领继母所生的两个妹妹。1929 年,筠秋十八岁,大宝、二宝分别为十二岁、十岁,还是需要人照料的年龄。而在那时的社会风尚,兄姐带弟妹是常见的事,不如现在独生子女时代,一家几代人围着一根独苗转。

我们在《姐弟之恋》中,已经叙述了张筠秋缝纫衣服的事,可以想见,一家六七口的针头线脑的事,张筠秋也会张罗一些,在全凭手工缝制的上个世纪二三十年代,针线活是相当费时间的事。鞋袜虽是小件,但自制却非易事,做鞋先要"糊百纸",即将旧布用糨糊层层的粘贴在门板上晒干,剪成鞋底大小后,纳成密密麻麻的"千层底"。配鞋面是个技术活,讲究式样与料子。最后一道工序是"上鞋子",可以自己上,也可以请鞋匠代劳。一双布鞋的做成,前后需七八天时间,样式上除了单鞋还有棉鞋。在买鞋穿着的今日人们看来,简直是难以想象的浩大工程。布袜的缝制较为简单一些，然而袜底易被磨破，且稍后流行的机织棉纱袜，俗称“洋袜”，更易磨损。所以补袜子、上袜底就成了那时的一节女红常课。往往孩子一觉睡醒，主妇们还在昏黄的灯下缝补袜子。

张礼甫家没有雇女佣，一家六七口人的饭菜，农忙时人多十几个人饭菜的烹制，这是张筠秋在这十几年中必需天天做、常年做的事。用《中华人民共和国土地法》的说法，称之为“附带劳动”。当然合作者还有继母魏五宝，但相衡之下，继母还有两个孩子要哺育扶养之累，筠秋此项工作的承重决不下于继母。

据金舜仪的回忆：“张筠秋会做菜，小妹金月蜍在宣家浜出嫁时，酒席是张筠秋烧的。八样头官菜酒，八只冷盆，八只热炒。”官菜酒是平湖、海盐乡村中一种高规格的酒筵，故冠之以名曰“官菜”，技艺稍逊的厨师还不能烹制，她敢揽表妹婚宴的活，足见其厨艺非同一般。冰冻三尺，非一日之寒，没有几年的操练，也决不能技臻如此——这是张筠秋长期操持家人饭菜的佐证。

据张欣华回忆：“那时的姑母已是比较能干，处理家里的一切事务都是她。祖父说，可惜她是女儿身。”

张家开着茧行，经营着油酱铺，养过蚕，种田一项又可细分有：雇人种十二亩田，八十亩田出租，田最多时还买过十二亩荒地，租种人家十八亩田。

一家七八口的衣食住行，顾及自治委员脸面的礼尚往来……收入项中，一年生产经营计划的谋定，人员的安排，资金的调度等等。支出项中，轻重缓急的掂量摆布，各款用途的撙节，遇到突发事件时的应急，虽不属躬身劳作的“主要劳动”，或许，更是马克思所言的“复杂劳动”。“处理家中一切事务”的张筠秋，只能在晚上自修读书，是无意间毫不矫饰的真实情形的记述。

“当家姑娘”的称谓在嘉兴一带约定俗成，是对那些极能干，未出阁就在娘家持家理财的姑娘的称谓。“当家姑娘”的故事也时有耳闻，不过造就她们的情形各不相同。又一位新中国的伟人，在其幼女十二三岁时，就将夫妇两人每月的工资八百多元——那时一个工人定级后的月工资是三十元，一个定级大学毕业生的月工资按老人家的一句话，大学生工资半百，被定为五十元五角——交由她安排，以历练女儿的持家管事能力。果然女儿长成后，不但持家有方，还能陪伴乃公走北巡南。伟人对女儿的安排是有意为之，而张筠秋的当家，却是事之所致。

父亲忙于主外，或者说是热衷于家外的“公务”和应酬。无暇顾全家事的具体经营。

继母魏五宝不识字，不具备担当此事的能力，或许还有更深层次的原因：夫妻之间虽不曾反目，但也远非琴瑟相和。除了成婚拜堂时的不欢，一直在往后的口角中被妻子屡屡相讥外，婚后月余的一次争吵，更显示了两人时有的同床异梦。张欣华回忆道：“他（指张礼甫）第二次去江西是娶祖母后一个月（前妻病亡），说要再去江西看看，祖母是个通情达理之人，当时应允，而祖父却把房门一摔，负气而出。他认为女子应是依恋丈夫的，想不到这位夫人到是与平常女子非同一般。”张礼甫貌似无由的出尔反尔，妻子魏五宝的无所适从，折射了两人之间的微妙关系，从内心深处讲，把家事托付给女儿，父亲更放心一些。

张门独子振乾只小筠秋两岁，照理应儿子当家操持家务。但一则振乾之志，远不在齐家而在“治国”，据张筠秋在1985年12月的回忆：“张振乾三六年夏，考取了汤水湾小学，虽有了职业，……振乾一心想办好文艺社（指奔腾文艺社），汤水湾小学由我代课”。张振乾的志趣，可见一斑。再则，还有张振乾长子张欣田的回忆：“爸爸从小就身体不好，经常生病，一生病往往就卧床不起，短则十天半月，长则三四个月。早晨当我睁开眼睛刚喊了声妈妈时，妈妈就跑过来嘘了一声，说：轻点声！你爸爸昨晚又发病了，现在刚刚闭上眼，别吵醒他……父亲一生病，即使醒了，也会挥挥手叫我离开，怕烦也怕病会传染给我。”三则姐弟自小相依为命，失去母亲后，又长姐为母，筠秋带着振乾长大，在振乾眼里如母亲的姐姐掌管家务也是理所当然，比他更合适。——振乾娶妻后七天，张筠秋就出嫁，就由“少奶奶”刘佩贞接替张筠秋，掌管张家家务。

在地主的家务事中，土地的购置出让和田租的收取，是最重要的项目，因为这是一家经济最重要的命脉。但在解放后，因为事关本人成分是否会成为地主或漏划地主，变为一个上天堂抑或下地狱的有关政治生命的问题，张筠秋在其1956年以前的所有档案自述材料中，都没有提及，组织上也没有深究。

时过五年，在审干运动中，是否收过租这个问题，不容回避地摆到张筠秋面前。事出海盐县海塘乡朱阿妹的一纸检举信，由调查张振乾而牵涉到张筠秋。现择要摘录如下："我叫朱阿妹，我在19岁时，被张礼甫霸占良田三亩，以讨陈租为名，实际是没有欠租，结果被霸占，……哭了好几次，穷人无法办，结果其女大宝（即是张筠秋）把我的手印。手印内容就是以陈租为名，抵押给她们，说是欠陈租20元。"

事情非同小可，组织上立马找张筠秋，她作了如下的书面回应："我的生活来源，未做小教时候依靠父亲。自从小教、结婚后是依靠自己，没有做小教时，是跟着金洪声做生意过生活。我在家做家务，没有直接参加过剥削。"然而对于朱阿妹的指陈，她在同一页纸上又只能作出如下应对："关于剥削方面，我虽没有直接进行剥削，但由于我家庭出身地主，婚后对方（指金洪声）曾经一度经商。因此在他们剥削中，难免有些事情经过我手。对于父亲的地主剥削，我虽没有帮助收过租，据朱阿妹说，在朱阿妹的父母双亡后，把田抵押给父亲。写纸时，我叫他盖指印。但是在25年前的事情，已想不起来。估计自己是剥削家庭，可能有这样的事情。原则上的断然否定，具体上模棱两可的承认，整页文字一点不改动，显然是誊清的，可以想见起草时的字斟句酌，反复推敲。在那种情势下，她也只能如此了。

朱阿妹的检举也牵扯到刘佩贞，好在时间上给了刘回旋的余地："当时也是父亲手里的事。听说朱阿美因父母双亡，无力耕种，交还张父自种（叫退租），我当时还没有到张家，具体不够了解，也不看见。"但对另一双佃户俞阿长、俞阿林的指陈，刘佩贞就承认了："1943年，具体参加过收租剥削。"

历史经过了一个甲子的轮回，褪去意识形态的偏颇与现实生活中的功利，张筠秋出嫁以前，在娘家当家时经手处理过包括置地、收租在内的重要家务，应该是比较符合当时当地情形的事实，我们现在何庸为她讳言。当然,经手不等于掌管,当家不全然是作主,整个家庭财产权利中最重要的处置权一项,仍然掌握在一家之主的父亲张礼甫手中,这也是不争的事实。

行文至此,忽然想到创建的理论成为中国共产党理论基础的两位哲人,或许他们对信仰或现实的态度,可以成为信奉他俩理论追随者们的圭臬:一位口中诅咒着该死的资本家,手里仍经营着父亲留给他的工厂,而将“剥削”所得支援他的最亲密战友。另一位是接受他人“剥削”所得的馈赠,以维持家庭与本人的生存,从而使自己创立推翻资本主义、解放无产阶级的理论方能够得以完成,前一位的中文译名叫恩格斯,后一位的中文译名叫马克思。

长木桥初小女教师

张筠秋十三岁时立下的“长大要当老师”的心愿，时隔十二年后，终于得以实现。不过，事情的到来显得如此突兀，简直使她猝不及防。

1936年夏，从海宁钱庄学生意回来以后一直闲赋在家的张振乾，终于设法谋到了汤水湾小学教师的职位，那年他二十四岁。

汤水湾桥在宣家浜西南方向三里，汤水湾小学就设在汤水湾桥畔的庙里。说是一所小学，其实也就一位教师一间教室一个班级，一个班级里有一年级到三年级三个程度的学生。学校实行复式教学，即一位老师同时上几个年级学生的课程。

张门独子张振乾弱冠后三年，终于谋得列位“公教人员”的一个教席，也是家中的一件大事。念佛的继母魏五宝去庙中求了一签，住持的当家和尚解释签文道：此是中上签，问的是前程，近有财运小进。然财自西南向来，日后恐有小灾。礼甫闻言，不甚笃信。但自遭北伐之变后，始觉命运之说也非全妄，对此变为“敬神如神在”的中庸。在平常结交的三教九流各式人等言谈中，也曾听说过风水堪舆关于西南朝向属凶煞的话。汤水湾在宣家浜西南，莫非振乾此职真主不吉？当然在场面上的应酬都是对儿子得职的庆贺，全然不露声色，只在心底深处藏着几丝隐忧。

开学那天，筠秋送振乾到村子尽头的桥畔，望着弟弟振乾夹着书包拎着带的中午饭菜渐渐远去，那瘦削而略显佝偻的背影，喜悦中不免带点担忧：为弟弟找到职业而喜；振乾自幼体弱，不知能否胜任教书的繁杂？还为自己闲闷在家里而愁。

在沿袭千年的我国风水堪舆中，西南向确是隐含不吉之向，座位以西南为小，房屋的布局也以西南为避让。不知振乾跨出家门，踏上社会的开始朝向，是否真的预示着他一生多舛坎坷的开始。

果不其然，一月未到，振乾在上课时吐血病骤发，竟至口中鲜血喷溅至前排学生身上。家人闻讯用藤躺椅抬回。教师病了，新接手的学校，学生的课却万不能停。振乾请姐姐代课，父亲也竭力在旁附和。问了一些学生情况和各年级的教学进度后，下午张筠秋就毫无前兆地走上讲台，代振乾的课，当起了教师。——彼时学校任用教师，似乎还继续着家塾延请教师的习俗，弟弟生病不能上课，姐姐筠秋的文化程度也旗鼓相当，在村人家长们看来，也是顺理顺章的事，无人会去计较。

课堂教学对张筠秋来说，显得不太困难。第一次面对着近二十名学生，虽然免不了有点紧张，但从小立下的志向，日夜萦怀的夙愿，终于得到实现的兴奋和喜悦——虽然这种到来显得过于突兀和毫无准备，那一刻她也无暇计及只是临时的代课——使她很快地进入了情绪高昂的宣讲状态。她尽量地追忆着自己读书时那些女教师的言行神态，力图在自己身上惟妙惟肖地再现。

学校采用复式教学，是在办学条件不足、师资匮乏之时的一种权宜教学形式，有点类似于我国历来的书塾授课方式。只要教师能驾驭课堂，调度得当，也并不复杂。

筠秋第一堂上的是语文课。先安排一年级上新课，其他二个年级温习旧课文和预习新课文。一年级的课文是：“这本书是我的，这本书是你的，这本书是他的，那本书是谁的？”先教生字“本、书、谁”的笔画和读音，再讲“那本书是谁的？”的意思后，就让一年级的同学写生字和小声朗读课文。随后再上二年级的课，以此类推，再上三年级。

张筠秋比张振乾多上了一门唱歌课，也增加了体操和游戏。儿童天性里喜欢唱歌游戏，所以他们觉得女的张老师课上得比男的张老师更有趣。甚至有点期盼男张老师在家多待几天，让女张老师来多上课。

张振乾的病不时发作，凡发病时，均由张筠秋代课。再过几个月，汤水湾小学的课除了应付上面来督导检查那几天，果然如那班小学生所企盼，全由张筠秋来上了。不过原因不是学生的祈愿，而是另有一段鲜为人知的原因：

据张筠秋在1985年回忆：“《奔腾》文艺社选举常（编）委五人，以写小品文为名，实际宣传抗日，含沙射影举一些例子。但被文艺社的人（常〈编〉委内部不纯）以审稿为名，修改或删去主要的东西。后重选常（编）委，还是换汤不换药。同时振乾一心想办好文艺社，汤水湾小学由我代课。当时教唱进步歌曲（工农商学兵，一齐来救亡）。”

● 1950年代初，张筠秋（前中）和她的妇联同事们

唱歌课是张筠秋和学生们最高兴的课了，唱歌课时不分年级，张筠秋教，全体学生一起齐唱。唱到忘情之处，学生是大声齐吼；而老师的张筠秋，似乎看见当年教自己“商女不知亡国恨”的那位女教师在前边引路，她带领着一群学生高唱“一齐来救亡”紧随其后。在这江南小村的穷乡僻壤，她想自己也只能用这歌声来表达不愿做亡国奴的心声了。

《奔腾》文艺社经改选后的编委共五人，除了李石农、查今文、张振乾外，还有汪雪于、何岩平等两人。

张振乾之志，远不在终生充任一小学教员，这倒客观上成全了胞姐张筠秋当教师的愿望。

1936年岁末，一场事关中华民族命运的事件，在离海盐县万里之遥的西安发生。张学良、杨虎城两将军以兵谏的形式，囚禁蒋介石逼其停止反共一致抗日。以周恩来为首的中共代表团，以民族为重的精神和恢宏的气度，贯彻延安“不杀蒋而促蒋抗日”的方针，终使西安“双十二”事变和平解决，避免了迫在眉睫的内乱。在中华民族面临生死存亡的危急关头，开启了国共的第二次携手合作。虽然在海盐这样的江南小县城，此次事变似乎只在新闻纸上热闹了一阵，以后就弥散为市民百姓茶余饭后的谈资。然而正如一切伟大的事件终将对历史的进程不可避免地产生巨大的影响，并对生活其时的千万群众的个人命运发生深刻影响一样，对张筠秋等人命运的捉弄，我们将在随后的章节中为你细述。

张筠秋在汤水湾小学的代课持续到1936年年终。半年的代课教学使她对自己的教书能力有了相当的自信和底气，但代课毕竟是代人之课，更不能鸠占鹊巢地取胞弟振乾而代之。待放了寒假，就向父亲提出，请他设法，自己要离开家庭去外面教书。

半年多来，女儿在汤水湾小学教书的口碑礼甫也时有所闻，望着自立心愿日炽、羽翼也似丰满的女儿，答应为她托人试试。

礼甫请托的人是汪锴甫，时任海盐县国民自卫队中队长。不久回音来了，海盐县沈荡区中心小学临时缺一名教师，需人代课，令爱若不嫌弃，可先去沈荡中心小学代课。

张礼甫得讯，心中尚在犹豫之间：代课一说，意在试用观察，倒是荐人的老到之举，也在情理之中。然沈荡镇在海盐县境的最西边，宣家浜却在县境的最东面，两地东西隔着一个海盐县，坐船要在县城中转，整整一天才能赶到，女儿孤身在外，生活上能独自料理吗？另外，汪锴甫的信中特地言明，沈荡中心小学是一所有十一个班级的区校，全校教师全部是师范毕业的科班出身。言下之意，不言自明。礼甫还在掂量之中，不料筠秋闻讯，执意要去。父亲问道："筠秋你敢吗？"女儿答道："筠仙（刘佩贞）二十二岁能去上海做工，我为何不敢去沈荡？至于师范毕业生，他们也是人！"

张筠秋于1937年4月初去了沈荡中心小学代课。毕竟她在学校读书的学历只有初小三年级，在父亲面前因自立心切而敢大言不惭，但真要能在人生地不熟的沈荡中心校内站住脚，确非易事。二十三年后，她自己回忆："第一次到一所十一学（班）级学校代课，看见同事，都是师范生，恐自己献丑，每晚上将明日所教课文准备好。"那时的筠秋，自立的畅快喜悦完全冲刷掩盖了焚膏继晷地夜间准备功课和白天尽力尽职教学的劳累。她感受到的只有工作着的无比美丽和自身不逊他人的自傲。

然而，一场时代的厄运和充满血和火的民族灾难，正在向她逼近。

1937年7月7日拂晓，北京近郊那座以石雕狮子闻名的卢沟桥畔，几声当时似乎没有引人格外注目的枪声，却昭示了日寇对中国的全面入侵，从而也揭开了中华民族全面抗战的序幕。

7月8日，中国共产党向全国发出"全民族抗战"的通电；7月14日，中共中央军委命令红军做好开赴前线的准备。

7月17日，蒋介石在庐山发表谈话，提出解决事变的最低限度条件，表示了中国政府的抗战决心。史称"庐山讲话"。

中国抗日战争全面爆发。

除了报纸上大字体标题的新闻以外，地处长江以南的海盐县似乎没受到太多的惊扰，一切依旧照着原来的节奏进行。

6月，学期结束，张筠秋也结束了三个月在沈荡区中心小学的代课生活。

三个月的代课试用，张筠秋在中心区校的表现应无大错，礼甫趁着放假前又去汪锴甫家登门拜访。拜访的结果是张筠秋获得了参加海盐县暑期小学教师训练班的资格。据《海盐县志》,1936 年海盐县各类小学 122 所,教职工 251 人。估计教师在 220～230 人左右(因缺 1937 年资料,故以 1937 年的统计类推)。张筠秋以初小三年级的学历,能跻身于这二百人的队伍中,并能参加全县性的学习,殊属不易。

一个月的训练结束,张筠秋似乎就顺理成章地获得了县教育科的任命:㪚城区长木桥初小校长兼教员。其实是校长兼打钟兼教师的一级一员小学,从 1937 年 8 月起,张筠秋终偿夙愿,成为一名正式的小学教师。

㪚城区长木桥初小,在沈荡镇南面六里,仍与宣家浜在海盐县境内东西两端相望。

长木桥初级小学是所村校,村校的施教范围往往辐射到附近的几个村庄。学生以长木桥村为主,兼有附近小村的一些学童。张筠秋为了招集学生,连着两天到邻近的村落通知探访。

校舍借用一家败落人家的厅堂,很宽阔高敞,但积尘盈寸、蜘网挂壁,十分颓败。经过筠秋一整天的扫涤布置,墙上还贴了几幅励志的语录,四壁顿时显得有了生气,像模像样。

办学校历来是村坊中的义举,新来的女教师既有汪中队长的荐人面子,又有参加县训练班的资格,比起前一个不入流充数的教师来,已是科班出身了。再加上新教师打扮新潮入时,处事也老练大方,全村老小上下,一开始就对这位远道而来的女教师有了三分认可。

正式开学那天,学校门庭若市。有送儿子女儿来读书的家长们,更有一批特地来看新老师上课的村民——毕竟对长木桥村的大多数人来说,女性教师上课还是件颇新奇的事。就是那些家长们,送完孩子还纷纷借故不肯离去,也想一睹新老师上课的风采。

在简短的上课礼仪教育和自我介绍以后,张筠秋面对数十人围观的情绪波动已经稳定,便自若地进入对学生的教学。教学从一年级开始,一年级的学生更容易注意力分散,所以先要把他们安顿好。一年级第一课的课文是“狗,小狗,来来来”。教完生字“狗,小,来”齐读时,几个其他年级的学生也跟着齐读起来。这是一个好兆头，张筠秋知道自己的讲课打动了学生的心。接着是二年级的课文《读书》，课文是："哥哥问弟弟道：'你要读书么?'弟弟答道：'我很要读书，'哥哥道：'很好，读书是一件最要紧的事。'"课本上的内容，刚好切合着新学期开学的情景，张筠秋借题发挥地对着学生，其实也是对着围观的家长，讲了一通"读书好"的道理。等教完生字，齐读课文时，本来二年级学生的朗读，竟变成了教室内全体学生的齐声诵读，声音大得震颤了整个厅堂。围瞻新教师上课的大人们会心地相互注视，似乎放心地微笑着逐渐离去。

有过汤水湾小学和沈荡区中心小学的历练，张筠秋在长木桥小学的教学，已显得"已经沧海"的平稳了，当然有时也有淡淡的廖寂之愁袭来，这种离愁来自两个方面：一面是孤身在外对家人的思念；一面是对《奔腾》社的那些朋友以及热闹生活的怀念。

张筠秋在开学近一月时，终于亲身感到了战事的濒临：

先是胞弟张振乾的不辞而别，离家出走。她得知这消息，是在振乾走后的第三天，家里特地派人送来了口信，并叫她回家一趟。她叮嘱来人迅即赶回家里劝慰父亲，自己隔了一天，趁着礼拜六下午放假，漏夜赶回宣家浜。到家里，却见父亲拥被而卧，屋里显得有些零乱。几十年来，从记事起，筠秋从未见到父亲有过如此颓唐，只得强撑着说些劝慰的话。其实她心中十分清楚，吃过的盐比她吃过的饭还多的父亲，定然知道事情的轻重。见多识广的父亲神情如此，更加深了她对振乾的担忧。不一刻就从父母口中，知道了振乾离去的大概。

自从"七七事变"全面抗战开始，国民党海盐县政府奉命组织民众组训，西塘镇上也组织了青年组训。振乾、李石农、郭学尧等三人参加了这次集训，集训的时间为七天，结束后就各自回家，振乾也回到了家里。不料二三天后，李石农突然来通知振乾，参加组训的人明天要开会。结果振乾第二天一去不回，据说是随着部队开拔向余姚方向走了。

凭张礼甫在乡间政坛几十年的摸爬滚打，他早已闻到了时局骤变的征兆气息。战祸一起，生灵涂炭，玉石俱焚，独子不辞而别，生死未卜，五十三岁的礼甫似乎一夜之间苍老了许多。望着回到家的筠秋口上却仍说："佩兰宝，你回来一趟，爸也算是见上你一面了，你还是快回长木桥吧。在家也于事无补，振乾只能听天由命了。"筠秋哽咽无语，在家住了一晚，第二天仍回长木桥小学。礼甫送出家门，叮嘱道："你一个人在外面，万事要当心。"

从此，筠秋在长木桥小学的上课，有点心不在焉。连细心的学生也感觉出来了，但对小孩诉说又有何用，她只能将对从小相依为命弟弟的担忧，默默地掩藏在心田。

张振乾等三人的这段经历，通知他去开会的李石农在 1982 年 12 月 30 日写的回忆文章《关于省县政工队的合并》(此文收入《中国共产党平湖地方史略》)中，只有一句话："抗战开始时，我有一段时间到浙东去了。"因事非关文章主题，故语焉不详。对比上下文，去浙东的事，总在"1940 年前，虽然也参加了一些社会活动，希望能找到一条革命道路，但是没有实现"之类的行动中。

《中国共产党海盐斗争史略》所列的《张振乾传》中，这样铺叙此事："1937 年 7 月 7 日抗日战争全面爆发后，张振乾决心投笔从戎，为国效力。他参加了国民党政府举办的集训队，随队辗战于余姚、上饶等地。一路上，他目睹了国民党政府对日寇实行不抵抗政策导致正面战场的一溃千里，节节败退，使他失去了对国民党的最后幻想，毅然离开集训队，回到家乡当了小学教师，一面继续宣传抗日，一面仍多方寻找抗日救亡的道路。"

而作为上述传记主要素材来源的张筠秋 1985 年 12 月的回忆文稿，《我胞弟张振乾的一生和在地下工作情况》中，有更感性的叙述："结果李石农、张振乾等被胁迫去了，离开家乡，并不准通知家中。当时一个叫冷兵的带到余姚、上饶，仍是步步后退，振乾看到不愿后退的士兵被枪杀，惨不忍睹，真正体会到国民党不抵抗的，而跟着溃退不是抗日的办法。巧遇熟人知道海盐县组织县政工队，他们趁机会溜走回海盐。"

张振乾、李石农等人抱着一腔爱国抗日的热情，随着国民党部队辗转余姚、上饶，目睹国民党部队的不抵抗作为，而仍回到海盐。从 1937 年 8、9 月间离开，到 1938 年 4、5 月间返回海盐，其间 8、9 个月的时间，不管是否正式列入国民党军队的编制，总是随着部队行进了一圈。其实，用历史的眼光看，在1937年8、9月的海盐，要投笔从戎的进行抗日，参加国民党军队也是一种青年人现实的选择。

张振乾一生多病坎坷，在解放后的1955年更遭到不公正的处理。以1940年加入中国共产党的资历，冒着生死危险，在解放前为共产党做了不少事，却在共产党成为执政党后，以阶级异己分子、反革命分子被开除党籍、开除公职。两纸公文分别为1955年3月18日嘉兴地专机关党委的《关于清除张振乾出党的决定》，以及稍后的中共嘉兴地委组织部1955年8月30日关于《撤销其现任业务指导科副科长，并在今后整顿机关干部队伍时予以清洗》。1955年后，张振乾流落在嘉兴街头为人修补鞋履为生，至1968年含冤病死。

张筠秋对胞弟似母似姐的骨肉深情，郁积在胸近三十年的悲悯，终于在1983年得到喷发。

1983年5月6日，以《为张振乾的申诉》为题向组织实事求是地介绍了张振乾的历史和提出她的见解，因全文较长，现原文摘要如下：

为张振乾申诉

我与张振乾为同胞姐弟，从小在一起长大，故对他的志趣、性格则十分了解。组织上要我为他写一证明材料，现将他的情况介绍如下：

我与弟弟张振乾早在抗战前就以自由职业——教书为糊口手段。

在抗战初期，他出于爱国热情，与爱国青年李石农背离乡井，寻找抗日组织。

1940年，黄炎（中共海北工委书记）住在我家里，与张振乾朝夕相处。由于我弟弟张振乾思想比较进步，一直倾向共产党，终于在1940年由黄炎、张德林二同志介绍参加了中国共产党。

张振乾入党后，为党的革命事业作出了一定贡献，例如：

（一）他掩护过不少同志。中共海北工委书记黄炎就在张振乾掩护下，从事整个海北地区党的领导工作。此外还掩护过刘明、视岐耕、金岚等同志。需要开会时，总在张振乾家中。

（二）发展党员，建立党的组织。发展的党员有：张午芬、任华英、吴孝若、王二观等十余人。解放前，印发传单，张贴标语，宣传党的政策，为迎接解放做了不少工作。

（三）四八年在祝岐耕同志布置下，准备在沿海地区，海盐与平湖之间开展武装斗争。部队命名为“海北游击支队”。

我认为以前组织上对张振乾作出的处理是不公正的，限于当时的条件，申诉无门。现在我党恢复实事求是的优良传统，并允许人家讲话，所以把我的看法写在下面：

家庭出身好坏与否，不能决定一个人的革命与否。单纯看家庭出身，就是唯成份论。唯成份论是属于唯心主义思想体系的。不是看他一时一事的表现，而是看他一贯的表现。张振乾如果是一个“阶级异己分子”，他积极破坏革命尤恐不及，怎么居然冒着生命危险掩护中共海北工委书记从事党的领导工作?！同时他从四〇年入党起直到解放为止近十年中，他对党一贯忠诚，对工作一贯积极，这是阶级异己分子?！难道家庭出身不好，就是“阶级异己分子”?!！难道长期掩护党的领导同志，就是“阶级异己分子”?!!！从革命历史上看，家庭出身不好背叛自己的家庭参加革命多得很。因此以前组织上对张振乾二次的处理，致使他家有一老三小，为了生活，累得贫病交迫，含冤而死。

现在我们党一再强调要实事求是，所以如实反映上述情况，用以证明。语气可能有些激动，请批评指正。

证明人　张筠秋

83年5月6日

激愤恺切之情，如闻其声，如见其人。到1983年，张振乾、刘佩贞夫妇已双双含冤去世15年，子女三人虽已成立，但一则尚年幼，不知当年父母亲的地下党革命经历，二则人微言轻。只有是地下党员又是离休干部的张筠秋才能有担当、有知情。她的一纸陈情，是张振乾获得改正的最重要旁证材料。1983年，以中共嘉兴地委组织部地组(83)68号文件，“恢复张振乾同志党籍，恢复其政治名誉”。

想到了中共的地下斗争奇才潘汉年，想到了潘汉年的沉冤昭雪。潘汉年以上海副市长之尊遭冤狱，身后孑遗，沉冤无人问津。时任中共中央副主席的陈云过问了："潘汉年为革命，身后无子女，我们应该为他说句话，错误处理应予复查。"冤案终于得以改正。并拨以巨款，以电视剧《潘汉年》为其事迹昭彰天下，彪炳千古。而陈公侠义古道，不忘故旧，也令人敬慕。

1983年前后的共产党内，确也存在着思想解放不够的同志，张筠秋为此还有一函致嘉兴市委组织部，时间当在张振乾恢复名誉以后。现也原文摘录于后：

嘉兴市委组织部：

顷据同乡人冯荣寿反映：冯因其本人落实政策问题去海盐县委组织部，谈到解放前与中共地下党员张振乾的关系时，有位副部长声色俱厉的说："他过去也是开除的。"我听了颇多感触。张振乾含冤二十多年，由于党的政策英明终于获得了平反。遗憾是那位同志身为组织部副部长，对一个含冤而死的老同志不仅没有半点同情心，而且无视上级对张振乾的有关平反文件，无视这一事实，仍然说张振乾是开除的。我是张振乾的胞姐，对此感到十万气愤。特向你部据实反映，我以为由此而产生的不良后果，应由副部长负责。

致以

敬礼

嘉兴市水产公司离休干部　张筠秋

此信已不是"语气有些激动"了，简直是拍案而起的击掌斥陈了。溢于字里行间的激愤之情，让我们深感同志加姐弟的双重情愫。

让我们再回到1937年8～9月的张筠秋。

使张筠秋再次感到战事逼近的是得悉刘佩贞从上海归来，"八一三"前夕，刘佩贞从上海返回海盐县刘家庄。

据刘佩贞在1951年的回忆："1937年，七七事变，我看到北平的轰炸残酷的行为，日鬼把小孩挑在刺刀头玩弄等惨案登在报上，心里更不愿工作，日夜不安。所以最先想出一个法子。因为知道日本人对父母很孝顺，我就哄骗要送老母回家，请假三天即来上班。当时日本领班叫我快点来，安心工作。国家大事我们不关，并说我们经商不问战争等语，允许我请假。那时我即动身回乡，在8月6日那天，回家一星期，不料上海八一三事件暴(爆)发了，我已经在家。”

有关刘佩贞离开上海大康纱厂的原因，金舜仪在2005年初春的回忆，另有一说：“一个高级职员看相她，刘佩贞一看不对头，就想着张振乾，赶紧回到宣家浜，半年不到就结婚。”无关时局，全为自身婚姻事。

据张欣华回忆：“我父亲和母亲订婚后，继母就一直不愿意给她们操办婚事，所以订婚后隔了三年才结的婚。”

张振乾、刘佩贞1939年春结婚，订婚当在1936年。刘佩贞在“七七事变”时，确已与张振乾订婚，金舜仪的回忆似更有采信之处，道出了事关切身的直接由头。故录之亦供参考，算是“疑义相与析”吧。

让张筠秋真实地感到战祸来临的，是近在百里之远的上海“八一三事变”。嘉兴、海盐地与上海接址毗邻，政治、经济历来受上海的影响极大。日寇轰炸上海，长木桥的村民纷纷问张筠秋：“张老师，日本人在上海掼炸弹了，学校还上不上课。”

张筠秋仍坚持上课。

“八一三”后两天，1937年8月15日起，日机就对嘉兴及周边邻县频繁轰炸。竟至嘉兴城内一天之中，发出防空警报达20次。

长木桥小村，已有从城里逃难来的人涌进了，人们惊奇地看着长木桥小学的那位女教师仍在上课。

9月，国民党军队六十三师进驻海盐县境布防，一时黄衣满乡走，战事的风声日紧。

1937年11月5日(阴历十月初三)凌晨，日军趁着大雾，以我军驻军调防的情报为依据，在金山县的金山咀至平湖县的白沙湾一线十余公里沿岸分头登陆，民间俗称“10月初三日本人在金山卫上岸”。从此嘉兴人民陷入日寇直接蹂躏的空前苦难之中。

11月5、6两日，日舰炮击海盐县城，死伤多人，镇海塔受重创，日机轰炸县城，县长以下官员作鸟兽散。

战争已在身边，大家都在纷纷逃难，以避丧身之祸。可张筠秋仍在长木桥小学——她实在是太珍惜这来之不易的使她能够自立于社会的工作了，她也太热爱这自幼就梦寐以求的教师职业了。但孤身一人使她有点害怕，兵荒马乱的，一旦有事，无人可以帮助照应。于是她想到了闺中密友刘佩贞，她请村人带信给刘佩贞。刘佩贞在1950年回忆："在当年11月，日鬼由金山汇登陆，大炮轰击。我们全乡人民往西逃去，躲避在农家，在新篁附近的葡萄村约一月。我表姐知道我的地址，叫人来要我到她教书的地方去(在海盐长木桥地方)。"

刘佩贞逆逃难的人流而动，冒着生命危险来到长木桥。姐妹两人在战乱中相逢，执手泪眼，国事家事，感慨万千。张振乾的生死不明，一位是骨肉相亲的胞弟，一位是终身相托的未婚夫，一个人连着两位女性的牵挂，姐妹两人常常彻夜难眠。

"表姐，你什么时候离开长木桥？"

"我还想上几天课。"

"你不怕东洋人的炸弹？"

"——不怕，有你在，我还怕什么！你先睡吧，我还要起来备点课。"

"半夜三更的，还备什么课？再说，那点课文，你在区中心也经过了，还用这么费心准备？"

"我也想学小学时的那位老师一样，上点新的内容。"

"什么新的？"

"讲岳母刺字教子的故事，还有……"

"《满江红》，可以边读边唱！"

"你同我想在一起了。好，我俩现在就起来把它抄在黑板上，也可节省一点写黑板的时间。"

两人索性披衣而起，到教室里就着煤油灯光抄写起来。张筠秋写到"……空悲切"后，忽然顿住了。

"啊哟，佩贞，我背不下去了。"

"靖康耻，犹未雪……"刘佩贞接着上句，吟唱下去。

"书到用时方恨少，你到底是在杭州上过学的……"

待两人抄完整阙《满江红》，天已大亮了。

第二天上课，有几个学生已随父母逃难而去，教室里少了几个人。但两位老师(刘佩贞也上了讲台)讲得声情并茂,学生们则群情激昂。

“待重头收拾旧山河,朝天阙……”

1937年11月20日,日军窜犯海盐县全境,再也容不下张筠秋在长木桥的那张讲桌了。她终于万分眷恋万分无奈地离开长木桥小学,同着刘佩贞一起回到宣家浜。可是,她哪里知道,等待她的不是“出阁相扶将”的父亲,却是一场突如其来的灾祸。

张家门小学校长

张筠秋迫于日军逼近，不得不决定离开长木桥小学。去向哪里？却颇费思量。去刘佩贞来处嘉兴新篁葡萄村，那里日军还未到，可以暂安，但终不是长久之计。回宣家浜家里，那里是日军从金山卫登陆后，向杭州窜犯的必经之路。宣家浜虽不居要道，但日军过兵的可能性还较大。估计父亲一定还在家等候一双流离在外的儿女，为免父亲焦虑，心里决定回宣家浜。刘佩贞与张振乾的婚事在去年已经定下，"还乡囡"到婆婆家，也在礼俗之中——母亲从张家嫁出，女儿又嫁进张家，俗称"还乡囡"。况且，刘佩贞在去上海做工前，也长住在宣家浜舅舅家。两人商议后，就定了回宣家浜。

嘉兴水网地带的交通，向来凭借舟楫之利，小火轮开驰后，更以此为客旅往来的主要交通工具。近来，小火轮的开航虽已不大正常，但尚未完全停顿。俩人向就近的学生家里换了两身农妇衣衫穿上，再在脸上抹了点镬底黑灰，带上简单的行李，经县城武原转乘西塘班，在白苎登岸。

两人登岸，一眼望去，眼前一望无际的田野里，竟还有成片的稻谷未曾收割，稻株已成褚黄色，稻穗上的谷粒也已依稀脱落——时过霜降已近一月，正常年景"霜降一齐倒"，田中稻谷肯定已开镰收割完毕。而今年，农人们一个月来疲于逃命，连事关"食为天"的稻粮，也无暇顾及了。路过白苎时，更觉异样。往日开门迎客的店铺商家，家家排门都已关上，住家的大门更都紧闭，整条街道空无一人。两人不由加紧脚步，匆匆越过，不一刻，已能望到宣家浜了。遥望过去，村里似尚显平静，一路提着的心，稍稍得以放下。但踏进家门，一番景象却使两人目瞪口呆——四五个日本军人正在和父亲对峙。日军一见闯进两个女子，也是一阵叽里呱啦的骚动，持枪相向。待弄清楚来者是主人的女儿和内侄女时，方才平静下来。

少顷，筠秋和佩贞从翻译的话里大致明白，这伙日军是来请父亲出任西塘区维持会会长的。既然是"礼请"，所以没有对宣家浜进行骚扰。张礼甫就着女儿回来的由头，顺势回了句"女儿刚回来，风尘仆仆，容后再议吧！"。为首的日军见状，知礼甫一时不会贸然允应，也就告辞，说："希望张先生尽快出山，维持西塘一带秩序，建设东亚共荣。"

晚饭用毕，一家人围坐着说了一会话。父亲说："佩兰宝，佩贞，你俩人也太胆大了，日本人金山卫一上岸，就烧杀抢掠，奸淫妇女，禽兽不如，还不早点回家？听平湖逃难来的人说，新仓镇朱家弄口一名漆匠师傅的女儿叫吴淑芬，也是小学教师。日寇登陆即入其家强奸淑芬，淑芬愤而大骂，并掌其颊。那个日军以刀剖淑芬之腹，并将肠挖出而去。我人在宣家浜，心却一直在为你们担心。"

张筠秋和刘佩贞听后，想起前几天还在长木桥教书，不禁有些后怕。那个日军的兽爪伸向女教师腹中抓出血淋淋肠子的情景，久久不能在眼前释去。

维持会长的事，其实礼甫的腹议早已铁定：辱没祖宗的事，是断不能做的。费心之处不在拒绝，而是如何与日本人周旋，尽量不因峻拒而激起剧变，以免生灵涂炭，玉石俱焚。三天之后，日军又来催问。礼甫在家中得知日本人已过前面的陆家浜，就偕家人外出躲避。不料，途中奔走之际，一个趔趄倒地，不省人事。——国难当头，儿子不辞而别生死不明；前几日又为女儿的迟迟未归而忧心如焚；三天来面对日军软硬兼施的威逼，日夜殚思竭虑苦无良策应对，心力和体力的双重煎熬，终于将这一壮硕的汉子击倒。

筠秋责无旁贷，为父延请医生，汤药随侍。礼甫度过当日的险境，总算神志慢慢恢复，生命无甚大碍，但已落下风瘫之症，不能行走。

礼甫的中风，虽然挡过了日军眼前的催逼，但日军对看中的人选，不肯轻易放弃。张欣华对诱逼礼甫任维持会会长一事回忆道："后来日本人几次来我家逼迫说只要挂个名就行。姑母（张筠秋）说，他们经常把祖父藏在柴间里，然后由她出面拒绝，说父亲（祖父）年事已高，且半身不遂，不能出任。又说去治病不在家。"

张礼甫在民族大义上还是清楚的，一直到1942年病故，终未染指挂名维持会会长一职。

他对家事的安排，也甚周全。全家没有远离过宣家浜去他乡躲避。只是雇好船只将家中的存粮贮放船中，平日停在屋边，一旦有事，就将船驰进河流的小港叉里隐蔽，以保米粮不至断炊。日军来势汹汹时，自己一人在家，全家其他人（五位妇女），就随着乡邻一起出外暂避。

自1937年11月5日，日机轰炸海盐县城起，县城武原及我敌双方在县境内的态势，一直处于拉锯状态：

11月20日，日军窜犯海盐县境。

1938年1月2日至16日，日军伊东部队由杭州北犯上海，分批过境，所到之处，抢掠奸淫，沿途纵火焚毁八团、场前等地民房百余间。

3月23日，日军八木警备部队进犯海盐县城。

3月，国民党军队六十二师由钱塘江南岸北渡海盐。师部设泾塘桥，师长陶柳委派各区区长，恢复乡镇保甲组织。

3月，县保卫团改组成沪杭地区第一游击队。

3月，敌伪成立"维持会"。

4月30日，六十二师云、魏两营长率部围攻海盐县城，敌逃窜乍浦。当时群情振奋，组成"青年战地服务团"去部队慰问。

5月1日，日军复犯县城，屠杀平民100余人，次日，焚县城12天，县城半成灰烬。

5月15日，六十二师光复海盐县城，次日，海宁海盐联合行动委员会返回县城。

1938年4、5月间，离家8、9个月的张振乾终于从余姚、江西长途跋涉归来。面对瘫痪在床半身不遂的父亲，终日在惶惶然逃难中苦熬的家人，振乾欲哭无泪。张筠秋在1950年回忆道："我们海盐克服(复)，弟弟回来了，我想父亲虽疯了，一家能团聚，是一个不幸中的幸事"。

1937年岁春，日军进犯海盐县全境后，县内小学纷纷被迫停课，六千余名学童失教。中华民族历来尊教师之祖孔子为圣人，列师于天地君亲之序，可见极重教化之功。在外侮当前之时，更不容中断对学子的传经布道。1937年6月海盐县政府奉上级之令实施战时教育，举办流动小学四十所，统一名曰"流动施教团"。日军势退即上课，日军势及即停课。如学堂改名学校一样，原来西塘镇的西塘桥小学，也临时改为西塘流动施教团。教职人员也基本沿袭旧制，西塘桥小学的原校长金友松成了西塘流动施教团的团长，旧日的教员张高等人也留任教师。原有教师中有几人因避战乱等原因出缺，需要从新招收几名。

● 1996年11月张筠秋与堂侄女张惠娟(左一)吴乃复夫妇

西塘桥小学的校事，1920年前后由张筠秋的叔叔张平甫执掌。据刘佩贞回忆：“我在读小学时，西塘桥小学的校长是舅舅平甫，平甫舅舅死后，由小舅舅方甫接任。因小舅舅经常不在家，金友松乘机得到。”方甫荒于校务，金氏乘隙谋取，虽用了点心机，但也算是得之正途。

张筠秋从与振乾一同从余姚江西归来的李石农处得知，西塘流动施教团招教师，就与刘佩贞一起前往十二里路以外的西塘镇报考。于1938年7、8月间，双双成为流动施教团的教师。

对于参加流动施教团的原委，张筠秋在1950年和1982年的两次回忆中，有看似不同的说法。1950年说：“我这时考取了流动施教团。”1982年7月24日的回忆说：“经李石农介绍，我参加了流动施教团。”

可能是两者兼而有之。李石农当时在西塘区乃至海盐县城，都是一位活动能力颇强且有一定影响的人物，由他推荐介绍也是合乎情理的事。流动施教团并非民间社团，由国民党县政府明令举办，虽处非常时期的“战时”，但仍是“官办”的性质，且明文公布教师名义上的工资是月薪大米八斗（在非“战时”的1936年为月薪一石五斗）。虽在战乱中，欲谋取此职的人仍是僧多粥少，所以要经过考核遴选，也是理应走过的步署。

流动施教团的教学，比起“七七事变”前，无大的区别。只是环境上，要应对日军的骚滋，有时上课中途就得带着学生疏散，负责他们的生命安全，情况多时，一天要两三个来回。

张筠秋在1982年回忆起这段时间的生活时说：“学生有四十余人，日本鬼子来了，我们就走，日本鬼子走了，我们就继续办。当时我们领不到工资，自己贴饭钱，但是干得很高兴。”

张筠秋此时的高兴来自两个方面，主要是可以继续当教师教书，为全民族的抗战也算尽了一点力。另外，西塘镇是西塘区的中心所在，不比在沈荡中心小学代课时无人认识，熟人亲眷们对她的褒扬，更能使人有一种出人头地的陶然。

至于“领不到工资，倒贴饭钱”，估计也事出有因。流动施教团因其处在战时“流动”，管理上比较松散是难免的。县政府的拨发有延宕，还有中间环节的中饱，所以往往使名义上“一月八斗米”的微薄薪水，到不了张筠秋等教师的手中。无怪乎刘佩贞在1955年还说："查海寰(时任海盐县教育科督导)还冒领我二个月薪水。"

当然不高兴的事也是有的。比如,教师张高的纠缠。张高也是张家门人,论起辈分来,算是张筠秋、刘佩贞的氏族堂兄。一是本性使然,二是依仗着妹夫查海寰是县里督导的关系,经常在张、刘两人面前说些不着边际的话。张、刘两人对张高的所作所为早有耳闻,但碍于氏族堂兄和其妹夫督导的干系,只得虚与委蛇。但每次张高走后,两人心里都如吞咽下苍蝇般地恶心一阵。

"八一三事变"后四个月,1937年12月13日,国民政府首都南京陷落,举国朝野震惊。翌年1月,为检讨国是,蒋介石在开封召开军事会议,包括八路军主要将领朱德、彭德怀在内的全国高级将领参加。蒋介石在会上表示,虽然南京失陷,但中国政府要继续抗战下去。

1938年1月全国军事上的大事,还有国民政府改组军事委员会,按照第一次国共合作时期北伐军的经验设立政治部,共产党人周恩来受聘任副部长。周恩来力促郭沫若任政治部所属第三厅厅长,负责抗日的民众发动、文化宣传工作。在周恩来、郭沫若的领导下,第三厅以政府的名义,用其几乎囊括全国知名文化界人士的强大阵容,开展了轰轰烈烈的抗日救亡运动。

1938年1月的海盐,也成立了海宁海盐联合会行动委员会,办事处设在钱塘江南岸的余姚县周行镇。虽隔江而坐,指挥有些鞭长莫及,但对海宁海盐的民众仍起到了极大的心理鼓舞效用。深入民众的口号是："有钱出钱,有力出力,大家一齐来抗日。"

此时满怀国难家仇的张筠秋,参加流动施教团当个小学教师只是实现她爱国不当亡国奴的第一步,躁动于她心中的愿望是能直接投身到抗日杀敌的行列中去。

浙江省第二行政区政工队的来到海盐,为张筠秋提供了这种机遇和契机。

政工队,是抗战初期浙江省独有的青年政治干部组织。它的建立与时任总政治部副部长的周恩来和时任浙江省主席的黄绍竑有关。

保定军官学校出身的黄绍竑，对继戴季陶、邵之冲后，担任黄埔军校政治部主任的周恩来的俊睿倜傥，早已耳闻。而在政界高层广为传谈，西安事变时蒋介石的一声慨然喟叹，“为何吾党中无周恩来？军中无叶剑英？”，更使他对周心仪不已。黄在1936年的湖北省主席任上，周恩来与他在武汉晤谈甚洽。他自1934年12月至1935年12月任浙江省主席后，1937年岁末，黄绍竑再次任浙江省主席的决定正式发表。1938年元旦，卸去在太原任第二战区副司令长官的他，到达浙江金华履新。行前，周恩来与黄绍竑在太原晤谈，希望黄赴浙履新后，一本团结抗战的立场，大力支持浙江的抗战青年文化活动。黄绍竑到浙方一月，于2月9日以省府会议通过《浙江省战时政治纲领》十条。黄并为此发表讲话，说此纲领是“为了安定人心，整刷精神，动员民众，培养实力，以贯彻中央抗敌自卫的国策，经过审度形势，再三考虑，亲自拟订的”。这个《浙江省战时政治纲领》，是在中共地下党影响下起草而成的。当时受到CC系的指摘，说它是中共《十大政治纲领》的抄袭，浙江省报《东南日报》竟拒绝刊登。根据《浙江省战时政治纲领》，自1938年初至9月底，全省共有75个县政工队、3个区政工队和5个省政工队，干部和队员共3000余人。中共浙江党组织派遣了大量的党员和骨干参加政工队，并担任一定的领导工作，使全省绝大部分政工队成为推动国共合作、团结抗日的一支重要力量。

据张筠秋1981年10月16日回忆：“李石农告诉我，积极主张抗日的是共产党，并告知我，省政治工作队里有共产党员。这在我的心灵里，留下了很深刻的印象。”

这无疑是“于无声处听惊雷”。嘉兴位于国民党统治的中心地带，在1927年国民党右派发动“清党”开始不久，嘉兴各县共产党组织均遭破坏，后又蒙枫泾、嘉善、平湖转角湾、“天下第一军”等农民暴动的失败，从1931年2月起，共产党的活动就在嘉兴基本停止。所以李石农的这番话，在张筠秋心中犹如一石激起千层浪。

省政工队的驻地就在西塘镇向东不到6里的王庄桥。政工队队员在那里贴标语，开大会，宣传抗日，声势很大。张筠秋和刘佩贞结伴前往，要求参加政工队，接待她们的是一位姓戴的女政工队员。

两人对这件事经过的回忆基本相同。

刘佩贞在 1956 年 8 月 28 日写道:“当年夏季,我乡来了省政工队,据知道是做抗日宣传工作的。我们为了也想参加一些抗日工作(因为当时的口号,有力出力,有钱出钱,一致抗日),青年人当然也有一些爱国热情,二人(指张筠秋、刘佩贞)就去找省政工队(该队有一个女队员姓戴的),对我们说,可在地方组织妇抗团,做一些妇女抗日工作。我们就在西塘镇发动了二十人左右的商店及家庭妇女。组成形式报反动政府批准,张筠秋为正队长,我为副。”

刘佩贞在 1952 年回忆时,明指反动政府批准是指“通过伪县长钟家洲秘书孟涛批准”。为了撰写地方党史,张筠秋在 1982 年 6 月对来访人员回忆时说得详细一些:“我知道后就与刘佩贞一起去找他们,要求参加省政工队,参加抗日。但因名额已满,未能如愿。但是,省政工队热情接待了我们,号召我们在当地抗日,教我们组织妇抗团、农会等抗日团体。回家后,我和刘佩贞、刘明珠等人通过小姐妹等关系进行串联,先后发动了三十多人组织起西塘区妇女抗日团,我们即刻了图章。大家选我担任团长,刘佩贞被选为副团长。”

张的所谓“小姐妹”,其实就是骨干之间的联系、结合,仍重复了“奔腾”文艺社时的结拜姐妹的方式。刘佩贞的回忆在五十年代中期的“审干”时,张筠秋的回忆在八十年代初期挖掘地方党史材料时。两者的语气带有各自明显的时代烙印,但事实是基本一致的。

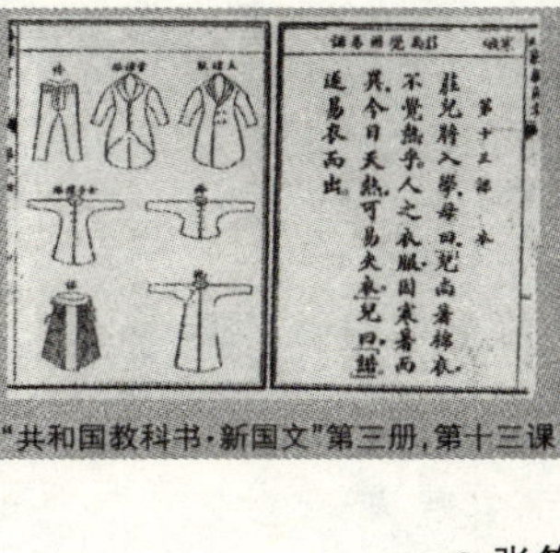

▲“共和国教科书·新国文”第三册,第十三课:衣。

◀“共和国教科书·新国文”第四册,第四十五课:蝙蝠。

● 张筠秋教书时用的课本内容

刻印章的事还有些波折,西塘镇不大,那时已找不到刻印章的工匠,张筠秋她们就自己动手刻了一枚。

此时的张筠秋虽不能参加政工队，但已成为西塘区妇女抗日运动的领军人物，应该是意气风发，神情激昂。

西塘区妇女抗日队，利用流动施教团的场所进行每天二小时的活动，星期日半天。每月实报实销纸张、油灯费三元。因为张筠秋和刘佩贞有着流动施教团的工作，所以特地请了刘明珠（刘佩贞的堂妹）也担任教员全程协助，张筠秋、刘佩贞和刘明珠的工作性质完全是义务，没有报酬。

妇抗团的重要工作是向西塘镇的妇女界宣传抗日，主要工作有两项，一是举办妇女识字班。没有教材，自己编了三十课教材，经县教育科核准使用。内容主要是宣传抗日意义，也必然讲到国父孙中山，还讲古代花木兰代父从军的故事，等等。

张筠秋在 1982 年 6 月的同一次回忆里说："我记得当时没有课本，识字班的书是自己编写和刻印的，还用浅红色纸做了个封面。"

岁月已经推移近四十五年，老人还记得当时的浅红色封面，可见此段经历对她的印象之深。

妇抗团的第二项工作是向民众募捐衣服，以支援前线军民。刘佩贞在解放后数次提到，她募捐到了一件棉上衣，一件棉背心。

张筠秋、刘佩贞在西塘桥流动施教团的教师工作，到 1938 年底结束，妇女识字班也即停止，仅办了一个多月。

令张筠秋十分不解的事，发生在五十六年后的 1956 年，当年这段令她激昂的经历，在解放后的审干时，组织上一定令她填入"参加反动组织"一栏。在事过境迁的 1983 年，她又向组织提出了自己的看法。现原文择要摘录于后：

嘉兴市委组织部：

我这次作为特邀代表，出席省妇代会，是党组织给我的荣誉。

我踏上社会以后，自觉一身清白，在过去左倾路线的影响下，在各个运动中，对我有二件不公正的事，几次申诉，未予解决。

一、我在入党前抗日时期(40 年前)，我在海盐县西塘桥，当时在附近王庄桥住着一个省政工队，我们知是抗日的，我与刘佩贞二人去要求参加，但政工队支持我们发动妇女抗日。我们即发动镇上妇女，办识字班，搞捐献棉衣等支援抗日，名为妇抗团。我为团长，刘为副团长。我认为这是抗日爱国行动。但在审干时一定要我填在参加反动组织一栏内。那时我祇有违心填入，但思想是搞不通的，把群众的爱国行动，变成反动组织。

二、（略）

我要求组织上查一下在我档案内，这二个问题是否已经清理？请告知为盼。此致

敬礼

张筠秋

83 年 6、48 日

七十三岁老人的态度是认真、真诚的。

另一位当事人刘佩贞的档案内当然也有她这段经历的记录，1954 年（四十一岁）镇反运动时填入“何时何地参加过何种进步党派、群众团体、担任何种工作，现在有无关系”一栏中。而在 1956 年的审干时，她也作了一番“提高认识”后的重新觉悟，全文抄录于后：

我在 1939 年参加反动政府组织的妇女协会。曾选为西塘区副队长，正队长为表姐张筠秋，后改为妇抗团。举办过一个月妇女识字班，劝募棉背心工作。在镇反学习时，我对政治认识还没有提高到一定程度，还以为是一种抗日爱国运动。现在通过这次运动，觉悟提高。我认识到我们已做了反动派国民党的奴化教育宣传工具。劝募棉背心就是助长了反动政府的反人民战争力量，因为那时国民党反动派消极抗日积极反共。他们的各种政治活动都是反人民的反革命的。各种组织都是反革命的组织。我们做了反动统治阶级的忠实助手（发展妇女参加妇抗团约二十多人）。

在审干的 1956 年，刘佩贞只能如是说。她没有张筠秋幸运，能活到 1982 年，所以她永远失去了理直气壮地向她们身于其列又无比热爱的党再一次袒露自己心声的机会。

录下以上两则材料，为的是记录下历史进程中真实发生的一些小事情，以供后来者玩味。

1938 年 9 月 5 日，浙江国民党抗战自卫第五支队（简称“第五支

队”），会同青年营一起，渡江开赴海北（指嘉兴、平湖、海盐、嘉善一带）地区，10月1日，收复海盐县城。

1939年1月的最后一天，日军三千余人，自嘉兴、平湖、海宁三路夹击，侵占海盐县城。“第五支队”坚守抵抗，又于2月9日晚克复海盐县城。以后日寇势力稍退，重振国民教育又提上当局的议事日程。

初春，海盐县向全县招收小学教师，张筠秋、刘佩贞前去报考。

有关这次报考，刘佩贞因为一个特殊的细节而记忆得异常真切：“曾有一度日寇退出，反动政府推进，即要恢复教育，招考小教。我和表姐因为生活问题，准备了一些去投考。那时不限资格，我们假造一些经历，被录取了。”

那个特殊的细节，是将原来的名字刘筠仙，改为刘佩贞，而且以后一直使用。

“假造一些经历”一事，不得其详，因为“不限资格”，估计只在教书工作的经历上多填写了些。想起北京大学首任校长蔡元培为延请陈独秀出任北大文学院院长，而假造陈独秀大学学历及大学教师经历的事，材料呈教育部核批，教育部照准不误。在人材匮乏，特别是人材难得之际，在其他操守方面都不错的蔡校长，此举似乎也未引起时人物议，反倒成为后人“不拘一格用人才”的美谈。不若今日之硕士博士遍街行走，假学历、假文凭要明令严禁成为过街老鼠一样。

可是张筠秋说起获得张家门小学校长一事，却又有不同的说法。先是在1950年，她说：“考取流动施教团一月，日本扫荡下我掉（调）一个地形好的乡村（我自己家的老宅）当校长”。后又在1982年的7月和8月两次回忆往事时，却言之凿凿地说是“烧香”的结果。“我在施教团失业后，为了自食其力和争取妇女解放，只能到县政府教育科去‘烧香’，总算把我录取为正式小学教师，被派到我老家——张家门去教书。”

仔细琢磨两人的不同说法，其实说的是同一回事，只是说法不同而已。刘佩贞谨慎胆小，多一事不如少一事，只写了具体的细节，而不捅破那层糊窗纸。张筠秋豪爽大咧，直说不讳，又是在可以扬眉吐气的时候，将两人的话综合起来，“考试”和“烧香”兼而有之。“假造一些经历”想获准通过，是需要有人说项。需要有人假装糊涂的。而这一切，恐怕单凭空口白话是办不成的。不管其间的过程如何，结果是双双录取：张筠秋为张家门小学校长；刘佩贞为白苎小学校长兼教员，其实当时也只有她一名教员。

张家门小学仍设在张老先生命名为“知稼堂”的厅堂上。不过，期间气象今非昔比。得益于战时停校后的从新开学，张家门小学盛况空前。

张筠秋的学生，七十九岁的海盐县退休律师在 2004 年 2 月 24 日向笔者回忆。年近米寿的张律师声音洪亮，滔滔不绝：“张筠秋在张家门小学教书，还有教师是刘佩贞及刘的哥哥，张筠秋是负责人。学校名称就是张家门小学，设在方甫家里的后面厅堂上。两面是办公室，东面是教室。我读 5 年级，有 100 多个学生，时间是 1937 年后。用的是公家课本，还打乒乓球，画图，出黑板报。”

张律师的回忆里说有 100 多个学生，并且教师里有刘佩贞。可能是刘佩贞把白苎小学的校址暂时搬到张家门了（两地只有 3 里来路）。

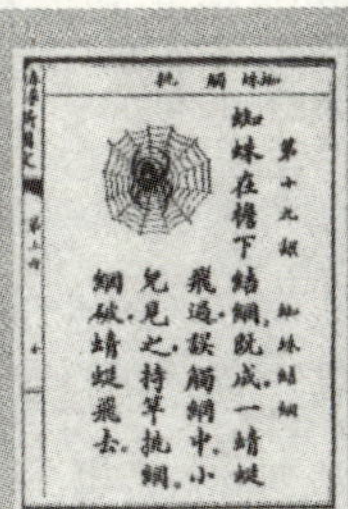

◀“共和国教科书·新国文”第三册，第十九课：蜘蛛结网。

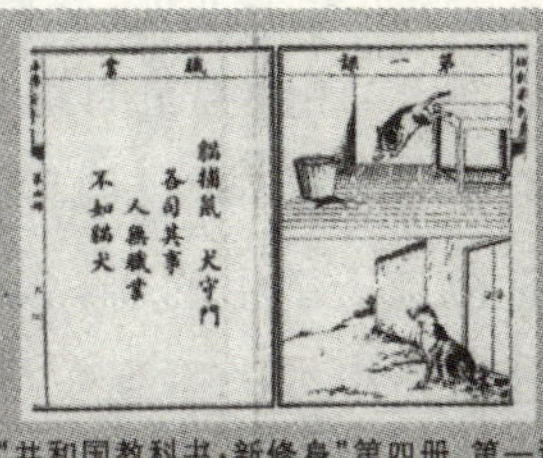

▲“共和国教科书·新修身”第四册，第一课：职业。中华民国十一年印。

● 张筠秋教课时用的课本内容

“张筠秋到学校教书是早出晚归，从宣家浜家里到张家门小学，中午带饭。

张筠秋教书有激情，教我们唱歌：‘大刀向鬼子们的头上砍去，’‘松花江上，’‘保卫大浙江’。教‘松花江上’时，张筠秋唱起来带哭音，动感情。”

七十九岁的张律师讲到这里，不禁手之舞之的动情吟唱起来，我们也受到很大感染。可以想见，当时稚真儿童受的感动之深。

“大约那年9月，张筠秋组织我们学生去张家门街头宣传，组织儿童救亡工作队，出黑板报，写标语：‘打倒日本鬼子’，‘打倒守财奴’等。

有一次，游击队的兵到学校里检查，学生的作文、日记本放在教师桌子上，兵翻到一本日记，是一个名叫张允和的学生写的，说是里面的内容有抗日思想，(游击队游而不击)，就找张筠秋。张筠秋说学生写的是事实，抢来日记本跑回家。后来一群兵围困住张筠秋家，后来还是礼伯伯(张礼甫)出面了结这件事。”

张筠秋此举是保护学生、正义的女侠豪举，组织儿童救亡工作队等等，她是把学校当作宣传抗日救亡的阵地了。

张家门小学的办学情况，张午芬也有回忆。张午芬也是张筠秋在张家门小学时的学生，后又由张振乾和刘佩贞两人于1948年介绍参加中国共产党，为浙江省化工厅离休干部。她回忆如下：“在张家门小学对在校学生进行爱国主义、团结抗日、不作亡国奴教育，以讲课形式，用简单易懂语言教育学生，指出当前日本帝国主义的铁蹄践踏我中国大片土地，百姓惨遭杀害，如果不抵抗，我们将受亡国之苦，从而使青少年受到爱祖国、团结抗日教育，还教唱抗日歌曲，例如《大刀向鬼子们的头上砍去》、《工、农、商、学、兵联合起来》、《到敌人后方去》以及流亡歌曲。”

对奋身护学生的事，张午芬也有回忆，可见此事对学生心灵影响之深：“她们还组织学生到农村茶馆小店，宣传团结抗战不做亡国奴，当时抗战热情高涨，学生们的爱国主义思想巨增，毫不隐藏地将感想写在日记上，如有个学生叫张允和在日记本上流露出对国民军不抗日不满思想，而老师又加上了批语，后被反动军警发现，对老师进行追查。”

由于办学有方，学生日见增多，张家门小学还获得了褒奖。张筠秋在1950年回忆道：“学生一天天增多，得到奖状。我觉得自己很骄傲，我想我读得三年书，能够如此，觉得自慰。但既然如此，想还要把学校再扩充一学(班)级，(结婚后20天到校的)。”

这种高兴是由衷的，尤其处在自由恋爱来之不易婚姻的蜜月里。

学校显得一派兴旺，可是张筠秋及教师们的生活仍很清苦，学校备有一口柴灶，中午为教师们热带来的饭菜，路远带饭的学生也可享受。

知稼堂的建造者和题名者，那位以教书终其一生的张老先生可以含笑九泉了，她的孙女在这里已将他的薪火相传，并发扬光大了。在这里坐过馆的关甫，也可以含笑九泉了，他的侄女已接过她的衣钵，青出于蓝而胜于蓝。

1940年，海盐县政府在县境内游击区开始实行国民教育，分义务教育和失学民众补习教育两部分。张筠秋把失学民众补习教育也搞得虎虎有生气。据张午芬在1988年3月30日回忆："通过在校生，组织校外儿童演唱，动员校外大姐、大嫂们到学校来听演讲，学唱歌，开办夜校识字班，由我动员参加妇女识字班的现在还记得的有诸六宝、法宝、雪宝、桂宝、官宝、阿宝、天南姐姐（名字忘了），儿童教歌的有天南、知远、纪顺、晓迷等。"

● 1950年代初，同事欢送张筠秋（前一）

面对这一切，张筠秋开始了对学校和个人家庭生活的美好憧憬："我思想上这样想，现在不是幸福的时（候），国家存亡的时候，况且我在事业上和经济上没有打好基础。在家白费时间，就到学校，想把学校周围调来的地再想扩大，实现一个小农场，和我以前的理想，以后可将小家庭住在这里。”

张筠秋的一生伴随着这种理想主义的色彩，往往在关节点上，表现得更为绚丽斑斓。

此时的张筠秋一如在山的清泉，不知山外的溪水如何藏垢纳污。

1939 年春，海盐县妇女协会选举正副会长，张筠秋、刘佩贞对指定人选不满，拂袖而走。刘佩贞的回忆，比较详备，现录述如下：“当时海盐城内教师张韵诗来西塘桥叫我参加，把名字抄去。后通知我们去开成立大会。选举时，有县国民党县党部书记宣布正副会长已有（张韵诗、黄纫秋），不要选了。我俩听了就怀疑，什么如此选择，不是已指定，无（何）必再选了。”

张筠秋、刘佩贞当众披了国民党县党部书记的逆鳞后，更大的凶险接踵而来，祸起西塘小学的教师张高。对张高的为人，两人在流动施教团时已当面领教，想不到此人还有政治上的一手。刘佩贞回忆道：“在考取小教后，有族中张高，他是国民党员，填了二张表，要我与张筠秋二人参加国民党。我们说我们不参加任何党派。他说做小教一定要参加的，我的表姐听了即说，参加不参加是我们的自由，将来再讲吧。我俩马上跑开了。”张筠秋对此事回忆道：“反动派要我入党，据说入党后做事可便宜些。我想他们所表现的贪污专制，我不满意。我想只要工作努力，一切不怕的。我说无党派好，结果不入。”

拒绝参加当时的执政党国民党，是要有一定的独立见解和勇气的。结果，张筠秋、刘佩贞以后的办学之路就布满了荆棘和陷阱。

张高的妹夫，县里的督导查海寰就经常光顾张家门小学“查课”了。突然的降临和鸡蛋里挑骨头的检查，打乱了正常的教学秩序，使张筠秋她们有时疲于应付。特别是张筠秋的不谙世事，更陷她于不利。查督导来查课，往往是下午四时多才来，三来二下，已到用晚餐的时候，督导的用意是很明白的，张家门小学要招待一顿。但张筠秋笃信的是：“只要工作努力，一切不怕的。”张家门小学的学生天天增加，又得过奖状，怕什么？张筠秋信奉的是直道而行，可是“欲加之罪，何患无词”。还有俚语“嘴巴两张皮，翻来覆去都有理”的世俗呢？

压死骆驼的最后那根稻草，不久就出现了。

国民党TP在没有得到张筠秋的同意下，把西塘区妇抗团改为所属国民党TP的妇女协会区会。于是“我不高兴了，无形中把妇抗团散了。”张筠秋如是回忆。

张筠秋从披国民党县党部书记逆鳞，到拒绝加入国民党的拉拢，再到公然地对抗国民党县党部的所为，结局就可想而知了。

“后来我生病，请了代课，二个星期将我撤职”。

同时撤职的还有刘佩贞，理由当然是“该校办学不力”。

对学校被撤，刘佩贞有一封向海盐县城政府的申诉信。信的内容和结果，刘佩贞如此回忆：“不教书没问题，我要说明白，指导员（督导）三天二头来查课时，当学生起立向他敬礼时，久不许坐。我叫学生坐下，他就反对。有时来，已四时多，又说放学太早，这种不讲理的地方应该调查清楚。现我遵令准备移交，新任校长快来接收。后伪政府接信后给指导员（督导）批评一等（顿）。可耻的查海寰竟然我家责问与我争论，被我斥他出走的。”

刘佩贞的这段回忆是在事过20余年后才写述的，义愤填膺之情仍跃然纸上，可见事发当时之愤了。

张筠秋终于又失去了她所钟爱的教师职业，此次却是因为战争以外的原因。与刘佩贞不同的是，她选择的是默默地承受，默默地离开。她还要求索她自己和家庭的出路。

然而，出路在哪里？她想凭自身的努力，继续她的自立自强之路。

小农场的理想，一直在她心头挥之不去。于是她决定回新婚20天就离开的金罗浜，重拾起她姑娘时办农场的旧梦。

农历五月，农家正是准备种一年大熟水稻的时候——当时平湖海盐一带均一年两熟，菜籽、小麦等春天成熟收获称春熟；水稻秋收后收获，而收成又是全年的重头称大熟。筠秋和洪声筹划起来，土地是第一宗要紧的事，目下，洪声家尚有自耕田十五六亩，张筠秋嫌少，至少想达到自己筹办农场时二十亩的规模。据金舜仪的回忆：“就由金洪声出面，把留着田底而将田面佃给人家租种的另外十二三亩田要回来，凑成二十七八亩的规模。”二人手头没有这许多现钱，张筠秋把父亲留给她结婚的金戒指也卖了，那十二三亩收回自己耕种的田面，因为是年成中间半途收回，当年的租米少收了许多。张筠秋只要田收得回来，也不计较了。接下来是农具的添置，引水的水车是本来就有的，最难的是耕牛的添置了。种二十七八亩田，代役的耕牛是必不可缺的。但此时的金家是无论如何凑不齐一条牛的钱了。整条牛购置不起，就只能与人合买。河对岸的陈成庆家也想购牛，但也缺钱，金、陈两家一商议，合着买一条牛，陈家出一只牛脚的钱，金家出三只牛脚的钱，即各出牛钱的四分之一和四分之三。平常由陈家饲养，农忙用牛时两家轮流使役。金、陈两家隔河而居，牵牛走路要过连接两岸的姚家桥，绕到河浜底还要摆渡，既费时又费力。金洪声的小弟金舜仪饲养牛久了，通了牛的灵性，隔着河，对着港口叫“成庆、成庆”，陈家知道金家要用牛，就将牛牵引河滩，把牵牛绳盘在牛角上，水牛就驯服地下河游过岸，由金舜仪一人牵回。有一次，舜仪在车棚里望牛打水，金洪声回家路过来看看，看到牛脚丫里有泥巴粘着，想用手把泥巴扳掉，让牛走路时舒服些。不料，牛不领情，一蹬脚，金洪声吃惊不小。幸亏没有踢中，算是有惊无险一场。

张筠秋从张家门物色了一个种田的长年帮工，大家叫他二伯。二伯一根旱烟管整天不离嘴边，吱吱地吸个不停，二伯人很渊博，晓得许多事。闹长毛的事他都知道，甚至还会讲推背图。晚饭时他喜欢喝点酒，一杯下肚，他的故事就滔滔不绝地开始了，往往吸引了吃饭的两桌人都围着他那一桌吃饭。他种田的经验很足，但不亲自下田，主要是管住另外的帮工。张筠秋对二伯做事很放心。农事全托付给二伯料理，还雇了另外一个长年，农忙时再雇几个短工。

筠秋对农事的管理，很是松散，田头是难得去看的，只有在晚上，对田里的事向二伯问一遍，交代几句，就又回房间里去了。

这段时间，筠秋白天晚上在房间的时间居多，看看书，每天记着日记，记的大概是管理种田的流水账。

专事种田一段时间后，可能张筠秋自觉不太适合自己，田里的事全凭二伯经理，自己就基本撒手了。

俚语云："打铁自把钳，种地自耕田"，张筠秋这种经营的必然结果是：秋后一算账，种田一年，地里的出产收入抵不上雇工种子肥料等一应支出，忙了一年，不赚反亏。张筠秋也就结束了想重温农场梦的种田生活。

张筠秋在1950年回忆起这段种田生涯时说："我免职后一心把家庭搞好，所以开始种我们在小教时积蓄买的12亩田，但大伯(金洪声的大哥鸿楹)骂，不肯放下这没落地主的架子，一些不肯做。但我种了一年田，雇了一个长工，剥削剩余不够缘租亏本。"

缘租，是当时平湖农村通行的一种说法，即缴租，字面上少了点强迫的意思。张筠秋开始种田时中途要回的那十几亩田，收成要抵冲掉中途收回的损失，如是可算作"缘租"了。

金洪声在1950年对上述种田一事的回忆，凸现出了与张筠秋两人在对数字识记上的很大差异："在这年春与表姐(筠秋)结婚后，也仍旧教书，并不同意我做生意。并且不愿在沦陷区过生活，同时我亦感到米行是一种投机买卖，不能永久。后就在金罗浜家租入了田12亩，又买进7亩，一方面遭受地主剥削，一方面剥削劳动力。"

由于岁月对记忆的冲刷和解放初期对拥有土地的忌讳，张筠秋、金洪声、金舜仪对"种田"具体数字的追述有些出入。金舜仪的回忆在2006年，较少受政治因素的影响，而且他说："种田我是小长年，始终参与其中。"所以金舜仪的"二十七八亩" 的说法还是比较接近真实的。

种田的事是在张筠秋金洪声婚后一年左右，从其表面形式来看，是一场妇唱夫随的举动。一如金舜仪的回忆："张筠秋种田，田底、田面，还要靠近，同人家调。"促成此事的原因，除了张筠秋小教被撤，为了圆其"小农场"的个人原因外，还有时代的大背景。金洪声说的"米行是一种投机买卖，不能永久"。

日军金山卫登陆后，一路烧掠。平湖县首当其冲，平湖蒙受千百年来未有之战祸，惨状之烈，罄竹难书。据战后平湖县政府《复活农村调查报告》统计，并经国民政府核准，平湖县在战时的损失为"甲"等。作为商业运营的不动产，一夜之间化为灰烬。工商资本几年、几十年，甚至几代人的努力，顷刻之间损失殆尽（金洪声也如此），而地租资本的田还在，劫波过后，地主仍可凭手中的一纸田契收取田租。于是："田是烧不掉的"成为从惨痛的现实中悟出的经验之谈。所以一时之间，有一定经济财力的人，趁着地价的低迷，开始购进土地，继续着"种田万万年"的农耕社会择业准则。

小农场的理想终于再次失败。张筠秋的自立之路似乎已经山穷水尽了。

她还会继续吗？

隆顺兴米行学徒

金洪声站在河埠上，望着载着家人和祖母寿材的船驶离。待船行稍远，又紧跑几步，登上用石垒成的驳岸，继续望去。船过了一座桥顺着河势转弯，就听不见划船的橹声，望不见船的后梢影了。可他还怏怏地站在那里，不想回家——自己的家，房子已经卖给他人，要回的是前几天父亲带他去过的金家大阿哥的家。金家大阿哥金少宜也不急着催促，过了好一阵，才轻声说道："洪官，回去吧。"洪声就转过身，跟着金少宜走去。

金少宜的家在祈堂浜，祈堂浜是一条小支流，在平湖县城的西面，水从流经县境第二大河的嘉兴塘流入，向北与城内的市河相通，市民以有"进水"之谓聚居浜的两岸，集成小地名祈堂浜。两岸地势尤以房屋面东朝向的浜西一带为上。金少宜家的房子，就在浜西垒石成岸而建，临河围成一个颇大的墙圈。墙内是一座七开间四进的院落。洪声随着金家大阿哥逛了一圈，顿觉比自家原来的房子大了许多。两进之间，各有天井，第四进房子后面，还有一个小花园，假山亭榭、小桥荷池、竹梅花萼，虽不见十分宽阔，却也曲折有致。

洪声的房间，就在第三进的楼上，居东首第一间，每日阳光先到，又比别的房间多了扇可纳接春夏东南风的东窗——朝向最佳。隔壁已经住着一位借住的学生，名叫金铁声，也是金少宜家的亲眷。虽只比洪声大一岁，体格却比素来瘦弱的洪声长大粗壮了许多。

金家大阿哥的家事，全由妻子钟氏主持。钟氏人虽不标致，但把一个家治理得头头是道、有条不紊。娘家是平湖有名的大户人家，且经营着商业，这又比一般只守着些田亩的土财主更广了些见识。洪声住在她家里，虽然客人只有十三岁，但一切待客之道，钟氏均以成人的礼数规格，加之手面也大，使洪声在吃住上，倒比在家里要好不少。

事情却由隔室而居的少年引起。金铁声长房长子，在家宠娇惯了，总是享头份得大份。见金洪声一来就住在他的上首，心想：你比我晚来，凭什么占在我的上阳头？这金铁声小小年纪，心里头却算计起洪声来了。

钟氏生有一子，小名照官，说起辈分来，要叫洪声为叔，但只小洪声六岁。据金舜仪在2006年4月回忆："我们乡下强盗抢(抗战时，1937年左右)，逃到平湖，住在大嫂家里。他们房子大，有四棟。照官喜欢古董。屋里种盆景，摆满两天井，一廊下。"此时的照官，还未玩古董，种盒景，七岁的孩童玩的是蟋蟀、蝈蝈，还养着一只颇通人性的鹦鹉。金铁声生性好动好玩，常常不请自到的到照官房间玩蟋蟀，看蝈蝈，逗鹦鹉——这倒也是儿童常有的天性。但他每每会有意乘人不备，或放走蟋蟀，或折断了蝈蝈的翅膀。再有就是打碎蟋蟀盒中的水盂……照官本是少爷哥儿，对这些事情不太计较。但蟋蟀、蝈蝈是他的爱物，心爱之物一旦受损，不免要向母亲泣诉。钟氏只得伺机问问常去玩要的金铁声。金铁声推说不知情，钟氏也就息事宁人，令下人再去买回蟋蟀或蝈蝈完事。直到有一天，鸟笼门大开，鹦鹉杳无踪影，事情才张扬起来。钟氏还是先问金铁声，金铁声一口咬定自己不知道，还推诿于金洪声。钟氏心知洪声绝不会惹这种事，就稍加颜色责问金铁声。此事终因无据定谳，但一时也却闹得五宅不安。金铁声场面上失去了面子，心中便迁怒于洪声。洪声是多么乖觉之人，每日放学回家，就一头将自己关在房间里，尽量躲着金铁声。但同住一楼，吃饭又在一起，岂能不相遭遇。有时旁边无人，金铁声则讥洪声为“吃白食”，甚至动起拳脚。洪声也不还嘴不还手，只是急速跑回自己房间，拴上房门。

好不容易挨到学校放寒假，洪声急着回到金罗浜家里，一头就对母亲说，明年无论如何不再住在少宜大阿哥家了。母亲问原因，他也不说。问是不是人家委曲他了？他说不是。又问，是不是人家无意间怠慢他了？他说也不是。再问，那到底是为什么？他说不为什么，就是不住在大阿哥家里了。母亲逼问急了，洪声就一味地哭。母亲百般劝慰，可就是不听，也不肯说出个中原委来。母亲只得将事情禀告巨渶，巨渶拨冗回家一趟，晓以利害。良久，洪声才说出一些同住的金铁声的事。巨渶叹道：梁园虽好，总不是吾儿的家。

事情使父母左右犯难：铁声也是金少宜家的亲眷客人，自己儿子借住在他家，少宜不收分文，已经添了不少麻烦。无论如何，不便将此事张扬，以免使少宜两边为难，更添一场无端的亲眷之间的误会和纠纷。夫妻两人商议后，决定替洪声换一个住所，寄住在三伯伯巨源处，事情由秀英出面说项。

中国人的过年，原本是亲眷间走动、晚辈向长辈拜年的时候。巨渶推说家中养鸽事忙，秀英就带着洪声，去县城三伯伯家，还带了十几只鸽子请祖母和三伯伯尝鲜。

向祖母和三伯伯拜年以后，洪声得到了每人一元的压岁钱。秀英就委婉地向三阿哥提出，洪声开年读书，是不是请三伯伯招留，让他住在三伯伯家里。也只怪我们夫妻无能，小孩子读书的事情还要麻烦三阿哥。

春节年头，向来是求全年吉利好运的时候，凡有事情商议，总以顺利答应居多，以求一元肇始的顺利带来全年万事的顺利。三伯伯巨源听罢，当着母亲的面说：“洪声读书，你们去了乡下，理应住在自己人家里。少宜处虽然也是亲眷，但比起弟兄来，总是远了一些。先前弟妹你们不同我商量，我也不好说什么。现在弟妹提出，洪声就住在这里。妈，省得你也想孙子。”祖母听着，由衷高兴，连说：“这样最好，这样最好。”

巨源的话说得合情合理得体，秀英连忙教洪声再向两位长辈磕头道谢。自己也说："三阿哥，我也代巨溁谢谢你了。"

从此，三年级下学期开始，金洪声就住在三伯伯家里读书了。这是1927年春天的事。

大哥大姐已从杭州辍学回家，住在金罗浜乡下，洪声深知自己读书来之不易，所以学习分外用功刻苦。每次考试，成绩总能列于班中前三名之内，一直读到五年级第十册临近结束，事情却骤然变化。

事情由谁率先提出，是洪声的父母，还是借住其家的三伯伯巨源，现在已无从查考。

从常情言之，巨溁和秀英似乎不会让未读完小学的洪声，在离毕业仅剩一年稍多一点时就辍学。尽管长子长女已退学从杭州回家，但他俩的停学是长子遭校方斥退，与洪声的自愿退学迥然不同。此时巨溁的家境虽今非昔比，但总算还未到临泽而渔就开起了南货店，店搬到通界桥后，生意似乎有点起色。据金舜仪2006年3月在嘉兴回忆："我一生过得最开心，有两段辰光，一段是我爷刚开南货店，人不回来，钱总是拿回来点的。"可见经济状况不比在刚离开县城时候差，为什么要让金洪声辍学？当然，要再让洪声像长子长女那样去杭州深造的经济实力，巨溁是没有了，但供养洪声在县城就近读完小学，还应是力所能及的事。而且环顾屋内，在一班子女中，或许也只有洪声是能够中兴家业的可造之才，停他的学，不合做父母的常理。

洪声的祖母汪老太太，手中还掌管着200亩祭田。一年的租米收入，一则要用于祭祖的开支，二则三个儿子三房子孙，人口众多，不能厚此薄彼。所以不能独独资助洪声继续上学，但祖母、洪声在巨源家同住，孙子在祖母身边，二房的巨源不看僧面看佛面，待洪声不逊于自己的子女。便从老年人求个儿孙绕膝计，也不会提出让洪声停学的主意。

三伯伯巨源，在金氏家族最后一次续修的"允古堂金"家谱中，留有他的摄像，下面的题词是"经造宗词十四世孙巨源小像"，上面的题词是"岁逢知命摄影留容"。家谱全册只收两帧相片，另一帧是创立宗祠的十三世祖蔡园公，而巨源的照相赫然立于世系表之前，可见他在修谱造祠中的重要地位。他撰写的“金氏宗氏记”列于家谱前，内有“余自束发受书以来，即有志于范文正之义庄，陆景贤之规范。老将至矣，有心无力，良用自惭。愿后之子孙咸思诏穆相承，疏威有辨，或能恪守成规，或稍恢拓基业。则吾族之幸福有望矣。”此序作于宗祠落成清明当祭之时，面对神灵祖宗，对后辈子孙寄予厚望的人，似也不会断然让侄儿学业在小学毕业仅一年前中断。俗话说“送佛送到西天”，离西天仅一步之遥了，三伯伯为何驻足？

对金洪声的这段寄居生活，金舜仪回忆：“洪声在日记里说‘寄人篱下’。”用在事后比较超脱的视角看，两家对金洪声读书的照顾应该都还是不错的，但在离开父母别居孤身一人的十三岁孩子心里，或许天然地有着某种失落的阴影，再总会遇到一些不如意的事，在孩子心中，便被无形地放大，所谓“无妈的孩子像根草”。

金洪声在 1950 年，对幼年失学这件事，是这样回忆的：“因伯父嫌吃饭不贴钱，就在我 14 岁的时候（五年级未读完），荐我到隆顺兴米行当学徒。当时我反抗做学徒做生意，而想读书。”他在 1978 年 12 月 1 日开始撰写的“我的一生”回忆文稿中，对同一件事，这样说道：“伯父是好心呢，还是嫌我吃他饭，我于十四岁春就去当学徒，只读了 4 年半书。”可以揣想，十四岁的金洪声对辍学是异常不满的，但虽曾反抗最后却又只得无奈的接受。时过近六十年，当他已是七十一岁的垂垂老者时，仍不能对此释怀。尽管相对于 1950 年的叙述，七十岁的人，毕竟多了点阅历，少了点火气。

不管直接导致洪声辍学的起因如何，1927 年春，未读满小学五年级的金洪声离开稚川小学，因家境贫寒停止了在学校的学业，那一年他虚龄十四岁。

在二十世纪二三十年代的平湖，因贫失学孩子的最好出路就是学生意——当学徒。众人商议的结果，洪声可入陆陈行业。

陆陈行业在当时平湖的各行业中，属上等行业。“陆陈”，意为当年播种，隔年收获的粮食油料作物，都是米行经营的业务，所以在民国时期，米行泛称为陆陈行业。平湖米行到晚清时已发展，平湖西门外源裕米行创业于同治年间，一则颇具神奇色彩而被各种史志收录的传闻，更为邑人津津乐道：同治十一年(1872)，平湖县新仓镇正大米行大米运销上海，"米三船运往上海，为预防颠簸，用粗缆联络，至龙华遇狂风，米船凭空揭起，落入田中。"民国初，县城已有米行30余家，民国二十一年，发展到50多家。几家大的米行，远近皆知。

平湖的米行分布在东门、西门和南廊下沿河一带，加上东乡十八镇的米行店铺，形成以县城为中心，四乡集镇为网络的平湖粮食市场。

米行之成为平湖商业的第一大业，与平湖的地势、物产有关。

平湖地处长江三角洲之南，杭嘉湖平原。境内河道交织如网，土地肥沃，物产丰富，粮食以水稻为主。

平湖向有"余米之区"之称。每年水稻收获二季，霜降前芦尖登场，次是早晚稻"早八哥"，再次是晚粳稻、糯稻。以民国十年为例，芦尖在霜降前已出十分之九，共17万石；"早八哥"2万石，城区28家米行，收购多则7千石，少则4千石。规模之巨，可见一斑。

据民国二十六年出版的《平湖之土地经济》记述："民国25年受病虫害与水灾影响，收成只及常年五成，以水稻生产居第一位，较丰年已减收三分之一以上，但据一般估计，每年销外埠约有30万石。"

民国二十三年《省粮食运销调查报告》称："年产稻谷170万石，人口不足27万，以生产抵消费绰有余裕，故为余米之区。"

民国二十二年国际贸易局调查："常年景况，全县产米141.3万担，消费100.5万担(按人口年均358市斤)，可余米40.8万担。"

据《中国经济志》记载："全县食粮，即欠收年亦足自给，如遇丰年，农作物供本县消费外，尚有多量输出。"

上述四则材料，有国际有国内，有中央有地方，平湖是"余米之区"的结论，有不争的权威性。

民国二十一年前后，即金洪声欲入陆陈行业的前后，平湖每年运销外地的大米10万石，糯米0.1万石，蚕豆9.4万石，黄豆10万石。

行业居于上乘，要进入就不太容易了。除了学徒本人的天赋教养外，"荐头人"亦即现时所说的介绍人就尤为至关重要了。巨滦夫妇、三伯伯巨源，认真将亲戚朋友筛选一遍，最终觉得金少宜妻舅、大嫂嫂的嫡亲哥哥钟逸民最为合适。

钟逸民当时开设“升源裕米行”，资金实力在平湖县城米行中列三甲之鼎，若他肯出马，那洪声的入行就十拿九稳，而且对他今后的发展，也大有好处。

但巨濼又要起了少爷脾气，不愿再去麻烦金少宜，事情似乎成了僵局。善于经济、治家有方的巨源毛遂自荐登门造访，金少宜爽快地一口答应。反而说道：“六阿叔（巨濼）的事就是我的事。洪官在我家里只住了不到半个学期，总是我照顾不周。洪声弟入业的事，包在我身上，逸民舅佬答应也要答应，不答应也要答应。你请巨濼叔等着回音好了。”

以金少宜的家庭背景，本来极少有事开口求人，对钟逸民钟老板来说，妹夫开口，恭敬不如从命。

据金洪声本人在1978年回忆，他的进入陆陈行业，是“伯伯托人荐到隆顺兴米行当学徒”。

钟老板肯出面的消息传来，众人都松了一口气，不料洪声入业的事并不顺利。钟逸民选中“隆顺兴米行”，老板是沈茂斋。在平湖县城的米行中，资金实力也在十名以内。平湖县城当时的米行（包括规模较小的米店）共51家。资金在5千元以上的共九家，“隆顺兴”名列其中。

不顺利的原因，不在洪声本人。洪声虽未小学毕业，但在当时，能读到这种程度的人也不多。问题出在沈茂斋对乃父往事的风闻上。“少爷胚子出身的人，到敝号是否委曲了金家公子？”话虽婉转，但却是一个软钉子，弦外之音，明白得很。钟逸民将原话转述，巨濼夫妇同巨源商量后，复请钟老板劳神转达：洪声进宝号，实属幸运，万望沈先生能够接纳。最后的结果，沈茂斋还为自己留了掉退路：“洪声公子可先来敝店做三个月，若还能习惯，到时再续。”——拜师当学徒还要试用三个月，可见沈老板进退由之的老谋深算。

事情一经说定，秀英就为儿子准备行装。被铺是现成的，将洪声读书时的那一份洗涤干净。学徒平时不能随便离开店里，所以还得准备一季的换洗衣衫。

临行前晚，母亲和特地从通界桥赶回的父亲，少不了对洪声一番叮嘱：学生意不比读书，手要勤快，腿要勤快，脑子更要勤快，要多看、多做、多想，就是不要多嘴。一人在外，要照顾好自己，师弟兄之间要和睦相处，对先生更要敬重。绝不能像在家里和三伯伯、金家大阿哥家，那时你是读书官官，现在你是学生意的学徒。俗话说："吃了老板饭，哪怕装在麻袋里掼。"万事以忍为上，忍事头上一把刀，你要切记。洪声仔细听着，虽然对有些话还似懂非懂。

"另外，读书识字也断不可废，"说着父亲拿出一只书匣："这是一部《三国演义》和《康熙字典》，《三国》就是你读书的课本，《字典》就是你上课的老师。"洪声双手接过，久久抚摸着膝水不错的书匣。这两部书洪声从未见过，一定是父亲珍藏的心爱之物。

为赶在米行开店前赶到，一家人起了个大早。母亲为洪声煮了四个白糖水滚鸡蛋，待洪声吃好，就上路。哑巴挑着行李，洪声跟在后面。春天的江南清晨，还有些微寒意。送到金罗浜村头，父亲要折向南去通界桥，就对洪声告别道："洪官，你自己要一切当心了。"母亲也收住小脚伶仃的脚步。此时的巨滦心中，不免感慨万千：昔日送一双儿女去杭州读书时，自己是多少的春风得意，而眼下在自己手中，却弄得让儿子停下学业去学生意，或许儿子从小学做生意经商，在他身上能重现自己父亲商业上的辉煌，能成为一方首富……

洪声告别父母，随着哑巴向东方的县城走去，东边的天际，方露出一点鱼肚白，脚下的路尚依稀可辨。

到县城与钟逸民在金少宜大阿哥家会聚后，就由他领着去坐落在三元桥南堍的"隆顺兴"米行，米行的学徒正在拔排门板开店。洪声见店铺（行语"场子"）门面一排五开间，斛子已经放在店外，一个学徒坐在店堂里，场子外还能看见账房间里的账房先生。其余的学徒在七手八脚的搭着场子前遮挡风雨阳光的凉棚，上上下下忙得不亦乐乎。

说好是试用，所以老板沈茂斋也没有举行拜师收徒仪式。沈先生（在米行，一般称老板为"先生"）第一眼看见金洪声，只觉得人还长得颀长清秀，只是显得有些单薄，就对钟逸民说道："逸民兄，孩子在这里，你就放心好了。"从这一刻起，金洪声就开始了三年的学徒生涯。

此时为1929年春,金洪声虚龄十四岁。

学生意就是学规矩,首先从吃饭睡觉开始。先说吃饭,洪声是刚进店,"先进山门为大",他是学徒中最小的一个。最小的学徒开饭时,先将一桌人的桌、凳、碗、筷摆好,还要帮着厨房的司务把菜端上,饭甑放好,这些都不难,早一点准备就是,难的是盛饭。同桌七个人的饭都要由洪声盛,中间添饭,也统归他负责。这就要眼观八方,看那位师兄的饭碗快要空了,得马上接过——不能让对方的饭碗搁在桌上等你盛饭——这样一圈七个人的碗盛下来,自己只能趁着少有的一点空隙扒拉几筷子饭,挟菜的时间是更稀少了。而且,洪声不能最后一个放碗,要赶在师兄们放下碗前先"吃好"放碗。这样的结果有两个,一个是不能吃饱,一个是吃饭的速度极快。往往从吃饭的速度上,就可分辨出是否当过学徒学过生意。饭后的收拾桌子,也是洪声的事。

再说睡觉。学徒及一般的伙计都是夜摊早起铺,等到傍晚,一天的生意做好——时间要视生意而定,生意忙时,店打烊时已是满天星斗满城灯火了。吃过晚饭,就在堆放货物的栈房间,摊上竹榻,打开被铺,七八个人同室而眠。睡觉也有惊险之处,米行货物有散装的堆放,和打包的垒放,装船外运时都要将货物先装进麻袋里垒放。货物充足时,更垒成七八麻袋高,在栈房里排列成行成阵,中间通道空档的地方很窄。睡在包阵下的竹榻上,万一麻袋垒放得不牢靠,半夜里掉下来,人就被压成肉饼了——这样的事还真发生过。铺位是相对固定的,有时也会临时挪动。每天晚上放竹榻时,都要留心地仰望边上的货物墙,拍打一下,看看是否结实,以免半夜惊魂一幕的发生。早上天亮起来,再把竹榻被铺收拾起——米行的早上开店不会很早,几个生意汛,都要等到农户的货物从家里用船摇出来,从乡下摇到城里,少说要个把钟头,路远的更是四五个钟头不等。

每天晚饭或睡觉前,学徒和伙计们还有必做的一件事。陆陈行业,收货和出货时灰尘飞舞,往往满头满身都沾满灰尘。防止侵入内衣的防护措施,仅凭一条围在脖子上被称作掮服的布块。店一打烊,学徒和伙计们都要在场子外细细地将身上拍打一遍,背后的灰尘,还需要相互对拍。七八十来个人的拍打声,每天都要热闹好一阵方得消停——那个年代,除了大热的夏天可以跳入河中洗去满身泥尘，平常日子里一身的泥灰，就全靠这番拍打清除。当然拍打身子的另一种作用，是防止夹带，这就不足为外人道了。

起床后，师兄们去拔排门摆场子，此中最讲究的是请出斛子，啪的一声放在场子中央，声音要清脆响亮，斛子落地要四平八稳。摆场子的事还轮不到洪声，他的事是跨过三元桥到对面河埠提水。上世纪二三十年代平湖的河水还碧清，店中一天的吃用水，都要在早晨挑好。洪声人小，就用水桶拎，厨房的司务则用担桶挑。把挑来的水倒入厨房硕大的水缸内，再撒一把碾成粉末的明矾，用木棍搅动，不一会，水中的泥砂杂质就沉入缸底，水就清纯可以食用了。过两天要用吸管把缸底沉积的混泥浆吸一次，半个月左右要把缸底的泥浆出清，把缸洗净，以保证水质常年清冽可口。

洪声每天的主要晨课，是清洗先生的那三柄水烟管。烟管是先生抽的，还要供招待朋友和顾客时敬烟用，所以得格外小心擦拭。烟筒倒去水后和装烟的烟嘴芯每天都要拿到河水中清洗，那烟嘴芯只有三寸来长，沾了水就很滑溜。一次，洪声在水里通烟嘴芯里的烟垢时，不小心从手中失落，一根烟嘴芯就掉进河里了。眼前的河水又深又急，烟嘴芯入水后就不见了踪影，急得洪声直落眼泪。无法之下，急中生智，赶紧跑到三伯伯家，说明原委，拿了三伯伯烟管上的嘴芯充数。所幸大小正好凑合，铜的成色也相差不多。不过，沈先生一端上手，用熟的东西一下就觉察出来了："洪官，怎么今天的烟管芯有点不配。"洪声如实相告："早上洗的时候不小心，掉到河里了，我想先生要用，就将三伯伯的拿来了。"

"你三伯伯晓得吗？"

"我讲清楚的，他让我拿去，自己再去配一根。"

"丢了一根，弄得两副水烟管都成了野配。洪官，事情不能这样办。你现在就拿回去，我自己配一根。"

"那不是要用你的钱吗？"

"叫你去你就去，迟了你三伯伯就要出门配了，弄成两柄烟管，三根芯子，更不对。"

洪声一时不明白，沈先生今天为何如此大方。大家都说沈先生的家当是节省出来的，他也亲眼看见，每天早晨，沈先生都要到灶间，看一下当天买的菜。倘若比他头天晚上定下的多了，就要骂买菜的烧饭司务。

洪声将烟管芯交还三伯伯后，问其中原因，三伯伯脱口而出："好在你今天说了实话，还能急中生智地将烟管芯顶上。沈先生一份家业，他不节约计较怎么行？但节约不是吝啬，该花钱处他还得花，不要说今天这点小钱。"洪声追问："哪些钱要花，哪些钱不该花？"三伯伯应道："这就一言难尽了。教一件事，你只会一件事。事情要靠自己悟通事理，就一通百通了。所以学生意前教你要多动脑子，你就跟着你先生好好学吧！学问也不尽在书里，世事洞明皆学问。"洪声对三伯伯最后的那句话，有点不入耳。"前面的讲得到有些道理，为什么又要扯到不让我读书上去？"他心里嘀咕。

开始一个星期，先生只教洪声在场子上看师兄伙计们做生意。整天站在旁边看他们的一招一式，偶尔也有师兄叫他去拿点东西，撑撑麻袋。谁知撑麻袋也有点讲究，袋口要撑得大不用说，货物倒进麻袋后，还要立即将双手合拢，否则灰尘就势而上，满头满脑地冲进倒货和撑麻袋两个人的七窍里。

到下午市面一过，洪声还有两件事要做：一是搓吃水烟用的煤头纸，数量总在一百根左右。用黄色的火纸裁成尺来长的窄条，中间裹根细木棍，一搓一根。二是把店中所用的煤油灯擦拭整理好，店中的灯有大小两种，总数在七八盏。擦玻璃的灯罩，要晶明透亮，不留半点污印。剪齐灯芯，以免灯光左右大小不整，爆出火花，溅污灯罩，末了是添满灯油。

一个月以后，一位师兄（虽未正式拜师，但平时彼此间，总以师弟兄相称）叫洪声跟着他学用斛子。那个年代米行中的衡器是斛、斗、升。量大的交易，主要用斛计量，由于容量最大，使用也最复杂，且有多种门道的生意经秘藏其间。

斛子是口小底大的一个四棱台，用结实的硬木按雌雄榫法嵌接，四角及各边都用铁皮包裹，以免摔打损坏。底下伸出两根木棍，是两人使用时的握柄。

将货物装进倒出斛子的动作，行语叫“斛斛子”，首先要做到两人的动作协调。洪声先跟着师兄学马步式的蹲功，再学将货物倒出。空的斛子要做到两人同时协调已经不易，后来再装进遮满底的货物，洪声就觉着透气都急促起来。师兄看洪声吃力的样子，不一会就停歇了。

到晚上，洪声感到手臂双腿都有点酸痛，肋骨也根根发痛。睡到半夜，连翻身也觉得困难了。第二天，挑水、洗水烟管的生意照常要做。师兄看他那副疲惫的模样就说：“这就叫换一样生意，调一身筋骨，个把礼拜以后就熬过去了。”早饭过后，洪声仍如昨日，跟着师兄学，一连十来天后，果然觉得手脚也不再那么酸痛了。他就想请师兄让他在顾客来时，实地做一次。不料师兄却说，你刚刚会用斛子，离能做生意还早着呢，要先看懂我们怎么倒货物，怎么刮耥。——耥是钉成直字形的两根木根，货物倒进斛里后，用它将斛面刮平，行话叫“做斛面”。

之后洪声就仔细观察，果然其中的奥妙还真不少。先说倒进倒出。买进货物时，倒进斛子时要急要重，卖出货物时恰恰相反，要缓要轻，这轻重缓急之中，多进少出，行里积少成多可获益不少。

另外，买进卖出时，用斛子斛的过程中，必然有货物从斛口溅出，每笔生意做好，扫拢都是归行里所有的“地脚”，从斛口溅出的货物既不能太多，太多了货主不满意，也不能太少，太少了先生不满意。这也要在倒货的学徒伙计手中掌握得恰到好处。

再说耥，名堂诀窍就更多了。耥分粗、中、细三号，何种货物，何种客人用什么型号的耥都有定规，不能搞混。进货时用浮耥，出货时用枯耥，“浮耥”是指用力稍轻，使货物稍稍浮出斛面；“枯耥”则指用力稍重，使货物如枯水期的河面，稍稍低于斛

● 东湖一景，报本塔

面，都是业内行话。这一浮一枯又全在做斛面的人手中，而浮枯之间，行里又往往进益不少。在店里人自己讲话时，还有一些外行人弄不懂的暗语，比如量出叫过桥，量进叫进桥等等。

斛子声事关米行的声誉，一家米行生意如何，可以从斛子声中判断。斛子声声响不断的，大凡生意兴隆，若斛子声断断续续甚至许多时候才有一声的，那米行的生意就清淡不妙了。

窥得其中奥妙之后，洪声看师兄们做着每一笔生意时，手中的耥随心所欲运用自如，外行人根本看不出其中的玄机。看到的只有招呼的热情和敬烟敬茶的殷勤。洪声想，冰冻三尺非一日之功，自己要学会这一手，且不露出丝毫破绽，实在非要一二年功夫不可。

日子就这样一天天过去，白天的劳累总算熬过了关，但最令洪声不满的是晚上。待他拿出《三国演义》来，刚看几行，煤油灯却噗的一声被吹灭了。问师兄原因，师兄说先生关照过的，一则是怕学徒点灯耗油，二则是怕学徒熬夜睡得迟了，第二天做生意没有精神。店里一直是这样的规矩，你要想看书是没有办法的。洪声想父亲到底是没有学过生意当过学徒的人，还想儿子能看一点书，学一点字，从此洪声每天夜里只能趁着灯火未灭时看一两页《三国演义》，随后就在黑暗中，用手摸着那装着三国和字典的书匣。

学徒期间是没有过年过节的，到端午节前一天，先生却关照洪声，可以回家过端午节，还可以住几天。随后，拿出一小块东西来问："洪官，这是什么？"洪声以前在家里见过，是一两一块的小金条，俗称小黄鱼。先生见洪声讲得不错，就说："你将这点东西，送到我家里，亲手交给内人。"金洪声也不再多问，将小金条放在贴身的衣袋里，不一刻就走到老板内宅，交给师母后，又马上回过店中。见先生身边刚好无人，就回说："东西已交给师母了。"先生答道："那你就回家吧。那一天回店中，我会通知钟老板。另外，你到账房，领一块钱的鞋袜钱。"

洪声的心里有点忐忑不安，也不知道先生的用意到底如何？因为学徒在店里只管吃饭没有薪水，第一年一般是三块钱的鞋袜钱。自己做了近三个月，先生教拿一块钱的鞋袜钱。难道是就此打发自己回家了？

洪声回到家里，母亲问了一些店里的事情，洪声拣重要的讲了一点，等只有母亲一个人时，就轻轻地说："妈，我仍要读书。"母亲摸着儿子这三个月来，变得粗糙不堪的手，半天没有说话。

"洪官，是不是学生意很苦。"

"苦倒这三个月也熬过来了。就是觉得心里更苦。"

"洪官，不是妈心肠硬，你看，这个家只有你爸一个人开小店，剩下那二十几亩烂田，也缘不了多少租，实在供不起你上学了。"

"妈，我不会像大哥那样，一定会争气学好的。再说读了书，将来能得一个好的差使，你们老了，我养着你们。"

"洪官，有你这点心，妈也知足了。不过家里这副样子，目前的日子就难打发呀。"

"妈，是不是你作不了主，我自己跟爸说去。"

"你爸前几天回家时，还同我说起你的事，想叫我去少宜大阿哥家去一次，托钟先生跟沈先生说说，三个月快到期了，就收下你当徒弟，正式拜师吧。"

"妈，那我就真的读不成书了？"

"洪官，这就是命，各人有各人的命。也都怪妈没有本事，前几年没有管住你爸……"

母亲的声音已经哽咽，洪声知道也不能再说下去了。母子俩接着谈论起沈先生叫他回来，是凶还是吉，看样子是凶多吉少了。一旦被隆顺兴回掉生意，再去别处找就要更费周折了。

等待的日子格外漫长。终于，三天过后，金少宜送来了消息，而且倒是好消息：钟先生又去了隆顺兴米行一次，沈老板说，洪声在行里三个月，学生意还是上心的，不过身子太弱，在场子上做，恐怕不适合他。好在他念过五年书，如果愿意，可进账房学生意。但要相当的人出具保信。

洪声和母亲得信后，又喜又忧：喜的是可以正式进隆顺兴学生意，而且又是账房上的生意，是一般人难以企望的；忧的是，有谁肯出保信，没有人出具，还是空欢喜一场。

金洪声在1978年的回忆中说道："我14岁进平湖隆顺兴米行，因我身体从小体弱多病，不能体力劳动，幸由自属（氏族）堂叔的亲戚（升记米行老板）所介绍，故而在账房当学徒。”“升记”就是升源裕记米行，老板是钟逸民。可是他隐去了要有人替他出具保信这个情节。读者可以在以后的章节中体谅到他隐去此事的由衷。

事关重大，秀英请巨溁速归商议。巨溁和妻子在亲眷朋友中论排着能够出具保信的人，颇费思量后，有相当资格出具保信的人选就落在了三伯伯巨源身上。秀英说：“还是得麻烦三阿哥了。”巨溁却说：“他会出给你吗？”秀英说：“其他人也实在寻不出来了。亲眷中有钱有家产的，自从我们落魄，也很少走动了。你昔日的那些朋友，更连影子都不见了。只有三阿哥，家产也有，想必隆顺兴也会买账。和洪官论起来，不但是亲戚，还是血肉相亲的自家人，亲叔侄，假使他这个忙不帮，我也就不认他这个大伯了。”

第二天，秀英特地雇了船独自一人去了县城巨源家。向婆婆请过安后，见了巨源就单刀直入地说出此次上城的原由，务请三阿哥帮忙。巨源听毕显得有些不紧不慢。

“六弟为何不来？”

“他在穷忙那爿小店”

“弟妹，你可知道保信的关系？”

“巨溁昨天同我讲过。”

“虽然只是白纸黑字一张，弄不好要使人倾家荡产的。”

“所以只得请三阿哥帮忙了。”

巨源沉思片刻，到底露了点口风：“我看洪官不像他大哥，是个有志气的小囡。”

秀英是乘机追进：“那就请三阿哥帮帮洪官吧，也帮了我们一家。”

“弟妹，不是我不爽气，保信的事，恐怕洪官年幼还不懂，你要向他说明白。借钱是借一百还一百，借二百还二百，总有个数的。保信从我这里一出，他在隆顺兴的一切钱财出进，倘有闪失都要寻到我头上来的。”

“洪官从小争气，三岁看老，我想他是决不会拆烂污的。”

“好……那我就写。”

“我明天就叫洪官来谢谢伯伯。”

决定了写保信，巨源倒显得轻松起来，半开玩笑地说：“明天就不要来谢了。到洪官出师那天，谢师酒上一定要请我多喝几杯。”

秀英如释重负：“那是一定、一定。”

巨源拿过文房四宝赫然写道：

隆顺兴宝号沈茂斋先生阁下：

为侄儿金洪声进贵行账房当学徒事，凡金洪声在贵行一切钱财事宜，均由本人负责担当。

此颂

大安

具保人：金巨源顿首

民国十八年六月八日

薄薄一纸，寥寥数行，巨源书毕，掷笔于桌，也如释重负。

待巨源用过印，秀英将保信揣入怀中。

翌日，金洪声拿着保信，进隆顺兴，面呈沈茂斋。沈茂斋接过保信，注视片刻，对他说：“洪官，你今天先回去稍做准备，明天拜师。”

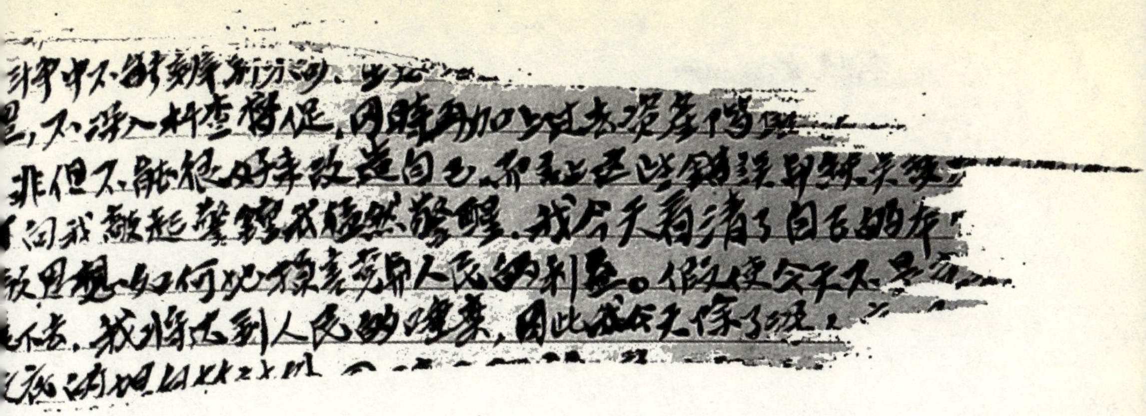

十七岁的米行副账

洪声到堰上三伯伯巨源家告知明日正式拜师的消息后，即刻回转金罗浜家中，得知洪声可正式入隆顺兴米行，阖家为他高兴。事情总算有了着落，放下一颗久悬着心的母亲，又为洪声挑拣了一身七成新的干净衣衫，让他明天穿了，使儿子行拜师礼时增添几分精神整齐。

正当金巨渫、张秀英、金洪声之属的斗升小民们，为自己或家庭的衣食之虞四处奔波，喜怒哀乐的时候，1929 年的世界和中国，正演绎着另一番风云变幻，浪涌云诡。

1929 年，空前未有的深重而又波及整个资本世界的经济危机，几乎吞噬了西方世界的生气和活力。列强们泥菩萨过江，一时无暇他顾。

1929 年及稍后的中国，拥兵自重的地方军阀和中央蒋政权之间，争斗不息、战祸不断，“洒向人间都是怨”。

1929 年三四月间，爆发蒋介石对桂系李宗仁的蒋桂战争；旋即，又接连爆发了蒋介石、阎锡山、冯玉祥三派之间的剧烈斗争;张发奎、俞作柏联盟的反蒋斗争;唐生智、石友三联盟的反蒋斗争。

反蒋势力的上述斗争失败后,阎锡山、冯玉洋、李宗仁等从 1930 年 1 月开始磋商,于 3 月达成以阎锡山为首的反蒋联盟,终于 5 月上旬,阎锡山、冯玉祥在中原和鲁西南的三个战场,李宗仁、张发奎在湘粤桂边界,发起了对蒋介石集团的大规模战争。

经过 1927 年大革命失败的中国共产党人,在两年多艰苦奋斗后的 1929 年,擦干了身上的血迹,逐步从极其严重的困境中摆脱出来,以求开始重新的复兴之路。

时局的巨大幡动裂变,也必然会深刻地影响到金洪声辈生活所在的江南小县。县城中的一切政治、经济层面局势乃至黎民百姓家庭个人的命运,都将以上述的背景重新展开。

时近傍晚,隆顺兴米行账房学徒王佳牟急匆匆地赶到金罗浜,告知洪声说:先生受张先生、罗先生之召,明天去米业公会,有要事相商,洪声的拜师礼另择吉日举行。但若金家愿意,洪声明日仍可去隆顺兴上班。

洪声问王佳牟,先生有何要事?王答道:先生也不细说,但肯定比你拜师的事情要大。洪声望着王佳牟,心想,话虽不错,但岂不是说与不说一样。

王佳牟所说的罗先生,是前平湖县陆陈公所所长,县内商界巨宿罗良才。此人在宣统年间,就在平湖县城小地名叫犍圹汇的地方独资开设新昌米行,业务之广为同业之最。民国初,1912 年,平湖县陆陈公所成立,公推县商会会董罗良才任总董主事,一任十八年。直至今年(1929)4 月,陆陈公所改组易名为平湖县米业公会,总董罗老力辞,张蓉甫任平湖米业公会首任常务主席,即王佳牟所说的张先生。

陆陈公所和米业公会,作为一县的业缘性组织,其主要职责是维持增进同业之公共利益及矫正弊害,排解业内纠纷。当然还要代表本业与县内的各界周旋、接洽、折冲。在业内,有领导和组织作用,其形式是经常性的例行会务活动。每遇特殊情况,还可紧急召集有关人员会商。沈茂斋的此次应召,即属后者。

张蓉甫主席履新才甫二月，事关重大时，还需罗良才老所长压阵指点，所以此次商议，还以两个人名义召集。

平湖米业公会是当时平湖商界的第一大公会，由其执平湖经济牛耳的地位奠定。原平湖酱园公会中最大店铺东鼎丰酱园的职工、现年近米寿的胡大椿，对此有极其直观生动的回忆："同业公会组织要承担社会公益，出资摊派。当时消防是一件大事，米业公会置办供养的水龙最大，排平湖水龙一号，名'金山老龙'，酱园公会的名'永安龙'，排二号。"

民国三十七年1月17日，平湖一场大火，此次火灾记入《中国火灾大典》，可见烈焰腾空之巨。"本月十七日一时许，平湖东门外大方糖果店大火，焚毁方恒生、天元昌、龚万顺等店屋十四间，损失约五十余万元。"

此火，胡大椿亲历。他说："一时，各消防水龙齐集，但只有米业公会的'金山老龙'喷水显威。因为'永安龙'已更新为'洋龙'，即用机器为动力，当时却遇天寒地冻，洋龙里的巡回水被冻住，一时无法启动。而'金山老龙'仍用人工压水，米业公会的消防队员年轻力壮，人员配备又足，轮番上阵。那时真是大出风头，平湖市民大加赞叹。"

米业公会临时召集的会议，参加会议的人员又控制在一桌之内，所以与会者早早就到齐了。张蓉甫主席通报了来自县政府和县党部的消息。事情发生在前一天晚上，即1929年6月12日傍晚至翌日早晨，在平湖地方史志中，称为"转角湾"事件。大致情形如下：国民党江苏省公安队何亚霖部，探知中共地下党又在平湖县的转角湾活动，随即会同驻金山县山阳缉私营第四大队潘梅亭部前往转角湾搜捕。两部人员密藏枪支，乔装打扮成上街的农民，于6月12日晚8时茶馆上市之际，将转角湾团团围住。当时地下党部分人员正在吴阿五茶馆中准备开会议事，突然被围，聚集在茶馆里的戚阿福、颜阿友等八人猝不及防，当场被捕，其中一人当时即被枪杀。其余七人被押到转角湾镇东首施王庙中，严刑拷打。企图进一步探实地下党负责人颜书绅和枪支弹药下落。当得知枪支由颜阿友收藏后，就把颜阿友反绑吊起，用绳捆扎双脚，中穿横木，将一对三四十公斤重的铁蜡扦压在横木两端。酷刑逼供至天亮时，颜阿友被迫招认枪支藏所。结果，两部人员在颜家门前挖起出盒子枪八支，又在附近一个"百脚亭子”里搜去长枪二支。13日早晨，两部人员将戚福根等七人押去金山县张堰警察分局，途中戚福根逃跑不遂，被枪杀于八字桥。

“转角湾事件”使中共平湖地下党仅剩的队伍又遭严重摧残。此后，平湖地下党即失去与上级党组织的联系，被迫停止了有组织的活动。

张蓉甫主席略述了事情始末后，又说：“米业公会是在商言商，不干涉政府的事。但米业事关民生，政事必然影响本业。县内发生如此惨烈之事，或许还有后波。今日请诸位与会，一则是转达此事，二则是请诸位各献良策，以使米业公会能未雨绸缪，有备无患。”

众人除了心中的盘算，当然也有一番商议，但事涉杀头掉脑袋，会场的空气略显沉闷。

1929年6月12日的“转角湾事件”，可以溯源至中共金山（浦南）县委机关转移到平湖县转角湾述起。

转角湾，东距平湖县城四十华里左右，是平湖县衙前镇东南的一个小镇，东距金（山）、平（湖）县界一公里。镇上毗连一排四五家小商店，东首有古刹施王庙，三面环水，异常偏僻。《申报》称之谓：“地处金平交界，两县当局均有鞭长莫及之叹，一般匪徒视之为乐土。”

据时任中共淞浦特委组织部长、解放后任中共中央副主席的陈云，在1928年11月3日的《淞浦特委报告》中说：“反动派（朱泾〈按金山县县城〉来的十几个盒子队）搜查几个负责同志（比较赤些，大家公开知道）的家里，未捕去一人。”在这次搜捕以后，中共金山（浦南）县委决定将县委机关转移到平湖县转角湾。

中共浦南区委书记李一谔，于1938年10月20日到达转角湾。同来的还有金山（浦南）县委其他人员、党员骨干，陈云派来的胡北风等也先后来到转角湾。

一时间，僻远的转角湾小镇，成了中共浦南区委，平湖地下党的活动中心。

粗通文墨的转角湾河东农民颜书绅，经朱轶凡介绍结识了李一谔，并负责安排李的住所。1938年冬，由李一谔介绍参加了中国共产党。

为了留住岁月的履痕，我们把当时入党的情景，录述于后：“我是

1928年参加李一谔领导的党组织的。当时在倪相奎家里，是倪相奎介绍的。在簿子上写个名字，揿了手印，簿子是李一谔收藏的。一起吃酒的有李一谔、倪相奎、戚福根、翁明哲、顾培荣和我。李一谔给我们讲革命道理，要我记住6句话：'阶级斗争，实行革命，遵守纪律，牺牲个人，严守秘密，永不叛党'，最后两句要我们切记切记。"

这是地下党员马甫祥的回忆，入党仪式以吃酒的形式举行，确实带有彼时客观情形的灵活性，但内容却一秉共产党的基本宗旨，恪守原则性。

挟农民革命的余威，中共淞浦特委及其下属的金山(浦南)区委，正热衷于筹集枪支弹药组织训练农民武装，据陈云在《淞浦特委报告》中称："区委书记李××(按：即李一谔)私人捐款千元，购买一批武器。"

1929年2月6日(农历戊辰年腊月廿七)，中共金山(浦县)县委发动的"新街暴动"，集江苏省松江，金山两县和浙江省平湖县的农民武装300余人。暴动的矛头直指当地劣绅张某，驱护院团丁、痛打其子、烧账本住房。继陈云等领导的"枫泾暴动"之后，一夜暴动，震惊四方。又于1929年2月11、12两日(农历已巳年正月初二、初三)，袭杀山阳地区的一陆一张两反共钉子。地主豪绅惊呼"浦南共祸蔓延"。

一时，浦南军警云集：国民党江苏省民政厅特将驻常州之省警大队第三中队全部调松(江)驻防，淞沪警备司令部参谋长赴亭林、山阳一带"调查"，驻军第五师独立团机关枪连全部进驻山阳，驻山阳缉私营第四大队配合省派军警全力以赴，松江县政府动员大部军警力量，部署对地下党的围剿。

1929年2月27日，中共浦南区委书记李一谔在由平湖转角湾回金山县新桥附近农舍寄宿时被捕，3月10日牺牲。据1929年3月11日《申报》以"共党首犯李一谔枪决"为题披露如下"……经8日省府会议通过，快电于今晨(10日)到县，提出李一谔一名，经杜承审员喻知，今奉电执行。尚有遗言通知家属否？李一谔谓，请通知母亲。问官谓今日尔执行，则尚有同党何人，尔不妨说出。李终不说，遂由法警押下捆绑，于上午11时在西河庄刑场执行枪决。"

李一谔牺牲时年仅三十二岁，更难能的是，李父为金山县庠生，乡里称其为儒雅君子。闻一谔被枪决后，强抑白发人送黑发人的悲恸，谓家人曰："吾儿为革命而死，得其所哉。"

随着李一谔被遭捕杀，两省军警加紧了对颜书绅为首的转角湾地区中共地下党员的围捕。事发当晚，颜书绅因事不在现场而幸免于难。

这就是"转角湾事件"的大致始末。

平湖县米业公会这次小范围的会商临近结束时，罗良才又缓声提醒大家：诸位，今年想是多事之秋啊。除了转角湾的颜书绅，还有新仓、新庙、衙前的"太保阿书"和"猪猡阿美"，此两人聚众于3月间，劫械衙前保卫团，呼啸起帮。务请诸位同仁重视，鼎力相助张主席，使米业公会不负当局和百姓的众望。

凭着几十年生意场上的阅历，沈茂斋从两位主持人的语气中，深知事情的严重。但回到隆顺兴店中除了闷抽了三筒水烟之外，全无半点天机泄漏。等到上海《申报》披露转角湾捕杀共产党的消息，一时成为平湖的街谈巷议时，隆顺兴米行已在忙着新收金洪声为学徒的拜师仪式。

洪声由荐头人钟逸民带领下来到店堂，米行柜台末端和青龙板前各点燃了一对一斤重的金统蜡烛。所谓青龙板就是一幅一尺多宽、三尺来长的木板，上书店号，是店铺的象征。店铺正中铺着红毡毯，钟逸民先延清沈先生在太师椅上正坐，又令洪声双膝跪于毡毯上，向先生行磕头大礼。行礼毕，先生带洪声见过账房的正账卫云生，副账陈祖英、师兄王佳牟。

随后还见过了场子上的几个学徒。洪声一一向师兄们行礼。随后钟老板向店内诸人分红纸包内的糖果、糕点，名为"结缘"。钟老板的手面大，带来的东西都是平湖城内最地道的食馔，一般学徒伙计平时都是舍不得买来享用的。

拜师仪式中，众人一派的喜庆，特别是几个小学徒还有点并无恶意的嬉耍打闹，唯有先生本人对着行跪拜礼的金洪声，却心绪幡动：今年春熟歉收，已成定局。菜籽、蚕豆生意肯定货少要清淡不少。当然货少交易量缩减，也不一定获利减少，若能在别人不敢吃进时囤积居奇，倒是获暴利的大好时机。但出货时的行情尚在未定之天，故其中饱藏风险，非大本钱的商界高手不敢出手。大熟的年景如何，天上的事，凡人更难预测。在此当口，再收进一名学徒，使米行添丁进口，增加开销，属实是看了钟老板的面子。前几日米业公会有关时局不稳的预警，是否真是今年生意难做的异兆：沈养斋老板不由心中一阵激凌。望着金洪声身旁收敛自如气神若定的钟逸民，他猛然收神：时势造英雄，只要驾驭货源于前，力戒贪心于后，货源减少、价格涨落倒是商机之所在。米业同行中对今年行情预测的众说纷纭，也有人准备一搏，他抱定的八字真经是：逆水行舟，稳健为上。

望着眼前这位新收学徒白皙清秀的面庞，转而心中不禁一喜：从烟管芯和送小金条两件事中，已经可以窥见他的机敏可靠，但愿日后在生意上更助自己一臂之力。

金洪声的拜师仪式结束，钟逸民告辞离去。临行他与沈茂斋揖别："茂斋兄，改日去小瀛洲听涛。"沈茂斋应道："一定跟逸民兄学点生意外的雅兴。"

店内各人又各归其位各司其职地忙了起来。沈先生对洪声交代：洪官，楼上有个房间还空着，今晚起你就睡在那里。账房上的生意，你跟着卫先生学。仔细些，顶要紧的是不出差错，请卫先生指点。还有副账和师兄，有什么不懂的地方可以随时请教。

洪声随即去看了房间，沈茂斋信佛，在店铺的楼上设有佛堂，神龛前今日也香烟缭绕，他的房间就在佛堂的隔壁。

洪声不想同是学徒，账上与场子上还有如此差异：一个在地上，一个在楼上。据金舜仪回忆："金洪声睡在佛堂边上的楼上，四间房间，一个人一间，我上学时原来也住在里面。"

吃饭也归入账房一桌。账房一桌四人，摆开饭桌和收拾的事，当然仍是洪声这个小学徒做。但盛饭的工作从七个人减少成三个人，而且账房属"先生"帮，讲究吃相的细嚼慢咽，要雅致得多。吃饭的速度比场子上慢了许多，洪声自此每餐都能吃饱了。账房桌上的菜肴也另设，比场子上的好了不少——更使他领受到了同一屋檐下，不同人群不同待遇的"礼制"。

洪声入账房当学徒，除去免去以前的搓煤头子和擦灯两项外，其余的杂活依旧。增加的是账房上必须的"技术活"：识写数字、算盘、毛笔字。

先说识写数字。陆陈业的数字识写，与学校里的阿拉伯记数法完全不同。开始一段时间，洪声在旁看着正账副账记账写数，就像看天书一般，如堕五里雾中。想问，却又记起家中长辈“不要多嘴”的叮嘱，只得更用心地在旁观看、琢磨。又过了许多时日，正账卫应生终于点拨了：这些数字你记住了没有？平常要听着场子上的报数，再对着看账上记的数，日子长了慢慢就记住了。有不明了的地方，可以问师兄。洪声心想，都说学生意只能靠从师父手中“偷”，今日看来果然不假：刚才正账的话，等于什么也没有说，还要靠自己用心——与学校里老师的教书全然不同。从此格外留心，有不明了的，就向师兄王佳牟讨教。师兄倒很爽气，有问必答，全然没有保守“卖关子”的意思。慢慢地，洪声终于摸清了米行中自成一路的识记数方法：

店内人读报数时为了不被顾客知道交谈的真实内容，往往使用一种隐语，又称切口。只在业内流传，不入行的人是根本不懂的。大致如下：

“潦”、“廖”代表一；“挑”、“半工”代表二；“横川”、“老南”代表三；“老方头”、“老肖”代表四；“黄鱼头”、“老树”代表五；“老龙头”代表六；“老线头”代表七；“老扁头”代表八；“老弯头”、“老丘”代表九；“老台”代表十。

议价时，若对业内人士，因为都了解当时的行情，往往不说大数，只说小数。这样即使农户在场，也难知真实的价钱。

对陆陈行业中几种主要商品，也有特殊的隐语：

“木土”代表杜米（即当地产的粳米）；“盖客”代表客米；“天虫”代表蚕豆；“滚老”代表黄豆。

记账的一套数码符号如下：

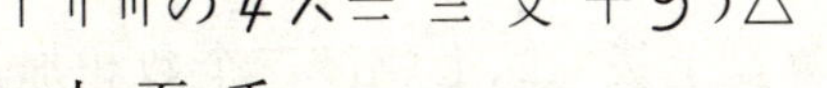，代表一、二、三、四、五、六、七、八、九、十、百、千。

角、分，代表角、分。

如贰仟伍佰拾捌元柒角陆分，在账上就写为：

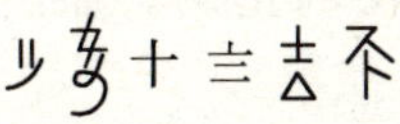。

还有一种记数方法，从一到十，分别由几个笔画出头的字代替，依次

排列如下：

由中人工大王主井羊非

一二三四五六七八九十

例如：三角九分，就写作“人羊”。

陆陈业可以讨价还价，还有一天之内频有交易价格的变化。而上下的限度如何，就用此种符号写在标牌价的下方，外人不懂，伙计和业内人士一望便知，以便灵活掌握。

师兄王佳牟还在晚饭后的余暇，告诉了金洪声一套特殊的记月份的业内用语：

嘉月——一月，杏月——二月，

桃月——三月，梅月——四月，

榴月——五月，荷月——六月，

巧月——七月，桂月——八月，

菊月——九月，芙月——十月，

葭月——十一月，腊月——十二月。

算盘是账房先生的看家本事，只要手一沾算盘，行家就知此人的根基如何，犹如酒宴中端杯就知人的酒量一般。

沈老板特意交代了要领：算盘的第一要务是要准。再忙再多的码子，讲究一遍清。不要听着噼哩叭喇很快，但一遍一个数目，花架子。拨出的算盘珠要定定笃笃稳如泰山，不要飘若浮子，上不着天，下不着地。练成了，要眼看票子，耳听报数，一手拨珠，一手写字——眼睛不看算盘。你就跟着卫先生练着，功到自然成。

话是这么几句，但练起来谈何容易。

卫先生先教洪声练指法：在算盘上拨“二、七、五”三个数相加，这种基础的指法训练由来已久。经过几个星期的拨练，洪声觉得拨珠用到的拇指、食指、中指已能各司其职了。接下来练的是从 1 到 100 的一百个数字的叠加，总的和数是 5050，既可练指法也可练加法的正确。加法在账上最常用，所以练习的用力也最多。

后来金洪声的算盘拨珠如飞，几千上万个数码一遍敲下，又清又准。

若他人同时在场复核有异，起先还会重打一遍，时日稍长，复核者往往认定自己出错，不敢劳洪声大驾。除了洪声纤长柔软的手指和内敛守定的天赋外，其间实在是倾注了他无数个的晨昏操练。

据金舜仪回忆："金洪声的算盘在平湖陆陈行业中数二数三，比起钱庄算盘手来，还相差一点，所谓'钱庄鬼'。"与隔行的钱庄比较，算是最高标准了。陆陈行内的第一名，是左手算盘。左手拨珠，右手同时可以握笔记账，所以速度上更胜一筹。金洪声一开始学算盘，就是右手，不能左右开弓，速度当然不是单靠拨珠一项决定，写字时要停下算盘用右手——这就只能屈居第二了。而且奇怪，他也想改用左手拨珠，却总也改不过来了。道中人言：这就是童子功的厉害了。

毛笔字是账房上的实用之术，更是先生帮的个人门面，所以账房中人历来重视此道。笔要多动才熟，连账房间悬挂的水板上方也题着"勤笔勉思"四个字。练字是洪声的常课，师兄王佳牟见他练得认真，就说道："何不请人指点指点?"洪声应道："那真是求之不得的事，不知店中哪位先生的字好？师兄却说："不是店里的人，而是请王善兰指点。"洪声听罢，只道是师兄又在发呆，就说："你又在说笑话了，人家是平湖第一才女，我又如何挨得上她?"师兄却道出原委："人家都说她是平湖第一才女，我看她却是表姐，表姐总会给表弟面子，你说是不是？那天你写几张字，我拿去给她看看，让她评点一下。"

王善兰，1905年生于平湖县当湖镇东大街之王公昌，与王佳牟同为王公昌王姓一族。父王积沂以精于算学，以为商务印书馆翻译《大代数讲义》入平湖县志。善兰聪慧，幼入书塾，稍长又就读于上海启明女校，成绩优异。1900年前后，随父参加"陶情诗社"，在打诗钟中，以"乐叙天伦图一幅，俏移仙步露半弓"一联夺魁，平湖才女之名由此鹊起。

王佳牟果然热心，将洪声写的三张字，交王善兰圈点后带回，还带回了才女的几句话："笔性很好，只是'捺脚'和'走之'写时还要格外注意笔的走势。最好选一本帖临临，学字，总要一开始就讲究用笔的出处。"

经过王佳牟的引荐，金洪声得与王善兰成为翰墨之交，虽然始终未能谋面，但也算得是他习字生涯中的一段佳话。

金洪声是悟性极好的那一类人，练字一经王善兰指点，加以从此用欧阳询的醴泉铭帖作圭臬，字体日见长进。后虽长年忙于经商谋生，无暇在书法上升堂入室，但一手毛笔字在平湖陆陈业内还属翘首。熟练秀丽，还常帮人书写店牌厂名。金舜仪回忆说："金洪声在海盐米厂做职工时，米厂的招牌'鼎丰碾米厂'几个大字，还是洪声手书，挂在厂前。"

金洪声学以上三项技术，都可以下午余暇时，在店堂中练习。唯有父亲在刚入行时的叮嘱，让金洪声始终不能释怀忘却的学习文化，只能留待晚上。一部《三国演义》、一部《康熙字典》，到此时总算有了用武之地。进账房学生意后，单卧一室，用灯也不受限制，他可以每晚就着煤油灯温馨的灯光，尽情地在文化的园地中徜徉。书看得累了，再练几张毛笔字。金洪声在《自述》文稿中，如此回忆当时的情景："我学习文化的有条(利)条件，米行农村栈船开完后，吃过晚饭没有事了，这是我学习文化的机会。在看时，看到不懂的成话(语)即翻事(字)店(典)。(如光阴荏苒)，那荏苒二字不理解，即翻字典。每天晚上看书学习，总三小时才睡觉。"

"光阴荏苒"一词的读音字义，时过近六十年还能记忆犹新，而且写时一笔不错，可见当时翻检时的殷恺之情。在《三国演义》第三十七回"司马徽再荐名士　刘玄德三顾草庐"末尾，有"玄德回新野之后，光阴荏苒，又是新春"之句。不知十四岁的金洪声面对刘玄德三顾茅庐诚请诸葛亮的历史名段，那时的心境如何？

金舜仪则这样回忆金洪声的文化学习："学文化。从前米行是半天生意，斛子靠起就好了。栈船没有，场子上的整理场子，货色进栈房，账房的生意此刻倒是忙的。空后就自学，练算盘、练毛笔字。毛笔字练的，大字书法写得蛮好。看《三国志》，一两遍。笔不离手，看书困在楼上，我小，晚上他看书到什么时候，我都不知道。金洪声的这点文化，学来不容易，大部分都是靠他晚上学来的。"

两人回忆的时间虽相距几十年，但回忆的情形大致相同，而金舜仪回忆的情景更具体详细，金洪声秉烛晚读的习惯也延续到学徒满师以后。

初入账房学徒的很长一段时间内，洪声对文化的学习——表现在对《三国演义》和毛笔字的练习上，大大盖过了算盘和识记数的兴趣，用他自己后来回忆的话说："这时我的思想是学文化，脱离商业，另找出路。"

然而个人的思想，总是在受到现实的捶击和挤压下变形。先是来自家庭经济窘迫的巨大刺痛，据金洪声在1950年初的亲笔回忆："但家中母亲时(常)出来，向我要钱，并说些向亲眷想办法时，屡遭冷眼讽刺。"其间刺痛最深的，莫过于大姐月珠的仓促出嫁，嫁妆不如嫁一个丫头，使以忠勇入嘉邑县志、五品云骑尉的第二三代传人们大大地挂不住面子。而仅过月余即遭被"休出"般的离婚，更让人感到了家道衰落无钱无势时的受人欺凌奚落。若巨渫家仍维持着门房照灯的门第，谅那位家已破落的浪荡公子，也不敢如此妄为。大姐月珠在花季夭殇，成了洪声和一家人心头无法抚平的伤痛。

金罗浜往返县城要十二华里，洪声母亲的双脚是缠足变形的"三寸金莲"，全凭步步挪移。洪声学徒期间无薪水，只有第一年四元、第二年八元、第三年十二元的鞋袜钱。照店规要到年底才能支付，提前支取，要宕在账房间的书板上，到年底才能擦去。有时家有急用，别处无法可想时，母亲只得奔波往返于乡间县城的路上，每次所得仅一二元、三四元不等的蝇头小数。店中水板上的挂示，无疑于将洪声窘迫的家境示众。心理学家的理论：众目睽睽下的注视，对人心理的鞭笞尤胜过上断头台。而如此连家庭隐私在内的窘境长年地公之于众，对金洪声尚未成年的心理无疑是一种残酷的戕伤。

另一方面则是进入账房后，他可以接触到平湖的一些世家大户，那些物质优渥、鼎鸣钟食的世家大族对他的诱惑，以及对自家往昔曾经有过的显赫历史的追忆。

金洪声从场子上的学徒到账房上学徒的转换，已使他初尝了同一个人在不同境遇下的迥异际遇。然而，这跟他不久亲眼所见的另外一种人的生活，那简直是天渊之别了。

让金洪声开眼界的是他从事店中一种业务时的所见所闻：上金折。旧时，商家对有信用的主顾赊欠购货款，采取双重记账的方法。除了店主自家有账外，每年年初要给光顾本店的常客发送记账折子。这种记载一年中店家与顾客经济往来的折子叫做金折，登记买卖事项的方式叫上金折。据调查，自民国年间至解放初期，平湖城乡各商家多数有发放金折的习惯。上金折之所以能够流行，究其原因有二。其一，顾客感觉方便。只要持有某店号的金折，顾客随时可去赊取自己需要的货物。因该折子可用一年，顾客平时不必担忧店家索债。紧俏货源，商家优先供应持折主顾，主顾比较满意。又因双方记账，便于核对，一般差错甚少，顾客比较信赖。其二，商家有利可图。发出的金折越多，商家的生意越兴隆，财源积聚也越快。而且，因记折赊欠，店家一般把利息计入购货款记账，自己没有损失。可见，上金折是商家拉拢主顾招徕生意的一种经营手段。上金折的拖欠款，商家都在年底收取，顾客年底不能清欠，不仅得不到下一年金折优待，其拖欠部分将作高利贷处理。

平湖莫氏为县内望族，日常居家用米、豆等项，素在隆顺兴米行购买，金洪声入米行一段时间后，沈先生就嘱其负责与莫家金折事务的来往。于是金洪声得以一窥平湖一大世家莫氏的生活境况。

金洪声第一次去座落在南河头的莫宅，但见一派庄园景象，幼时认为比自家房子大许多的祈堂浜少宜大阿哥家的房子，与之相比，仅如其一偏屋。

莫氏庄园属清代江南典型的封闭式木结构住宅建筑群，是莫放梅在光绪二十三年至二十五年(1897－1899)耗银10余万两构筑的。占地4800平方米，有大小房屋77间。

● 莫氏庄园

金洪声迈进莫氏庄园正门，但见门槛高尺余，和以往自己进过的人家气象果然不同。进塞门后，在人指点下寻到账房间，不一会就与管事的账房办妥金折上的事务。账房见是隆顺兴新来的小先生，就热情地带他在园中浏览了一遍。先是沿中轴线上依次排列的轿厅、正厅（春晖堂）、过厅、将军亭、堂楼厅（云浦草堂）等主体建筑走了一遍，又到东侧的墙门间、账房、花厅、厨房浏览。西侧的书房、卧室，就只能随莫家的账房在远处指认一二，不能靠近了，最后去了前后花园。洪声怕耽搁太久，后面几处只能略看了几眼。

● 莫氏庄园

莫氏宅第单体建筑之间采用回廊、备弄连接，体现中国古代建筑“建中立极”的规范。建筑以深色油漆、白色墙面、彩塑屋脊堆饰，反映江南住宅建筑素雅、庄重的特色。砖雕、木雕、彩绘题材丰富，门窗以江南通用的落地格扇窗、裙带板门为主，间有挂落、栏杆、垂花。梁架结构除轿厅、正厅等主体建筑的明间采用抬梁式外，余均采用穿斗式。建筑高度从南向北逐步升高，布局紧凑灵活，庭院相隔其间，雕塑装饰题材多姿多彩：有《三国》故事桃园结义、挂印封金，有反映生活的渔、樵、耕、读，有表示吉祥的龙、凤、狮，暗八仙，福禄寿，忍冬绕枝等等。厅堂、书房、卧室内悬挂名人字画；花园内置以假山、石笋、池塘；栽植玉兰、桂花、腊梅、芭蕉等名花佳木。正厅“春晖堂”雍容华贵书画生辉，西书房书卷罗列；前后花园佳木葱茏，生意盎然。其中百年古木白玉兰与桂花至今兰桂齐芬，争芳吐艳。

四周围以石、砖、瓦砌成集防火、防风、防盗一体的六米高的风火墙，与外界隔绝。

“结庐在人境，而无车马喧”，故《莫园记》曰：“莫园效温公独乐，七亩有拘，周墙几近两丈。虽居城市，几无声嚣。园内列屋高下，层楼虚栏，曲廊奥趣。厅斋居室，辅弼其间。拳石勺水，移天缩地，有不出户而壶天自春之雅趣。”

以上种种，洪声此次都不及细看，但走马观花之间，已深深领略了大家宅第的恢宏气象。

当代古建筑专家、同济大学教授陈从周先生在江南古宅所剩无几的上世纪七十年代评价说：“平湖莫氏庄园有江南民居特色，小巧玲珑，布局紧凑，这在江南，乃至全国也屈指可数。”当年的莫宅，现已列为全国文物保护单位，名为“平湖县莫氏庄园陈列馆”。

金洪深自进了一次莫宅，就生出好奇：莫家怎么能在县城闹市一隅，造起如此大的庄园式宅第？在随后几次与莫家账房的攀谈中，他大约探询到了莫氏以经营木业致巨富的历史：

莫氏家族来自盛产优质木材的福建莆田，他们来到浙江后的第一个居住地为平湖乍浦。

乍浦在宋淳祐六年(1246)开港，设乍浦市舶提举司，管理对外贸易，此后近千年中一直是重要的进出口海港。

江南有着发达的造船业，平湖兼得内河舟楫之便并傍海航行及出海捕鱼之利，造船业尤为发达。马家浜文化悠久的历史积淀，优越自然地理条件提供的相对优越的民众生活条件，造就了平湖以及周边地域闻名天下的木器制造业，十分考究的建筑业，另有工程浩大的海塘等水利设施，木材需要量极大。而平湖本地不产木材，需要从福建、温州等地输入，以供以上各项所需。在清代，乍浦是福建木材输入江南的主要海港，也是苏、浙、沪地区最重要的木材集散地。

清道光《乍浦备志》说：“大约逐年税数，木当其五之二，糖及局商所带洋货当其五之一，其余南来无数杂货当五之二。木货自吾浙嘉湖二郡并江南苏松常等郡，所在棺料屋料多取给焉。来自福建者占十之九，来自本省温州者占十之一，来自福建者大率俱系杉木，其大料间有松木，长至八九丈者皆建货，惟松板则来自温州。福建省之南台镇为木材凑集总所，乍浦木商逐号派人在彼处坐庄，陆续置办。(另有办宁德、福安货者，为数无多，则就地输税出口，引为宁德、福安邦)俟夏秋，两帮雇船装载，先于彼处输税出口，抵乍土塘，复经过塘木行赴本处税口报船输税。”

近人在叙述乍浦的木材交易情况时也说：“清代，乍浦港进口福建木和温州的瓯木，由当地木行销售。”“海塘内处，松杉诸木，堆积几满，高者十余丈，低者亦数丈，故名木山”，“乍浦木山为吴中第一木市”。当时乍浦比户皆木肆，自海盐弄向西直抵关口，有木班厂十余所，木商字号各占厂屋，资本大者一号一厂，小者两三号合为一厂，周围二三里都是木场，“夏冬两帮木植齐到时，堆积几无隙地”。

清咸丰年间(1851－1861)，莫氏六世莫仕高开始在乍浦经营木业。《平湖莫氏第三支谱》说他：“不得已乃游闽，以谋仰事俯育之资，航海七载，精力由是惫矣。”由于太平天国战争结束后江南重建，木材需求量激增，木材业生意极为兴旺。当时平湖南河头的葛氏、莫氏和南弄的陆氏，都因经营木而迅速致富。莫氏一面在乍浦开行经营，同时在上海南市三泰码头开设“天泰木行”，在福建省开设“成泰木行”，在福建省之木材集散地南台镇去坐庄收货，当时人称“坐南台”。成为一个沪、闽、乍三地，以采购、贮木、营运、销售的“一条龙”方式，经营木材生意自成系统的大木商。

上海是一个巨大的市场。鸦片战争后，国门洞开，五口通商，上海开埠，城市迅速扩大，城市建设需要大量的木材。清同治年间，太平天国进军江南，江浙士绅、商人纷纷流亡上海，在租界购置房地产。再加上周边失地农民涌进上海逃难谋生。上海人口激增，需要大量住房。19 世纪 70 年代，外商在沪开始建造里弄住宅，每条里弄的规模，少则 10 幢左右，多则 700 幢。上海房地产业空前兴旺。再加上海工商业迅速发展，造船等制造业的兴起，亦需要大量的木材。木材行业前所未有的兴旺与发展。吸引着周边的木材商人纷纷到上海这个大市场寻求发展。

莫仕高、莫放梅父子俩也抓住了这个巨大的商机进入上海，同治年间(1861－1874)在上海南市三泰码头开设“天泰木行”。光绪二十九年

(1903),莫放梅为了便于就近经营“天泰木行”,在上海南市购地建造了一所4000多平方米的“云浦草堂”,并将毕生收藏的古玩藏于此堂。他准备长年居住在上海别墅,而让其夫人及子孙留守在平湖庄园经营田产等。“云浦草堂”规模不亚于平湖庄园,且其间所藏古玩价值更不为外人所窥,可惜建成后仅四年,毁于祝融之灾。

金洪声睹物思人生情:彼莫氏父子两代,初来平湖乍浦时,身无长物,仅仅五六十年时间的经营,即成为集官、商于一体,方域达沪、浙的一方望族。想想自己的祖父也以五品云骑尉以经营棉花富甲一乡,在金罗浜起屋成村。古人云:帝王将相,焉有种乎。彼人皆能成就一番气象,为何自己不能?少年金洪声的体内,似乎有了生理以外的青春气息的体验。

青春期来临的洪声是多思善感的,在诸多的影响中,主要是因为上述两个方面的因素,终于促成了金洪声思想上或者说人生观上的嬗变,他自己回忆道:“即转变为努力服务,争取提升。有了薪给可维持家庭,所以就刻苦做了。”刚入行学生意时还想学文化另谋职业,现在变为刻苦去做争取提升了。

那位以一句“忘记过去,就意味着背叛”的苏维埃共和国的缔造者,对历史的评述同样有一句名言:“历史往往会跟人们开玩笑,你要进入这个房间,它却让你走进那个房间。”命运跟金洪声在十六七岁时开起了这种玩笑。

1929年末至1931年,一心想提升的金洪声的遭遇正是如此。想努力服务争取提升的他——晋升的第一步是副账房先生——却迎来了一场几乎击溃整个平湖县陆陈业的商业危机。险乎被殃及池鱼逐出商场,成为辙中之鱼。

进入农历九月,历来是陆陈行业准备一年大忙的季节,但1929年的霜降前夕,平湖陆陈业的景气似乎与时令一般有些肃杀。更令人不安的是笼罩着一股让人捉摸不透的黑色玄机,这玄机摸不着、看不见,然而似乎却又无处不在地弥漫着整个商界,在陆陈业老板的脸上,更在他们的心中深处。

“白露鳗鲤霜降蟹”,杭嘉湖一带霜降季节的蟹最肥,雌蟹的红膏已成块形塞满整个蟹壳，雄蟹的白膏也已成冻状。本来是老板、大伙计、外地客商们持螯赏菊的最佳时光，然而今年的米行老板们，大都少了些阑兴，多了点紧张、不安。春花汛的菜籽减产近三成，收购价却从往常年景的每石4元左右，直窜6元。平湖米行业中，视此为烫手山芋者众，购进后即以微利转手，只嫌了个店中闹猛看个热闹。当然，也有自持实力雄厚，主事者年少气盛的，如坐落在东城河滩的南瑞泰米行，股东中有莫氏大家及钱布庄作殿。认定菜籽价格至年底如往年一般还会上涨，仍将菜籽捏在手里，等一轮行情起时再抛出——当然，临近大熟新米上市，要做米生意，再也没有偌大的一块资金投进，只得将菜籽抵押在平湖农工银行设在虹桥的贷栈里。另有几家资金较少而敢于冒险一搏的，则将菜籽都抵押到平湖另两家钱庄葛氏同裕赓、陆氏同裕增记的货栈里。

隆顺兴米行的老板沈茂斋就属于前者，一季菜籽汛虽无大利，但也不亏本倒拔。1929年大灾之年的稻米年景，已摆在农民、商人、一切赖以活命的人面前：收成仅达正常年景的一半。而价格呢，是不是仍如菜籽一样的暴涨？对所有人而言，仍然是个未解之谜。往年这个时候早已有要货的客户前来，然而今年客商的步履却有些姗姗。电话去催问，回答也总闪烁其词，不得要领。既不明言要货的数量，价格更是讳莫其深。大约对方也尚在察摸行情，伺机而动。

尽管事关米行生意成败的大熟行情尚在扑朔迷离之间，但生意还得继续做是商家铁定的法则，所以米业公会的会费还得循例上缴。金洪声进账房后，先生沈茂斋第一次教他前去缴纳会费，洪声知道这是让他长点行内的见识。

平湖县米业公会仍袭原陆陈公所旧址，坐落在县城东门的庙街上，假大王庙殿宇作为办公的地点。大王庙者乃百姓的俗称，正式的庙名是显忠庙或霍王祠。洪声过三元桥向北，不多时就来到香火鼎盛的大王庙。

清乾隆年间张云锦的竹枝词《当湖百咏》中有记："石桥东去有烟钭，曾见青娥出浣沙，门外藤花墙里竹，霍王祠后第三家。"清道光年间时枢所作《鹦鹉湖擢歌》中也有咏及："显忠祠庙立河边，保障东南世共传，一自平倭神默佑，张灯街市礼加虔。"

大王庙祀忠烈王汉博侯霍光大将军。宋大观四年(1110)建,距此番金洪声前去已有八百余年。大王庙的香火鼎盛、声名远播与民间的一则传说有关:

明嘉靖间,倭寇来犯平湖,霍光大将军显灵,在城墙上用脚趾夹住一贼,吓退来犯众倭寇。为纪念将军,遂将农历四月十八日霍光将军诞辰定为平湖的挂灯节。其时平湖城内沿街两侧商店均挂灯结彩。入夜,其景美不可收,近城农民也整队入城,行街歌舞表现,以祀霍大将军。后来灯节范围逐渐扩大,时间也延至旬日,成为平湖年年一度的最大民俗节庆。《闲窗括异志》云:"公以四月十八日诞辰,浙之东西商贾,舟楫朝献踵至。自入四月至中旬末,一市为之鼎沸。"

平湖县米业公会设在大王庙,其间寓意不言自明,市人家喻户晓。

金洪声见公会内设有文牍,就向他缴了会费,会费以进乡货的数量决定,每石3分。全县米业收购数量甚巨,维持公会开支绰绰有余。米业公会是同业议价和成交的场所,据民国二十八年《浙江粮食之运销》记述:"就各市镇比较而言,市场消息之灵通莫为平湖。米业公会组织颇为完善,会中置收音机,每日午后,米行经理聚集,收听上海行情,再参照硖石动向,议定隔日本市之粮价。按市场消息,贵在迅速确实,价格决定,贵在参照各地供需情况,公允一致。此两点,平湖米商已善为之,他地实可仿效。"

一流的产业造就了一流的行业组织。平湖陆陈业挟"大王"之威,雄踞平湖及邻县百业之首。

洪声缴费罢,望着巍巍乎的大王庙庙宇,煌煌然耸立的霍大将军金身,心想:不知霍大将军在天之灵,今年能否保佑平湖陆陈业祛灾得利,一路顺风顺水。

然而流年不利、神灵不佑,霍大将军未能为1929—1931年的平湖陆陈业消弭灾妄。

1929年,平湖乃至全浙江时疫勃发、天灾乃频:平湖一县得病731人,死亡171人;6月,嘉兴所属各县螟灾大发;9月,水灾、虫灾纷至,灾情之重,为五十年所未有。浙江省地方决定,灾情严重,全省文官实行减俸:

简任官八折，荐任官九折，八十元以下者不减，以作赈灾之用，可见灾情之一斑。

据《平湖县粮食志》载：平湖此年仅产米39万石，较正常年景减收30万石。平湖米市受此影响，籼米一上市，米价就比往年上涨每百斤二元，即从3.94元上扬到5.39元，涨幅几达三分之二。而且后续晚粳的涨势似更汹涌。业内人士一片惊愕，这生意如何做？价格由同业公会公议，但生意做大做小，全由各米行老板一言九鼎拍板定夺。审时度势，做事前诸葛亮，且事关一家数口的衣食来源，乃至祖宗留下的产业。一着不慎遗恨千古，运筹于方寸之间，又谈何容易！

隆顺兴米行沈茂斋沈老板，面对今年的行情，一如以往，不求暴利，随收随碾随卖。"随碾"，即随到随碾，当时的碾米，对米行的经营关系甚大：农户出售的是糙米，即农户将稻谷收割脱粒后，在自家的砻上，手工碾去谷壳所得之米。客户要的往往是白米，米行收进糙米后再要加工碾成白米。也有直接收进稻谷，碾成白米的。所以碾成白米是否及时，对抓住销售的商机很为重要。

隆顺兴有附属的碾米厂，沈茂斋的儿子在厂里当账房，在碾米的环节上可以捷足先登，稳得获利先机。米商要货，可以呼之即应，随收随碾随即出货。那些没有碾米厂的米行（往往规模较小），则要等待数日才能轮到碾米。而且越是市场要货旺时，越是碾米紧张，等候碾米的数量越多，往往丧失商机。故而碾米成了米行生意的关键节点，而老板们的较量，说到底是经济实力上的角力——添办一套碾米机器，所费不菲。

除了天灾，1929年岁末至1930年春的平湖县，确也是政事上少有的多事岁月。

以徐天雄（"太保阿书"）、王启明（"猪猡阿美"）为首的农民武装，在1929年春劫械起帮后，一路气焰甚盛：

徐、王发轫起事于金山县的钱家圩、刘家堰桥和平湖县的新仓、衙前、新庙一带，既是江、浙两省的交界僻处，又远离两县县治所在地，交通闭塞。在国民党的京畿之地中，算是统治相对薄弱的地区。同时，这里前期是中共金山（浦南）县委发动群众抗租抗税的地区，群众基础较好。徐、王本是土生土长的本地贫苦农民，徐天雄是金山县钱家圩刘家堰桥人，曾任北伐军某部排长，又因做过地位甚为低下的迷信职业“太保”，故群众以“太保阿书”称之；王启明是平湖新庙芦湾庙人，做过多家肉店的屠夫，故群众称之“猪猡阿美”。两人住地仅相隔一华里。

1929年12月17日深夜，徐、王帮上百人，为首者擎着大旗从刘家堰桥出发奔袭衙前镇。先将通往外地的电话线割断，然后趁驻警换岗之际，从四面冲进衙前，围攻衙前警察队。当场击毙巡察队副队长和其他三名巡察队员，并缴获全部枪枝弹药。巡警队放弃衙前，退保新仓。在衙前，乡绅姚幼泉闻风逃窜，徐、王就没收了他的部分钱财，并当众焚烧了姚在镇上开设的油酒、南货二店的账册。18日清晨，徐、王退回刘家堰桥。1月21日，徐、王乘新庙保卫团习练之机，将该团包围，缴获盒子枪三杆。

自此，打出“天下第一军”旗号。徐、王分任正副师长。

1929年1月25日的《申报》说：“现在无知愚民之加入者，已有数百人，在刘家堰桥设立大本营。钱家圩镇、刘家堰桥两处遍插红旗，……每日步哨，北放至孔家阙，东放至河泾湾”，一派红色割据的气象。

3月1日，“天下第一军”又攻打县境内东乡第一镇新仓。据3月5日《申报》载：“二日上午三时，大帮股匪自刘家堰桥蜂拥而至，声势浩大，电炬通明，枪声密集，当场将步哨六人击毙，冲到新仓，将全镇包围，双方交火，卒因寡不敌众，军队只得将新仓放弃，退至广陈之泗里桥，天已拂晓……新仓陷落。”

这一仗，“天下第一军”打死军警11名，巡长叶某被暴尸于镇中关帝庙。并向新仓商界借得军饷7500元。

消息传到县城，商家虽仍营业，却俱成惊弓之鸟。

更大的行动接踵而至，二十天过后，“天下第一军”攻打金山县城朱泾。《申报》载：“1931年3月21日黎明，匪方分水陆两路奔来，传有千人之多，与水警何亚霖部、县公安局等军警开火。军警调巡逻之兵舰用钢炮击之，因匪之大红旗，适被兵舰击中，盖匪方以折旗为不祥，始返奔而退。”

奔袭朱泾，对国民党上层震动极大，当局同时调集国防军、苏浙两省驻地方保安队以及地方巡察队、保安团、水警、缉私队，水陆并进合剿。

“天下第一军”一度避躲藏匿以后，又伺机复出，并逐渐开始匪化行劫，以劫金山县干巷镇借饷，和洗劫嘉兴县新篁镇为最。军匪双重的骚滋，使包括平湖在内的一方乡土鸡犬不宁。

年景歉收，县境内治安不靖，社会动荡。1930 年春季的平湖粮食市场，仍在高价位上运行。每百斤的价格分别是：中等白粳 9.796 元，白芦尖 9.125 元，黄豆6.512元，元青 7.313 元，菜籽 7.377 元。特别是菜籽的价格较正常年景的每百斤 4 元左右狂涨八成。

对菜籽价格推波助澜的，还有国民党县党部对转角湾颜书绅搜捕的消息：清明前夕捕颜书绅未果，老羞成怒之下，就迁怒焚烧颜家房屋和屋旁未及脱粒的稻堆。此火殃及转角湾小镇的其他民居，劫后整个小镇房屋全被烧毁，唯剩东首施王庙凄然兀立。

施王庙，《当湖百咏》中也有记。“只有施王许愿殷，年年八月把香焚。红妆越境何人省，不向新丰向大云。”施王，宋时嘉兴人。名伯成，九岁为神明，敕封护国镇海侯，按邑各乡镇皆立施侯庙，谓主毒蛇，香火甚盛。

搜捕者可以殃及无辜的焚毁转角湾全部民房，却独剩一供奉九岁神明的祀庙，可见为首者还心存半点敬畏。据说领衔此次行动的国民党县党部书记长干凯军，曾请术士摸骨算命，术士模完骨相后告之：死无葬身之地。干不信，将术士逐出治下地盘，再请人算。不料仍告曰死无葬身之地，干乃作罢，算卜时干之风头正健。解放后，干被镇压，无亲属收敛。头顶三尺之上，果有神明乎？

此时平湖陆陈业中，以南瑞泰为首囤积居奇的七八家米行，果然获利甚丰，沾沾自喜。金洪声看着自己先生仍是一副小心应对，获微利就收的样子，不由替他气闷——如此大的利润不去赚取，只知道算计店中一些诸如伙食、肥皂、灯油之类的杂项开支。嘴上虽不敢多说，肚中却在埋怨，钟老板是否将自己荐错了先生？

沈茂斋老板对行情自有自己的掂量，任凭风浪起，稳坐钓鱼船，规避风险，不求大利确保生存为上。

时至 1931 年，“天下第一军”的事情终于惊动了国民党最高当局，刚从中原战争中脱身的蒋介石，即亲自布置对其的围捕。“天下第一军”起事之处，从微观上看，偏居苏浙两省交界的闭塞一隅，然江浙历来被认为是国民政府的财源中心，京畿重地。卧榻之侧，岂容他人鼾睡？

1931年初，国民党当局组建江浙两省的松（江）、金（山）、嘉（善）、平（湖）4县临时指挥部，委任江苏省保安队第二团团长曹滂为指挥官，大规模联合围剿揭开序幕。

如同历史上的无数次农民揭竿而起一样，“天下第一军”经历了由盛而衰甚至匪化的仓促历程后，终于作鸟兽散。

王启明于1931年3月25日遭捕。据1931年3月26日《申报》报道：“猪猡阿美近来匿居沪上法租界，被江苏水上公安局第三队队长娄子云侦悉。特于昨晨三时，会同租界捕房包探，按址将阿美拿获，即日下午解往闵行核办”。

徐天雄也于1931年4月5日在上海被捕。《申报》7日载：“探悉太保阿书徐天雄及其弟福生一并在沪，临时以大连湾路华德路慧源里为接洽及传递信息之所，遂致遭擒……闻将与阿美并案处理”。

1931年4月16日，徐天雄在金山县张堰镇被斩首，首级被置于木笼，在张堰、朱泾、松江等地示众。

4月17日，王启明在平湖县新仓镇被同样斩首。

王启明在新仓行刑前，警方在行刑地讲演厅前空地依惯例设断头饭，王从容赴断头宴，一宴耗时甚久，意欲等同伴前来劫法场营救，然一桌酒菜狼藉，总不见同伴至，王只得引颈就刀斧。目击者称，王被斩首，头落地时，尸首喉咙中吞咽之削白地力（荸荠）喷射而出，滚落一地。

由于围剿“天下第一军”有功，会剿指挥曹滂蒙蒋介石亲自接见，并破格擢升，授予少将军衔。

1931年春，平湖粮食市场马上对此作出反应是：菜籽价格暴涨。民国二十年（1931），菜籽价格一度暴涨至极点，每石13元，相当于正常年景的3倍，到年底回跌至每石8元，且无人接盘。十余家米行因囤积被钱庄催逼归还所借巨额资金而遭破产。城区如南瑞泰米行，资本八千元，实力较为浓厚，因囤积菜籽洋米万余石，也由市价暴跌而倒闭。

1931年岁暮的平湖陆陈业，风声鹤唳，在惶惶然不可终岁中煎熬。

随着平湖陆陈业五虎之一的南瑞泰轰然倒下，一个月内十几家米行相继破产关门大吉。几天一家倒闭的频率，一波未平一波又起，摧打着平湖陆陈界业内人士欲哭无泪的心。

金洪声看此时的先生沈茂斋，神情分外的优闲。一根水烟管在手，心中块垒尽在吞云吐雾之间。而想行情暴涨时，自己心中有些耐不住寂寞，回想起来真有点可笑。所谓刚学三年走遍天下，再学三年寸步难行。

不过，隆顺兴米行 1931 年底也有变动的异数：沈老板临近岁末示意，请副账陈祖英明年另谋高就。至于原因，无论事前事后，沈先生均滴水不漏。

金洪声没有想到，属于他的机会在平湖陆陈业历尽劫波后降临。1932 年春，他才满师，副账房的职务却是一种非他莫属的模样。他如此回忆："我过了三年学徒生活，除了做杂差外，帮助算算写写。到第 4 年，我 17 岁。副账陈祖英被回掉生意，照理是师兄接上去，但王做了几天，担负不了，所以先生叫我去做。这年又收了一个学徒，仍是 4 个人。这年底给我定了工资，每月 3 元。"

前任副账因故出缺，继任师兄不堪此任，洪声得以晋升隆顺兴米行副账。别人需要挨等多年才有的机会，在洪声似乎转眼之间就得到了。

1932 年的菜籽讯，市场经过一番狂风巨浪的颠簸以后，恢复平静，菜籽价格回落至常年。劫后幸存的如隆顺兴等一些米行，在开菜籽汛时，就稍感充裕自如了。金洪声以副账的资格，开始了第一个市讯。

隆顺兴米行出了一位非老板直系后裔的十七岁副账，一时传为平湖陆陈界的美谈。

义兴经理和昌记正账

金洪声升任副账，在隆顺兴米行中，顷刻之间，完成了身份的两种转换：学徒到伙计；伙计到副账。前者使他免去了诸如提水、洗水烟筒之类的杂活，尤为使他感受到天壤之别的，是从替别人盛饭变为别人为他盛饭，而且他能支使人、命令人。如店中需用肥皂时，他可以对着店中的任何一个小学徒说，某某，去买块肥皂来，学徒就会领命而去。自己的声音变成他人的行动后，内心油然而生可以支配人的感觉愉悦，虽然很朦胧，但他却领略到了做人与从前的不同。后者使他的工作范围另辟了一个新天地。据金舜仪在 2006 年 4 月 13 日回忆："副账主要管理米行里杂务的账，不上正账的账，经济、伙食，包括开支，出纳。"可以这样说，从账目上看，米行中有关生意交易的账，副账不管；但过手着米行中所有的钱项进出。一年几十、上百万的金钱出进，对于虚龄十七岁的少年来说，无疑是一种很重的责任和信任。

待遇上也有很大的提高：每月薪水为16(一说12)元，比第三年学徒一年鞋袜钱的总和还多。其他生活上的享受，举一例而窥全豹。也是金舜仪的回忆："他生活上很考究，早上牛奶点心，我也可以吃，牛奶湖东送过来，米行只有正副账可以吃。"在上个世纪三十年代初，牛奶对江南小县城平湖的市民来说，还是稀罕的食品，平常人家还断无此口福。所说的"从湖东送过来"，是指县城东湖东岸有几家农户养着三五头奶牛，所产的鲜牛奶，供平湖全县城中有经济能力的人士享用。鲜牛奶还可制成奶酪，平湖人俗称"乳饼"，比豆腐干稍薄，一方一方的。早餐啜几快，奶味实足，挺滋养人。"湖东"，也需解读一下：即前文所说的"东湖"以东。在当今的地貌上呈现的是：上海塘自北向南绕平湖县城东侧而下，南接海盐塘。两塘在县城东畔交汇处，形成一片宽阔的水面，今人都称之为"东湖"，湖东的人员往返县城，往往要乘船摆渡而过。

据金洪声在暮年回忆，"努力服务、争取提升"是他那时的人生目标。金洪声在当副账后的第一个菜籽汛中，工作分外卖力。除尽心做好账上分内的职事外，还常在场子上帮忙。如看货、斛货、筛货，甚至扫地脚、出地脚、撑麻袋等等，使自己不得半点空闲。

1932年的菜籽年成属偏上年景，价格也从1931年的暴涨暴跌趋于理性的平稳，收购开价在每百斤485至499元之间。经过上年价格折腾的农户，打消了惜售等待涨价的念头，一待收割淘尽晒干，即搭着栈船，或是几家合雇一条船，前来县城的米行粜售。一时间，隆顺兴米行的埠前，黑压压的一片货船，船多时，从里到外排开有三四档，平时宽阔的河面，被挤得拥挤不堪。

隆顺兴米行场子上，大先生在一边招呼货主一边验货，学徒则忙着向粜菜籽的农户递烟送水。待菜籽倒进斛里，大先生抓一把在手，指掌间搓捏了几下，就知道了菜籽的成色，然后唱票道"某某船户，菜籽进桥，共某石某斗某升，每石某某元。"话中之"某"字，俱用行内的切口代替，旁边的船户但闻其声，不解其意。金洪声在斛子旁开票——据金舜仪回忆："场子上灰很大，他带了一个困帽，头发包牢，一刀票子一刀票子的开票"。待全日场子上的生意结束，他就回到账房，再要将店中所有的票子打一遍。

此刻金洪声的算盘功夫派上了用场，只见他低头一阵注视，右手拨珠上下翻飞，等他抬起头来，面前厚厚的一迭票子已结算完成，再交给正账入当日的收购账。

让金洪声开菜籽生意经眼界的有两件事。

第一件事在清晨伙计学徒将斛子扳出前。菜籽汛前，各米行已将斛子交米业公会验讫，并在斛底的元宝上加盖火漆封印，以示衡器的准确无误。这天早晨验货的大先生却将一块小的元宝将原来较验过的元宝换下，场子所有人的表情都是司空见惯安之若素的样子。当然将这一幕看在眼里的金洪声，也谨记不要多嘴的信条。

第二件事，是在菜籽汛开始二三天后的一个傍晚，店已打烊，众人已吃过晚饭。忽然一条小船悄然靠埠，船上人将十几麻袋的东西背入店中，是由大先生指引，来人熟门熟路地将东西背进货栈，放在墙角落里。然后大先生领着两人到账上拿了钱，随后又悄然离去。后来洪声才得知，这几麻袋里装着的是米行叫可靠的农户定做的泥粒，与菜籽一般大小。等几日后行里收进菜籽，要由熟手将它们均匀地掺入到收进的大批菜籽中，行话叫作“做菜籽”。以低价的泥粒，混充百斤 5 元的菜籽，泥卖菜籽价，其获利之丰可以想见。当然泥的数量要控制在一定范围内，而且撒得要均匀，这就需要米行中的熟手“做”了。

● 在平湖陆陈行业风生水起时的金洪声

以上两则不足为外人道，但在业内是公开的秘密，爿爿米行如此。只是换元宝一技，不能对平湖县内的陆陈同行，否则就犯了行规，一经发现，米业公会将处以重罚。

另外一则可是明火执仗的打“季节差”的劫夺了：米业公会操纵着市价。当菜籽登场时，正是农村春荒缺粮之际，米行可以抬高米价压低菜籽价，所谓“新籽二石换石米”，当然还有在秋后新谷收获时的压低新米价，抬高农民业已告罄的菜籽价——油你总要天天吃，又所谓“陈籽五斗换石粮”。米商们显现了对利润追逐最大化的八仙过海各显神通的一面。

1932年的平湖金融界和商界各发生了一件引人瞩目的事，它们与金洪声日后的商场事务密切有关，现记述如下：

金融界的大事是平湖县农民借贷所的成立。民国二十一年(1932)九月十九日，在县城东大街设立平湖县农民借贷所，资金来源田赋项下带征，资金数初为五千银元。主要办理耕牛、种籽、豆饼及青苗等抵押放款业务。至民国二十五年(1936)七月十日，在县城东大街62号改组易名为平湖县农业银行，资本金20万元，资金来源增加一项拨借公款，职员11人。经营范围扩大为：农村合作社放款、各种存储款、各地信托汇兑及其他银行业务，代理县金库，兼办土地和农作物抵押业务。金洪声将在日后的生意中的融资方面与其往来。

商界的一件大事是平湖的农产品在省里获奖。浙江省在省立国货陈列馆举办全省农产品展览会，平湖县参展的菜籽、稻种、西瓜籽、姜、水产品、食盐、豆类，分获甲等奖，尤以元青豆备受青睐。

元青豆，乌皮青仁，平湖人俗称黑毛豆，是本县一宗特产，列为浙江五大名豆之首。是传统出口商品，历史悠久。豆以色泽乌、青，颗粒饱满为佳，历来畅销南洋群岛、香港、澳门以及东南亚，以滋补品视之。据《本草纲目》记载，用元青豆(乌豆)作单方治病之方就达59条之多，豆皮入药治盗汗虚弱，豆浸酒治腰骨痛，还可入药制解毒散、丸。

晚黄豆中以特粗豆为贵，红口爆皮黄，以“特粒黄豆”之专称，与元青豆名豆之称。

此两宗农产品将成为金洪声一个时期经营的重点。

时序进入1933年，金洪声在副账职上，已渐入得心应手之境，他的聪慧早已为沈先生所觉，而他的勤奋苦做，则彻底打消了初进米行时对其“少爷胚子纨绔子弟”的担心。

此年的洪声家中，也有两事可记。

一件是一直由祖母亲手掌管的200亩祭田，终于在她逝去的前一年分析。大房巨济家落魄日甚，对母亲手中的祭田觊觎已久。金舜仪回忆："大房提出要分祭田，从前祭田一般不可以分，分开以后这个坟没有人去上了。另外两房摒牢不肯分，后来实在没有办法，就分了，三家人分。田到是好田，都是头挑的。我们阿妈收租米，维持一家人生活。"汪氏在临走一年前将此事了毕，巨濼一房可得好田七十亩稍逊，以每亩田年租八斗计，这是一笔足可维持巨濼一家人基本生活的收入。再加上通界桥恒昌南货店的经营，金洪声回忆："也有每天7～8元的营业额"，总也有日进一块半左右的毛利。这段时间，巨濼一家稍稍摆脱经济上的窘境，金洪声也开始有些积蓄，从而结束了母亲来提前支取本应在年终发放的鞋袜钱一类的事情，免去了使他在米行的水板上挂名示众近一年的尴尬。

另一件事是六弟金舜仪随他上学。金舜仪以八叟老翁之龄在2006年4月13日回忆，平生有两段时光生话得最开心，都是在他十二岁以前童年的事。第一件事在前一章已述说。第二件事是"读书时，在平湖跟金洪声，吃牛奶，他同客人看戏、吃女堂馆，我也一同去，坐在骨牌凳上，脚不着地"。"女堂馆"，即有女招待员的饭馆。我国饭店的招待揽客，向以男性的店小二充任，出现女性服务员，在当时的平湖还是稀少的事，所以去饭店吃饭，变成了"吃女堂馆"，秀色可餐之外，更有一点风月助兴的意思。

1933年，金舜仪虚龄九岁，已到了入学的年纪。那时他随父母在通界桥恒昌南货店中。父亲巨濼与洪声商量后，决定舜仪随兄去县城念小学。说到原因，金舜仪说："我爷让我跟他(金洪声)读书，为啥？只有平湖学校好，乡下没啥读出来。"——一如今日之择校。

六少爷巨濼对子女接受教育的条件是讲究的，当年有经济能力时，可以送一双儿女去杭州，如今自己虽无长力，但二子洪声已任副账，有了一定的经济能力，就把三子的教育托付给洪声。棠棣之情，在中国的传统道德规范中，列最重要的君臣、父子、夫妇、兄弟、朋友总称"五伦"之四。洪声自幼受古风熏陶，义不容辞地担当起对六弟舜仪的培养责任。

金舜仪初入稚川小学读书，吃住都与金洪声相共，他回忆那时的生活情况时说："金洪声睡在佛堂边的楼上，四个房间，一个人一间，我原来也住在里面。"后来一段时间，金洪声去海盐舅父家张筠秋处的次数较多，

“正账对金洪声说：你不在，从学校回来他就要哭，我就住宿到中心（县立中心小学）。”

“我和学徒吵，不齐头。读书他管，走读时，晚上回来督促温习。不听他话，一次两次不听，第三次要发脾气。”洪声长舜仪 9 岁，本来就是长兄如父，九岁的年龄差距更增添了兄长的威仪。洪声心衔幼时失学之痛，有时对小弟的学业责之苛严，所谓爱之深责之切，亦在人情之中。

金舜仪年幼，正在贪玩时节，平湖俗语，谓稚子刚上学读书为穿牛鼻子，犹如牛犊刚穿了鼻子不自在，又兼之从三五爿店几十户人的通界桥，一下来到在孩子眼中已是花花世界的大县城，那率性玩耍的心情如何强按得住？于是乎，呼朋唤友，“同三元桥边的同学到湖东夏天游水，秋天摆渡捉蟋蟀。他不见面，就发脾气。晚上课读，总是看看作文，语文读读课文、解释。其他顾得很牢。”课业上要求很严，生活上尽其所能照顾周到，即所谓“顾得很牢”。

有一件看戏的事，六七十年后仍令金舜仪至今不忘。在二十世纪三十年代初，进戏院看戏，是平湖县城中的市民文娱生活里日夜企盼的大事。当时平湖全县城只有一座戏院——新民戏院，它位于北寺后，由县城的商贾豪绅于 1928 年以筹措消防经费的名义发起，耗时三年，1931 年在北寺松风台广场西侧建成。戏院坐北朝南，以砖木结构为主、间以钢筋水泥结构，楼上楼下共有座位 500 个左右，座位采用铁脚翻板椅，内部装饰参照上海戏院的装潢。在当时，规模仅次于宁波天蟾舞台，在浙北首屈一指。

戏院落成后，曾邀请不少名家前来演出，如王少楼、郑其昌的京剧，韩兰根的滑稽，王美玉、钱化佛的话剧等等。戏院门票的发售，往往以红票方式向商号配发，有余票时再门售。所以名家来演出时，往往一票难求。

据一直在平湖县城居住的胡大椿老人回忆：“一般工薪阶层是不去新民戏院看戏的，一是看不起，二是没闲功夫。市民与小孩子经常等候在戏院外，看‘放幕戏’——戏院在散戏前十五分钟左右，让观众免票进场，我也时而去看‘放幕戏’。解放前只去新民戏院看过一次完整的戏。我工作的酱园附近有一戎姓老先生，喜娶少妇为妻。有一次，这位少妇叫我和另一位学徒，一同陪她去看戏，我俩很高兴跟她去了。很奇怪，她竟不用买票，三个人就进去了。进去时，台上的灯光已打亮，马上就要开戏了。”可见当时一般市民看戏之难得。

金舜仪的回忆则是一次痛失看戏机会的哭闹：“他与出水先生（按：来要货的客户）一起去看戏，有时我也同去的。一次找我，寻不到人，他吃牢学徒，学徒全推在隔壁开小店的黑囡身上。那天，刚好我阿妈出来，在黑囡家过夜。黑囡陪了我去新民戏院会他，看戏，戏已开锣，跑勿进，我哭着喊叫金棣仪（此时金洪声还叫金棣仪），一定要进去。”

到 1936 年，由于出外和应酬的日渐增多，金洪声怕疏忽了对六弟的管教，就将金舜仪转学至收寄宿生的县立中心小学。“他礼拜天来同我到米行，学费是 36 元一学期，连伙食、洗衣，共一年，两个学期。后来日本鬼子来了，一起回金罗浜。”36 元钱一学期的学费，对月薪 16 元的金洪声来说，是一笔不轻的开支，但他负之如饴。尽管读书因战火而中断，但对这位六弟，金洪声一直携在身边，直至成年乃至中年后。

金洪声对兄弟的手足情深、对家庭的担当责任，还体现在对大哥鸿楹的事情上。鸿楹自染上鸦片恶疾而成瘾君子，积日已久。吸食鸦片烟已弄到无定所无定量的地步，唯鸦片烟为肉体、精神的唯一依赖支撑，父母特别是父亲巨滐对之哀极而心死，以“掼了货”犹如垃圾视之。然金洪声仍本“长幼有序”的兄长礼敬之待之，并竭尽自身之力，千方百计地挽救他。

据与金洪声共事多年的周伟权回忆：“金洪声人瘦，有胃病。人家说他吃过‘老鬼’，早戒掉了。”金洪声自己也说“自幼体弱多病”。求医成了他生活中的必须，因求医而得识医生姚水清。

1933 年前后的平湖县城，西医只有私人开设的诊所 6 所，医师 14 人。继 1915 年嘉兴福音医院在平湖分设诊所为西医来平湖之首创后，继有张氏、茅氏、潘氏诊所比较有名。潘氏诊所挂牌名为平湖南门医院（原称公立临时医院），坐落在县城大南门外。隆顺兴米行与之最近，金洪声就近就医，因而结识了在这家医院工作的医师姚水清。金舜仪回忆道：“姚水清的先生歪嘴潘思齐，医生本事在平湖有名气。”后姚水清独立开设诊所，金洪声与姚水清，由病人医生而朋友，由朋友而成莫逆之交，我们将在以后的章节中记述。

有关金洪声为大哥鸿楹戒鸦片烟的事，金舜仪在2006年回忆道："金洪声为大阿哥戒鸦片，硬牢了戒，戒了你人还有救。住在姚水清医生那里好几个月，注射药水，要好多钱，当时戒掉的。在平湖姚水清诊所里，戒掉了你才有出路。爷岁数大了，店你去开，苦足苦，也让爷享点福。下定决心。没有金洪声顾家，还要苦点。起初跟我爷讲，我爷还不同意，这店要过终生，金洪声横说竖说，我爷才同意。"

"硬牢"，平湖方言铁定、硬要的意思，说明金洪声要大哥戒毒瘾的莫大决心。住院数月，所费定然不菲，洪声肯定是尽己所有慷慨解囊了。以治病救人为目的，一定要改变大哥不堪的命运，"戒掉你才有出路"。而且还安排了大哥自立于家庭、社会的经济出路——代父亲开南货店，而父亲也终于在金洪声的再三劝说下，同意将南货店交鸿楹经营，真可谓用心良苦费尽心思。洪声小大哥鸿楹六岁，而所作所为，不啻易为兄长，甚至小弟如父了。

大哥在洪声的坚持和安排下，一度也真戒了烟，在通界桥守店谋生。然而，青山遮不住毕竟东流去，兄长鸿楹最终未能抵挡住黑色诱惑，倒毙在破庙中，也真是太辜负了弟弟洪声的一番苦心了。想被人称为少帅的张学良，青年时以公子的身份风流倜傥，就毒瘾而言，已到非静脉注射不得止其渴的程度。而一旦立自强做事之志而萌戒毒之念，则意志铁定，租军舰孤悬于长江之中，任凭瘾犯时在甲板上打滚，终于熬过这一关，从瘾君子成为伟丈夫，以惊天地泣鬼神的"逼蒋抗日"兵谏，为中华民族做了大事好事。后又以坦荡的胸襟度过囹圄中的几十年光阴，享年期颐。一为草民，一为达贵，虽贵贱不同际遇各异，但事成与否全凭个人意志之理相通。

洪声对家庭、家人的责任始终伴随着他走完一生，其间当然也有带着社会时代特征的异化，但总的基调还是稳定浓重的。

1933年的中国，蒋介石政权正在实施对苏区的第四、第五次"围剿"，而在平湖，则完成了对中共转角湾地区负责人颜书绅的搜捕杀戮。是年春，以为缉捕风声已过的颜书绅潜回家乡，不料在途中的金山县典下桥被地方保卫团所捕。平湖国民党头目伙同衙前颜书绅的对头，叫嚷“鸟入笼中鱼入网，打蛇不死变蛇精”，施尽浑身解数，暗中勾结金山县当局，判处颜书绅死刑，于1933年5月18日，枪杀于金山县朱泾刑场。所谓强弩之末不能穿缟素，此次捕杀并未对平湖的政界、商界掀起大的波澜。中共地下党在平湖县的活动也从此暂告停止。

1934年，又是一年一度的菜籽汛，算来金洪声担任隆顺兴米行副账房已有两个年头了。这两年中他的思想轨迹，用他自己的话来说是：“薪给（水）提高了，做生意的经验也有了。开始感到了做生意的兴趣，而专心叶（业）务，也靠近了经理，产生有地位有名誉做老板的思想了。”

不想当将军的士兵不是好士兵，同样的，不想当老板的学徒不是好学徒，然而将军毕竟只有一个。

对当时金洪声在米行的职务，他本人有两种回忆：一是“十九岁时升了正账”，这是他1950年在浙江省委党校学习时撰写的自述中的回忆，在那段时间填写的两份履历表中，也都填以“隆顺兴米行。副账房，正账房”。二是他在1978年左右的晚年写的自述生平的两篇文稿中说的：第一篇写于1978年12月1日，“后副账出事被解雇，我升为副账，每月工资12元。”后来有否升为隆顺兴的正账，通篇没有说。另一篇文稿似乎写于稍后，回忆得更详细些：“这样过了两年，到第6年，我19岁时，正账卫云生看我算写快，叫我帮助他做一部分工作。”在后面的文章中，明白地写出着正账卫云生和接任卫云生正账职务的另一位正账的姓名。质以此，金洪声在隆顺兴米行中的工作经历，比较可信的事实是：十七岁升任副账；十九岁应正账卫云生的要求，担任部分正账的工作，卫云生兼协理后，分担正账的工作更多，甚至是绝大部分工作，但始终没有“正账房”的名分。

金洪声“开始对做生意有兴趣”肇始于这样一件事：平湖出产的油菜籽，绝大部分销往上海，如民国二十一年（1932），全县生产油菜籽10万石，运销上海一地就有9.5万石。所以米行要做好菜籽生意，能拉到和搞好上海客户的关系至关重要。隆顺兴米行素与上海三吉油厂有业务往来，三吉油厂由三兄弟合股，故取名曰“三吉”。这一年，三吉油厂老板中最小的兄弟来平湖采购菜籽，由于年纪相仿，沈茂斋老板就教金洪声陪同。据金舜仪回忆："菜籽讯，三吉油车老板到平湖来，三吉油车在北面后港上海方向，三兄弟合开，最小兄弟来平湖采购菜籽。小开(小老板)喜欢白相(江、浙、沪带方言，即玩)，有猎枪，金洪声陪他打鸟。洪声与小开吃女堂馆，陪酒、看戏、搓麻将。"

客户来阜，做生意的事为大事要事，但做成生意的事，往往只需很短时间，甚至只是一念之想的瞬间，所谓"拍板"。而一项生意的周期，往往很长。比如菜籽汛，闹潮时间总在十天半月，而从起始到结束，总要个把月左右。假使像这次三吉小开来看油菜的长势，了解日后菜籽的产量如何，那做成一笔菜籽生意的时间就更长了。能使客户赚钱是个硬道理，但使客户在离家索居的这段时间中，生活得不枯燥，不感到永昼难销，感到有宾至如归的舒适，甚至感到比在家里更随心所欲逍遥自在的快乐，从而乐不思蜀——你就拉住了客户，从而获得了生意。其间之道，西方学者用理性的语言表述：商业的实质在于人与人之间的信任。而在行商实践的行动上，则简直是门高深的学问(包括心理学)、艺术了。

价格是米业公会议定的，全市一律统一，凭什么一定到你米行要货，换一种说法，凭什么要与你做生意，特别是第一笔生意。

金洪声就有这种本事。

周伟权自幼学的也是陆陈生意，后又与金洪声共事多年，他回忆起当年与客户的重要应酬方式搓麻将时说："客人来，交际主要是搓麻将。学徒摆开桌椅，每桌两筒香烟，是白锡包、三炮台之类的高档货。桌上输赢当然是客户赢得多。"使客户赢人人都会，却要使人家赢得自然、舒服，那就是金洪声的本事了。三吉油厂的小开，本身是有钱的主，有时面子看得比钱更重，假输要输得像真输，不但要让对方赢钱，还要赢得高兴。这方寸之间的拿捏，在隆顺兴，自沈老板以下，非金洪声莫属。

"麻将搓罢，就叫点心，是奶油蛋糕，当时的蛋糕称炉，一般每次叫两炉蛋糕。"——周伟权继续回忆搓麻将的情形——"第二天清早，学徒收拾桌椅，有多的香烟点心，是结交师兄们的好机会，可以把它们送给师兄。客人来，中午一般是叫菜，平湖当时有名的菜馆是同兴馆、义昌盛。"

下馆子、看戏、搓麻将之类的应酬，一般生意场上的人都要做，金洪声比一般店员稍胜一筹的，是他见过的场面和出手的手面。虽然金家的家道已趋衰落，但幼时所见所闻还依稀有所记忆，亲戚中也不乏殷实之家，眼界和出手总要比真正贫寒人家中出身的人要漂亮得多——俗话说，会用钞票。虽用的是老板的钱，若一味地想着替老板节省，客户看你就是小气了。

帮助金洪声揽住三吉油厂小开生意的，还得益于他自学得来的文化根基。三吉小开文化不错，还喜欢古迹，洪声就带他游平湖县城中的文化古迹。小开此次来时，正是油菜花盛开的时节，金洪声就趁着晴日，同小开去城东沙盆圩登报本塔览胜。小开好古，问起塔的缘起，金洪声为他娓娓道来：塔由明嘉靖年间邑人、礼部主事陆杲主事兴建。陆杲记其缘起谓："平湖故海盐一雄聚，自国朝宣德间初析为邑，议者谓邑四郊悉无浮图以镇，是以山川风气不固不完，欲建塔于邑之案山，以迓集灵祉。……佥以邑城之巽偶，鹦湖之中川，众秀所钟也，塔建其上为宜。"

● 欢送金洪声去嘉兴地区供消社　金洪声（前左四）周伟权（第二排右二）

小开说,原来此塔之所以建,是你邑中人根据形家的说法,为填补乡土形胜所缺、造福乡梓的行为。古代的读书人想得也可谓周全了。

金洪声说,建塔的工程十分艰苦漫长:"筑累岁余,业将疣而遽圮,缘洲地最卑,厥土淖而不坚。于是辍而改筑,其下加累以石十层,而址基始固。"沙地上建高塔,基础稳固是必需的,懂得这点花了不少时间。所以三年后,才筑成了七层高的宝塔,且"四围华檐绕夕,上下角皆悬铃,声闻数里"。

金洪声与小开俩人去游报本塔那天,正是熏风送暖的三月天,微风拂面如酥,但闻塔铃声从远处阵阵飘送入耳。

小开刨根究底地说起塔名"报本",为别处所未见,不知源于何意。洪声因有准备,就接着答道:陆杲名塔曰"报本"自有其立意。"盖天地者,万物之本也;人君者,万民之本也;父母者,身之本也;师者,阐教作人之本也。统宇宙者,莫不有本,容无以报之乎。"是敬畏天地、万事万物应饮水思源知恩图报的寓意。小开闻言道:平湖人讲究个厚道,固古风之使然。

塔建成后,于清顺治年间倾圮,重建历年未竣,至康熙年间改五层始成。邑人高氏捐资在塔之四周建以回廊,以便攀登,可惜此廊后来毁于日寇战火。此时回廊犹在,金洪声就领着小开沿廊拾级,登上五层之顶。极目远眺,眼前尽是一片金灿灿的油菜花,其间一还不时点缀着团团紫英云的红花,黄红相映,格外艳丽。空气中弥散着阵阵花香,沁人心脾。为增谈资,在返城的路上,金洪声还为小开讲起了"金平湖"的来历。

在杭嘉湖乃至沪南一带,"金平湖、银嘉善、铁海盐"的民谣流传已久。对"金平湖"的说法,平湖坊间的故事是:康熙宠臣高士奇即为报本塔建回廊的"邑人高氏"告老后,定居平湖。一年,康熙不忘旧臣,派使者专程到平湖看望。此时正值油菜花盛开,百里平川,一派金黄,使者惊羡万分,两句诗随口吟出:"春风得意平湖美,花团锦簇金平湖。"使者回京复命,诗入奏章,康熙阅后,慨然长叹:"美哉,金平湖。"于是"金平湖"声名远播。小开听罢,也是一阵长笑:"好一个康熙皇帝,好一个美哉金平湖,好一段动听的故事。"

然据近时学人考检,"金平湖"的来历,准以前人的一则笔记和一篇文章，另一说似更言之有据。笔记来自上海机器出版局的《水窗春呓》，成书时间是光绪三年(1877)。浙江嘉善人金安清在“陋规一洗”条中提及：“漕务之浮收勒折，始于乾隆中，甚于嘉庆，极于道光。江苏则以上、南、嘉、宝四缺为最优，每年皆十数万，浙江则有金平湖、银嘉善之谣。其时民风富实，但求县官无格外需求，每亩多出一二百文，固所深愿。此六县钱漕，皆在十万两、十万石之外，积少成多，易成巨数。”文章是嘉兴鸥山金蓉镜在《嘉兴求减浮粮书》中说：嘉兴府官场将所属七县的官职视为肥缺，将七个县当作七个美人，称之为“七美图”，并视肥美程度，分别称之为“金平湖”、“银嘉善”、“铁海盐”等。此语从官场传入民间，就流于论地域富庶的民谣了。

小开闻说道，难怪“三年清知府，十万雪花银”了。

游报本塔回来，沈老板见小开兴致盎然、意犹未尽，就嘱金洪声再陪着玩几天。洪声就陪着小开又在县城中盘桓了几日，临走，小开留下一句话：“沈老板，三吉今年的菜籽就仰仗宝号了。”果然，隆顺兴这一年菜籽的生意数量大增，尽管价格回落至每百斤 3.972 元，最低时竟至 3.484 元。较上年(1933)的平均每百斤 5.421 元，大跌了每百斤近 1.5 至 2 元。“谷贱伤农”，农户丰产不得丰收。商家的利润到底也打了折扣。不过隆顺兴凭着量大——三吉小开坐庄隆顺兴，还可将一些小米行的菜籽转手过来——所以仍比其他米行多赚了不少。沈老板少有表情的脸上在这年的菜籽汛也常会喜上眉梢。论功行赏，店中自老板以下，有的在私下议论，有的干脆直接向洪声道贺：副账房年底的红包肯定不少。

不料，人算不如天算。平湖全境一入夏就烈日炙烤，百日无雨，空前大旱。全县除几条干流河道中尚可见水外，其余小河港大部干涸见底。那时的农田灌溉全靠牛车水和人力车水，一则人畜体力有限，更为要命的是，河中水位一低，龙骨车(平湖人俗称“下车”)就悬空在水面上，根本挨不到水面。只能望着田中禾苗与地上草木一起转黄、枯萎。当年全县的稻米产量大减，有些田中甚至颗粒无收。

是年的大旱祸及浙江全省，12 月 21 日到职的新任省主席黄绍竑，以农村急待救赈，省库入不敷出(支出一千九百万，收入仅一千五百万)为由，即提出发行赈灾公债，上呈南京，于次年获准发行二千万元地方公债。

嘉兴地域内，邻县海宁、海盐的灾情尤为严重，两县饥民拥入平湖。据《平湖粮食志》载："城区办理赈济，每人粥二碗，铜币五十枚，劝遣还乡。"赈济所需开支，米业公会首当其冲，隆顺兴因今年的菜籽生意已声名在外，除按份缴纳外，还有额外的襄助。

9月的平湖陆陈业，面临一片惊慌。

9月1日，南去县城不足半小时车程的乍浦，集结渔民盐民七百余人，发生平湖历史上少有的抢米风潮。米业公会紧急会商，火速通报情况，敦请各米行特别是县城米行提前防卫，尽量避免损失。沈茂斋会后即回隆顺兴，乍浦抢米的事已不胫而走，店中诸人正在议论纷纷。沈老板只说道：是祸躲不了，如若抢到隆顺兴，各位以保全身家性命为要，店中的东西就任由来人搬去吧。关照毕，转身进入佛堂焚香拜祝。

幸亏抢米风潮并未继续蔓延，城区的米行躲过一劫。但米市受到冲击，甚不景气。大灾之年，农户的惜售是必然的事，这就影响到米业的交易数量。抢米风潮就发生在眼前不久，整个陆陈界心存余悸，不敢多收不敢存货过多。再则收购米价从1933年的每百斤4.171元猛涨至5.446元，涨幅高达三成。倘若此时收进，彼时芜湖等地的"客米"乘虚而入，引起米价波动，则后果可虞。一直以谨慎为上策的沈茂斋，觉得此时米市行情混沌不请，故经营中仍以不变应万变：快进快出以保本微利图生存为上。当然，对于客户提款上门委托隆顺兴收购的，则来者不拒，多多益善。——此刻的金洪声，已不只单单留意场子上收进卖出过程中各种技术环节上的所谓生意经，更多的是在旁观察琢磨先生对市场的把握：哪些生意可以做？哪些生意不能做？哪些生意要大做快做？哪些生意只能小做慢做？这是一本无字书，先生也不会把手指点，全凭自己琢磨领悟。这才是真正的学生意，金洪声进到了学生意中从大处落笔的精髓化境。

做完大熟米生意，是米行进入收账盘点一年生意盈亏、核定分红的时节。风风雨雨又是一年光阴，隆顺兴以菜籽生意垫底，大熟的稻谷生意也差强人意，照理店中应是一派和顺，等着先生分发红包的舒心日子。然而有着"接近经理"主观欲念、变得异常细心的洪声，却总觉得先生的脸上时而有一丝丝的不安闪过。问，当然是不便也不能问的，只能捏着一颗心焦急地等待，静观事态的进程。不像店中的大部分伙计学徒，乐滋滋地等着比往年更大些的红包。

沈老板的年终红包，店中每人所得果然都稍多于去年，年夜饭的气氛也还不错。但老板脸上的几丝愁绪，在春节过后却骤然演变为倾盆大雨——年初五虽接了财神，却没有拔排门板，不开店门做生意。据金洪声回忆："我到 20 岁，米行内部起了变化。主要是我先生的儿子在米行的附属碾米厂内任账房，用空了钱，据说要 1000 余元，被老板知道。这年不开店板，弄了很久。"这年是 1935 年，金洪声虚龄二十岁，初次经历了生意场中的人事地震。

1000 多元在 1935 年初是笔很大的款项。椐金洪声回忆：他"离开隆顺兴时的月薪是 16 元"，以此计，相当于他 63 个月的薪水，即要做满 5 年多。而他刚升副账时的月薪是 3 元，则要做 83 年之多。当时公办小学教师的月薪为米一石半，以当时的米价每百斤 5 元计，则是一个小学教师整整 11 年的工资。

人事地震的结果，据金洪声的回忆："拆出了先生(沈茂斋)和师兄王佳牟二人(原注：王的哥哥也有股金)，才开了业。沈书麟为经理(我先生的侄儿)，卫云生为协理兼正账。从这以后，我帮助他的工作更多了一些。"

金洪声从店中的这次人事变动中顿时领悟，自己进隆顺兴时，三伯伯巨源的一纸保信果然字字千金。那时自己还未经事，不知晓其间的厉害——心中暗生起对三伯伯的感激之情。至于账房的工作，因为卫云生升协理襄助新经理，绝大部分的账由金洪声经手去做，当然钱款的出进是丫环管钥匙——经手不做主。但账是金洪声做的，对店中财务上的一切都很知情。

地震带给金洪声的似乎都是机遇。拆出股份的先生沈茂斋加入了贝锦成的昌记米行，因为进入昌记米行都要入股，不能空手进去做"朋友"(伙计的俗称)。所以沈茂斋在昌记米行既是股东又是职工。

而师兄王佳牟的离去，却一夜之间，实现了金洪声自当副账三四年来，一直梦寐以求的做“老板”追求。

金洪声这样回忆：“在这几年中，父母店中连弟妹4人，这片（爿）小店平均每天7～8元营业，也能够维持生活。我在成家立业的旧思想支配下，把工资积蓄起来这时也积蓄了300元。王佳牟开一小米店，他与我商量，要我也加入一点钱。我一方面有了赚钱思想，一方面师弟兄的关系，即将我存在米行内的积蓄拿来加入进去。从这开始起，我已不是一个纯粹职工了。这年王的米店生意还好，有了盈余。”

对金洪声的这段自述有几点需要略加说明：金洪声父母当时除了恒昌南货店的营业收入外，尚有包括刚分得的60余亩祭田在内的大约八九十亩田租的岁入。由于历史的原因，金洪声将此项收入隐去了。但家中已不再需要他资助家用，可以使他有所积蓄，当是事实。

米店与米行的称谓之别，有时往往只在规模的大小，而在经营范围上是相同的。不如解放以后，老百姓眼中的米店仅是供应米面的店铺而已。

关于与王佳牟合伙开米店的事，金洪声1950年在浙江省委党校学习时也有一段回忆，现也全文录于后：“有了以上破落的家庭及一心想赚钱，从开小店到开大店，可以成家立业，组织一个美满家庭。省吃俭用在二十一岁时已积蓄了四百余元，即与朋友合股在我服务的米行附近开了义兴米店，生意很发达。”

两段回忆，中间相隔近三十年，基本事实完全相同。入股300元和400元之别，已无关合伙开店的事实真相。而二十岁与二十一岁之别，恐是二十岁较为更接近事实。因为王佳牟离开隆顺兴后，当立即自谋出路，而王离店之年，金洪声正虚岁二十。再则，金洪声虚龄二十一岁，则岁在公元1936年，离全面抗战的1937年已逼近。据《平湖粮食志》载：“是年，中央政治学校地政实验调查：平湖全县农户平均每户全年亏三十三元余，整个农村陷于破产。”战事逼近，农村凋敝之时，以金洪声的精明，恐不会冒然斥资开店。

王佳牟来与金洪声商议合伙开米店的事，是在他离开隆顺兴米行后的第三天，当时只说请师弟有空去喝杯茶。洪声心想师兄弟一场，平时两人相处还较相得，师兄乍离米行事出突然，心中总不免有些块垒，需要有人谈谈散散心，就应邀前往。

茶馆为江南水乡一大市井特色，当时平湖茶馆众多，可谓有镇必有茶馆，有市必有茶馆。供人解渴消闲、旅客歇息、亲友聚谈、行业交易、文人品茗雅集、邻里排解纠纷，也可以传递八方信息，容纳三教九流。

王佳牟特意避开了南廊下一带陆陈业人员常去光顾的"东湖第一楼"和"望月楼"，来到坐落于小街的取陶渊明"倚面窗以寄傲，审容膝之易安"句意的"易安居"茶馆。"易安居"茶室有三进，第一二两进接待的是一般茶客，第三进则是雅座，专供自由职业者和富商绅士聚谈——其实也并无严格的身份界限，老板仅认茶资而已。

王佳牟引领金洪声径直走向第三进雅座，一巡茶过后，王佳牟就单刀直入地说："师弟，我想自己开爿米行"。

洪声五六年来素知师兄常有过人之言行，闻此言后却仍觉得有些突然，就说："好啊！但不知怎样开法？"

"你我两人合开。本钱三七、四六开都可以，我七、六，你三、四，赚钱对半分。"

洪声听罢，方知师兄不是戏言，而是事前经过了筹划，就说："师兄有本钱，何不就一个人开。"

"你又要取笑了。我连副账都当不了，还能独自开店。"

洪声知道其真诚，就说："开店赚钱当然好，俗话说，脚板朝前生，发财人人想。只是我人在隆顺兴，一时还不想离开，怎么办？"

王佳牟马上应道："你暂时不用出来，你管外场，我管里场，一点账你兼着弄弄，一定能行。"

茶方续水三次，事情就已大致商定。为了让洪声能就近照料，店址就在隆顺兴附近挑选，由王佳牟去挑拣合适的门面。最后，王佳牟请洪声起店号。

金洪声说："我也不客气了，店号就叫义兴吧。"

"这个名号好，师兄师弟，有义生意就兴隆。"王佳牟欣然赞成。

米店取名"义兴"，似乎从中透出了《三国演义》对金洪声的影响：刘、关、张桃园三结义而兴蜀，今日合伙开店也以义获利，以义兴盛。

关于义兴米店的合股缘起及经营情况，还有金舜仪的回忆可佐参考：

“经理王佳牟，半鹅头，王公昌大少爷。对外洪声一把抓。

义兴一开，他（指金洪声）与出水先生朋友多了。义兴王佳牟收两个学徒，他也收两个学徒。

出水先生住那爿行，就通过这爿行收，夺不掉的。拉住出水先生就是吃、看戏、搓麻将，最大要半洋铒出进。

三吉油车老板同金洪声是老朋友，到平湖来，盯牢我阿哥（指金洪声），通过金洪声，所有平湖东门陆陈行的菜籽都拉过来，数量没有底，油车大。

收草籽，也收菜籽。菜籽西门多，西门行小，扑给东门行。”

“半鹅头”，平湖一带的方言，谓此人有点傻，但傻得不厉害。如《梁祝》里的梁山伯，有时也犯点傻，傻得使人替他着急，从而让人觉得可爱。平湖人就戏称此类人为“鹅头”。“鹅头”而仅有“半”，就属于那种似鹅非鹅有时还在小处“鹅进不鹅出”的类型了。如王佳牟看中与金洪声合伙，就是能看出金洪声做生意上的超常能力。且显出王佳牟还有一定的肚量——不斤斤计较于金洪声取代自己当隆顺兴米行副账房。当然金洪声也看中王佳牟王公昌大少爷的雄厚经济后盾，所谓优势互补，志同道合。

金舜仪的所说的“对外一把抓”，主要是指米店业务经营的两个方面：一是保证收进货色的销路，最好能有客户携款前来委托收购。这点金洪声在隆顺兴接待三吉油厂小开时，已表现出他的才能。而在他开设义兴后，照商界认人不认店的潜规则，三吉油厂反倒成了义兴的客户，其他米行卖给三吉油厂的菜籽，由义兴中转。这也是义兴开张一年就“很发达”的重要原因。另一方面是资金的筹措拆借。商界业内人士有言：做生意要本钱不算本事，真本事是做无本钱生意。前面所述用客户资金收购就是其种之一，但代为收购风险虽小但获利相对也小。有时吃准行情也要投入资金去做，但自有资金毕竟有限。用金洪声自己的话来说：“当时米行自己资金占少数，大部分系钱庄贷款。”1932 年开设的平湖县农民借贷所，带有官办的性质，1936 年又注入资金改组为平湖农民银行，还兼办农产物抵押，与米行的业务相吻合。金洪声就加强与银行前后马主任、万经理的联系，成为该行的关系不错的客户。“同裕赓”钱庄由平湖葛氏独资开设，资金雄厚在平湖钱庄界独步天下。洪声凭着与葛氏办金折的渊薮，能在资金短缺、需要“头寸”时，及时得到借贷。

上述几件事你要办成，除了要有一定的资金作后盾外，最主要的是人的信誉。金洪声为平湖陆陈业界近年来少有的后起才俊的声誉，在他正式以老板的身份崭露头角时，帮了他的大忙。犹如古诗“青风凭借力，送我上青天”，信誉即句中之青风，使义兴米店一年之中就直上青云般的“很发达”。

“因为米店的赚钱并薪给很高，到该年底已有了一千余元。第二年，将义兴米店转为米行”。“薪给很高”是金洪声在省委党校学习时掩盖资本“剥削”的循词，以他在隆顺兴米行最高月薪 16 元计，一年也总共不到二百元，义兴米店第一年就给他带来了八百元左右的收入，相当于当副账房而做正账房工作金洪声四年的收入。有如此高的收入，无怪乎金洪声“对做生意有了兴趣”。

这一年中，还有一笔收入，金洪声在省委党校向党交心时才坦露心迹予以披露：“当时的经理与几个主要负责人勾结了，挪用行内公款并自己拿出一点点钱，做自己的投机生意，而算自己的资金组织经营。但当时需要款子必需经过我记账，所以也把我拉入里面，加了一点股份。我虽认识到旧社会商业的黑幕，想展开斗争，结果被发家思想占了上风。又认为借钱做生意没关系，从此纯洁的思想添上污点。”这场生意他所得几何，没有明说，但使他窥得了“借鸡生蛋”的商场之术，尽管有“黑幕”之嫌。虽在解放后以“纯洁的思想添上污点”薄言之，但在商言商术，“在山水清，出山水浊”，又将此归入“借钱做生意没关系”的范畴了。

当时隆顺兴米行老板已易人，为同裕增记钱庄大老板陆氏。陆氏曾与平湖葛氏在清咸丰年间，合股开设平湖历史上最早的同裕记钱庄。后葛、陆不和，葛氏开设同裕赓记钱庄，陆氏开设同裕增记钱庄，名号中两家都尚保持“同裕”字样。

一年中，对米行的日常经营，陆老板一般不予过问，只到年终教账房将一年的账本送钱庄。账本在钱庄放置了三天，第四天叫账房中派人去取回。由于一年来，都是金洪声在记账，所以取送账本的事，经理都叫他办理。送账本时，直接送到钱庄的账房间里，没有见到陆老板。取回账本时，陆老板在账房里，悠闲的捧着一杆擦得锃亮的白铜水烟管抽水烟。只用眼睛的余光带了一下金洪声说道："账是你记的?"洪声从未见到过这种目光，就急着应道："是我记的。""你账记得很清楚，字也好。"洪声也不知陆老板话中是何意思，取了账本就告辞回米行。

钟经理、卫协理见洪声回来，忙问账本察看的结果，洪声如实地将陆老板短短的两句话相告，钟、卫似乎也是一脸迷蒙的神情。

陆老板的底牌终于在店中上下一起吃年夜饭时揭开："一年来，隆顺兴的生意，仰仗诸位多辛苦了，在下敬大家一杯，聊表谢意。"待众人举杯饮毕，就指着同来的一位钱庄里的账房又说："明年，沈先生如不嫌弃，有劳你仍任隆顺兴经理，卫先生就专司协理一职，以免太过辛劳。正账房就由沈沛然沈先生担任，洪声，你就专做副账吧。"

金洪声这才见识了什么叫做不露声色，什么叫做绵里藏针，什么叫做快刀斩乱麻。同样是老板，陆老板于陆陈行业完全是外行，掌管隆顺兴米行的手段，却与内行的业师陈茂斋全然不同。沈老板事必躬亲，而陆老板则在大事绝不含糊：掌控资金运行。一定是风闻了什么，或者是从账本中觉察到了什么，才作此番安排。金洪声从协助正账做差不多米行全部的账，到专做副账，无疑是一种明显的左迁。可是就在前几天，还当面夸着自己的账记得很清楚。留着经理和协理，无非是老板于陆陈行是外行的一种无奈之举。要害的一着是来了一位心腹当正账，从此隆顺兴米行的资金流向一清两楚，挪用和浑水摸鱼的事就可一切防患于未然了。从陆老板对事情的处置，也让金洪声领略了大老板的派头和气势：既往不咎，得饶人处且饶人。对一年来几个人的挪用资金作自己的生意一事，自始至终只字不提，从不追究，一副用人不疑的主帅模样。

1936 年春，专司副账的金洪声倒可以用更多的精力照管义兴米店。先是人员的扩大：王佳牟和金洪声继上年各收一名学徒后，又各收下了一名学徒，使常年在店的人员变为五人，从米店变成了像模像样的义兴米行。再是从春天起开拓了草籽业务，这种生意特别适合义兴：开业时间不长，资金相对较少，货栈场地也小。但草籽生意一如菜籽生意，可打“季节差”。金洪声与王佳牟商议后，调动资金，趁着上年新米上市米价下跌时，收了一批稻米存在行里。

生意的成功关键在于有较好的要货客户——这本是洪声强人一筹的地方，如与三吉油厂小开的交往。然而事过境迁，现在的陆老板不会像当年的业师沈茂斋，让自己以隆顺兴号的名义去陪出水先生了。作为副账，又要在隆顺兴应卯，所以与王佳牟商量后决定，只要生意牢靠，就通过“掮客”交易。虽然要付给掮客佣金，但自己得的总是大头。

草籽生意，在平湖陆陈业由来已久。平湖“紫云英”绿肥种籽，俗名简称草籽，早在明代就有选育种植的习惯。以粒壮籽粗，易生长，产量高、茎粗叶大等特点，闻名遐迩。春日遍地开花时，紫红片片如团云，与满地金黄的油菜花争妍斗艳，各领春色，为平湖春景中之最绚丽者。种籽农户收获扬净后，一捧在手，粒如蚁大，黑色的牙口，籽身姜黄的色。一掬金黄，稍一松手，就从指间如丝绸般滑出。

省内销往金、衢、处等地，省外销往赣、闽、徽等省。平湖草籽的产量占全浙江省的一半左右，每年外销约 2 万担。当时的农村，种田壅肥，主要靠绿肥、厩肥、河泥。农民称为“搞落田脚”，现在的用语是“用生态肥料作基肥”。平湖草籽是高产绿肥种籽，备受四方青睐。草籽生意获利之丰厚，向有“做一季，吃一年”之说。

闻说义兴米行今年要做草籽生意，有了去年做菜籽档的声名，上门来接洽的掮客几天之内就来了七八个。洪声分别约了其中比较实在的三位，到离义兴米行不远的“望月楼”吃茶。先是金洪声的开诚布公：“敝号新做草籽生意，不求量大利高，但求稳妥。价格照米业公会所议，佣金也照行内规矩给付。敝号保证质量，做到小样和大样、实货相符。若客户能携款来坐庄收购，数量可以大些。”掮客接过包得出角四方的小样后说：“看金老板出的小样，包扎得如此棱角分明，足见宝号的做事认真，生意一定让人放心。等一和客户敲定，即给金老板准信回音。”

“出小样”，又叫封样。就是米行给出样品的行内用语。小样大概是一斤左右一包，以后就照此标准装货验收。它的包扎特别讲究，用行话讲就是“出角四方”，这是陆陈业中的基本功之一，当学徒时没有几番苦练是不能出师的。

由于双方谈得爽气，半个小时不到就谈妥了，金洪声回到义兴米行，就对王佳牟和四个学徒说：“新做草籽生意，宁愿笨些，绝不能拼泥珠、拌草屑，不要做坍了义兴的名气。今年的赚头就放在以米换籽的生意上。”话中所说的“以米换籽”，是做草籽生意的基本生意经，如同做菜籽生意样。籽出时农户正缺米，米行有存米，可用五斗米兑进一石草籽。当然米行要有囤米的本钱，还要有价格不致波动太大的运气。米与草籽的正常比价为 1.7∶1，米行若照“五斗米兑进一石草籽”的比价经营，得利之丰可以想见。当年每百斤草籽的价格是 8.35 元，义兴小试牛刀，做了一千担生意，仅占市场份额的二十分之一。除去掮客佣金和开支，赚了多少，只有金洪声和王佳牟两人心中有数。一位江西的客商在义兴米行坐庄收购，今年也赚得高兴，还特地定制了两套景德镇的茶具送给金、王两位老板。

正当义兴的菜籽、草籽生意做得颇为顺手的时候，突然已离开隆顺兴米行的沈茂斋约金洪声去“东湖第一楼”吃茶。洪声知道业师有事找他，不敢怠慢，早早应约前往。

据金舜仪回忆，沈茂斋约金洪声吃茶，是告诉金洪声，三伯伯巨源要撤回保信：“后来三伯伯懊悔，心思多，看我屋里苦了，怕今后经济出什么危险，对沈茂斋讲要收回保信。沈茂斋弄来勿懂，怎么出了又要收回。就对洪官(金洪声小名)讲，你三伯伯要收回保信，你看怎样。这样我阿哥一气之下辞职。”

在金洪声留下的所有文字资料中，没有片纸只字提到三伯伯为他出具保信和收回保信这两件事。我们可以这样理解金洪声的这种雪藏历史：绝不是疏忽和忘记。作为非当事者又小金洪声六岁的金舜仪，到 2006 年还言之凿凿。更何况是当事者的金洪声，而且事关饭碗的大事，哪里会忘却？

或者是“却道好凉个秋”、“此时无声胜有声”的沉默，或者是如下的一种心态：事情到 1950 年已经过去十五年左右，到他 1987 年写回忆录式的自述文稿时，时间更已经过去五十余年。不愉快的事情已经过去，旧事重提，徒添自己和他人的不快，既无补于已成之历史事实，又伤了自己和他人的感情，就不必再去提它了。另外，为尊者讳，历来是中国人处理人与人关系的一条重要准则，三伯伯尊为伯父，不告知洪声和家人，就撤回保信，无论是出于何种原因，总有出尔反尔之嫌，故以不言及为上。撤回保信不能提，先前的出具保信也不可能提了。

金舜仪说三伯伯撤回保信的原因，是因为“看我屋里苦了，怕今后经济出什么危险”。前半句似不在理上，1935 年金洪声及家庭的经济状况，要大大优于巨源出具保信的 1929 年。后半句“怕今后经济出什么危险”，应该事出有因。以三伯伯巨源的精明练达，对隆顺兴近年来账房中屡出纰漏肯定有所耳闻：先是副账的被解雇；再是沈茂斋公子的亏空，导致年后不能按常例开店，连金洪声的先生沈茂斋本人也撤股退出，掀起了一场轩然大波。此年正账换人，洪声也不再帮正账做账等等。隆顺兴的账房，一年经手的款项总在十几万元之巨，巨源想想不由后怕，以上诸种因素，终于促成了怕洪声在经济上连累自己，因而撤回保信。

为三伯伯巨源撤回保信，二十一岁的金洪声，还极少有的同他争执了一回。当然事情还得另有由头，据金舜仪回忆，事情经过大致如下：“我爷有狐皮袍子，狐皮背心，阿妈的狐皮袍子。后来我爷落魄，又去抵在三伯伯处。金洪声在隆顺兴发财后去赎，为这些狐皮袍子吵起来。为什么吵？三伯伯做掉了，大阿姐嫁在平湖松风台，做成嫁衣改掉了，拿不出来了。金洪声与他评道理，自己家里哪有绝产(按：指抵押后不能赎回)。三伯伯烧酒一吃，脾气就毛了，你小辈怎么顶撞长辈？两人吵起来。我们斗三大阿哥(按：巨源之长子)蛮好，从中和解。金洪声和三伯伯吵原因当然也有的，收回保信当然很不高兴，狐皮袍子是个由头，争几句。”

金舜仪的讲述绘声绘色，那时的金洪声还年轻，而且事关自身饭碗身份的大事，有点急，也在情理之中。而三伯伯使酒掩饰自己的过失，还有率真之处。

对于离开生活了八年的隆顺兴，进入贝锦成昌记米行的经过，金洪声是这样回忆的：“接近年底，业师沈茂斋来找我。他说昌记米行的账房(姓陆名字忘记)，他不高兴做了，要拆出股金，叫我顶进去。我当时有二种思想，一种是想赚钱思想，向上爬。另一种是顾虑米行风险大，弄不好亏本倒闭，几年工资积蓄完了。因为先生一定要叫我去，结果是同意去。到年底我辞了工作，脱离了隆顺兴米行。”

金洪声在1950年的回忆比较简约:“贝锦成招股开米行，我即辞了账房职务。”

离开隆顺兴米行的形式，金洪声和金舜仪的回忆相同，都是辞职。

进入昌记的过程，金洪声在1978年这样回忆:“我22岁即37年，我到先生行内，在王(按:指王佳牟)的米店内抽出一部分，凑上600元，加入了一股，进去工作。仍在账房内，共二个人，我与贝的学徒陆加昌二人。我为正，他为副。”

在1950年的回忆也是:“在22岁年初，贝锦成招股开米行，我加入股(600)元，自己进去做账房。”

两次回忆相同，对600元的股金记忆特别清晰。

此时金洪声与王佳牟合开的义兴米店，已扩大为米行。但金洪声对他与王佳牟职务上的两次回忆，前后稍有不同。

1950年的回忆是:“并再将义兴米店改为米行，我兼了经理(设有副经理具体负责)。”

1978年的回忆是:“王的米店他又找了几个人，也扩大了些，王自己为经理，也给我挂上一个副经理的职务。”

其实不论谁为名义上的正经理，以金、王两人的经商能力，打理义兴米店、义兴米行事务的，大部分要靠金洪声。正如金舜仪所言:“金洪声对外一把抓。”

1936年金秋十月，正是米行业大熟新米登场的最繁忙时节，已经定下去昌记米行当正账的金洪声，诚邀将自己荐入陆陈行业的钟逸民、业师沈茂斋，有一次小瀛洲之游。作伴的还有昔日的师兄、现时的合伙人王佳牟。小瀛洲和米行集中之处的东湖滩一水相隔，向由米业公会派人管理。来往由渡船载行，十分方便，春秋佳日，游人如梭。

四人上船后在渡船上眺望，但见小瀛洲居东湖之中，湖中有三墩，另两墩一为大瀛洲，俗名大湖墩；二为鹦鹉洲，即沙盆圩，报本塔建其上。后二者均架桥与县城相连，惟小瀛洲悬浮湖中。

弃舟登小瀛洲后，洪声向钟老板说："我拜先生为师那天，临行但闻钟先生听涛之说，想必小瀛洲定有不同之处，请钟先生讲讲，让我也长点长识。"沈茂斋和王佳牟也在旁附和。

"不想洪声老弟还记得 8 年前的话，匆匆 8 年，要不是老弟，要恕在下食言了。"

"哪里哪里，"洪声忙应道："洪声能有今日，全蒙钟先生保荐、恩师提携。古语道，受人滴水之恩，当涌泉相报。洪声一直衔记在心，苦无机缘，今日蒙两位大驾光临，已是给足了洪声面子。钟先生请快讲罢。"

禁不住众人催促，钟逸民如数家珍地说起了小瀛洲的来历：

清雍正十年(1732)夏，平湖知县方氏途经此渚时泊船登岸，但见芦苇蔓草之中，有女尼在凄苦中修行。便捐资建屋三间，供奉观音像，傍植柳树花草，始为东湖新增一景。越三十年，知县刘氏在其上创建文昌阁，虽未落成，但平湖邑人中已有人荣任侍郎、编修。邑人归功阁之兴建，于是知县刘氏又于 1776 年重建此阁。并采形家之说，改阁向朝南为朝西。历时一年，建成三层的文昌阁，飞檐翘角，阁顶高耸，署名"镜漪堂"。阁内供文昌帝君像，俗称魁星阁。前建石埠，正对东湖滩，便于渡船往返。

小瀛洲之盛，是在 1892 年知县陆氏和乡绅朱氏捐资创办瀛洲书院。招收县内生员数十名，由举人叶氏主持院事，从此洲上书声琅琅。书院因废科举而止，小瀛洲也纯为一览景听涛之处了。

"钟先生，这是不是就叫做听君一席话、胜读十年书？"王佳牟听罢接应道。

"不想王兄跟洪声搭挡才二年，也会掉文了。"

四人在谈笑间游了文昌阁。又东望洁芳桥飞锡庵；南眺报本塔塔影鸥帆；北观吕公桥长虹卧波、涛声不绝；回首西观乃桅樯相接，陆陈行会聚之所，商贸繁忙。大有环顾皆胜景，面面俱赏心之感。

游罢小瀛洲，金洪声又作东平湖最有名的酒楼同兴馆。席间免不了觥筹交错，酒意阑珊，此日四人尽兴而散。

此时的金洪声在平湖陆陈界的景象，已是小荷才露尖尖角，却引蜻蜓频频注目驻足。虽还未能长袖善舞，却已是狡兔三窟，左右逢源。他1950年在浙江省委党校学习回忆这段生活经历时说："这时一帆顺风，又是股东，又是经理，又是账房。在经济地位上，虽不大也不小。在商业中交际应酬，吃酒赌钱，成了一个典型的商人。"字里行间，透露着一点自得、一点踌躇满志。

金洪声从1929年春，十四岁因贫辍学，入陆陈行业当学徒，到1937年初，成为股东、经理、正账房，用时仅八年。终于完成了由贫困少年到青年商人的蜕变，犹如由虫化蝶，旁人注目的大多是蝶的光彩和翩翩舞姿，而其间历经的苦痛磨难，则唯有亲历者自己知晓。

正当金洪声蓄势待发，欲在平湖陆陈界大展身手之际，如同海盐长木桥小学失去梦寐以求教师职位的张筠秋一样，一场巨大的民族灾难，也同时在向他逼近。而且，一夜之间，他不但失去了正账、股东、经理的名分，还吞噬了他苦心积累而曾经拥有的一切。

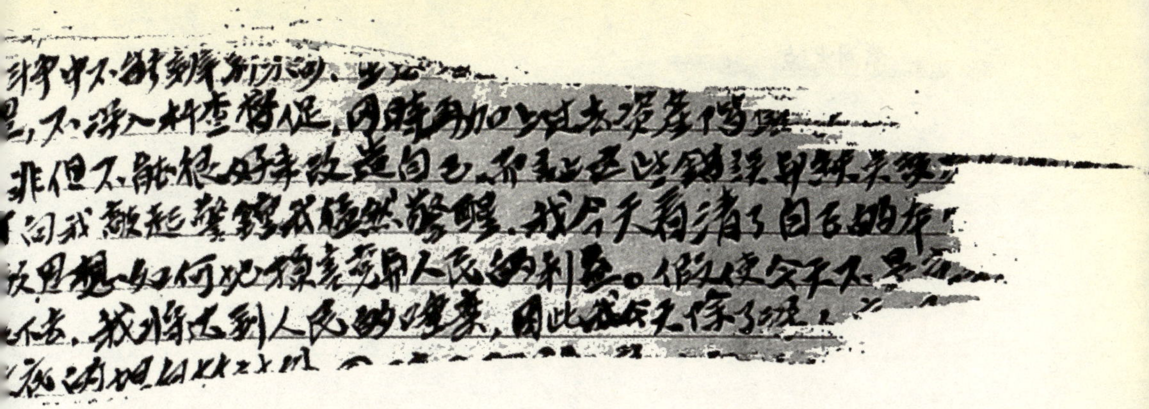

米行毁于战火

农历正月初五，是商铺店家接财神的日子。昌记米行的老板贝锦成一早就来到店中，供起财神关圣帝，并嘱学徒点燃"高升"——平湖人将爆竹称为高升，意为凡事吉利、气象高升。金洪声今日到昌记米行履新，是贝老板定的日子。用意十分清楚，借接财神的日子，纳福在账房中进新人，为昌记在新年讨得一个大大的利市。洪声今天也特意换了一身藏青色薄花呢的长衫，足蹬一双新的棉直贡圆口布鞋，俨然一身账房先生的打扮，喜气中透着干练精神。走过三元桥，隆顺兴米行也已落在身后，踏着满地的爆竹花屑，听着周围此起彼伏的爆竹声响，金洪声心中不禁想道，真是"爆竹一声除旧、桃符万象更新"！

昌记米行也坐落在平湖县城东门外三元桥一带，由于颇具规模，店面分设两处：三元桥南堍东拐，沿三元港走过一家棕绷店和酱园，紧挨着就是昌记米行的总店。这里设一处收货出货的场子，总管米行财务的账房间也摆在这里。账房间临河开窗，从窗口北望，隔着三元港，可以清楚地看到河对岸何元甫茶馆的招牌。昌记米行的另一处店铺在三元桥北堍的汤家浜，是三开间的一座楼房。据金舜仪在2006年4月13日的回忆，这座两层楼房的布局如下："楼下是场子。贝锦成确实蛮器重，把他（按指金洪声）安排在贝锦成困的地方。跨过三元桥，楼上，又像会客室，又像休息室，摆这只账台大概想逃点税。金洪声睡觉的场所，就在楼上，我也困过。房子不大，走上楼梯，一间有现在两个房间大。贝锦成信佛，一只木鱼，早上要念经，老爷供在上边。带会客室，重要客人在这里。另一面是两个房间，一个是贝锦成的一个学徒名叫周华的，一个是金洪声的。"贝锦成另有内宅，此处是他做生意有点疲惫时的小憩之处，紧挨着安排金洪声的卧室，既是器重又便于随时商量。在三元桥米行的正式账房间外，此处再另设一只账台，可想而知，所记的都属昌记米行的财务秘密了。

据《平湖粮食志》所载，昌记米行的资本额在当时平湖城区51家米行中，名列前八。并述，米业公会"由米业中名望较重者接任……抗战初，仍由罗良才主持，继有贝锦成、汪志荣等任理事长"。可见贝老板在平湖陆陈界的人望之重。

对于贝锦成其人，曾在昌记米行工作、并立过红毡毯、正式拜贝老板为先生的周伟权，在2008年元月回忆道：

"贝锦成络腮胡子，外号贝胡子。

贝锦成贝老板，人蛮大方。我患急性盲肠炎，他用轮船直送嘉兴，一切费用直报直销。当时一支青霉素5元，还有更贵的盘尼西林。

贝锦成在敌伪时期任米业公会主席，办军米、菜籽，胜利以后吃官司，解放以后又吃官司。

昌记米行的经营特色是黄豆生意大，平湖乍浦以西、海盐西塘桥一带出产元青豆，还有昌记特粒粗的牌子。"

金舜仪对昌记米行的生意也有回忆："贝锦成也是一个做生意人，通外帮，通上海。菜籽通油车，上海嘉兴都有坐庄，那里需要什么运过去，这里需要什么运过来。"坐庄，即现在说的办事处或分公司。通外帮，即做平湖县以外的生意。

生意大，手面大，似乎又手眼通天，几经牢狱之苦，必是一位敢冒风险的商家。与金洪声的业师、前一个老板沈茂斋的谨小慎微从小处落笔颇为不同。但两人又都信佛，却是相同之处。

金洪声在隆顺兴米行虽是名义上的副账房，可干的就是正账房的活，加上人的悟性本来就好，所以在昌记米行正账职上，也可以说轻车熟路。新春伊始，米行的忙季还未到来，昌记米行正账上的活还不见怎样忙碌。他就趁着这时候，不时抽出功夫与王佳牟一道，加紧筹划着义兴米行今年菜籽汛的生意。

王佳牟的意思，去年义兴米行菜籽、草籽生意一炮打红，今年索性再做大一些。他向家里加要点本钱，当然还不够，要金洪声再向钱庄或银行想想办法，轧一点头寸。新籽登场时，各米行都等着要用资金，所以得现在就趁早去接洽，吃顿饭送点礼全由金洪声安排。

金洪声的意思，是不是看看再说。从每天报纸上的新闻看，时局似乎不太稳。西安事变虽和平解决，未演变为内乱，但余波未息。发动事变的张学良陪送蒋介石回南京后，接受军事审判，后虽获赦，但仍被软禁。任如事变的另一位发起者杨虎城在通电中所言，会不会“国危至此，再有萁豆相煎之事”。而就在平湖境内，近在咫尺亲眼目睹的时局，似也有异端。先是大批军队和民工，在突击赶修乍浦到嘉兴的乍嘉公路，民间流言，是最高当局审定的军用公路。更令人不安的是乍浦在筑环山公路，以及附近一带大筑碉堡掩体。座座钢筋水泥的碉堡，兀兀地矗立在一望无际的原本长满稻麦油菜的田野，这种严重的不协调，时时刺痛着生活其间的百姓的神经。更有甚者，游弋在乍浦一带海面上的日本军舰，滋扰出海渔船消息的时时传来平湖县城。平湖人都说，若没有事情，日本兵舰停在这里做什么？再有，去年嘉兴修了飞机场，没有民航客班，明摆着是军用的。平湖离嘉兴只三十来公里，机场上时有飞机起降，飞机轰鸣着在平湖居民头顶掠过。凡此种种，是不是一直远在北方的战事，正在朝向来不为兵家所重的平湖逼近。金洪声问王佳牟，王的回答却是，天塌下来有长子顶着，生意总归要做。

两人商议的结果，毕竟是赚钱的驱动胜过对局势担忧的理性，再则，在中国历来为肉食者谋的国家大事，平头百姓能知多少？况且就摆在眼前的事，成了两人决策的重要比对：贝锦成贝老板的昌记米行此时不是也在招股扩大？8年来，两位学徒一直看着小心稳妥的业师沈茂斋，自己入股进昌记米行不算，还拉着金洪声入股进昌记，难道一向胆小谨慎的先生也会失算，不能吧？难道先生会害学生，更不会罢！

于是两人议决今年义兴米行的经营要旨：春熟生意至少维持去年规模，所缺资金，由金洪声负责寻找“头寸”。走一步看一步，做完春花生意，看情形再决定大熟米生意如何做法。

金洪声同钱庄、银行商议的结果倒很顺利：义兴米行和金洪声的生意信誉不错，王佳牟家里的财务背景也靠硬，去年的合作也很愉快，到时要用资金，一定想办法优先满足。听到这个消息，王佳牟还特地请金洪声吃了一顿“撑腰糖糕”，以示祝贺，也算为两人今年的生意鼓劲。

“撑腰糖糕”是平湖习俗，农历二月初二称“二月二”，亦称“春龙节”或“龙头节”。“二月二”龙抬头，正是一年农事开始繁忙的时候。龙在天上司雨，为了祈求一年风调雨顺，以获得好的年成，平湖的城乡百姓就以糯米粉做成糖糕以祀春龙。还有另外一层意思，进入农历二月，农活也要进入“瓜菜落苏(茄子)齐落地”的春耕大忙季节。全年农活的大头——俗称“大熟”的水稻播种也要进入育秧备耕的阶段。水稻的种植，以弯腰插秧为最累，对在田间劳作的农人而言，进食糖糕已为大补，能把腰板撑硬，故又称“撑腰糖糕”——在漫长的食物一直相对匮乏的年代，糯米做的糖糕确实特别耐饥。城里人虽不弯腰插秧，但作为平湖的一种风俗食品，糖糕做得比农村

● 1953年9月中金洪声(右一)在浙江行政学院学习时与同学合影

里更为考究。米粉是同样的,也是用上好的糯米磨制。将米粉用浓浓的重糖水和匀,再加红糖、红枣、胡桃肉等佐料反复拌匀,制成生糕胚子,再把糕胚放在锅上用急火蒸熟。糕熟透后再点缀以红花绿丝,既好看又好吃。入口甜蜜韧劲,故又称"蜜长糕"。

王佳牟买的"蜜长糕",当然是平湖城内顶挑的货,两人就着一杯绿茶品啜。绿茶当然也是上好的西湖雨前龙井,两叶一芽,枚枚直立杯中。王佳牟边吃边对金洪声说:"吃了撑腰糕,今年的生意做起来,更有劲了。"金洪声笑着吃糕:"但愿能借得师兄此语吉祥",但心中却拂不尽那丝总担心。

平湖城中4月18日的挂灯节热闹场面,大大地打消了金洪声对时局、市面的忧虑。

如前章所述,为祝祀供奉在大王庙中的霍光大将军的诞辰,平湖形成了一年一度的四月十八挂灯节。1937年的平湖挂灯节,似乎丝毫不受时局的影响,反而显得格外闹猛,大概嘉靖年间将军显圣退倭寇的传说,切合了四百年后的人们对现实的企盼,几乎癫狂的祀祝活动,不知是掩盖或是真正荡涤了人们心中对战火逼近的所有隐忧。

从4月初十起,三元桥就搭起了桥亭,亭上雕了众多人物、花卉、鸟兽图形。桥亭两旁的栏杆、亭柱上刻有当时平湖名人手书的楹联。同样搭桥亭装扮的还有附近的永康桥、猪行桥等。

4月16日起就开始挂灯,灯大都非自制,沿街商家都聘请名工巧匠特制各式彩灯,有宫灯、八角灯、连环灯、走马灯等等。一盏灯都绘有一出戏文故事,如《白蛇传》、《西游记》、《水浒》,使灯更耐看。义兴米行今年定制的一盏是走马灯,仍然画着《三国演义》桃园三结义的故事。另一盏是八角灯,画的是八仙过海的传说。

十七夜试灯,十八正式悬挂。挂灯最热闹的处所,是东门外至城中酱园弄口一带,大王庙、弄珠楼、北寺几个地方为观灯的中心。其时四方来客如云,通宵达旦的观看那美不胜收的灯景。最热闹的还是白天,人头攒动,鼓乐齐天。四乡的农民,由各自的乐神社组织入城,举行歌舞表演。凡进城的演出队伍,均以两个玩火球的队员开道,此种火球上下翻滚跃动的阵势已令观者怦然心动。随后是争奇斗艳的彩灯方阵蔚然成势，殿后的歌舞杂技表演则各队尽展其能。此年表演最受人瞩目的是一支高桡队，高桡中之高耸者，人可以坐到街道两侧人家的楼窗上。舞者一跃，观者一声惊呼，引得无数人忘情忘形。此日，夹道观看者真是万人空巷、欢声如潮。

洪声平素除非生意上的应酬，不大喜欢去轧这种闹猛，但今年拗不过王佳牟"沾沾喜气"的说项，也和王佳牟挤在人堆里，白天看老爷出会街头歌舞，晚上看满城街巷中的彩灯高挂。

过了二月二，转眼就到菜籽汛，今年菜籽、草籽的年成属正常年景，收购牌价经米业公会议决，在每百斤平均扯价 5.486 元，略低于上年的 5.513 元。金洪声和王佳牟盘算，若仍能按去年每百斤 7.5 元左右的价格出货，生意还是可以做做的。看来今年开市的行情不错。

作为正账房的金洪声，十分清楚昌记米行的经营情况和资金流向，这是他决策义兴米行生意的重要参考。昌记米行在正常收进菜籽，其他几家大米行门前也是栈船拥挤，金洪声觉得市场无大异动。义兴米行也就放心地如去年一般，有菜籽就收进。新菜籽上市一个礼拜以后，令他感到不安的第一个信号终于来临：上海方向三吉油厂的提货不如去年及时。

其实此时，一向远离兵燹之灾的江南小县的人们，不知一场空前的战祸正如瘟神般向他们逼近。而这种民众的集体无知，因为几千年来执政者的"肉食者为之"的理念而愈益受到蒙蔽。悟性极好又有了几年生意场上历练的金洪声，毕竟还能从一些事情中看出点蛛丝马迹：

4 月 23 日，嘉兴成立城防司令部，由驻防的五十六师师长为司令，二区专员兼保安司令为副司令，统筹嘉兴地区防御。

平湖县投入战时动员，成立了县社会训练大队，训练壮丁，金洪声年龄正合适，也被征召参训。

还时有举行的防空、水陆运输演习，分批训练保长等等，虽然看起来都是花拳绣腿，但毕竟气氛还在。

还有聒噪于金洪声耳边的各种县内杂捐的催要：今天贴标语要钱，明天开挖壕沟要钱。江南民居的传统是讲究黛瓦白墙，最令人啼笑皆非的是县长大人下令，将县城内一面面大白墙刷成玄黑，还要向各店铺派钱。

还有明目张胆的以“救国捐”充军需为名的时时勒派，县府当局更显理直气壮。米业公会理所当然地首当其冲，昌记米行的缴款是金洪声经手，义兴米行的缴款是金洪声囊中的实际支出。

还有路人皆知，作为茶余饭后谈资的传闻：县长白天到县署办公催款，晚间则以船为家，停泊无定所。

以上种种，是偶露峥嵘的端倪，还是随即平复的涟漪，金洪声感到自己混沌不清。

三吉油厂小开在6月中旬提去第一船菜籽后，迟迟不再来平湖，曾使金洪声的心头骤然一惊：是否今年的菜籽市场要异动。“七七事变”的消息借着报纸和收音机传到平湖县城，事态已不需要也不可能再由米业公会预先通报了，各家米行、各个老板都在凭着自己的消息渠道，独立地进行着对市场走势的思考与判断。面对投入了大量资金收进，堆放在昌记特别是义兴米行货栈里几乎满仓的菜籽，金洪声心绪不宁。同是这些菜籽，去年曾给金洪声带来金钱和快乐，今年能给他带来什么？

所谓当局者迷，金洪声的心头同当时平湖县陆陈界的其他所有同仁们一样，总还存在着对时局和生意的几分侥幸和希冀，而这点希望之火，因为《东南日报》一篇花边社会新闻而被大大激奋：农历六月十九，是观音大士诞辰，省城杭州西湖六桥三竺各寺院，香客如云，通宵不息。旅馆、酒肆、西湖画舫划船，利市百倍。金洪声和其他人一样，捧读新闻如释重负：省城杭州比小县城平湖，市面要灵得多了。杭州尚且如此佛事大盛、生意兴隆，那时局一定真的是没有传言中的可怖了。

然而，市场总以它固有的轨道运行，超越地域的限制，冷酷无情地置金洪声们的心头希冀于全然不顾，朝着它既定的方向前行。一年前的金洪声是幸运的，他和它同向而行；今年的金洪声是不幸的，他和它逆向而驰。

时过四十年后，金洪声回忆起这几个月度日如年的日子，他写道：“37年上半年，日寇侵略形势已开始，到菜籽等春花登场时，形势已很紧张。

商业已肖(萧)条,收进来已卖不出去,物价下降(按:指收进来的菜籽等货物的价格)。到6月底已亏本很大,已成停闭状态。下半年没有生意,在吃老本了。"

菜籽登场在6月初,只有收进没有销出,一切开销依旧,借钱的利息滚滚叠加,到6月底亏本,下半年开始吃老本。俗话说,坐吃山空,是商家的大忌。

关于1937年这段时期的惨淡经营,金洪声在1950年也有回忆:"下半年七七事变,日鬼侵略,时局一天坏一天,在业务上受了影响。当时米行收货自己资金占少数,大部分系钱庄贷款。由于时局不好,物价下降,而无法正常经营。欠出的款子,逼着归还。二爿米行已成停闭状态"。

金洪声与钱庄的关系不错,此时这种不错成了要命的双仞剑:关系越好,借款越多;借款越多,收进的货也越多。如今菜籽积压在货栈里不能变现,钱庄催逼的本利也越多。所谓冷在风里、穷在债里,此时的金洪声不堪重负。不想一年前曾经在平湖陆陈行业"一帆顺风"的他,一年后被钱庄催逼,如坐针毡。金洪声和王佳牟都不是拆烂污的人,借来的钱都用在生意上,变成菜籽满仓地堆在栈房里。可菜籽没有人愿意要,任凭你和三吉油厂小开的关系再好,任凭你割肉贱卖,也无人问津,你让人怎么办?

到了8月,因上海"八一三"事变,金洪声和其他的平湖人一样,不是从报纸上和收音机里,而是从实际的生活中感到了战事的迫在眉睫:日本人的飞机时时在平湖县城上空盘旋,有时能清楚地看到机身上血红的太阳旗;更直观的是上海难民的大量涌入。平湖北与上海毗邻,在经济、生活风尚方面历来受其影响极大。且多有平湖人在上海做事谋生,也有不少平湖姑娘嫁入上海。"八一三"东洋人在上海一掼炸弹,返乡的平湖人和上海人到平湖来投亲靠友的络绎不绝。金洪声的二姐金月婵也嫁在上海,"八一三"后信息断了,金洪声去了几次信,也不见回信,洪声和家里人都挂念异常。

金洪声和平湖人在这一段时间里,亲眼目睹了一些以前从未见闻的备战行动:第十集团军所属第二十八军进驻平湖;稍后,平湖抗敌后援会挂牌成立；平湖动员数万民工，在县内原有的钢筋水泥碉堡掩体外挖战壕，又在县境南面一侧海堤外，挖筑了长二十余公里的“海河”，并用挖起之土在岸上筑成泥城，犹如土的万里长城，蜿蜒连绵，蔚为壮观。

更有不为金洪声等一般市民所知道的，是来去无踪的党国要员们的军事活动：8月14日，国民政府命令沪杭甬沿线各县市戒严，张发奎兼任松（江）嘉（兴）戒严司令；8月17日，第三战区司令长官冯玉祥到嘉兴视察。

平湖陆陈业的生意，除了占总量极小的米店供应县内市民的食用以外，大宗的都是收进县内出产的粮油产品，运销上海、海宁等的所谓“外帮”生意。而此时，上海烽火已起，双方重兵对峙，一切以攻城和固守为轴心。生意的事，用金洪声的话来说，是“已成停闭状态”。

生意上的事到11月5、6日，则陷入全面崩盘不可收拾的地步。5日（农历十月初三），日军乘晨雾及我军换防之隙，以大炮为掩护，在上海的金山卫及平湖的金公亭一带二三十里海岸线上登陆。平湖人俗称之为“十月初三东洋人在金山卫上岸”。6日，日机连续轰炸平湖县城。当时金洪声正在义兴米行中，下午一时许，但听一声巨响，爆炸声来自店南方向的城边。然后又是一阵十几枚炸弹临空掷下的弹雨，店里连同金洪声在内的六个人，哪里见过这等阵势，都傻傻地呆立在原地，等回过神来，才知道找个地方卧到。一时间，耳边只听店外爆炸声、惊呼声号哭声乱成一遍。

过后才听说6日轰炸落下的炸弹，以城中仓弄西口的炸弹为最大，一弹炸毁房屋二十余间，地下竟被炸陷丈余，深阔更大几倍。其次为南河头对面的一弹，也炸毁房屋十余间，河水激起冲上两岸，水深可没人足……轰炸一直延续至傍晚五时后，日机才不复再来。金洪声叫王佳牟和学徒赶快整理店中物品，自己快速跑向昌记米行，所幸昌记也未中弹。贝老板正在指挥整理店堂，能拿走的账册现金装入账箱带往内宅存放，而收进的菜籽等货物，只得任其堆在店铺里。趁着傍晚天未全黑，金洪声仅提了一只衣箱，随着涌出四城逃难的人流，由南门奔向通界桥父母亲处。

沿途但见都是神色慌张、扶老携幼、肩挑背负急行疾足的逃命之人。

有的人无亲戚朋友可以投宿，就蜷伏在路旁田边的水车棚中。黄昏后，一路上风雨交加，啼哭之声更遍于四野。出县城到通界桥，本来只二个小时的路，金洪声却在黑暗和泥泞中踉跄了三四个小时才走到。敲开恒昌南货店的门，金洪声已是筋疲力尽，开门的母亲连声说着："人回来了就好，人回来了就好。"

据《平湖县志》载："11 月 6 日起，日机连续轰炸平湖县城，居民死伤百余人。县长丘远雄弃城潜逃。"丘氏即前文述及的那位令刷黑墙、夜宿舟船居无定所者，据说所携宦囊甚鼓。

金洪声人虽逃了出来，但从十四岁当学徒算起，省吃俭用、苦拼苦做了八年积攒起来的资产，在半天之内竟全化为乌有……对于和王佳牟合股开设的义兴米行的资产，以及在昌记米行中入股 600 元等的资产，金洪声在两次回忆中都写道：

"在当年（按：1937）11 月，日鬼平湖掼炸弹，我即逃到乡下（通界桥），平湖的资产化为乌有。"

"日寇轰炸平湖时，都逃出一个人，什么都没有了。我只得到通界桥父亲店中暂住。"

关于金洪声及其他人在这段时期中的财产、房屋损失，除直接毁于日寇的炮火及进城后的抢掠者外，还有另一种情形，虽使国人不甚体面，但为存历史的真实，录下两位目击者的记述以备后人考鉴。

其一是平湖邑人冯宗孟在《当湖蒙难录》手稿中所记述的两则：（一）"十七日（按：指 1937 年 11 月 17 日，即日机轰炸县城后的第 11 日，日军尚未进平湖县城），时城中空无人，乡人之贪小利者，结队进城，随意入人家或店铺家，公然取物，手提肩负，络绎不绝。黠者复守在中途劫之。"（二）"二十日（按：日军已于 18 日侵入平湖县城），乡人入城大掠。时盗贼公行，十九日，日军过后，乡人沿途劫物。未几，日军又来，相视而笑，且摄影以为娱乐。乡人以日军绝不干涉，遂连日入城大掠，城区河道，船为之塞，皆满载而归。掠后纵火焚屋，以图灭迹，其愚其忍，均不可及。县东至城门口，大小街房屋，焚毁最多；县西至仓弄口次之，仓弄以西大小街均幸而免。损失之巨，大半皆乡人贻之也。"

昌记米行、义兴米行都在东门外一带，极有可能毁于这种行为。

对于乡人的这种乘乱劫掠，平湖籍的书法家陆维钊先生在《日寇登陆前后回忆记》手稿中亦有记述。陆先生平湖县新仓镇人，1925 年毕业于南京高等师范，曾任清华大学国学研究院王国维的助教，助叶恭绰编《全清词》，1979 年受命组建全国第一个书法篆刻研究生班，以书画家传世。现平湖县城建有“陆维钊书画院”。他的记述则有三处，其一说：“十月七日　知山阳也大火，人家东西都被抢。……我带往山阳之皮箱一只，已抢去，拎箱一只未抢去，中贮衣服等则都没有了，若干稿子则撕碎在地上。发财之人旁人颇为羡慕，一时风气，入夜都要往镇上搬索。”又记：“十月廿八日　有人从张堰来说，搬物之人成群结队。”再记：“十一月十九　佩生回山阳，岳父欲其打听情况，他却回去私取家中东西。”陆先生此时返乡，伴妻女逃难在金山县山阳一带。

民情若是，可悲可叹，非亲历者，一定匪夷所思。

平湖米业公会所属之米行，店中所存都为粮食，民以食为天，被劫目标甚大，酿成的事故也巨。当时县城米行粮食被盗抢一事，曾轰动平湖全境。事入《平湖粮食志》：“二十六年(1937)12 月，县城盗贼蜂起，纵火抢劫米行，事后米业公会派职工十五人，去附近农村搜缴失物，至李墩老虎墩(虹霓附近)遭围袭，当场死十三人，二人生还。”

还有更多的细节：担任原平湖县陆陈公所所长十八年的罗良才，后以米业领袖领平湖商会会长衔。当战火初起米业局面艰难之际，又被陆陈界同仁公举为平湖米业公会会长。11 月 6、7 两日，平湖遭日机狂轰滥炸后，四乡莠民入城抢劫之事，昼夜不绝。米行存积之粮食，几日之间被盗抢一罄。后由地方士绅自发组成维持会(按：非日后日伪之“维持会”)，罗良才作为陆陈业、商界代表人物也名列中。米行被盗抢之剧，前所未闻，于是罗会长就派人下乡侦查，果然发现被盗的赃物数量巨大。米业公会就雇舟前往，截获真赃凯旋而归，并击毙盗粮之徒三人。次日再次前去，在虹霓附近却遭到有计划的群起抵抗。抵抗者以耕田的锄头铁搭扁担等农具击死米业公会人员八人，其余二人逃回。死者家属，以为事端起于罗良才，都抬尸陈放在罗家房屋中堂，并各家放一焚化冥钱纸灰钵于罗家门口。死者家属声势汹汹,大有举丧于罗家之态势,不饶不歇。以平湖的乡俗,此举于屋主人大为不吉利。罗会长出于为米业的初衷,却落此遭遇,不禁心寒,从此却步于米业公事。

后经维持会同人排解,遇难家属每家给予抚恤金若干,取闹的事总算平息。

当此在平湖历史上空前的战祸降临全城之际,顷刻之间,人生命的脆弱不若蒹葭,望着骤然离去邻人,金洪声和其他未罹祸丧生的人们一样,感到能全身于炮火已属万幸。无怪乎金洪声在述及自己在义兴和昌记米行的资产损失时,只有简约的一句:"都逃出一个人"和"资产化为乌有"了。痛惜之情是必然有的,但可能会被幸存活着和放眼皆然的情形大为冲淡。冲淡金洪声失财之惜的还有满城的街头巷语,那几日街谈巷议的重要话题之一,是平湖城中的名门望族被盗几许的传言,以及连葛氏"守先阁"和自己曾就读的稚川学校等巨厦也成了一堆废墟的惨象。比起这些来,金洪声觉得自己的那点损失,实在是太微不足道了——尽管其中饱含着八年的艰辛。

金洪声对父母说是来通界桥"暂住",心中肯定还在谋日后的东山再起。

可他迈出东山再起的第一步就不顺利,据金舜仪回忆,金洪声到通界桥做的第一件事是养鸡:"米行不行,兴义米行关掉,贝锦成的昌记米行断掉,不是倒闭,金洪声也离开昌记。回到通界桥,心里瘪气。通界桥有个贩小鸡的,小名叫阿三。孵出小鸡全部倒给金洪声,庙旁边有两间空屋,都养在这里,养几百只小鸡。鸡小时有四百只左右,死掉一些,把头鸡(平湖人对鸡长到方盈握时之称谓)时剩下一百多只,二百只不到。"

金洪声几天之内从小有风光的股东、正账、经理,沦为几百只小鸡的养鸡人——此时在平湖农村,养几百只鸡的人,除金洪声外,绝无第二人。一般都是一户养三五只至多十来只作为家庭副业——确实有点令人匪夷所思:是对痛失一切苦闷的宣泄,是对无所事事空虚的填补,抑或是临时凑合着的一种谋生手段。不管金洪声的初衷如何,父亲巨滐竭力反对。金舜仪回忆道:"我爷发火,啥东西,你回到屋里养小鸡,马上叫只船,将这一百多只把头鸡送到张礼甫家里。”

鸡到是得其所哉，金洪声的心情如何，巨滐就不惜顾及了。“张礼甫正好用得着，张振乾肺病，需要营养，吃童子鸡，两只一天或者一只一天。卖当然不卖，我爷的脾气就是这样。金洪声第一次落难。”

父亲巨滐此时处理儿子洪声之事的形式，与几年前处理大女儿月珠婚变时的形式何其相似，所幸的是金洪声没有如同大姐一样被当头棒喝后一蹶不振。

11 月 18 日，日军侵入县城，平湖沦陷。此后即不断派小股军队扰犯农村，或进行报复性杀戮，县境内百姓人人自危。

11 月 27 日，平湖县城组织临时维持会，会所也暂设在大王庙。《当湖蒙难录》记述说：“自维持会成立，乡人入城抢劫之风始息，然乡人获得横财，又为盗觊觎，四乡日事抢劫也。”

就是说，抢劫开始转入农村。恒昌南货店在乡中与家徒四壁的农户比，也属薄有资产。且财物向广为乡人路人所见，所谓银已露白，所以不能免此灾。金洪声回忆说：“这时乡下盗匪很多，父亲这爿小店也遭到抢劫……这年底，也将店停了，到平湖暂避，将店中剩下的物资卖了，凑了一点钱。”

金洪声一家到县城暂避，住在他少年读书时寄住过的堂哥金少宜家。金舜仪回忆：“我们乡下强盗抢，逃到平湖住在大嫂嫂家，他们房子大，有四楝。”因为金少宜家由其妻子钟氏主事，所以在金舜仪眼里，就成了住在“大嫂嫂家”。

1937 年的春节，金巨滐一家就在金少宜家度过。除了那些乘屋主人不在，作梁上君子的那拨莠民外，那时的民风也有淳厚的一面，确实令现代人自叹弗如。逃难之人来投宿，哪怕是素昧平生，也一定热情招留食宿，且不索取钱物，谓：有你们在，说明日本人还未到，逃难的人住得长，说明日子还太平，所以盼望来人多住些日子。这是战乱中人与人之间关系的一种重构，也是人类在生命与财产之间的一种睿智选择，当然也是平湖民风素来淳厚的遗泽。而巨滐和少宜向来交厚，所以就宛如一家人了。但战争的阴影始终如挥之不去的幽灵，笼罩在人们的心头，深刻的影响、重塑着人们的日常生活。譬如说那年的春节，就缺乏了应有的年味，对离家投靠亲友的巨滦一家来说，尤其如此。

良民证的办理更冲刷了本已淡化了的年味，而且使人尝到了亡国的滋味。日军侵占县城后，以“宣护班”为太上皇。为了稳定和强化统治，就核发所谓的“良民居住证”。因为一切都在仓促之间，开始的良民证只以长方形的白布做成。上写年岁、籍贯、姓名、职业，盖镇公所图章。以别针扣衣襟上，男女皆然。从此平湖县城中的市民的身上，有了表示自己是亡国奴的记号。洪声一家只得遵令申领，否则日寇将作“反抗分子”论处，惹出很多麻烦。后来又颁制粘贴照片的良民证，那则又是稍后的事了。还有进出城门，除了排队挨个搜身外，进城门者还要逐人洗手，以示奚落。

1938 年 1 月末，日本人委任的平湖县维持会成立，比起日寇刚侵入时的混乱，平湖县城的局面相对稳定了些。为了生计，金洪声又重操旧业，做起了米行生意，但战乱中的生意毕竟是令人难堪的惨淡经营。金洪声回忆：“平湖日鬼侵占后，有汉奸出来维持，逃在乡下的都回去了。凑了一点钱于 38 年初，我 23 岁，开始我与朱炳秋、汪寿朋二人，拿了工具，到停闭这种米行河埠守着收购，当天卖掉，赚的钱大家分了。”金舜仪的回忆则带着悲悯兄长的感情色彩：“金洪声仍旧回平湖，做他老本行陆陈生意。苦到背一筒麻袋拿杆秤，在汽车站头收米，再去卖给上家，叫串串贩。”

收米的地点易为汽车站，可能是金舜仪的误记，但“背一筒麻袋拿杆秤”的叙述，则补充了金洪声“拿了工具”的语焉不详。“一筒麻袋”，是指将空麻袋卷成筒状，以便携带，是米行业内一种特殊的捆扎麻袋方法。平湖的早春，还是春寒料峭，鹄立在河边守候，河上刮来的无遮拦的风更显尖厉，所谓春寒入骨。为生计所迫，确如金舜仪之所谓“苦”。往日的经理、账房身份都已经不在，金洪声仅是劫后做最小生意的“串串贩”而已。不过能敏锐地发现商机，却表明了金洪声在生意场上磨炼出来的能力。“逃在乡下的都回去了”，人回来第一件事就是吃饭，米就有了市场，就有了生意。用行家的话说，就是瞧见河里有鱼。

随着经营的继续，金洪声的生意逐渐有了扩大。他晚年回忆道：“后即在西大街找到房子，开小米店。因为当时有钱人都逃走上海，所以小本经营也能维持。到年底除了开支，积累了一点。”有钱人在战乱中，以保全身家性命为上，所谓“大乱入城”，大资本游离留出的空隙，正好让金洪声们的小本经营者生存。金洪声在1950年的回忆中提到了小店的资金规模：“日鬼侵占了平湖，有汉奸维持，逃难人都回来了。商业备（逐）步恢复。我于下年初重返了平湖，即将仅有的数十元，开了一爿小米店，到年底又积累了一些。”资金“数十元”，对于曾以600元入股昌记米行，同时又是义兴米行经理的他来说，实在是惨淡的“小本经营”了。

不知是什么原因，金洪声在1938年的一段合伙开碾米厂的经历，在他所有留下的文字资料里，我们都没有见到他的叙述。包括很正式的他1950年在省委党校学习时，所撰写的向党报告自己一生经历的自述中，也付阙如。现根据金舜仪的回忆补上，从金舜仪讲述时序的前后连接推断，应在金洪声临河现收现卖米之后不久。

“金洪声第一次落难，他心不死。仍回到平湖，自己创业。没有本钱创业不容易，同事、朋友合起来，朱炳秋、王佳牟一班人，在西门西城河滩开爿‘义兴轧米厂’，还有胡三观是机师。从前轧米厂一部柴油车，拖两只米斗。胡三观做机师，我也在里头，读书不读了又像学徒。轧米厂开来蛮像，轧米少，生意少，米厂关掉，开米行，义兴老牌子。”

还有对碾米厂生活的具体叙述：“开车要烧车头，我主要拉风箱。金洪声主要外面场子上、账房，一把抓。账房助手有一个，王佳牟。业务一门（种）轧米，一门（种）陈粮收进来。谷没有，糙米转白，买给城里人作饭米。实在那宗货色多，包样子，点角出方。交给跑客，带去米业茶会。灵市面，掮客谈好价格、数量，照样子验货。轧米厂一天生活，学徒开门，排门板拔开，斛子板出，叉袋摆好，等栈船来。白米、糙米分开。农民谷自己做成糙米，糙米要自己杵成白米，砻、石臼都很小，讨厌。到轧米厂来，糠可以拿回去，糠不要可以退给米厂。生意蛮好，但生活不安定。那时是抢险生活，有些身份的人不高兴。”

有些平湖方言可能需要解释：“点角出方”，特别的方正，四角方方的。“灵市面”，灵作动词，打听。“叉袋”，麻袋。“砻”，当时农民手工将谷碾成米的工具。

金舜仪还讲述了碾米厂的伙食:“做饭用个男厨师,早饭常吃水豆腐汤、油条、花生米,粥;中午是饭,六菜一汤,店里一桌,栈船户一桌,饭菜不够到厨房里添;菜两荤两素两只冷盆:片腐烧肉、鱼、猪头肉、熏肠等,生活大概在中上水平;夜饭差不多,晚上可以吃点酒,吃烧酒多数,考究点吃绍酒。”

“片腐”,豆制品,比豆腐干薄;“烧酒”,白酒;“绍酒”,黄酒。

碾米厂开的时间不长,是生意选项不当失败不愿意提及,还是有其他原因,在我们所有的金洪声留下文字资料中,他只字不提此事,我们已无从知道他不提这段经历的真实原因了。照常情推论,忘记是不太可能的,开碾米厂的事要比沿河收、卖米的事大得多。而金舜仪又言之凿凿,他本人也在碾米厂里做过,而且连经营、生活的细节也记忆犹新,想来一定不会是空穴来风。

对于造成“年底有积累”的原因,金舜仪也有补充:“他是总经理,还有丁兆铭是股东。这个时候他生意做得蛮大。从前在隆顺兴米行,海盐客商到平湖来,先生看得起叫他做陪客。海盐万罗帮里‘来金庄’,海盐米行里也算蛮大的。那时认识,这时派上用场,平湖需要黄豆,海盐需要米,两面对调。当时对贩也不容易。”

海盐、平湖两地,豆、米对调贩运,在当时岂止是不容易,还有很大危险。金洪声此举是在冒险一搏,因为与张筠秋的婚事即将向双方的父母正式提出,而办婚事的钱急需筹措。

1938 年初起,日寇出动飞机,大肆轰炸游击区。6 月 8 日,泊于乍浦海面的日舰 7 艘,连日炮击陆上村镇。

1938 年 7 月 31 日起,日军分 12 路进行海北大扫荡,集中兵力超过万人,有飞机 30 余架、汽艇 100 余艘,平湖、海盐的游击区均属进犯的重点地区。日军还划定平湖为粮食采购区,颁布法令,规定生产者所有米粮除食用外,需全部出售,充作日军军粮,违者严惩。同时对粮食设卡管制的还有我方军队,以防用粮接济日军,想陷日军以无粮自乱之境。更有土匪部队假借正规军的浑水摸鱼。所以平湖此时对粮食加以控制的有三方:国民党政权,日伪方面,土匪。金舜仪回忆道:“国民党土匪部队封港口,一关一关很多，要搬要抢。押栈我也押过，都是手工摇，到港口靠岸，一般通行证硬，他们不敢抢，钞票塞掉一些。贩来贩去，生意确实做得蛮好，当年金洪声就结婚，日本鬼子进来第二或第三年。”

金舜仪的回忆基本不错。“押栈”是指船装了货物，货主自己或派人随船押送。要“硬的通行证”，需要向当权主事者暗中花钱；“钱票塞掉一些”是当面贿赂，都是用孔方兄买路，不过商人总还能获利。金洪声做的是我、日双方都禁止的生意，风险越大，获利也越大，所以到年底就有了点积累。

“积累了一点”的大宗用处，使他有了娶张筠秋为妻的经济基础，婚事的详情已在《姐弟之恋》中叙述，两人于 1939 年春完婚。

1938 年的平湖，金洪声亲眼目睹的两件事可记。一是侵占平湖县城的日军“宣抚班”，以妨碍瞭望视线为名，焚烧城东吕公桥至洁芳桥一带民居，时为 4 月 5 日。另一件是金洪声在义兴、昌记时，常与之打交道的同裕记两家钱庄合铸的地窖被盗，时在 3 月，金洪声刚返县城收米不久。这件事当时轰动整个平湖县，金洪声也去看了盗后狼藉的现场，钱庄原与洪声相稔熟的一名伙计，为他说了详情：1937 年日军轰炸平湖时，钱庄将簿据、契据和金银珠宝、翠玉地契等密藏于地窖。一些关系紧密的亲戚朋友的贵重物品、契据也辗转寄存，价值达千万余元。3 月 16 日，钱庄一伙计启锁作例行的入室探视，却惊愕异常地发现有五六个人荷枪在内，还有一老年妇女为之操持饭菜。钱庄伙计即向县伪会长高某报告，高作惊异状说：“竟有此事，不要声张，当徐图之。”六七天后，竟见宣抚班告示粘贴地窖门上，内容是保卫公款、外人禁止出入云云。29 日凌晨，传言地窖已被开启。伪会长高某半夜化装到现场，令秉烛漏夜开掘，到凌晨才将地窖打开。高捷足先登，尽取其中的贵重精美，余下的由同谋者平分。30 日，高某之妻乘轮船去上海，所携甚丰。

伙计说，以上一切，都是高某雇佣的一个女仆所言。女仆原来在同裕老板葛氏家做，后来到高某家，所述的事情都是那位女仆亲耳所闻、亲眼所见。

金洪声听罢大为感叹，比起前时那些乡人的入室抢盗，高某的行径可谓大盗不操干戈，半夜之间骤得横财暴富。此事的恶果，除向钱窖寄存钱物的事主蒙受巨损外，平湖的钱庄业也因此次的损失惨重，而从此一蹶不振。

时序进入1939年，据金洪声回忆："39年，24岁，乡下情况好转了，父母仍回通界桥，在米店内抽出一点钱，仍开小南货店。"可是金洪声小米店尚好的生意，却在1939年转入低迷，原因如他所说；"由于城外米行开多了，我城内米店生意又差了。每月已不够开支，要亏本。我找了几个同业朋友丁兆铭、胡企民等合股在西门外竹行头开小米行，资本每人20石米左右，朱、汪也同去的。由于人员多资本少，不够开支，而且也有些意见，几个月又拆开。我仍与朱、汪在西门外西河滩找一间房子再做。"

金洪声没有说到的原因，则更深层次也更为重要：作为抗日游击区的平湖，我敌双方的斗争和控制反控制，日趋激烈，这种拉锯式混战的社会环境，势必影响商业的正常运转。

1939年新年伊始，1月20日，县抗敌自卫团及警察队300余人，于凌晨反攻县城。虽不克，但给日寇以极大震慑。且半个月后，2月5日再次攻城。

日军也动作频频，从2月25日起，纠集3000余人，在师团长土桥率领下再次对包括平湖在内的海北地区，大举扫荡。

9月30日晨，日军出动400余人，包围国民党县政府所在地新仓镇棣圩村，县长许敏中以下10余人全部被俘。后许侥幸得脱，余均被日军杀害。

金洪声与朱炳秋、汪寿朋合伙，在西门城河滩开设的小米店再次关闭后，他的从商之路似乎已山穷水尽。金洪声想去叩击命运之门，便找了形相家卜课算命，以测未来。据金舜仪回忆："他也去算命，算出来说，你还未运来，运来要三十岁以后，给他算着。"

人在穷极无奈而又心怀某种希望的时刻，往往去寻觅人力之外的神的启示，金洪声到底未能免俗。果然，算命后不久的一封上海来信似乎应验了算命先生的预言。

金洪声在晚年回忆起这段往事时写道："我有一个姐姐金筠倩嫁在上

海，对方是纱厂职工，叫沈先忠。日鬼侵入后，信悉（息）不通。后来信了知道，姐夫已失业，他们住的地方被炸掉，情况也不太好。问我内地（按：相对上海而言，平湖为内地）有办法吗？我就去上海看他们，我说上海找不到工作，搬内地去开支省一点。他们就搬到平湖，凑一点钱与我一起开米店。”

金筠倩是金洪声的二姐，原名金月蝉，又名金筠倩、金静秋，生于1913年。“对方”一词，是解放初期的革命队伍中，夫妻双方对配偶的流行称谓。我们在金洪声、张筠秋、刘佩贞那个时期填写的履历表中每每见到。这里的“对方”是指金筠倩的丈夫。沈先忠，宁波人，据金舜仪说他“蛮会做生意”。金筠秋嫁给沈先忠是续弦，生一子一女，女夭亡，子沈德麟。

前几年金洪声在生意上的春风得意，二姐和姐夫肯定耳闻目睹，此时金洪声一建议，他们就来到平湖，和金洪声一起合伙做米行生意。然而昨日之事已如黄花，风光不再，今日之事势已断非昔日可比了。金洪声继续回忆道：“由于米行逐渐开多了，资金少已无法存在了，到秋后停闭，我回到乡下。”语气之间，非常无奈。十余年之后的1950年，二姐和姐夫携外甥沈德麟应金洪声之邀，又有一次平湖之行，而且掀起轩然大波，那是后话了。

1939年一年之中，金洪声五次开店（厂），又五次关闭。开关频率之高，令人感叹不已。感叹他时运的不济，也钦佩他锲而不舍的顽强。战火初起时外撤资本的重新回流平湖，使得金洪声的“小本经营”在县城中失去了继续生存的空间。资本市场的冷酷无情，使昔日在商意场上一帆风顺的金洪声，如今却屡次开店屡次失败……他无奈地只有选择离开县城，沿着十四岁那年进城的道路，返回金罗浜。

回到金罗浜后，两年来的奔波劳累挫折郁闷终于击倒了金洪声，于是他大病一场。

今年春天结婚的妻子张筠秋仍在海盐宣家浜教书，且已有身孕，他只能孤身在家养病。待病体稍愈，金洪声面对如此家境，哪里容得自己坐食闲饭！一番计议之后，又屡败屡开地做起生意来了。商人的敏锐，使他看到了眼前的商机——战乱中乡村人对日用品的需求，更依赖于就近的商家；对家人的责任使他说服父亲，作出了如下安排：父母回金罗浜颐养天年，由已戒掉鸦片瘾的大哥金鸿楹主持通界桥恒昌南货店的生意。作为过渡，先由他帮助大哥经营，等大哥熟悉生意后，再由大哥独自经营。到时，他可以再另谋出路，仍去做他熟悉的陆陈生意。他深信，天无绝人之路。

这是一步盘活金家全局的妙着，尽管父亲以知子莫如父的洞察，看到了危险和希望并存的两个侧面——从两个儿子身上。还有对经营了十余年小店的依恋，可是经不住二儿子金洪声的再三劝说，终于同意了金洪声的安排。

金舜仪这样回忆这段往事："他脑筋很会动，这时逃难的平湖人都逃在乡下，乡下通界桥也算有市面，一爿南货店，三爿茶馆，一爿熟食店。逃难人也要生活，平湖不敢去。"

这就是金洪声看到的商机，用现在的话来说，有市场需求。

"他就同我大阿哥，烧饭是静珍，筠秋那里不跟了。还有汪寿朋，汪寿朋是伙计。"

张筠秋婚后去海盐宣家浜教书，静珍是一同去帮助照料生活的人。

"那时生意好得不得了，两只栈船专门到平湖运货。平湖市面虽然没有，货色还是有批处的。店里生意是好的，好的时候金罗浜家里也开了一点小店。但生意好过头，土匪看相，连抢两回。

第一回抢，金洪声还在店里，抢得不多，清晨时间来不及，就逃掉。第二次抢，时间早，金洪声不在，只有大阿哥在。这次屁股烧洋蜡烛，要他拿出来，其实没有了。抢劫一空，拿得动的全部拿走，金洪声的一箱子衣服也全部去掉。"

关于"屁股烧蜡烛"之说，是当时平湖土匪入室行盗时惯用的一种手法。将屋内男女主人绑缚，用洋烛或洋油烧下体，逼迫交出所有财物。一时效尤成风，竟成"烧屁股"之谣。

金洪声对恒昌南货店的这种安排，终于由于大哥鸿楹的再次染上毒瘾，被父亲巨淼发觉逐出店去而终止。父亲再次入驻赖以维持老夫妻后半身生计的小店，金洪声只有离开曾经昙花一现繁荣过的恒昌南货店，怅然若失地又回到金罗浜老屋。

1939年岁末，金洪声回顾一年的生活，商场的失意使他心意寥落。当然也有一抹亮丽：与张筠秋的结婚和妻子已有身孕的喜讯。转眼一想，自己以闲赋之身，如何面对即将来到人世的新生命，以及对整个家庭的责任，自己的命运之门究竟在哪里？

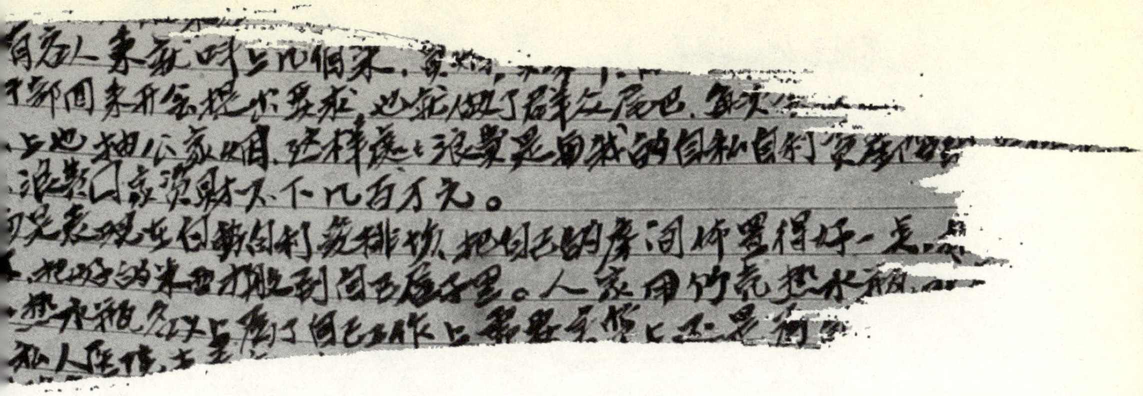

马厩庙米店和张筠秋入党

1940年初的金洪声和张筠秋，陷入了婚后经济上的第一个困顿时期：张筠秋怀孕已近临盆，4月在办得异常红火的张家门小学校长任上被突然撤职。继1937年因日寇战火祸及而失去了长木桥初小教师的职务后，再次失去了她自幼向往的教师职位。假如说第一次的失去教师职位，主要还是精神层面的抱憾话，那么这次的再度失却构成了对她来说极其严重的经济上的威胁。金洪声在1937年的战火中，一夜间从平湖陆陈界的崭起新星，沦为身无分文的失业者。虽然以后的几年，他在县城四处奔波八方设法，但时不利兮骓不驰，只能落了个积劳数年终于病倒失业返家的结局。尽管此时的夫妻俩，照账面的收入，尚有张筠秋陪嫁的十五亩田的田租可补贴家用，但那在战火纷飞的当时，也只能是纸面上的画饼而已。一则张筠秋娘家海盐张家门附近的田大多是旱地，田租最多只有能种水稻的水田的八成，约每亩8斗米左右。况且游击区的国民政府和日伪势力拉锯的政治军事局势，使那几年的收租成为事实上的极不稳定和甚至不可能，所以不能将此项田租收入视为家庭收入的正途。张筠秋在晚年回忆起这段时期的生活时说："可是种田一年，收下来还了租米亏本，金洪声又失业在家，正是走投无路。"

"种田一年"的情状已在前文叙述，"走投无路"真是夫妻俩窘状的概括。

面对新婚才年余的妻子和即将降临的他俩爱情结晶生命延续的新生命，金洪声和妻子计议一番后，觉得只有一条路或可一试，即告贷一些本钱，由他重操旧业开米店。尽管张筠秋望着丈夫曾经瘦削而今更显憔悴的脸庞，深知开店的艰辛，在战乱中更为不易。但金洪声主意已决，自觉天无绝人之路。于是就开始筹措资金，等凑齐了十石米之数，即告米店开张，米店的地址选在马厩庙。

马厩庙在金罗浜南面三里，也在平湖县境内，是个极不起眼的乡村小集——平湖人习惯上将此类几十上百户人家聚居的小集亦称为镇。上个世纪三四十年代的马厩庙只有东西一条街，街两旁住着五六十户人家。乡集虽小，却以一庙一桥闻名遐迩。马厩庙之得名，竟可远溯至我国春秋时期。相传齐国国君齐景公曾受命代天巡狩来到吴地，古称"大易"(现为马厩庙所属之平湖市曹桥街道)。齐景公驻军养马于此，故称马厩。后来当地百姓为纪念此事，建齐景公大王庙，俗称马厩庙，于是小集也以庙为名，称为马厩庙镇。

马厩庙此地果然名不虚传，以往仅以庙名彰显其历史，拂去历史烟尘层封之后，终于在1980年发现马厩古文化遗址的实证。遗址面积约为12万平方米，文化层厚0.85米。可分为良渚文化、青铜时代、东周序列。考古工作者采集有良渚文化的陶器、石器；青铜时代的印纹硬陶；东周的原始青瓷和印纹硬陶等。

马厩庙镇南畔有赵泾港自东向西蜿蜒流过，水势颇浩荡，三孔石拱大桥马厩庙桥横卧其上。桥长34.2米，高6.32米，宽3.31米，中孔跨径10.1米，边孔跨径各6米。南北各有石级37级，桥身用花岗石建成。桥始建于明，光绪年间重修，民国十八年(1929)春，里人重建。小镇长桥，在平湖县境内仅见，故入《平湖县志》。桥侧畔共雕刻楹联八条，西侧两联四条是："扬帆东驶柽联三泖口，驱车南望遥指九峰巅；万狩渡景公庙貌至今称马厩，西驱沿大易塘名终古属赵泾。"东侧两联四条是："半月偃赵泾五坊门户，长虹环马厩三县交通；隔岸拱星枢南望沙渚北通汉水，横塘澄月影东连泽浦西溯硖川。"古桥的悠久历史和深厚的文化积淀以及济世的交通功能，尽寓联中。

● 马厩古石桥

有关马厩庙米店资金的来源，金洪声在 1950 年浙江省委党校学习时撰写的个人经历中回忆道："系借来十石米，是我夫妇两人(筠秋生了孩子，已不教书)自己做的，一面种田，一面做生意。"资金的数额和主要经营者的情况，都讲得比较详细。而张筠秋在稍早一些时候的省委党校学习回忆中，也有提及，不过在资金数字和开店地点上就显得模糊一些："卖去一些田，离家不远的小镇上开米店。"在另一处回忆中她说，卖去田的数目是七亩。

金舜仪也亲身参与了兄嫂这次马厩庙开米店的事情，米店的一些具体情形可以凭借他的回忆。我们在 2006 年 4 月 13 日专访了他，八十岁的老人仍思维敏捷，他侃侃而谈道："马厩庙米店门面，我们店靠近西面，潘天河造的。米店对面是茧厂房子。营业做得比一般大。海盐西塘桥朝南出黄豆但无米，投机商洒水米。店里夫妻店，我和上头的阿姐，阿嫂教书放假时也在。”

“潘天河造的”，就是说米店的房子是租用潘天河家的。“店里夫妻店”，是指店中的经营人员都是自家人。从金舜仪的话中可以看出，金洪声是捕捉到了市场需求互补余缺的商机。他又是经县城大米行历练多年的高手，“投机商”急功近利甚至可谓饮鸩止渴的在“米中掺水”的手法是绝然不为的，坚持的是“诚信赚钱、人有我优”的商业原则。果然，诚信经营的结果必然是“营业做得蛮大”。

米店较为详细的经营情况，金舜仪又继续回忆说：“有一帮肩挑贩米客，海盐黄豆挑来，离平湖还远，就卖给我们米店。一次、两次就熟悉了，就脱手。米再贩回去，菜籽也有。黄豆、菜籽收来装平湖。我们看下手，生活那时也蛮好。”

以金洪声的生意经，他利用马厩庙地利之便——居海盐至平湖必经之路的中间；又拓展了他的长项——与人相处的本领，就将顾客拉住了。或许还借重了张振乾父子在地方上的影响，可以为他组织海盐的货源和客户。张筠秋在回忆金洪声1937年在平湖县城毁于日寇炸弹的损失时曾提到，也包括张振乾寄售的五石黄豆，以此可以看到金、张姻舅之间，是有生意上的往来的。

“他野心蛮大，沈祥荣开肉店，和他合作，弄在通界桥大宅，一面开肉店，一面开米店，开爿分店。”

追逐利润的最大化，是商业的本质和商人的本能。金洪声在营业较好时，就抓住时机，在通界桥找到了合作伙伴，开起了连锁店，扩大了经营规模。

时过60余年，金舜仪对米店的规模和生活情形，还记忆犹新：“马厩庙走下来，一条大街，就一条道路，东西向。米店的房子是平房，外面是店面，踏子，一扇朝上，一扇怕掉。后面房间，困觉有两只房间。房间后面是河。灶间在旁边，靠两边，吃饭是静珍烧的，生意做得时间比较长。”

“踏子”，是平湖人对店铺门面装修的一种样式的俗称：木板做成的几扇窗在在上半部，可以向上吊起。下半部是一整块较长的木板，可以整块卸下。

对马厩庙小米店来说，金洪声尽其所能，是争得了人和、地利，获得了一段时间的存在甚至发展空间。然而还有一个绝非如金洪声般的一介草民所能掌控的天时——战争的时局。用金舜仪的话来说，就是“清乡接连来，店不来了”。

自1937年底，以小国之兵犯大国的日军，对平湖县全境的占领只能以控制平湖县城为象征，再以占据“点、线”的方式逐步蚕食控制为补充，继以小股派兵扰犯农村，间或进行报复性的杀戮暴行为其“占领”张扬气焰。每去乡村扰犯事毕，则仍撤回县城或据点，所以广大的平湖县农村，就成了国民党政权控制的所谓游击中心区。

1940年2月12日，唐伯钧由钱塘江南，北渡来平湖，组成新的国民党县政府。同月，浙江省政工队第三大队第五中队（简称“三五队”），亦从钱塘江南之庵东，渡海来平湖。驻在离平湖县城仅十里之遥的徐号乡平家圩，该队中有中共“三五”特别支部。在平湖县境内，就形成了我敌并存的“游击中心区”的局面。

与金洪声从事的米业生意有关的粮食供给形势，在1940年的浙江，演变得分外严峻：3月，为应对全省粮食紧张的局势，国民省政府成立粮食管理处，设永康县城内红霓巷。粮食稀缺的结果，必然导致粮价的骤涨，形成米珠薪桂的局面。如宁波米价竟标价涨至每石56元，平湖也在同样的价位区运行。最棘手的，还是有价无市。6月，省粮食管理处在方岩召开缺粮区县粮食会议，讨论节约粮食，开辟粮源，筹办施粥厂，以济饥民。省主席黄绍竑为节约粮食，以粥待客，一时成为广为流传的社会新闻。

素以余粮县著称的平湖县，在1940年也粮荒严重：5月，城乡粮食流通受阻，日伪县政府竟发出如此告急：县城内仅存粮食七千石，只够二个月民食。

1940年5月发生在金洪声、张筠秋家中的一件大事，是大女儿建村的诞生。虽然生逢乱世，不得已免去和简略了从催生到三朝到满月的一系列乡俗,但夫妇俩对女儿的取名还是十分认真慎重。筠秋说,就叫建村吧。洪声说:五月还是春天,米店也刚开张,建成春天,意思真好。筠秋知道,平湖话村、春谐音,洪声理会错了,就更正道,是农村的村,不是春天的春。洪声领悟了筠秋的意思说,建设新农村也好。生在春天而取名建村而不是建春,饱含了张筠秋从青年时期起就萌发的并两度付诸实践的、建设一个乌托邦式农场的向往。生育建村的前后,她正在金罗浜主持种田事务。在粮荒严重的岁月,增加一张进食的小口,也不啻是对年轻父母的沉重负担。或许女儿的名字,还包含着时处荒年的父母对丰衣足食的祈望。

12月,平湖县粮食管理委员会成立,向农村筹集军粮,显示着全县的粮情更其趋紧。以金洪声的经验和能力,缺粮或许能成为一波商情,只要能够掌握粮源,或许倒可成为米店获利甚至发展的一次机会,在这点上,金洪声颇具自信。

然而日军的由小股窜犯演变为大范围的清乡,则是金洪声无力左右却对米店生意有百害无一利的很大破坏。

1940年金洪声新开张的马厩庙小米店生意后来居上,一跃而成为周围方圆十里的米业首户,诚如金舜仪说的,"那时的生活也蛮好",张筠秋说洪声做生意到底是在县城见过大市面的,到马厩庙是手到擒来,稳做的。金洪声却笑着说,全是女儿建村带来的运气。全家总算过了个还算象样的春节,节后本来就是生意的淡季,平湖人俗称"荒春",米店生意寡淡些,金洪声也习以为常。然而金洪声不知道,1941年以后,他所开设的小米店和其他所有人的生意一样,将要面临着前所未有的打压和严峻:日伪为了强化对长江三角洲的统治,消灭和驱逐革命力量和抗日武装,使之成为日军稳固的兵站基地,自1940年下半年起,集中兵力加紧进行扫荡,以达到"确立治安"、恣意奴役和搜刮的目的。

从1941年到1944年,日伪清乡的范围为苏南和浙江的二十多个县,分两期实施。第二期清乡划分为两个清乡区,第一清乡区以嘉兴为中心,包括嘉善、平湖、海盐全部,嘉兴县大部,海宁半部,松江大部。

金洪声开设的马厩庙米店,生意赖以开展的平湖、海盐毗邻地区,也在第二期清乡第一清乡区范围之内。金舜仪回忆起日伪清乡逐步影响米店生意的过程，在 2006 年 3 月 22 日仍动情伤感的说："日本鬼子已经侵占，这一段做生意顶怕顶危险，而且逃来逃去。这段辰光，日本鬼子经常清乡。起初马厩庙这地方还少到，顶多到葛家桥、界全桥这一段，离马厩庙还比较远。后来一段一段弄过来。米店开得蛮好，清乡一次，又逃掉，米店清光，米全部抢光，弄光抢光，老百姓也拿点去。而且逃来逃去。日本人乓乓船装米去，弄光，再重新起头做。这段时间做生意比较苦。"

"乓乓船"，是平湖人俗称指以机器为动力的船，以其开动时音"乓乓"而形名，那时还比较少见，一般当地的运输船都是手工摇的栈船，只有日军才有这种机器驱动的船，以利于他们的大肆掠掳。

日伪清乡中惨烈的幕幕，时隔七十年，"几曾识干戈"的老人还历历如在眼前："马厩庙清乡，讲次顶大的。日本人金罗浜向北了，茶馆里的人一起泻出来，朝一只死塞浜（按：平湖土话，水流一面断流的河）跑，刚盘到浜对过（按：对面），日本人已到了。知道不是支那兵，是老百姓，逃，日本人也光火。都捉起，我和金洪声也被捉，金洪声被打几下。金洪声裤脚管闯湿，亏得有时间逃到南货店里，床头的干裤子换上，湿裤子日本人还要怀疑。第一次，金洪声被打后，还被日本人押着背子弹，背到平湖界亭桥处，看他实在背不动，接下后把他推到田里。张筠秋在通界桥，看见我回来，不见金洪声，急了，叫我陪了到平湖。还好，走到庄基村处，他倒在来了。说明这对夫妻好是好来。"

一日不见，如隔三秋。更何况是在生离稍纵可能就为死别的战乱中，张筠秋对金洪声的挂念是刻骨铭心的。当时像张筠秋这样阶层的妇女，日常的着装都是旗袍，在乡间行走是颇多不便的。可以想见，一位穿着旗袍的少妇由一位少年陪伴，在乡村小路间奔走寻觅的焦虑，以及躲过死难重逢时的欣喜。

"第二次，日本人到马厩庙时才发觉，朝南逃在开南货店的潘家屋里。他逃在南浜，我逃在北浜，独吊吊一座房子。金洪声头上被木壳枪打出血。我在北浜，屋里有人探头，日本人朝房子打枪，打中跳三跳就死了。童养媳打在锁骨上，我心要吓得跳出来。逃时店都不要了，关也不关，来不及了。”

金舜仪老人讲话结束时，几十年前清乡对米店生意的摧残，被这一席话，凝固在当前的空气中。

金洪声本人对被打一事当然记忆更真切，他在1978年1月的记述尤为详细：“当时日寇经常来扫荡，由汉奸金玉林带领，住在镇上不易逃跑，所以住在离店很近的张家石(宅)基。有一天早上，日寇来了马厩庙。我正从张家走出几步，听见枪声，我即回张家。那时筠秋和我妹妹，逃到河边大树下，站在水里。上夜张家住了国民党部队，听见日本鬼子枪声，开了几枪即逃跑。我回到张家与爱观二人，迅速将住过部队的形迹，迅速弄好。二人坐在灶间。即听见日鬼在外唤叫(张家是地主，进屋有一条一弄)。(按：“一弄”应是“弄堂”)，我和爱(观)二人即走出去。我去前并对爱观说，你不要讲话。走到门口，一个日寇一把将我拉出去，我跌在地上。日鬼看我手心和肩上后，即叫领进屋，经过检查，没有见到什么。在灶间有一个铜茶壶，日鬼点点，我切(沏)一杯，我自己先吃，后弄给日鬼吃。我感觉头上发痛，用手一摸，头上血从耳边流下，大约在地上撞头。”

看来是金舜仪的回忆中有点小的误差，以为金洪声是被枪打破了头。爱观何人不详，看行文，似是房东家一不甚省事的男子。

“由于日鬼与匪军接触时流弹，将逃在屋外附近的房东媳妇(按：即金舜仪所说的童养媳)和阿大(按：另一男子)打着了流弹。事后二个伤很重，不治定必死亡。我不顾自己的安危，即用船把这二人(因我有良民证)送平湖水门洞。水门洞守有伪军和日寇，我说先生(按：当时平湖人称日军为“东洋先生”)，打枪流弹受伤。因这二人都是农民，经过检查，放我们进去，送到姚水清医院治疗，均治好的。(后来才知道，被汉奸知道)姚水清化了30石米，总算无事。”

金洪声自己也身处生命危险的异常境遇中，救人一事在当时也并非非办不可，不主动“揽事”的话，无人可以强求。即使有人请求，托词是随处可以俯拾的。我们可以这样说，面对血和死亡，在金洪声身上表现了他人性至善的一面。同样善良的还有姚水清医生，冒着极大的危险，接受朋友的委托，救治素昧平生的病人。被敲榨去的30石米，在当时缺粮的大背景下，是一个极大的数目。而金洪声只是在事后才知道（关于此点的详情，稍后还会叙述），而且也仅仅是让金洪声知道而已，可见姚医师的古道心肠、医德之高尚，也可映见金、姚两人情谊之深。

此事对当事人的影响之巨，还必然波及到家庭主妇张筠秋，她在晚年依然清晰地记得当时的情景："鬼子来扫荡，后来我们租潘家宅基潘阿照家（按：此处的回忆村名与金洪声的不同，似金洪声为经营照看米店方便，与张筠秋住在两处，或者应以张的回忆为确），金洪声和我们在二处，东面游而不击队伍一面打枪一面逃跑。我与小妹（按：即金月蜍）还弟（按：即金舜仪）抱着我的女儿建村，记得还有朱同志躲在一棵树下面，半身站在河内，子弹打我们头上飞过。幸亏天下大雨，鬼子退出了。我们从河内上岸，后来看见了金洪声头上有血。见潘阿美（按：即金洪声说的媳妇、金舜仪说的童养媳）与一个青年阿大躺在地上，在流血，家里一片哭声。如不及时抢救，要流血死亡。帮助了阿大，把手用线扎击（结）。阿妹用花絮掌进。平湖只有姚水清诊所，金洪声也自告奋勇，他伴去平湖。老金抹去头上血迹，和他们带了香烟与钱，在夕阳西钭时摇船通过水城门封锁线，到姚医师诊所后河上岸，约一月左右回来。后来遇到姚医师，他说将二人总算治好了，但有些麻（烦），可是我没有问（85 年到平湖见了姚师母，才知道为这事，被汉奸搞柞（敲诈）30 石米）。

四十年岁月掩藏起来的一段真相，酿就了医患、朋友间的一段真情。姚医生此举，称其善举应不为过。事过境迁六十年后的现代人对此事此情，不知是否有"人心不古"的羞赧。

关于上文中"阿大"的身份，还有另外一个金舜仪的说法："顾志拯的一个勤务兵叫俞阿大（是大河浜一个农民，现人仍有着），受枪伤，由金洪声介绍到姚水清诊所住院治疗。被日寇宪兵队密探金玉林等知悉后向姚水清敲诈（榨）白米 33 石。"

因为顾志拯当时是"游击队"性质，那位"阿大"是农民而曾当过一段时间顾的勤务兵也完全可能。不过后面的情节就基本相同了。

1941 年初春到秋天，在张筠秋和金洪声的人生历程中，发生了一件改变或者说是重塑命运的事件。不过，事件的起端极为平常：出嫁在平湖的张筠秋抱着女儿建村，回了一次海盐张家门娘家。为了躲避日寇日渐频繁的清乡，父亲张礼甫当时携家人在离宣家浜不远处的金家湾赁屋暂住。

1941 年的初春（张筠秋在一次回忆中，明确说是 1 月，然考以当事人的衣着，应在初春或稍后。），张筠秋怀抱不足周岁的女儿，回海盐父母的暂住地金家湾。从马厩庙到金家湾，步行要经过小宁桥、西塘桥、大宁桥，全程二十余里。在平湖、海盐一带，步行二十里，已算是很长的路程了，更何况还带着孩子，一定要有人帮着抱孩子一路同行。张筠秋到父亲处一看，却见家中住着一位身穿纺绸长衫的年轻男子，与父亲以叔侄相称，自己却并不认识。父亲介绍，是做贩柴生意的沈先生。

其实，那位年轻男子的真实姓名叫黄炎，曾化名沈怀民、王怀民等，江苏扬州人。1938 年进陕北公学学习，不久，参加中国共产党。此时的真实身份是中共海北工委书记，年龄在二十三四岁。以做贩柴生意为掩护，来海盐领导开展海北一带的中共地下党工作。来张礼甫家居住，是经李石农的介绍。

至于黄炎选择在张家居住的缘由，据当时任海北工委委员、后任中共地下党海北特派员的刘明说，是看中了张礼甫在当地的影响。当时张家在地下党眼中的地位和政治倾向是："张（按：张筠秋）的父亲是海盐县一个士绅，在地方上是有一些威信的。因为当时他很同情共产党，省政工队在海盐工作时，内部党组织曾想在他那个地区建立党的组织工作的。后来省政工队离开，王燕（按：黄炎）通过张父亲关系，也曾在那里住过一段时间的。"这是刘明在解放后的一段叙述。

● 1988 年 10 月刘明所摄的张筠秋

现将当时中共地下党在海北地区的组织情况作一简介："中共海北工委

原来由副书记于以定实际负责，书记黄炎担任中共浙西特委委员、青年部长而未到职。后，于以定被国民党逮捕，干部大部分撤离。1941年，海北工委书记是王燕（按：黄炎）。”语摘自刘明的回忆。

关于这次张筠秋和黄炎的见面，有好几个版本的记述。我们以时间的先后顺序，均照录于下，以请读者诸君品味：

张筠秋1950年在浙江省委党校学习时的回忆：“1941年我回海盐望父亲时，听他讲，共产党人真的重于实际办事。这些青年都是老老实实为了国家，国民党真是无耻，暗中还要打击他们，将来共产党终要成功的等等，又云现在有一个同志在这里。我好奇心，很快活。想到父亲时常说（共产党员在工厂不怕苦等），我要去看看。结果真的看到了这个同志（叫沈怀民），没有大学生的气味而诚肯（恳），帮助老百姓做工作，我就想托父亲去说要求入党。”

事隔30年后，张筠秋1981年10月16日在杭州回忆此事时说：“从此，我怀着国家兴亡、匹夫有责的心情，暗暗探听着共产党的下落，摸索着不让孩子们再当亡国奴的道路。后来终于找到住在我家附近金家湾以贩柴为掩护的黄炎同志。”此次回忆是应平湖地方党史工作者收集党史材料之约请而作的。

将近一年后，张筠秋1982年6月在杭州三台山工人疗养院又有一次回忆：“我结婚后也就住到了马厩庙，有一次我回娘家，看见有一位年轻的客人。父亲悄悄对我说：你不是要抗日，要找共产党吗？这位沈先生就是。但他的身份是秘密的，你千万不可言明。原来这位化名沈怀民的沈先生，就是组织上新派来的海北工委书记黄炎同志。他当时穿一件纺绸长衫，打扮成跑单邦（帮）的样子。他是由李石农同志介绍，到我家来暂时隐蔽的。我知道后，真是高兴得不得了。我向他讲了自己前段时间在西塘桥进行抗日活动的情况，也讲了自己对国民党消极抗日的意见，真像见到亲人一样。黄炎同志冷静地听我申诉，热情地鼓励我坚持抗日。”

这次回忆也是应平湖地方党史资料征集工作者的约请而作的，于稍后的1982年7月24日又作补充：“41年五月份我回到娘家，看见一位不相识的年轻客人住在我家。我问父亲，他是谁。父亲说：小宝，你不是想抗日吗？这位沈先生对目前形势知道很多，他主张抗日，你可与他谈谈。当时他穿一件纺绸长衫，打扮成跑单邦(帮)的模样，真实身份我们全然不知。听父亲说了后，真是高兴得不得了。我就向他讲了自己前一段时间在西塘桥进行抗日活动的情况，也讲了自己对国民党当局消极抗战的意见，真是像见到亲人一样。沈先生冷静地听着我申诉，热情地鼓励我坚持抗日。(后来知道，这位沈先生就是黄炎同志。)”

请注意的是，这次的回忆中，对那位年轻人的身份“全然不知”，时间为 5 月。

张筠秋在晚年回忆道：“在大海中望见灯塔，在心中有了方向。在 41 年春天我抱了孩子去探望父母，他们已住在金家湾，日寇少进来。在我家住了一位客人，父亲介绍说，沈怀民先生，在做小生意，你东西要吗？我见了沈怀民，预计他是共产党(就是海北特委书记)。我们谈抗日的形势与把自己的经过与思想向沈怀民同志讲，他讲你有这个思想将来能找到的，我替你了解一下。”

从上次回忆中的对陌生年轻人身份的全然不知，到了这次的预计他是共产党。当时的境况，张筠秋可能有些预知“沈先生”的真实身份是最接近客观的情形。

在 2001 年正式出版的《中国共产党平湖地方史略》中，张筠秋有《追求革命真理，坚持地下斗争》一文收入，她回忆起见黄炎的经过是这样叙述的：“于是我怀着国家兴亡，匹夫有责的报国之情，暗暗探听共产党的下落。后来终于找到住在我家附近金家湾农民家的黄炎，经介绍又认识了庄雪英，由他们俩介绍我入党。”

黄炎由住在自己的“士绅”之家而变成了农民家里，入党介绍人之一刘明也因后被捕过而被略去和掉换。

为了让今天的读者，对当时地下党员的生活情况有一些直观形象的了解，我们将张筠秋有关黄炎在她娘家生活的一些回忆也录如下：

张筠秋在 1982 年 6 月的回忆：“黄炎同志在我娘家大约隐蔽了三、四个月。日本鬼子来扫荡时，他就跟我家一起转移，装扮成我父亲的侄儿，平时也像亲人样，大家有粥吃粥，有饭吃饭。这样，通过几次接触，黄炎同志对我说,再过几天,会有一个同志到马厩庙找我。"张筠秋在随后7月24日的补充中,除了时间从"三、四个月"改为"一段时间"外,其余均照录前文。

还有一些可供参考的说法:张礼甫欲亲自作伐将二姑娘嫁给黄炎,而黄炎恐怕自身安全无保障,耽误姑娘的终身,而搬往他处居住。

张欣华的回忆是:"那时在我家居住的黄明(炎),二妹对他有意思,两人一起下田劳动。然而黄明(燕)立志革命不成功就不考虑个人的事,后来就搬出去住。"

前文提到的海北工委书记于以定被捕一事,因与张筠秋见到黄炎事有关连,也将史实补述于后:

于以定,1911年生,江苏省金坛县人。1938年加入中国共产党,1939年参加浙江省直属战时工作队。1940年2月,调入所属第三大队第五中队(简称"三五"队),任队副,并担任中共"三五"队特支书记。是年春节后不久,一行30余人,从余姚渡海进入平湖县境,驻徐号乡平家圩。5月,中共海北工委建立,浙西特委委员、青年部长黄炎任书记(未到职),于以定任副书记主持工作。8月,于以定任书记,领导平湖、海盐二县及海宁、嘉善、嘉兴三县部分地区(简称"海北地区")的抗日斗争。10月12日,国民政府平湖县长撤消于以定的政工队长职务,于以个人名义印发《告平湖各界同胞书》,在平湖引起很大反响。11月26日,奉命去莫干山中共浙西特委汇报工作,次日在桐乡被捕,密藏于伞柄内的海北工委向特委的报告被搜去。报告洋洋洒洒共五章三万余字,且有海北地区全部中共党员名单,所以党组织决定已暴露的党员紧急撤退。

● 于以定,1940年任中共海北工委书记

于以定被捕,党员紧急撤离后,海北地下党工作一时陷于瘫痪。中共浙西特

委为了重新开展海北的地下党工作，就派黄炎前来。据当时在省政工队工作的中共地下党员回忆："1941 年 4 月，黄炎任中共海北工委书记，来海北重组中共地下党组织。……我们在工作中接触过海盐县西塘桥的一个叫张振乾的知识分子，他是地主的儿子，不满当时社会现实，思想比较进步，经过教育，已经发展他入党，我们就决定暂将黄炎掩护到张振乾家去。"

有必要对此时中国及嘉兴的政坛风云作一番鸟瞰：

1940 年 1 月 4 日，与平湖相邻的嘉兴县，敌伪 400 余人血洗凤桥镇，平民被杀 60 余人。男女政工队员十余人，被捕后坚强不屈，被敌伪用汽油焚烧，全部壮烈牺牲。

6 月，在浙江全省范围内，各县政工队纷纷被裁撤，队员遭甄别。

7 月，三民主义青年团浙江省支团部着手接收各县政工队，队中的共产党员纷纷被裁。自此，积极抗日的青年政治组织政工队易帜为国民党御用的青年组织。

在全国范围内，10 月 19 日，何应钦、白崇禧以正、副参谋长名义发出皓电，强令华中的八路军、新四军开赴黄河以北。这则著名的皓电，揭开了国民党第二次反共高潮的序幕。

我们再回到江南嘉兴一带的平湖、海盐地区。

张筠秋在父亲张礼甫的指点下，与黄炎谋面之际，中华大地上空已是乌云滚滚，国民党第二次反共高潮达到最高峰的标志——震惊中外的"皖南事变"业已发生。并以周恩来在《新华日报》的手书"千古奇冤　江南一叶"，冲破国民党的新闻封锁而大白真相于天下：1941 年 1 月 4 日，新四军正、副军长叶挺、项英率军部及所属部队九千余人北上。国民党第三战区司令长官顾祝同、第三十二集团军总司令上官云相，在江西茂林预伏八万余部队，对北上新四军包围袭击。新四军血战七昼夜，除突围二千人外，余均壮烈牺牲。副军长项英被卫士以谋财为图惨遭杀害；军长叶挺欲与在黄埔军校的学生顾祝同谈判解决被围事宜而被俘。

1941 年 8 月 1 日，又是在与平湖毗邻的嘉兴县，省直属第三政工大队队员两人，在赴敌据点王店镇工作时被俘，不屈骂敌，惨遭杀害。

张筠秋与黄炎见面后，黄炎领导的海北地下党组织就有意准备继续考察，待条件成熟时，发展张筠秋入党。有关张筠秋加入共产党的经过，尽管她本人的回忆有详有略，但情形大致相同，现也一并录述于下：

张筠秋在 1981 年 10 月 16 日的回忆相当简约："不久，刘明同志来我家找我谈话，我由黄炎和庄雪英两同志介绍参加了党的组织。"

张筠秋 1982 年 6 月的回忆就比较详细："果然，没多久，一个年青瘦长个子，身穿一身蓝布衣服，脚著一双草鞋，到马厩庙我家的小米摊来了。原来这青年就是刘明同志，当时化名叫李福奎。他说他是送条子来的，条子上写：现在我有脚气病，走不动，所以先托人带此信来，过几天我会来看望你。下面的具名是庄明余。我心里真是又高兴又激动，日日夜夜盼望着。大约过了一个星期，有一个穿条纺旗袍的妇女来了，我立即和她姐妹相称，亲热地让到屋里。但我心里更关心的是国家的命运，民族的前途。所以不待她坐定，就急切地问：'现在希特勒德国已经包围列宁格勒，日本侵略军占领了大半个中国，难道我们真的要亡国吗？'"

张筠秋真是一腔"位卑未敢忘忧国"的热血心肠，秋瑾女侠的巾帼豪气跃然字里行间。

"原来庄明余就是庄雪英同志的化名，她冷静地向我分析了当时的国际形势，告诉我，在苏联，斯大林是有计划撤退，在中国，有共产党领导抗

● 庄雪英，1941 年任中共海北工委妇女委员

日，中国肯定不会亡。同时，她详细地向我解释了必须打持久战的道理，但是形势肯定一天会比一天好。我听后真是心事一落，于是我们愉快地坐下来吃饭。当时革命同志之间真是亲密无间，我记得那一餐吃的是南瓜饭，但是大家吃得津津有味。以后，庄雪英同志常来我处，不断向我宣传革命道理，提高我的革命觉悟。有时还在我处过夜，两人在夜深人静时，她悄悄地教我唱《国际歌》。这样经过一段时间，我向庄雪英同志提出了入党申请。一九四一年秋天，我和刘佩珍二人，由庄雪英同志介绍，一起在马厩庙填了入党志愿书，参加了伟大的中国共产党。”

张筠秋在稍后的7月24日作的补充，基本经过大致与上述相同，不再赘录，唯有几点前所未述者可记：刘明来第一次时，“并拿出张振乾的介绍信”；庄雪英第一次来时，“当时张振乾也正好在我家”；填写志愿书的经过更为详细：“一九四一年秋天（大概是十月份）的一天，徐明余同志带来了二张入党申请书，我和刘佩真（珍）当天就填好，交给了她。她告诉我们：从今天起，你们就是光荣的中国共产党预备党员，预备期半年。”

张筠秋在晚年回忆自己的入党过程时，对其中的几个细节描绘得特别逼真：“约五、六天，我弟与刘佩珍都在米店，也是一天晴天上午，一位短短头发穿着条纺旗袍一双布鞋约20多岁，跨进来叫我阿姐啊，就是庄雪英同志……隔了几天来一次，一次留他（她）住一夜晚，唱国际歌。我第一次听到，请他（她）唱几遍，他（她）说我们为真理而斗争。”

作为家庭的另一员、当时家庭经济的主要支撑者金洪声，对妻子秘密加入共产党是知情的。但出于种种考虑，他在当时没有申请加入。

在1950年参加浙江省委党校学习时，金洪声回忆道：“在这年中，我爱人加入了共产党。但这时我对党的认识模糊，祇感到现实不满，日伪残暴，蒋匪政府的腐败。知道共产党是为人民利益的，但想到这不知要到何年。后来刘明同志等时常来我家，看到他们的朴素和蔼、团结作风，以（与）摆在面前的国民党游击队对比一下天地，在我思想中对共产党有了好感。但当时由于小资产阶级自私打不破，以为参加了党一定要牺牲个人。一切虽在颠沛流离，想把家搞好。看到目前的现实中国的危险，必须依靠共产党抗日，打倒蒋匪，使人民翻身，但终于跳不出家庭的小圈子，所以没有提出入党，对党是有好感而拥护的。”

晚年的金洪声在1978年12月撰写的回忆中摈去了修饰，显得更加朴实可信：“张筠秋由刘明介绍入党……关于地下党问题，父子、母子可瞒的，夫妻是无法瞒的。筠秋入党不久即告诉我，后来我也提出入党，因当时已有一女孩子，而且上有父母。凡（万）一出事要走，叫我暂缓入党，帮助党做点工作。”

照行文的口气，“后来……做点工作”一段话，是金洪声和张筠秋夫妻俩商量后的叙述，1978年张筠秋健在，并同居一室，金洪声所述应该是客观的。以今日的眼光审视，也颇合情理和他们家庭当时的现实情况，是褪去某些乔饰后的坦陈之言。

晚年的金洪声在另一处回忆此事时也说：“筠秋于1940（按：应为1941）年秋入党，因夫妇之间，很难隐瞒。同时自幼相处，思想相同才结婚的。故她入党后不久，即告诉我。”

张筠秋的回忆也可证实这点：“刘明同志对金洪声我们讲形势他听，让他也知道，让他帮助工作，党内事要保密。”

张筠秋和刘佩贞在国民党第二次反共高潮达到最高峰时，冒着丧身毁家的危险加入共产党。而在共产党坐稳天下成了执政党时，却成了两人政治历史中必须进行审查的一个重大关节问题。在信奉“阶级斗争为纲”的那个时期，审查的结论是事关个人入地狱还是仍能留在人间的最严重问题，即所谓政治历史问题。现将审查她俩加入地下党的有关材料录于后，一则在今日可以成为佐证上述张筠秋生平重要事件史实的最权威材料；二则可以给后人留下了解那年代某些缩影的真实史迹。

庄雪英为刘佩贞入党问题的证明材料：“刘筠仙同志是一九四一年下半年由我介绍入党的（在张筠秋入党同时，具体时间我记不清了）。她自己家庭出身是地主，本人出身是工人，曾在上海参加过罢工运动。她的历史方面入党前，她本人交待和我们了解，没有参加反动党派的。当时他（按：她）对旧社会不满情况是存在的，对共产党有好感，同情于革命。海北工委书记王燕（黄炎）同志住在他们附近（海盐乡下），主要依靠她们的关系来作掩护，而她们对王（黄）的身份是了解的。她入党后，由于她丈夫肺疾较严重，经常卧床不起，以及小孩子家庭等牵累，对党的工作做得很少，主要还是做些掩护工作。以上情况供组织参考。庄雪英（盖章）”

证明笺上还盖有庄雪英当时所在工作单位中共浙江省粮食厅总支委员会的印鉴，以示郑重。

由于刘佩贞在以前的履历表填写中，错记了入党年份，这次作为问题一并纠正。刘佩贞 1956 年肃反时写道：“通过这次肃反学习，特别是听了季副市长及党支部对党忠诚老实的启发报告后，我开始慎重的考虑自己是否还有对党不够忠诚的地方，或不合符事实的地方，应该向党交待的地方。经过反复的思索，回忆我入党的年份因过去只凭自己记忆推算（以小孩年龄推算），所以填的是 1940 年入党。现在经问张筠秋同志，知道我是填错了一年，应是 1941 年。因为我和张筠秋是同时参加党的（据她说，问过介绍人，证实是 41 年入党）。所以，今天我应该向组织交待，更正我入党的年份。以上说明我对入党年份不够慎重的考虑，也就是对党不够忠诚的态度。”

写上述材料的时间是 1956 年 6 月 6 日，刘佩贞的丈夫张振乾已被开除出共产党，言词之间透露出来对共产党的忠诚，以及行文中屡屡出现的“交待”字样透露出来的惶恐，是没有亲历那个年代的人们很难想象的。

组织的审查的结论是寥寥一行字：“刘佩珍中共地下党员的问题，根据介绍人庄雪英证明系 1941 年下半年入党的。”

刘佩贞自此对加入共产党的事，可以有了比较从容的叙述：“1941 年在海盐（按：现行政归属平湖）马厩庙，由庄明余（化名徐明珠）（现名庄雪英）及刘明（化名李德奎）介绍参加中共地下组织，候补期 6 个月，1942 年 3 月转正。介绍人现在杭州省粮食厅及省委工作。”

同一时间，对张筠秋入党问题的审查也在进行，并最终以《对张筠秋同志政治历史问题的调查报告》的形式，作了组织结论。现将有关内容全文摘录于下：

“甲　据其本人交代　1、1941 年 10 月，在平湖马厩庙由海北中共地下党员刘明、庄雪英同志介绍，参加中共地下党。”经调查，组织的结论是：“张筠秋同志确是中共地下党员，在 1941 年入党。”署名是“中共嘉兴水产供销分公司审干办公室”，时间是 1957 年 12 月，并加盖“中国水产供销公司浙江省嘉兴分公司人秘科”的印鉴。

一场公案终于尘埃落定，张筠秋可以再一次“心事一落”了。

张筠秋的入党介绍人到底是谁，由于张本人和组织结论中都有个两种说法，似乎有点扑朔迷离。比较多的一种说法是：庄雪英和刘明；另一种说法是：庄雪英和沈怀民（黄炎）。拂去种种岁月的风尘，笔者认为以“庄雪英和刘明”为是。

有必要将两位介绍人的情况作个简介：庄雪英，1913 年生，比张筠秋小两岁。又名唐旭、庄自珍、徐明珠、庄明余。江苏吴江人。1939 年 9 月由刘明介绍加入共产党。1940 年初，调嘉崇桐地区工作。4 月，负责该地区工委妇女工作。1941 年 4 月，任中共海北工委妇女委员。1942 年 5 月，调中共路南特委上海联络站工作。1943 年秋，回海北地区工作。1944 年初调到平湖。新中国成立后，从浙江省粮食厅离休。

刘明，1912 年生，又名刘汝琏，化名李福奎、李正明，江苏靖江人。1938 年 12 月入党。1940 年 2 月，任中共嘉崇桐工委组织委员，11 月，为主要负责人。1941 年 4 月，任中共海北工委宣传委员。1942 年 3 月起，为海北地区党组织负责人。5 月，任海北特派员。1945 年 10 月后，担任华中分局浙东政治交通、兼管海北地区党的工作。1946 年 12 月，重返海北任特派员。1947 年 11 月，在上海被捕后脱党。1978 年，从浙江省林业厅退休，后改为离休。

● 刘明，1946 年任中共路南特委海北地区特派员

庄雪英和刘明，在 1941 年初，根据党组织决定以夫妻名义开展党的活动，不久正式结婚。1947 年 11 月，刘明被捕脱党后离婚。

1941 年介绍张筠秋、刘佩珍两

人入党时，庄、刘两人在平湖县离县城10多里的南墩乡张家泾村，以开小杂货店为掩护，开展中共地下党的工作。

一直随兄长金洪声生活的金舜仪在1941年时是十六岁，他也亲眼目睹了哥嫂与庄、刘的交往。用他的眼睛看庄雪英、刘明两人，中共地下党员的刘明、庄雪英更像是食人间烟火的普通人，别有一番情趣："明珠阿姐就是地下党浙北交通员，我经常陪她，来来去去，经常去宣家浜，当时不晓得。路角总有些不正，看不到共产党，没有认识共产党是怎样性质，他们看见你不是发展对象，也不肯和你说。我因为张筠秋、金洪声的关系一直帮助他们，同我也蛮好。明珠也叫我还弟还弟。"

这是他在2006年3月的一段回忆，"路角总有些不正"，在平湖话中，是与平常人事有所不同、相异的意思。

还有一段金舜仪帮助庄雪英脱险的故事："地下党开始木而觉知，来的人没有见过。比如明珠阿姐，后来熟悉了。来的时候不乘船，都是走，陪到宣家浜。明珠在一个小地方开爿小店，夜里同积极分子开会。被一个土流氓发觉，看相伊，连夜逃脱，必经通界桥，刚好阿嫂在店里，住了一夜，第二天阿嫂叫我陪了到宣家浜。那时戡乱大队已经有了，明珠就是庄雪英。"

"木而觉知"，平湖话一点都不知道的意思。"看相伊"，平湖俚语，看上她(或他)的意思。在这里有两层意思，一是政治上的，另一层是肢体上的。

"阿嫂介绍都是小姐妹称呼，名字经常变化。刘明一个名字叫李福奎。庄雪英开的小店，卖些香烟、糕饼、茶水。庄雪英、刘明都是苏北人，讲起话来，苏北口音已听不大出了。

来得最多的是祝歧耕、陆××、刘明、庄雪英。

与大娘舅认识的黄炎我不看见。"

金舜仪还将庄雪英、刘明和张筠秋作了一番有趣的比较："张筠秋胆子小，比庄雪英胆子小，胆子小不好开展工作，刘明胆子也大的，工作是做点的，联络员，来了要给他吃困。"或许这就是老百姓眼中的职业革命者和兼职革命者的区别。

张筠秋在国民党第二次反共高潮达到最高峰时加入共产党，当然有她思想发展的必然性。她在共产党执政以后，曾有过两次较系统地书面述说自己的入党动机。第一次是1950年在浙江省委党校学习时，她说："入党动机是不纯的，是自私的。一个家庭观念，我是为了社会上没有地位，把家庭（搞）好。二是因为反动派国民党给我打击，我想推翻了他们，我们可以起来有地位有家庭了"。另一次是在1956年的肃反审干时，她说："入党的动机　入党思想是不纯的，是为了个人想找工作和对反动派出一口气的报仇思想。当初思想不认识我们党是为解放全人类为建设共产主义社会。错误看作党是改朝换代，是打倒三大敌人及打倒反动派，革命算成功了。所以我的企图：（一）自己找到工作，维持自己生活。（二）出口气，想报仇。父亲是军伐（阀）时代的一个封建统治者，在北伐胜利前一年辞职。后来北伐胜利后，反动派要弄掉，所以封建统治的父亲讲国民党不好。并说国共为什么分列（裂），将来共产党必定成功等情况，所以我对党有些知道。同时国民党对我学校免职等更引起我思想上认为，我起来打倒他算革命成功了的错误思想，我带到了党内。"

虽然整段文字中充满了思想上的自虐，但对至高无上党组织的心是虔诚的。从上述文字中可以看见父亲张礼甫对她思想上影响之巨，甚至可以这样说，没有这样一个娴熟基层政治的父亲，就不会上演后来成为张筠秋回忆文章中经典语汇的"抱着孩子找共产党"这一幕。张筠秋的张家门小学校长被撤职一事，无疑是将她逼上了梁山。这到印证了曾任中共中央第二把手撰写并广为流传的大名鼎鼎的《修养》里的一句话，我们都是在个人的职业、婚姻问题上没有办法时才找到共产党。"出一口气的报仇思想"，也很符合张筠秋比较刚烈的个性，在她的一生中，很少见到逆来顺受的时候。"出人头地"是人类共同的一种心理需求，它是人类行动指向的驱动力。不过在张筠秋身上，似乎比一般人更强烈一些。在同时代、同层面、始终生活于嘉兴地区的追逐新潮流的女性中，张筠秋一度也获得了少有的成功，被尊称为"大阿姐"。

同时入党的刘佩贞在1950年也有一段述说入党动机的话："一九四〇年在海盐看到社会黑幕而政治腐败，故参加革命，希改造一个新社会"。

张筠秋后来在一些场合，也有一些应景的说法，但历史地看，骨子里还是上述的说法比较本色、比较真实、比较让人信服，也符合她比较率真的性格。

以关注知晓德军包围斯大林格勒国际局势的张筠秋，肯定知悉发生在皖南的，一个星期杀戮共产党领导的新四军六千余人的震惊全中国的血案，也一定知道二三十里外嘉兴的政工队员屡遭杀害的事件。选择这个时候加入共产党，意味着自己将要直面什么，张筠秋心中应该是很明白的。

1941 年的张筠秋已满三十周岁，从去沈荡中心小学代课算起，已踏上社会多年。今日之她，已不是 1935 年参加“奔腾”文艺社时的牢骚闲愁青年，目睹了社会上的很多事，对国事、家事、自身事都有了观察和考量。应该说，以一个江南小县城下的弱女子，作出这种置自身生命、家庭安危于脑后的抉择，还应是十分少见和不易的。那是一种清醒认知状态下的政治选择，那是一种在漫漫寒夜中对光明的追逐，很有“路漫漫其修远兮吾将上下而求索”的艰难。还有一种可能，那将是一种飞蛾扑火式的绚丽壮烈人生过程，因为用丈夫金洪声的话来说，“革命成功，不知要到何年。”

加入共产党，无疑煽起了张筠秋身体内极大的热情和冲动，儿时令人神往的巾帼女侠秋瑾骑白马驰骋的情景又重现脑际，而且离自己似乎只有一步之遥。她向庄雪英、刘明提出要做职业革命者的请求，要求去前方工作。然而庄的回答有些令她失望：“庄雪英同志说服我，前方后方是一样的，都可以为革命工作。而且还有小孩牵连，还是在当地工作有利。庄雪英同志向我交待了隐蔽精干、长期埋伏的方针，但是不能暴露身份。”——张筠秋在 1982 年 6 月如是回忆。刘明的回答更具领导者的口吻：“每一个共产党员，要遵

● 张振乾　刘佩贞夫妇

守党的纪律。在接受任务时要像骆驼一样，对群众要像绵羊一样，对敌人要像老虎一样。”新入党的张筠秋当然无条件地服从，留下了在当地工作。

革命任务的降临要等待革命形势和革命工作的需要，而这种需要终于因为海北工委书记黄炎的奉命调离而来到。继黄炎、顾德欣后与中共路南特委联系、实际主持中共海北地区地下党工作的刘明，在1981年6月回忆说：“当时我把主要力量部署在海盐和平湖，兼顾嘉善。……朱正明是随汪伪十三师丁雪山部来平湖。丁部里面有我们党的一些关系，朱正明就保持与丁部内党的关系，负责下情上达，上情下达。为解决生活来源，就安排他在党员张筠秋和金洪声在马厩庙开设的米店落脚，并由组织解决部分资金。”

中共地下党联络站建设的主要当事人张筠秋的回忆更真切详细一些：“四二年二三月份，李福奎同志来交给我一个任务，准备要在马厩庙建立一个党的联络点，组织上还要派一个同志来。因此我们首先研究以什么身份隐蔽，住在何处。后来决定开爿面店，装个机器磨面粉和摇面条。通过金洪声去打通关系，落实店面房子等准备工作。四月份，李福奎陪同朱正明来马厩庙，刚巧这位同志姓朱，与我外婆家同姓，于是我们就以表姐弟相称，以掩人耳目。朱正明来了以后与我们一起筹备，组织上还拨来一笔经费，所以很快就开张营业。”

关于组织上所拨经费的数额，她在晚年回忆的文稿中这样说：“组织上拿出二石小麦，借了一只麦（面）机，是代客加工。”另外金洪声、张筠秋也拿出一石米，加进去作摇面店的本钱。

正当张筠秋沉浸在加入共产党的兴奋和为建立地下党的联络站而忙碌的时候，金洪声正在为一家人的生计奔波，而且他的目标是“一心想把家搞好”，应该让家人的生活过得比一般人家要好一些。到1942年10月，日伪第二期清乡开始之时，金洪声的这种努力已经感到很吃力了。当时依靠这爿小米店生存的共有：金洪声、张筠秋夫妇和女儿建村，金洪声的妹妹月蛉、弟弟舜仪，还有帮助烧饭的静珍，共六人。单单应付这六张口的每日需求，已经使金洪声勉为其难了。

出于政治和经济上的双重需要，他结识了顾志拯。顾志拯其人，据金舜仪介绍:“他(顾志拯)是游击区行动组长兼民丰区区长,国民党伪区长。国民党游击性质,民丰区区长权力很大,身边还有行动组,五个人,我们当时经常见到。当时行动组也有好的,碰到地方上恶霸、汉奸,就敲掉,暗杀掉,埋掉。”

结识顾志拯的缘起,金洪声自己有两种说法,一并录下:“这时,国民党派来一个名为行动组,都是短枪,住在屠家浜沈七官家。沈的父亲与我父认识。我在平湖与平湖一个医生姚水清认识,有一次姚水清来屠家浜与顾志拯医病,姚同顾到我家金六(罗)浜才认识。”在文稿中有多处删划,似乎下笔时颇多踌躇。另一种说法是沈七官的介绍,“在沈的介绍下,我才认识了顾”。

顾志拯则另有一说,也录于下:“我在1938年4、5月间随军进入嘉属地区,进行敌后工作。我当时经常住在嘉兴县明夷乡(现在已将明夷、移风二乡合并为民丰乡)金罗浜金灿星家中,而金洪声与金灿星系属自族。由金灿星的介绍,因此相识。大约在1940年冬季,全洪声家要拆卖一部分房屋,因恐当地伪乡保人员的阻梗,所以卖买双方都要我为中证,在金出卖房屋以后被(彼)此更为熟悉。他们兄弟二人都是吸毒,我有时前往他家去吸鸦片烟。这是我和金洪声认识所发生的关系。”

顾志拯书写以上材料的时间是1956年3月14日,身系人民政府的监狱之中。文中时间地点细节均很清楚,而且以定谳待罪之身,也无必要信口雌黄。似比金洪声的追述更接近真实。

马厩庙离金罗浜虽然只相隔三里地,但在那种乱世年头,画地为牢、有枪就是草头王的地方势力面前,金洪声只能算是借马厩庙三寸宝地谋生的客户,况且还有张筠秋那边经常往来的“亲眷和朋友”,要保证他们的安全。以上就是结交顾志拯政治上的需要。金洪声这样回忆道:“这对我们地下活动有帮助,对这批坏蛋地头蛇,不敢对我们怎样。有一次刘明来马厩庙,在附近被坏蛋盘问,刘明说我是金先生的朋友,才不来纠缠。”由上文可见,经过一番经营,金洪声的经济政治地位,得到了马厩庙地方势力的认可。

经济上的原因是金洪声对马厩庙米店生意前途的判断,随着日伪清乡的不断频繁和规模的扩大，1937年11月平湖那一幕会不会重演？一旦马厩庙米店也毁于战火，全家六口的衣食怎么办？而顾志拯身上有生意，这是作为商人的金洪声能从顾志拯的言谈举止中能意会到的，当然顾志拯也有他的算盘。

金洪声的担忧很快就发生了，一场劫难降临到昔日景公的养马之所。

1942年10月，日伪频繁的清乡，最烈的那次大火，烧毁了马厩庙小镇的大部分房屋。日军见人就杀，连跪在地上求饶的六旬老太也不放过。比起1937年11月金洪声只身从平湖逃出，此次，金洪声一家的损失更是三方面的：一是赖以生存的米店被毁，虽然损失的数量要比1937年的那次少很多，但事关全家六口人的生存，不似金洪声在1937年时“一人吃饱全家不饿着”的情况。二是作为地下党秘密联络站的面店，只开张两个多月，刚开始发生作用，也就被烧毁。张筠秋在1982年7月24日回忆道：“开展工作不久，日寇清乡前经常进行大扫荡，马厩庙同样遭劫。有一次日本鬼子在马厩庙杀人、放火，我们的米店和开张不久的面店一起弄光。我们只能隐蔽到金罗浜，朱振明(正民)也住在我家。本当想重振旗鼓，因当时马厩庙已无法立足，后来日本鬼子挨家逐户查户口，朱同志住下去有困难，经请示上级后，决定将朱同志调走。”据刘明回忆，朱正明从金罗浜撤回平湖县城后，接受中共路南特委的指示，“后汪伪十三师调去浙东，通知朱正明随部队而去(后据说该部在浙东被国民党缴械，朱尚不知道，仍去联系而被国民党杀害)。”最后是二周岁稍多的大女儿建村的夭亡。对这件事，在我们见到的所有文字材料中，只有金洪声如下廖廖一行字的记载：“为了日夜逃难，我们的孩子，因病无处医治，而死去。”作为母亲的张筠秋，哀恸之情可以想见，却不见片言只字留下的痕迹。孩子的夭殇，成为这位坚强刚烈的女性心头永远不能拂去的隐痛，大悲不言于声，我们只能作如是解。以中国人的家庭伦理，当此国难临头的大乱之世，张筠秋在夫家金罗浜暂住是循常理的事。而作为家庭支撑的丈夫，必须外出为一家的稻粱衣食奔波。此时金洪声未雨绸缪的与顾志拯结识的经济效能显现了。

金洪声1950年在浙江省委党校学习时撰写的自述里，这样叙述这段时间的生活:“最后一次大扫荡,全部物资被毁掉,生活发生困难。在我这里的同志也回去了。对于所种的田,又要还租,又要雇工,无力再种。所以又卖去后,到新篁里开了几个月的米店,亦亏本。”

考虑到“天翻地覆慨而慷”的情势,金洪声对这几个月的经历作这样的叙述,对经历过那段“以阶级斗争为纲”岁月的人来说,是可以理解的。具体的经过我们可以借助2006年金舜仪的回忆来补全:“马厩庙停掉后,顾志拯招呼金洪声,到新篁里开米店,顾志拯有用意,金洪声开米店,收来军米,卖到店里,好处不出外。赚来钞票作为米店收入,顾也有份,你也有好处。收进糙米,加工成白米,再卖出去。我当时也在里面,做来苦来。米店开得蛮好,日本人清乡来,就要紧逃。当时用好两个人,有两条船在河边停好,日本人来就开。沿路停过去,宣家浜也停过。等时局平些,再回去。这样做生意,经过考虑不来山,金洪声身体吃不消。”

有关新篁里米店的经营情况,金舜仪在稍后又补充说:“新篁里开米店,店在河埠,几间门面,旁边放两只石臼。用两个人做,二观、龙虎。碰到清乡,装货色,划船,船停在河埠。收军米,与顾志拯合做。做一二个月,太苦。金洪声挂牢张筠秋,经常走。顾志拯说,你阿哥怎么经常走,全靠你。清乡来,还要逃,糙米杵成白米。我俩收收、卖卖。”

当然另一主要当事人顾志拯的说法也应参考:“在1942年6月3日,我接任伪(案:国民党政权而非汪伪)新丰区区长后,由于过去与金洪声的相识和往来事务,他在这时失业在家,境况困难。他来同我商量,合伙开米店,就在我区署所在地新篁镇。我同意他的要求,就由他全权负责。筹备开业后,由他全权负责,并雇佣他弟弟帮着协助店务。开办时间大约在1942年7、8月间,大约只二个月左右。自1942年7月开始,到同年9月底以前结束。(因当时敌伪进行所谓‘高度清乡’,不但店停止,即当时所有的伪区全部人事也分别遣散,时在1942年10月初以前)

(1) 当时金同我合伙开办店,主要是利用我伪区长职权范围以内的便利,他经营贸(谋)利,达到他自私和剥削的目的。

(2) 他开办时间在7、8月间(在农历的五月底和六月头)正当新篁区农民收割早稻时期(即六十日和七十日稻子),产地价格很低,贩运至平湖县境即可得厚利(因平湖县境正是青黄不接)。这是他所以及时经营乘机达到剥削农民之目的。

(3) 他之所以和我合伙经营除以上二点之外,由于他缺乏经济力,利用我的经济,可以为他在经营上周转。即米出运时,也可免除阻碍。”

● 张振乾,1942 年在海盐任中共白芒支部书记

● 刘佩贞,1941 年入党

金洪声、金舜仪、顾志拯三个人的说法中,开店的时间、地点基本相同,而各自的利益出发点及谁是主动发起者则有所不同,其间况味,请读者自行品味斟酌。

收购军米,是当时国民党政权的一件极重要的工作,价格由政权一手匡定,大大低于市价,作为一区之长的顾志拯和作为米行熟手的金洪声联袂经营,可谓各得其所,获利是一定的。金洪声所说的“亏了本”,应是解放后“到什么山上唱什么歌”的应景之词。而金舜仪的“米店开得蛮好”才是实际情形。至于两三个月就停掉的原因,表面上看,是经常为躲避日伪清乡而辗转逃难,金洪声牵挂张筠秋。其实,实质性的原因,是此种生意的政治风险太大。在游击中心区的嘉兴地区,日伪在当时表面上还处在统治者的地位,一旦被日伪以替反日武装收购军需物资追查,那就会招致杀身之祸。以金洪声的洞察精明，他绝对不愿意长时间的冒此风险。显然，在中国人的处事方略中，“金洪声身体吃不消”是个最好的托词了。当然，顾志拯所言“伪区人事也全部遣散”，也是当时的大气候。

金洪声和顾志拯在以后岁月的交往中，还有了四事可记：

其一，录自顾志拯回忆：“对金洪声在汤家桥开小店时的利用情况，金洪声汤家桥东首开的小什货店。

(1) 有时由平湖送来城区敌情的情报，由平湖开往海盐来往的船上带给他所开的小店内，再转交给我。

(2) 有时我们需要的日用品或食物，托他店里转托船上带购。

(3) 有时金洪声进城批货时，我就托他随时探听敌伪动态(这是我在游击区时，凡遇到熟悉可靠的人进城，经常打听敌伪动态)。

(4) 我当时(大约在 1940 年至 1941 年)在乡区收租米，及收购所得的米，一部分托金洪声出售，前后不止一二次，为数大约在二三十石之数(因年数已久且在乡间，进出米的数字及次数和人事极多，实难记忆清楚)。”

可看作金洪声在这段时间中与顾志拯交往的综述。

其二，梠张筠秋 1963 年回忆：“这时我们夫妇二人都失业，生活也难过。工作开展不起来，由老金托顾志拯介绍学校。可是他老婆做校长，地点又在顾(忠义救国军)附近。我去看了，思想上不是单解决我生活问题。党的工作不便开展，来往的同志不便。这样还是暂住通界桥，有同志也便当。”此事的时间在 1946 年初。

顾志拯对此事的回忆，我们也原文录如下：“抗战胜利后，我在民丰乡创办一所小学(校名惠名)，金洪声到我家里(平湖馨德里＃22)来看我，介绍他妻子到我所办的小学里任教员。我允喏他的要求，后来因为开办时间关系(因向嘉兴的县府办理手续关系)，她不能等待，故当时未曾办理聘请手续，但他在这时期送我一只红木桌子。”

两人的回忆基本相同，过程以顾的叙述比较翔实，张筠秋未去该校就职的原因各述不同。不过顾对张筠秋的真实身份是否了解未提及。

其三，是在平湖刚解放，平湖县委根据平湖地下党提供的情况，决定逮捕七名敌特人员，作为“忠义救国军”头目的顾志拯由金洪声领捉。详情如何，没有留下文字资料，当事人也已作古，只能付之阙如了。

其四，是1956年，顾志拯在狱中服刑，对包括金洪声在新篁里开米店在内的那段交往历史作证。此事后来也传到金舜仪耳中：“顾志拯在了解情况时，好的。与金洪声只有在新篁合开米店，没有其他政治上关系。”我们在查阅顾志拯的《与金洪声认识后发生些什么关系》原文时，确有“在抗战胜利后绝无其他关系”的证言。

● 位于平湖市林以平家圩的中共海北工委驻地

新篁里的米店停掉后，金洪声张筠秋夫妇在金罗浜住过一段时间，金罗浜老宅在日伪的扫荡中被基本烧毁后，夫妇俩几乎成了流离失所的流浪汉。在金洪声1956年填写的履历表中有“1942年10月—1943年3月　失业在家(马厩庙)”的记载，估计此5个月中，夫妻俩是居无定所，在金罗浜先住一段时间，老屋毁后再去马厩庙流连。而张筠秋就间或回宣家浜娘家暂住，既是回娘家，有时也是特地赶去参加刘明召集的地下党会议。1943年初夏在宣家浜召开的一次地下党会议，作出了让张筠秋金洪声进入敌占区西塘桥镇的决定，这使夫妻两人的生活又充满了新的艰辛和惊险。

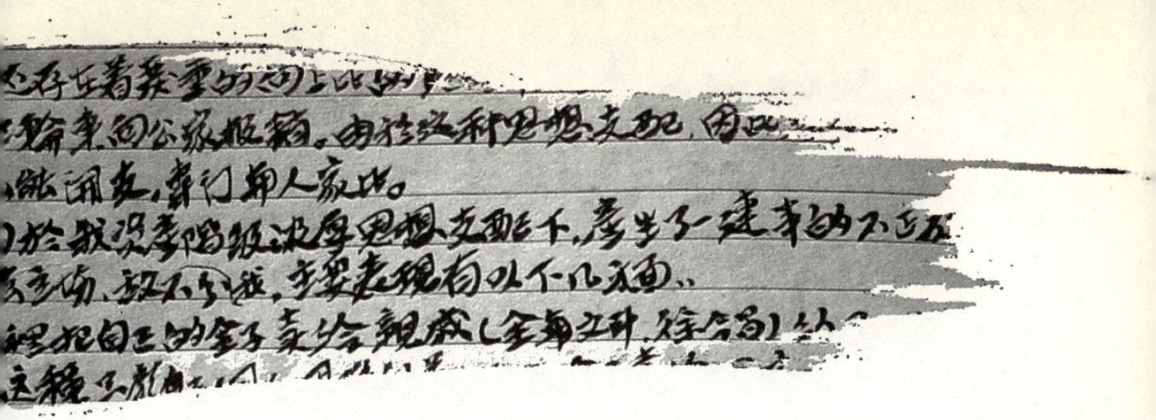

辗转奔波的三年

1943年初夏，海盐县西塘镇上，又多了一爿夫妻米店，米店只有一个门面，极不起眼，乍一眼望去，甚至有些简陋。店主人就是金洪声张筠秋夫妇，与他们一起生活的，还有一个二岁左右的女孩。小孩是筠秋表姐天倩的女儿，现在由他们夫妇扶养。照平湖坊间的说法，此举一来可以增添家庭的气氛，二来他俩的女儿建村不幸夭亡，领养一个小孩，有“领来个弟弟”的意思。

晚年的张筠秋如此回忆夫妻俩开设在西塘桥的那爿小米店：“在镇一时租到房子，是王再生放着母亲的棂台，约十二平方，外面可以开小米店。我们就在棂台旁搭一只铺(按：平湖海盐一带方言，即床)，没有吃饭的桌子，就把棂台上纸做的人和烛扦推向桌内放，我们就在棂台上吃饭。便桶没有就用一只甏。”照平湖海盐当地的民俗，在平常的情况下，是绝对不能也不会在别人家的棂台侧旁卧息，更不能也不会在别人家的棂台上用膳，这是活人和死者都忌讳的。而现在夫妇俩不但犯忌，而且还要在那点地方里开店。可以想见，金洪声张筠秋夫妇实在是已经到了山穷水尽异常不堪的地步。

深夜扪思，张筠秋回忆起五六年前自己在西塘桥办妇女协会时的情景，时亦非物亦非人亦非，真有恍如隔世之叹。“但人总得活着”，张筠秋在心中对自己说。五六年前的自己还在千方百计去政工队，只想找到共产党，而现在的自己已经是共产党这支队伍的一员了，“来日方长”，张筠秋在心中又对自己说。

金洪声从新篁里和顾志拯合开的米店中全身而退至今，夫妻双双已在家闲赋了半年。开门七件事柴米油盐酱醋茶，每样都离不了钱。张筠秋在家操持种田一年，以亏折收场，足以证明不能将此作为家庭的谋生之道。张筠秋一时又难以觅到她能做的教师工作，全家的经济来源就只剩下金洪声的老本行——开米店可以一试了。

至于米店选择开在西塘桥的原因，金洪声 1950 年的自述中只有“以后到西塘桥开米店”九个字，没有提及。金洪声在时隔近四十年后的 1978 年是这样说的“根据领导指示，要钻到敌占军(区)去。我和筠秋即到海盐西塘桥开一小米店。当时伪区长是盛再生，原是筠秋弟张振乾的朋友，这对掩护来往同志有利。”金洪声的这段回忆切合了 1978 年中国的政治态势：实事求是再次被确定为共产党的思想路线，所以历史上的一些事情可以而且也应该如实的记述下来，如伪区长盛再生的事情。然而经历了近三十年思想僵化，1978 年的中国人心头，还普遍地心存余悸。所以要尽量地为自己的行为扯上“革命”的保护色，如“根据领导指示”之类。再过 30 年后的 2006 年，接近事实的真相终于可以由金舜仪说出：“宣家浜、西塘桥在海盐，通过宣家浜在西塘桥镇上开米店。这时的米店和盛再生合开，据说盛是西塘区区长，与张振乾关系要好。”

拂去漶漫历史的种种尘埃，真相或许就如此简单：金洪声张筠秋夫妇主要是为了解决一家的生计，决定再开米店。筠秋之弟振乾与当时西塘区掌握实权的区长盛再生熟悉，经张振乾介绍，就将店址选在西塘镇。前文张筠秋晚年的回忆，极为难得地替我们留下了小店的简陋和夫妻当时异常艰难的景况。

张筠秋在1950年的回忆中也曾提及此事,似乎还道出了开米店另有任务:"1943年,我们住宅烧掉,把田全部卖掉,在离平(湖)30里的西塘桥开小米店,调查小店周围的乡保"。这就是前章末所说的那次地下党会议的决定。

米店开张不久,新菜籽即将登场,金洪声路遇日伪西塘区区长盛再生,盛提出本来正要想去金的米店坐坐,随即两人同往。这使金洪声夫妇大感惊奇和诧异:如此狭仄破陋的场所岂是区长大人屈驾就尊的,莫非有事?果然盛区长是有事专门前来相商:他想和金洪声合伙做一汛油菜籽生意。与掌握地方实权的一区之长合做生意,对资金短缺设施简陋如此的小米店来说,肯定是在经济上稳能牟利的好事。对在战乱年代逐利艰难的商人来说,或许还是求之不得的稳做生意。何况夫妻俩此时正处于断炊的边缘!然而金洪声张筠秋的思量毕竟要比一般商人复杂得多,因为张筠秋的中共地下党员身份,金洪声的民族情结,不得不使夫妻俩考虑:盛再生的日伪区长身份呢?金洪声先以店铺如此狭仄无处堆货为由推辞,可盛再生已考虑周全,货场他另有安排,资金也不成问题。可谓万事俱备,只欠东风,就是看中洪声兄在县城大米行里做过的生意经验。话说到这种份上,再当场峻拒就不合和气生财的经商之道了,况且西塘区长毕竟是地头蛇。但事又系关名节大义,金洪声只得当面与之虚与委蛇。等送走盛后,夫妻俩赶紧前瞻后瞩地作了一番商议。

此次若真与盛区长合做菜籽生意,同上次与顾区长合做军米生意倒有相同的地方:都是本钱小而又稳做的赚钱生意。但两位区长的身份迥异,顾是国民政府委任的区长,与他合伙,虽有日伪所谓通游击的危险,但毕竟于抗日爱国上大节不亏。至于闲人闲话的假公营私之嫌,那是有权的区长大人的事,商家得的总只是从商之利,所以可以安心去做。而盛是日伪委任的区长,与其合做生意,虽目下也有被游击行动队盯住的风险,但毕竟海盐、西荡还在日伪掌控之中,安全应无大碍。然而名节呢?虽然只是在商言商的一汛菜籽生意,自己所得也不过是付出劳力所获的辛苦费,而顾是日伪区长的名分确实使人视之如畏途。不答应帮忙吧,当初还是振乾特地介绍来西塘的，骤然离去，一时间又生计无着。夫妻俩商量了半宿，总觉得难以决断。鸡啼两通时还是金洪声的主意：何不去问一下刘特派员？张筠秋抚额而言，真的，我怎么没有想到？

几天后，由于生意合伙人的特殊身份，小米店能否与顾再生合做菜籽生意一事，郑重其事地被摆到了地下党的会议上，正式征求中共海北特派员刘明的意见——自海北工委书记黄炎调离后，从 1943 年 5 月起，海北地下党组织的机构改为特派员制，刘明被中共路南特委任命为特派员，亦即为中共海北地区地下党的最高负责人。

“四三年初夏，刘明召集张振乾和我在张家门小学内开会，会议开了整整一夜。主要传达党的指示：坚持持久战；团结一切可以团结的力量，搞好统一战浅；整顿党风，改造我们的学习。我汇报了西塘桥区长盛再声(汉奸)提出要叫金洪声的小米店收购菜籽的事。他说：可以的，可通过与他们接触了解当地保甲制情况和镇上日本兵及枪支弹药的情况。第二天天刚亮，我们三人分先后分别回家。”

以上是张筠秋 1987 年 6 月在省城杭州对这次会议的回忆，一个月后，张筠秋再次对会议的情景于以确认。在会上作出指示的刘明还健在，1987 年 6 月时也生活在杭州。可以认定，张筠秋回忆的内容是客观的。

夫妻俩人苦思冥想商量了半夜如一把乱麻理不出头绪的复杂事情到了特派员手里，不费吹灰之力就决定了，从此金洪声和自己可以放心踏实地照此去做了。这让张筠秋心中似乎突然领悟到了一种东西，尽管此时她还不能明确的言明这种东西是什么，但确实已令她对特派员油然产生了钦佩和羡慕。而且不禁在心中暗问自己：往后我也能这样吗？

西塘桥米店是金洪声一生经营米店中铺面最小的一次，时间也大略只延续了半年左右。两位当事人对开店时间的回忆，在金洪声的履历表上跨度为 1943 年 3 月至 1943 年 10 月；在张筠秋的履历表上跨度为 1943 年 1 月至 7 月，虽起迄略有前后，但半年左右的时间是相当一致的。米店的业务经营主要集中在当年的一个菜籽汛，前后大约一个半月到两个月。

张筠秋的回忆为我们留下了小米店半年生活的片断：“菜籽上市，金洪声去帮盛(再生)收菜籽，我一个人在店内喊卖米。”张筠秋经过七八年岁月的淘洗，已从昔日流动施教团的老师、组建妇女协会妇女识字班的热情青年，嬗变为务实谋生的淡定少妇，当然还有淡定之下一般人所不知晓的共产党员身份。

对于党组织布置的了解日伪保甲情况等工作，张筠秋则回忆说："我们与他互相利用，在谈话中了（解）真情。姓盛的警惕很高，所以讲话很注意。"

张氏家族从父亲张礼甫起，就是西塘政坛上的望族，虽然由"朋友"张振乾介绍而来，盛区长对张筠秋心存戒心讲话注意是必然的。而中共地下党特派员刘明的行动也很谨慎。张筠秋继续回忆道："在刘明同志来时（每月来一次），为了隐蔽，饭也不在我家吃，转一转就走"。

与地下党工作有关的一件事，是在菜籽汛快结束时，张筠秋接待了从海盐县城来西塘看望他们的二妹和妹夫，这是我们阅读到的所有文字资料中，张筠秋以党员身份面对非党人士要求加入共产党组织的第一次，故也将她的回忆照录如下："妹夫问了形势，要求参加共产党的意思。我向他指出了方向。提出她丈夫不要参加维持会，工作虽不做拿几个钱。他是（的）家庭海盐有钱的上等人家。"张筠秋的妹夫是海盐日伪维持会的人员，却要求加入共产党，张筠秋当场拒绝。亲戚和组织，金钱和气节，在张筠秋身上一开始就划分得很清楚。

张筠秋说："等到菜籽一收好，原来我们小米店老本也吃光了，同时在客观上不能久住下去。"米店即告关闭。

这"客观上不能久住下去"的原因是什么？她没有明说，我们只能作些揣度。首先应该是本章开始时介绍的这间置放着棂台的弥漫着不祥气息的十二平方的小屋，以及半年时间中，接连发生在这间小屋中一个孩子的夭亡和一位大人的昏迷，对金洪声张筠秋夫妻俩的心理构成施虐和催逼。

"为了象（像）家庭样，天倩姐女儿放在店内我护（扶）养，特（突）然一夜发病，我们二人抱到海（盐）就医回来，死在半路上，路过汤水湾桥庙内收葬。"张筠秋的原稿中，短短六十余字，错脱竟有四处，是我们见到她的所有文稿中所仅见。可以想见三十余年后，张筠秋将此事书诸笔端时，仍握笔如千斤般的沉重。自己生养的长女建村夭殇之痛未息，表姐家的女儿又亡在自己怀抱之中，虽尽力医救却仍未能回天。如何面对表姐？如何在今后漫漫的有生之年，面对这如花苞般生命频频的深夜来访？此事之无奈和不堪只能拜问苍天以明心迹了！另外，在中国的传统文化习俗中，连夭两位小孩，对一位女人意味着什么……

金洪声素来身体羸弱，菜籽汛近二个月，都是在露天的太阳底下毒晒，虽说是与盛再生合做生意，但闲里忙时上下前后，也就只有他一个人打点照料，撑到一汛菜籽做完，整个人就塌倒了。症状像夏天的中暑，俗话说是起痧，人昏昏沉沉地，神志稍清醒时，四肢手脚抽筋，一阵过后又不省人事。张筠秋先是延请中医望闻问切，几帖药下去，全不见动静。明明只是一些中暑的热症，再去请教时却道另请高明。张筠秋于是心里急了，病急乱投医，就请了当地医、巫并用的土郎中，金洪声的病仍不得要领。

"我一个人请了儒珍阿哥来帮助他治，他也无办法，母亲和小妹都不在。"张筠秋回忆道："旁边又没有亲人，口音也讲不清了，我束手无策。"此时的筠秋表现出了超越一般女子的坚韧和顽强，她开始用自己独有的一套方法，再作最后的努力："采取了父亲教我(的)办法，用被与热水把脚顾(裹)住。再用葱白与姜弄碎放些酒，用细麻布蘸着擦四支(肢)筋胳(络)，是松筋活络办法。又用酒烧着用手蘸着拍四支(肢)。看他慢慢清醒过来，我也放心了。"精神所至，金石为开，是张筠秋超乎医、巫的努力在金洪声身上创造了奇迹。"儒珍阿哥讲这土办法是松筋活血的办法，他开了几帖药"，然后离去。

中医和土郎中在治病过程中不时瞥来的狐疑闪烁的眼神，以及只可意会不便言传的在棂台旁侧昼夜生活遭受的心理上的巨大压力，夫妇俩的承受显然已到了能够承受的极限。

最现实的摆在夫妻俩面前也是最重要的一点，张筠秋又有喜了，而且算日子已有七八个月的身孕。孩子绝不能在这间弥漫阴塞之气的他姓人家的屋中出生，而房东也认为外姓人在自家生小孩的血光会冲破亡灵的安宁，这些都是祖宗留下的规矩，双方都心照不宣毋庸明说。

所以，无论从自身的现实需安，抑或顺从房东的偃神宁宅的说项，金洪声张筠秋是应该挥手诀别这弥漫着白色不吉的十二平方小屋了。然而环顾苍茫，竟难觅一处可供夫妻俩人立锥的片瓦之地。

倦鸟归林。身心俱疲、从死神身边走回的金洪声，只得携着身怀六甲的妻子张筠秋，选择了去投奔在通界桥开恒昌南货店的父母，以谋暂住。父亲见儿子媳妇前来，还是一副寡言少语的样子，顾自照料着店中的生意。母亲毕竟心软，怕媳妇面子上下不来，就拉着筠秋的手一边说，他就是这副样子，背地里还盼着你为金家生个孙子呢。一边前后打量着筠秋的身子，又说，筠秋这次你要生个男孩。

筠秋对公公的脸色已见多不怪，对婆婆的话却分外上心。说孕妇肚子向前尖会生男孩，筠秋已听很多热心的女人当面唠叨过，今天的话是从自己婆婆的嘴里说出的，就不能尽当嬉笑之言看待了。可能果真会生男孩，一丝喜悦刚漾上心头，一股寒战却马上袭来……筠秋此时"却下眉头，又上心头"的，不是对远方伊人的思恋，而是另一种不容说破却拂之不去的隐忧……

恒昌南货店只有两间庙脚屋，一间做着店堂，一间供全家人睡觉。本来洪声父母和弟妹舜仪、月蜍蜗居其间，已十分拥挤了，如今再添一张床安顿洪声夫妇，简直只能侧身而行地出入其间了。全家此时的生活来源仅靠小店的收入维持，张筠秋说，"全家人苦度光阴"，确实毫不为过。然而张筠秋当此际遇，作为一个入党两年的新党员，却仍不忘继续开展共产党的地下工作。

"这时开展党的工作也只有了解当地情况，由金洪声同志介绍(酒店隔壁间很小的理发店)，与干正明同志认识。当初他又象(像)失业是在店学理发，空下来谈谈形势。为了避免(暴露)我的身份，我伴他到振乾家大家畅谈，抗日的要求与想法。(1943—1944 年底)，对于作为培养对象，本来组织上布置我们基本上答应他的要求。"这是张筠秋对认识、发展干正明入党的回忆。与拒绝自己妹夫的入党请求不同，对干是代表组织主动考察培养，干正明的入党因为形势的变化而发生变化，留待下文再续。她在 1950 年回忆此时的思想状态时说，"这时和我个人利益没有冲突，不想什么，只想把我的工作怎样去完成"。上个世纪四十年代一名自身生活困顿的普通党员，总还惦念着为党工作的精神，确实带有信仰至上的精神境界，给我们留下了深刻的印象。

1943年深秋，张筠秋顺利产下一男婴，取名依时序曰建秋。巨溁添孙，脸上常绽开以往难得一见的笑容，虽然简单，为孙儿献三朝做满月也头头是道。没有惊动别的亲眷，舅舅舅妈张振乾刘佩贞夫妻是每次必到，尽外婆家的礼俗。陋室虽狭仄，然三代同堂，有了金家香火得以薪传之欣慰，小屋里倒不时漾起笑声。

建秋满月刚过，筠秋就提出：自嫁入金家五年，还未在娘家度过春节，今年想回宣家浜娘家过年。另外，弟弟弟媳开的肉店想请洪声去帮点忙。洪声父母虽知道此话是句要离开通界桥的循词，但自家眼下如此境况，儿子儿媳长留在通界桥也确实不是长久之计，也就顺势允应。

金洪声张筠秋夫妻俩就开始了在宣家浜的一年稍多的寄居生活，确切的时间，是从1943年底到1944年底。说“寄居”，主要是对金洪声而言。在上个世纪四十年代，翁婿到泰山家居住谋生，非到万不得已，一般男子是不愿为的，更何况金洪声也曾是平湖陆陈界声名鹊起风云际会过的人物。

不过这是一家与平常人家不同、比较少见的姻亲关系。此时筠秋的娘家，父亲张礼甫已过世，由“少爷”张振乾当家，内当家是刘佩贞，继母魏五宝帮着料理一些家务。筠秋于弟弟振乾自幼有长姐如母的经历，筠秋和佩贞本是闺中密友，特别是筠秋出嫁前，佩贞为逃避不如意的婚事，常在舅父家居住，与筠秋同病相怜的朝夕相处，说俩人情同姐妹丝毫不为过——本来就是表姐妹。洪声与振乾、佩贞本来也是表姐妹，在与筠秋结婚前后，一直常相过从。更重要的，四个人的志趣相投，从“奔腾”文艺社到如今的参加共产党。金洪声此时虽未入党，但妇唱夫随的基调还是清楚的。

对这一年多的生活，金洪声在1950年的回忆中，只有“剩下我们夫妻二人及一个刚生下的孩子，到筠秋母家暂住”一句话的记述。1943年底的金洪声，已虚龄二十六岁，离中国男子“三十而立”的年限，虽尚有四年，但一个“暂”字，确实蕴含了一个男子潜意识中的无奈叹息。

刚到宣家浜时，夫妻三人住在振乾处，即礼甫老人健在时的老宅。稍为安顿后，就租宣金观家的房屋居住，这是在张筠秋找到代课教师职位，有了一点收入以后。

金舜仪说，这段时间的金洪声无疑是又落了一次难："顶顶落难时，他们在宣家浜张振乾家里。（宣家浜）西面有几十间房子，叫楼廊。前面撑出市面来，茶馆店等本来就有，张振乾开爿肉店，叫金洪声也在里面。我看他做来心境是不好，肉店里做怎么来山，也不像肉店师傅。"

"来山"是平湖土话，"行"的意思。"怎么来山"，就是"怎么行"。

隔行如隔山，金洪声是陆神行业的行家里手，拿起肉斧斫肉剔骨，不要说金舜仪觉得洪声心境不好，我们也替他感到力不从心不伦不类。尽管洪声深知妻舅振乾是一片真意的好心：肉店并不需要增添人手，说是请他帮忙，只是聊慰姐夫的百无聊赖而已。

所以金洪声说此时的自己："是失业，靠筠秋在附近代理小教职叶（业），我的生活靠她。"而张筠秋为了给丈夫留下尊严，除了无法阙如的履历表上"43 年 8 月—44 年底　宣家浜　家务"的填写外，她没有留下在这一年中作为家庭主要经济来源者的任何笔墨文字。

张筠秋由张振乾介绍，在张家门小学代课。学校在小河北岸的一座大房子里，教室就设在天井后面的厅堂上。十几张书桌，二十几个学生。

张筠秋每天去学校，还带着儿子建秋。上课时，就让建秋独自站在作为办公室的另一间屋中，小孩免不了阵阵哭闹。中午的饭，是放午学后自己烧煮，晚放学后回宣家浜。

经张振乾介绍的代课还有一次，不过这次兼有政治上的目的。事情起源于一次没有成功地破坏日伪运输线的努力："配合振乾宣传抗日，他组织可靠王二观同志等回去破坏公路，这条公路很难垦，开得浅，鬼子通夜过车，破坏浅的公路，日鬼经常扫荡。我们研究没有依靠广泛群众，完不成任务，就停止了。"这是张筠秋四十年后的回忆，破坏公路的具体地点在海盐县的场前一带，看来是没有取得明显成效的行动。

为了更广泛地发动群众，实施对日伪有效的行动，也为了解决一点姐姐的家庭经济困难，张振乾介绍筠秋去六里地外近海塘的一所小学代课。

这次代课已经没有了以往去沈荡、长木桥为所谓寻求独立而教书的浪漫和青涩情调,全然是一派谋生和为了工作的务实状态。“沿海塘小地名叫八团的一只学校无人去教,振乾叫我去代课。住在信宝家里,孩子他们帮我看。他们出海捕鱼,我抱了孩(子)上课,还要抱了孩子逃难。晚上孩子吃了奶睡了,我帮人家做衣服,有到三点才睡。孩子奶不够吃,得到一点钱买些糕,给孩子充饥。白天空时用土话讲形势。可是日寇常来扫荡,乡政府叫我停学。在这样的环境下,不能坚持下去,约二个月回宣家浜。”张筠秋在晚年如此回忆这二三个月时间的生活,她在另一处回忆说,这次代课共领得了八斗米的报酬。

张筠秋在1950年的回忆似乎更突出了这段代课生涯的政治动机:“1944年十月,在沿海塘内,教书工作作掩护,要在海塘发展外围同志,有机会和老百姓谈我党对抗日坚决是为了老百姓。”她接着讲她当时的所想所思:“这时思想不波动,只想把工作完成。因我全付(副)精神和希望自私的寄托着党,望胜利了可出头。”虽然此处的“自私”两字读去令人明显感到是在党内查思想时,张筠秋那种深挖非无产阶级思想的纯情和无奈,但与共产党共命运盼望党早日胜利的思想是真实的,而且她也为此在一处罕为人知的地方很努力地工作过。

此时的金洪声已经离开张振乾的小肉店,另辟蹊径地在做往返于海盐平湖两地间的贩运生意。尽管金洪声本人在1950年的回忆中只有“后来我也贩黄豆”几个字,但从金舜仪的回忆中还可以觅见当时较为详细的情形:“做做后来想出来,叫二哥哥张振乾在店里顾牢肉店,他去到平湖贩柴。确实也是好办法。平湖居民缺少半硬柴来烧,宣家浜地区产毛豆有豆萁柴、桑条柴,贩毛豆萁柴、桑条柴到平湖。”

有必要对今天的读者交代一下上个世纪五六十年代前,海盐平湖一带居民的烧菜做饭方式。那时,无论农村城镇,家家户户都砌有灶头,看家庭人口的多少和家景富庶情况的不同,灶头的大小也各异。有只能放一只铁镬的单眼灶,或双眼灶、三眼灶,一家上下的饭菜、开水、热水尽出其间。燃料主要是当地庄稼的禾秆,平湖以水稻为主产农作物,居民烧火煮饭以稻柴为主。稻柴好起火但火力不持久不猛烈,有些食物的烧煮需要用些火力持久猛烈的硬柴如豆萁、棉萁、桑条等。平湖虽然也产这几种硬柴但量少,但因量少不能满足需求。宣家浜一带多是旱地,种植的是黄豆、桑叶,副产品则是豆萁柴、桑条柴。金洪声就做起了这种两地互相调剂的生意。

金洪声与一般呆板的生意人不同的地方,或者说他体内有着冒险逐利的天然因子。尽管当时敌我双方对粮食的管制都很严厉。

1942 年 12 月,伪清乡委员会驻浙办事处规定:清乡区内物资除自用者外,民众不得移动粮食、棉花、丝麻、油类、蜡烛、肥皂、香烟、火柴等。至封锁线外须取得省封锁管理处和杭州特务机关共同证明,持有搬出证。允许民众移动的自用物资规定大米 4 斤、小麦 10 斤、面粉 10 斤、棉布 4 英尺、食油 1 斤、猪油 1 斤、火柴 6 盒、蜡烛 6 枝、砂糖 5 斤、香烟 10 包。

1943 年 4 月,日伪驻浙清乡办事处又布告降低标准:棉布 3 英尺、火柴 5 盒、砂糖 1 斤、棉花概不认为自用品。

我们不惜篇幅地列引以上材料,是想让今日的读者感性地了解一些当时的情况。

金洪声在贩柴的同时做起了贩米、贩黄豆的生意,甚至可以说是以贩柴为名,主要做着贩黄豆、米的生意。

金舜仪这样回忆:"贩毛豆柴、桑条柴到平湖,瞒过关卡上国民党土匪部伍。要靠船检查,兵像强盗。你装粮食不给你运,送到敌占区,平湖是敌占区,装柴就让你去装。那么所以上面装毛豆柴、棉花柴,下面装米、黄豆,平湖落来装米,去装黄豆。平湖回来上头盖其他不值钱的东西,不起眼的东西,下面放点米,偷过他们关口。这个时期生意做得蛮苦,的确顶苦。"

躬逢乱世,兵匪本来就是一家。金舜仪没有说全的,运米出平湖城时,还要应对日伪的严格盘查,通"游击队"的罪名足以引来杀身之祸。金洪声在抗战初起时的 1938 年前后,就做过这种贩运生意,做这种生意大半年时间后,就办了与张筠秋的婚事。此时故伎重演,是为了撑起一家三口的衣食,还有作为男人的尊严。如此经营一段时间后,金洪声的五妹金月蜍不是在父母身边而是随兄嫂在宣家浜出嫁,张筠秋还亲手掌厨烧菜摆喜宴，既显示了金洪声张筠秋照顾家庭担当责任一面，也显示了他们此时有这种能力。看来这种涉险的贩运生意，获利还是不错的。

说到张筠秋为小姑金月蜍尽心尽力操办婚事，还有一桩帮助小叔舜仪、堂弟振麟的学文化的事可记。张振麟幼年失怙后，有一段时间寄住在通界桥恒昌南货店里。张秀英是振麟的亲姑妈，金舜仪稍长，称张振麟为"振麟弟"。

"她对我、振麟弟是蛮好的。我们俩人总算失学，她是补课的。虽然她本身文化不大高，但她当过教师，小学里这点功课扣吃，督促。不督促你不去钻研，我们两个讲出讲进全靠她。"金舜仪在晚年这样评说张筠秋教他们读书识字这件事。

"扣吃"，平湖话，刚好够着搞定的意思。"全靠她"是最高的评价了，"讲出讲进"，平湖话，经常讲的意思。

他还能记起一些当时的具体情景："张振麟住在通界桥店里，张筠秋在教书。来来去去同我们两个人补习，叫我们读书、补习。书自己读，主要语文。晚上点起煤油灯教书，作文指点。洋学堂课本：春天来了，燕子飞来了，春风吹到小河……，怎样做作文，写字笔顺。"

"来来去去"，平湖话，经过的意思。张筠秋每从通界桥公婆处路过，就要课两人读书，若住在那里，更抓紧晚上的大好时光督促两位小弟学习。

对于已为人父母的金洪声张筠秋夫妇来说，这种风险较大的贩运管制物品大米黄豆的生意毕竟不是谋生的长久之计。1945年初，夫妻俩携儿子到平湖县城，想重操旧业，开个固定的米店，图项稳定的收入。屈指算来，金洪声离开平湖县城已快八年了，张筠秋是第一次来平湖县城住较长时间。在海盐张家门嫁到平湖的那些远房亲眷的帮助下，安顿了住所，找了个门面，金洪声张筠秋又开了爿小米店。

日子似乎过得比较艰难。"45年，老金祇在平湖摆米摊，上午他出去收几斗米，拿回来再买(卖)出去。我在宣家浜借一块地，种些豆。"张筠秋如此回忆这段时间的基本生活境况。带给夫妇俩些许欢愉的，是为生计忙碌稍得闲暇的傍晚灯下，和牙牙学语蹒跚学步的儿子建秋共度时光。

然而一场不期然袭来的变故，使这一切均灰飞烟散。事情要从 1945 年初夏说起。

中共海北地下党特派员刘明，根据上级党组织的指示，要动员一批青年到浙东参加共产党领导的武装三五支队。张筠秋领受任务后，就确定了已经向自己提出入党要求的干正民，还有小叔金舜仪作为动员的对象。

晚年的金舜仪回忆起二十岁时的这段往事，显得异常兴奋、神采飞扬，话语滔滔不绝，内容中还有出人意表的惊人之处："筠秋问我，还弟，读书去吗？我说，有书读当然去的！然后约干正民一起到河边钓鱼去商量，在河边商量没有人听到。"

事情就出在这以后的几天，张筠秋回宣家浜暂住，照看地里种的黄豆，因为儿子建秋身体发烧，急忙赶回平湖县城医治，金舜仪同行帮助照料。开始几天，孩子的病情还稳定。

金舜仪 2006 年 3 月 22 日回忆说："金洪声和张筠秋住在平湖分金弄里，我在讲建秋，就是儿子。回到平湖，贝锦记米行没有进，生活在最困难这段时间，轧出来这个小把戏毛病。而且毛病一上来就犯真。孩子小来，上面下面只出四个牙齿。姚水清西医同金洪声蛮好，金洪声在学生意时关系就蛮好。总算看在金洪声面上，确实蛮好，药有时金洪声写了条子我到姚水清那里去拿。毛病严重了，就请他出诊。"

"小把戏"，平湖话小孩子的意思。为孩子治病过程中，还有一段让张筠秋一生撕心裂肺之痛的插曲，不是党员的金舜仪是不可能知道的，连丈夫的金洪声在当时也不知情。

在 1950 年时金洪声说："在流浪生活中，我的孩子终于在他母亲教书与照顾小孩不能双方顾到下，生病死了。"以金的精细，张筠秋那时并不在教书，应该是清楚的，说"教书"明显的是一种好意的曲笔。

真实的情形张筠秋直到晚年才公开诉说，并且不止一次："庄雪英同志住在平湖，帮助我送饭。通知我去浙东的青年后天即去。我待孩子喂好奶，出城门外。回来孩子已跌在地上哭。当时姚医师问我到那(哪)里去，我谎言出去玩。他说孩子热度如此高，要收(守)在旁边。在我心中也觉得难过，可是完成党交给任务心中放心了。在医院内，与干正民谈了话，他们走了。我对小孩缺乏经验，又无钱治疗，在第二次桂花开时死了。”此处所说的“缺乏经验”，张筠秋在另一处回忆时是这样说的：“这（只）信每天打针，实际小孩靠打针是无用，营养不良是真的。”这只能看作一位母亲对留不住儿子生命的一种痛惜和检讨。（按：此处孩子死亡时间5月似与迟桂花开不符。）

张筠秋在1950年比较真实地诉说了那一刻的想法：“1945年5月，我发展的一男同志，组织上要掉（调）他到浙东去，那时我孩子病在医院，我同了正明同志去外面，找领导同志谈话回来。医生埋怨我说，孩子不可多哭，现热度高，很危险。因此我自私埋怨组织上胆小，不肯在医院里说。而不想到组织上的一举一动，要对党负责。而我相反恨党，我看孩子热度高了，想到自己找出路，讨来的麻烦。”从纯医药的角度说，孩子从床上跌落到地下，不至成为至死的直接原因，而从母亲的心理而言，这一跌落成为永远无法饶恕的过错。

孩子掉落床下的细节不忍说，对组织的埋怨终于也被要对党负责的信仰化为自责，但是，此后自己的孩子终于病疴日重：“毛病重了，就请姚水清医师出诊，最严重时，临死，姚水清确实蛮好，姚水清困在金洪声那里，与金洪声两个人守在小把戏旁边，等他断气死掉。”金舜仪如此回忆侄儿建秋死的过程，而且对孩子的病大惑不解：“那末稀奇，孩子小得一点点，毛病犯真，据姚水清讲小把戏是肺炎，到底啥毛病，也讲不清爽，毛病要变，难弄，医生束手无策，死掉。死在我们枫大姨家里，分金弄2号。”

儿子建秋之死，张筠秋痛不欲生，哭声如裂帛震宇，又重演了年轻时用双手抓着自己的头发往墙上撞的宣泄方式。旁边的枫大姨看呆了，上来拉住劝说。张筠秋后来对金舜仪说：“枫大姨说，亭还宝，你不要哭了，你哭来我心也痛来。寄伯叫我勿要哭，我心里痛苦得不得了，寄伯像冷血动物。”张筠秋过房给枫大姨，所以称枫大姨为寄伯。“亭还宝”是张筠秋在很小范围内使用的小名。

建秋就此走了，他的父母金洪声张筠秋当时连为他成殓的那点现钱也没有，只得扯下棉被上的一幅绸被面，托金洪声的同店师弟陆品良去当铺典当，买了一口小棺木入殓。

金舜仪回忆建秋的入葬过程:“叫我回通界桥,有网船叫一只网船,把这个小棺材放到船里,运到我大大亲妈坟旁,葬在旁边,我记得很清楚,我也是一起去的。”建秋入土在他应去的场所,然而他毕竟在人世的生存时间太短暂了。

“这是金洪声第二次落难。张筠秋这个也是大刺激,养两个小孩,连死两个。有小红她担心事也担来。”“有小红”是张筠秋的又一次怀孕,时间在1952年,我们将在后文叙述。一块石头压在张筠秋心上七八年,这是何等的心理创伤和压力,金舜仪这样评说此事对金洪声特别是张筠秋投下的巨大心理创伤。

我们还是回来继续听金舜仪讲述他和干正明由张筠秋动员去浙东那件事:“后来刘明给了我们俩介绍信,信放在鞋子底里。离开通界桥时没有告诉爸妈,和干正民到海宁长安祝歧耕那里住了两天。由祝歧耕送我们乘海船到对江(平湖一带的人称钱塘江湾南岸为‘对江’),到宁波一个叫高桥的地方,住在一所中学里。真奇怪,刘明已经在那里,又遇见了他。当时的组织叫‘大陆商场’,负责人的名字叫黄文祥,宁波人,身体好像不大好,我们见到他时,躺在担架上。有一千多人,十六个人一组,每天集队跑步,有时到西郊发传单,看的人还抢着要。我们还带着枪。时间有八九个月。”

我们问他为什么叫“大陆商场”?他也不知其然,但肯定不是做生意。如此一千多人在宁波市里集结,应该是个很大的动静,有关史料恐总有记载,可惜我们无吝一面。

金舜仪说的奇遇,是他说在那里遇见了著名的女作家丁玲,证据是一位女同志拿着一本签着丁玲名字的书看着并跟他谈话。他非常确定,那位跟他谈话的女同志一定是写过《莎菲女士日记》后来又创作《太阳照在桑乾河上》的丁玲。我们惊愕于他对丁玲的知名,也不忍拂乱他青年时期留下的美好回忆,也就默认了老人的讲述,于是他很高兴、满足。

“时间八九个月”,恐是老人的误记。质以其他的史料,他们两人在宁波的时间大约在二三个月左右。干正民、金舜仪在宁波融入集体,过着战时训练的愉快新鲜刺激生活的二三个月里,张筠秋在公婆面前的日子却十分难堪。每去通界桥一次,公公的冷脸更加了几分肃霜。筠秋读懂那是老人失去孙子对她的迁怒,还有老人心里肯定明白,还弟的失踪肯定肇始于她——搅得全家不得安宁。而在金舜仪离去的时间里,她实在也不知道还弟的行踪甚至生死。那个时候领导不说,你怎么去问?但是婆婆每次见面都要问:"还官到哪里去了?"筠秋每次都不回答,恨不得有地缝能追进去藏身。而且她每隔一段时间还得必须去通界桥一次,再接受一次如此这般地拷问。你若不去,岂不更加重了两老对小儿子的挂念?甚至会引起他们的失望抑或恐慌。

金舜仪的不辞而别,终因时局形势的变化而结束。

"上级命令北撤,其余的仍回原地。刘明来领,我们回乍浦,再回到通界桥。"金舜仪结束了对浙东之行的回忆。

张筠秋知道金舜仪回来,怀着惊喜交加的急迫心情,漏夜赶了三十多里路来到通界桥。喜的是小叔舜仪离去三月,今日终于毫发未损地归来,可以在公婆面前有了交代,从而一释压在心头几个月的重负。惊的是据说部队突然北撤,其中缘故是什么?时局的形势如何?事兹重大,她需要在小叔身上求得答案。所以赶在第一时间与金舜仪作彻夜长谈,从了解他在宁波的情况入手,推测判断形势。正如她后来所说的:"1945 年 10 月里,部队北撤,正明同志去而复(返),我很奇怪。他们说部队撤退,恐怕内战。我很气,我们为什么撤退呢?去了再打回来,不知何年何月!我根本不知道革命有计划的是要彻底把敌人打垮,才能胜利。不向前面看,祇有个人主义得失的问题。眼前没有希望,觉得前途渺茫,胜利看不见。又看到反动派的势力及美帝的帮助。"原以为就要到来的胜利,由于部队的北撤变得"不知何年何月"。其中的失望和忧虑是张筠秋内心思想的真实流露。

八年抗战的胜利和平湖城中万人空巷的庆祝,没有改变金洪声张筠秋夫妇衣食无着的命运。县城米珠薪桂居大不易,他们只得又回通界桥。只是去年离开时是夫妻儿子三人,如今回来却少了儿子建秋,而且生计一时也难以着落,这不禁使两人黯然悲伤。

夫妻双双失业在通界桥,靠年迈父母经营的南货店维持生活,总不是办法。1946年的春节刚过，金洪声就托顾志拯为妻子谋一个教师职位。顾不久就介绍张筠秋去他老婆当校长的小学内任教。筠秋去学校看了以后，觉得太靠近顾的忠义救国军办公地点，有地下党同志来往联系时不便。于是向刘明特派员请示，刘明认为重庆谈判虽签了双十协定，但蒋介石墨迹未干，就宣布反共。在全国这样的大背景下，浙江由共产党领导的军队也奉命北撤。海北地下党的活动既会伺机加强也要更注意隐蔽安全，所以也同意张筠秋暂住通界桥，以利于党组织在海盐平湖间的联系。组织将设法解决张筠秋夫妻两人都失业的经济生活困难。

尽管张筠秋此时生活上已无经济来源，但在通界桥期间，仍热心于地下党的活动。1946年2月，刘明特派员和张振乾及张筠秋三人，在宣家浜张振乾卧室有一次海北地下党的重要会议，张振乾是抱病倚床参加，张筠秋由通界桥步行前往。会议的主要内容，据张筠秋回忆如下：

"主要讨论贯彻上级指示，开辟第二战场的问题。当时认为首先要打好基础、扩大组织、利用敌人内部矛盾开展上层工作。提出在小学教师、农民中发展党员，在上层接触中摸清情况。会上分配我到侍封庙去找张阿寿、李山乐等同志，了解那边的情况。刘明当时说，在沿海塘一带要多发展几个农民入党，将来便于迎接我们的队伍从浙东过海来。会上还研究了一些要求进步人员的情况。"

会后的实践说明，这次三人的党组织会议，对海盐平湖毗邻地区地下党的活动，起到了一定的指导性作用。

第二天，张筠秋就接受刘明的指派去武原镇，代表海盐地下党，考察朱耿生的入党动机："朱耿生是我弟的朋友，在46年，海盐地下党组织曾经研究要发展朱(加入)组织。对这个问题我有不同看法，提出不同意发展。后来决定领导叫我去一次。我已(以)找工作出面到朱家去一次。谈谈当时的国内形势，听起是投机的思想，回来汇报后不发展。"张筠秋在1963年作了如上回忆。不以亲友关系而降低入党的标准，继拒绝妹夫的入党要求后，这次又是一个例子，而且尽现了张筠秋耿直豪爽的个性。

刘明为张筠秋找工作的努力，果然不久就有了进展。此时已住在嘉兴陆军医院附近的刘明、庄雪英夫妇，通知张筠秋去嘉兴，面交给她一信，叫她去嘉兴县新塍沙家浜找沈如淙同志，由沈帮助安排教书工作。张筠秋回通界桥与金洪声商议后，第二天就启程，只身前往沙家浜。

据张筠秋回忆，这次去嘉兴新塍教书，时间在1946年3月底："三月底一天，大雨倾盆，我找到了沈如淙家里，是三大间草屋的一幢房子，沈有事外出，其爱人陈佩贞在家。进屋后换下一身湿透的衣服，等了一息(会)，沈如淙同志回来了。他说，你海盐人到嘉兴来易遭人怀疑，应当把籍贯、名字换一换。由是，我就化名为张佩云，籍贯嘉兴。这个名字报上去要了一个代课教师的职位。小学的地点是距沙家浜十里路的新桥。教师只有我一个，借住在一个贫苦学生的家里。"

平湖通界桥到嘉兴新塍有五六十里之遥，适遇风雨大作，栉风沐雨在泥泞中艰苦跋涉之情景，张筠秋在四十年后的1986年所作的上述回忆，读之仍如发生在昨天，笔笔画画情情景景跃然纸上。

张筠秋去代课的小学一般称为"沙家浜第十保保校"，行政隶属于嘉兴县新塍区仁里乡。学校所在小村的地名叫新桥，设在村中一所颓败的道观里，是一名教师包办学校一切事务的一级一员建制的小学。

张筠秋并非一开始就"借住在学生家里"，到第十保保校后，她旋即写信给金洪声，一报平安，同时诉说了学校的环境。金洪声接信后，马上携金舜仪一同前去探望。金洪声为何如此着急?

据金舜仪回忆："金洪声同我一道去看张筠秋，在新塍，有一个茅山道士，张筠秋写信给金洪声说，茅山道士，一只教室，旁边办公室房间。怕来，看见茅山道士心中发颤。"说到这里，金舜仪笑言，张筠秋信上写错了，只有崂山道士，没有茅山道士。随后他又接着说："我看见也怕来，头发兮长，人瘦瘦的，阴笃笃立着像僵尸。到新塍去的路是这样走的，小轮船到嘉兴，再走路，沿路问过去。教这点书真怕，教书时间不长，可能是地下党介绍的。"

那位道长的尊容加上附在身上的那股妖气，连金舜仪这样的身魁力壮的男子，青天白日下见了也甚害怕，张筠秋要日夜与其同处在一个道观屋檐下，心中的恐惧可以想见。金洪声此行的一个收获，是将张筠秋的卧房从庙内，搬到附近的一个学生家里，以消除她夜间的砾砾不安。这就是

“借住在学生家里”的经过。

金洪声从新塍回来，就由朋友介绍，去海盐一家碾米厂工作，直至年底。这近一年的生活，除了金舜仪说的，金洪声为工厂题写了“鼎丰碾米厂”招牌，以及留在他档案里的“1946 年初至 1946 年底　海盐南塘碾米厂　会记(计)”一行文字记载外，我们几乎没有别的更多了解。

张筠秋在这一年中的工作却屡经变动。到 6 月底，学校临近放暑假，张筠秋的心里就有些忐忑不安。虽然十保小学地方偏僻，教学环境也不尽如人意。“茅山道士”对年幼的学生们更显得模样吓人，而不时在道观中上演的道场法事，对近在咫尺的教室中的师生构成很大的扰滋，更让人觉得烦心却异常无奈。但张筠秋还是特别在乎这个教席，一来这是组织上动用关系远在嘉兴为自己找的一份工作，得来极不容易。二来虽则金洪声已在海盐进米厂当账房，家庭的经济条件略有改善。但自己一向崇尚妇女在社会上的自立自强，若一旦不能续聘，于公对不起组织的苦心安排，于私会失去自立的经济基础。直到学校放假那天，沈如淙的妻子校长陈佩贞，通知她去参加嘉兴县暑期小教训练班，张筠秋那颗悬着多时的心才算落到心窝。

两个星期的小教训练班对张筠秋大有裨益，在嘉兴与庄雪英、刘明的时相过从，一扫三个月来在十保小学的孤独。庄雪英说，以前我们吃了你和振乾多少年了，这回在嘉兴，我们算半个主人，也让我们略尽地主之谊。于是陪着她吃了五芳斋的粽子，陈记的千张包子，虽不是什么七盆八碗的盛筵，却也品尝得有滋有味。小教训练班结束那天，张筠秋准备乘当天的轮船去海盐，不料庄雪英说，筠秋，想洪声了。张筠秋一向与她以姐妹相称，就应道，妹子还开起姐姐的玩笑来了。刘明接着说，去游烟雨楼吧。庄雪英刘明租住的房子就在南湖边，隔着一片水面就是烟雨楼，坐船过去不消半个小时就到了。张筠秋是第一次游烟雨楼，在款款近岸的船中，果然见取意于“多少楼台烟雨中”的江南名楼，映现在独具江南风情的迷蒙烟雨之中。

弃舟登岸，但见楼四周短墙曲栏围绕，四面长堤回环。入口处为清晖堂，门外北侧墙上嵌有“烟雨楼”石碑。堂后和正楼东南各有一座乾隆题诗的“御碑亭”。清晖堂左侧为“菱香水榭”，右为“菰云移”。走廊右有宝梅亭，内有清代名将彭玉麟画的梅花碑两块。

● 嘉兴南湖烟雨楼

烟雨楼正楼高约二十米，重檐画栋，朱柱明轩，气势不凡。

三人浏览了全景，然后在“菱香水榭”凭轩而坐，小憩片刻。庄雪英点了四盘茶点，张筠秋知道庄刘两人也不宽裕，觉得有点太破费了不好意思，就说道，你们来吃的是南瓜饭，今天你们请客吃这么贵的东西。刘明说，这就叫到什么山上唱什么歌，接着又飞快地用眼角扫了一下四周，压下点嗓音说，列宁还说苏维埃加电气化才是共产主义呢！庄雪英有点嗔怪地说，你又来了。筠秋，你就尝点，等会刘明还有话跟你说。话到这里，张筠秋才知道今天不单是纯粹的游湖遣兴。

刘明今日的兴致是少见的好，侃侃地从党的一大在上海召开说起，再说到在这里的游船上的结束。特别是那位识破巡捕侦探的嘉兴女子王会悟，让他赞誉不已：水乡的女子就是灵，她的那位主编《共产党》月刊的夫子，当时还冲她发火呢。那十几个人还不是听着王会悟的安排，到嘉兴南湖的丝网船上来了，完成了开天辟地的中国共产党的创建。这些共产党创建时期的故事细节，都是张筠秋前所未闻的。她出神地静静听着，随后说，这个王会悟真厉害。还是刘明说，你们嘉兴还有个红军女将张韵秋，和你的名字只差一个字……

待一番轻松的话题随风飘散在烟雨楼外的一派蒙蒙烟雨中后，刘明说，筠秋，组织上考虑，你还是回平湖吧。工作上需要在平湖要有我们的同志，你一个人在十保小学也实在太偏了。张筠秋觉得能在十保教书已经很不容易了，再要挪动会不会太过麻烦？庄雪英却爽快地说，这件事我来办。

暑假以后新学期开学，张筠秋果然接到通知，去民夷乡三保小学任教。民夷乡三保虽属嘉兴县，但东去离平湖县县城只有5里路。张筠秋事后知道，庄雪英当时在嘉兴县政府当办事员，是庄说项的结果。这件事在精神上的副产品，让张筠秋第一次深切地感受到了组织的神奇力量，自己看来这么难的事，怎么说办就办成了。

新学校仍是一所最基层的一级一员的初小，民夷乡三保的所在地叫尼庵浜。学校一如民国以后的中国乡俗，将庙庵寺堂改为学堂，设在村中的庵内，张筠秋也在庵内食宿。与在新塍不同的，除了学生来上课时，庵中只住着她一个人。

学校虽小，地方也较偏僻，只有十来名学生。在教学上、与学生家长的相处上，张筠秋已是久经历练驾轻就熟的老教师了。不过在三保小学的教书生活，却使她面临了从事教师职业以来前所未遇的问题：罢教。当时的国民党嘉兴县政府规定小学教师的薪水折合成米发放，每月米一石五斗，即米二百二十五斤。虽不高，但大部分教师，全凭着那点收入养家糊口。开学那个月，张筠秋和其他教师一样，还能按时领到那一石五斗米的薪资。但接下来却一连三个月拖欠不发，等米下锅的教师们几经催促，乡公所只是一味推诿，只听楼梯响，不见人下来，终于酿成了全民夷乡教师的罢教。

大凡在这种场合，总会有几个比较情绪激昂的发起者。他们在乡中心校的一次集会上，提出要统一不上课，征求大家的意见。切身利益相关，又是在情绪群奋的时刻，当然是全体教师一致附和。张筠秋新来乍到，既不想锋芒太露，也不愿表现得太世故而引起注目，况且要在会上当场亮出态度，来不及向组织请示，只得取随大流从众的态度，罢教三天。

罢教的结果，在发放欠薪的同时，开始了裁撤教师。乡政府不知出于什么原因，撤掉了张筠秋任教的三保小学，才教书三个月的张筠秋面临失业回家。

张筠秋此时的表现，显出了她老到的处世和较强的在社会上立足生存的能力。她不是因学校被撤一走了之，也没有情绪激昂的大叫大闹，而是去乡公所提出意见诉说理由。一位刚来的中年女教师，不会是此次罢教的始作俑者，乡长心中还是有数的。交涉的结果是张筠秋可以留在乡公所暂住，帮助做些杂务。在乡公所暂住不是长久之计，但乡公所又是一乡的权力中枢，可以有所作为，张筠秋抓住了这个争取来的机会。

她后来回忆说："考虑到在伪乡所里不便接待组织同志，因而乘这个机会，我一方面伪装积极协助他们搞事务工作，以取得信任。另一方面，我想在家开展工作很不便利。后来找伪乡长反映，要求介绍工作。不久，被安排在相公庙小学任教，该校连校长共三人。后来我知道要开辟十二保校，我提出我去，这正是个好机会，伪乡长就要我到十二保去。"

从同时发生的这件事中也可以显露出张筠秋的处世能力，她在1982年的回忆："四六年秋天，刘明与祝歧耕一起来到我家时，认识了祝。后来由我出面，替他物色了一个代课教师的职务，化名章应生。教了二个月课，放寒假后祝就离开了该地。"为地下党员祝歧耕介绍工作时，张筠秋本人还在罢教风波的余震中摇曳，况且她本人也刚到民夷乡不久。自己身处这样的境遇，还能为一位陌生人物色到代课职务，没有出众的处世交际能力，一般人是很难做到的。

张筠秋离开相公庙小学去开辟十二保小学，其中原委她后来有多次回忆，略加钩沉后，综述如下：

1946年12月，民夷乡的小教因索薪罢教后，张筠秋任教的三保初小被撤并。有一段时间，张筠秋从教师职位上"下岗"，留在乡公所内做些事务工作。解放后她本人填写的履历表上，这段时间填为"1947年1月—1947年4月因学校并掉失业在通界桥"。考虑填写履历时的政治环境，这种填写是一种走边锋两可的说法：年底放寒假肯定要回通界桥，稍为多写二三个月，又可绕过在乡公所帮忙的极会惹出麻烦的那段经历。

1947年4月，张筠秋又被安排至相公庙小学教书，相公庙小学设在静寺，校长钱以仁，教员除张筠秋外还有冯毓清，共三人，教40多名学生。

教员们在乡公所搭伙吃饭——从这点看，相公庙小学应该是所乡级小学。而在张筠秋看来，这点对她开展工作很不方便。后来听说要新办十二保校，张筠秋就提出要去，乡长也同意，党组织也满意那边的环境。

“我住在屠阿照家，同志们要来往也便了。叫我很好团结群众，就是多来往人使人少注意。争取单独一只学校，所以我提了要求，所以暑期小教训练回来，成为十二保校校长，和钱以仁分开。有同志来往，睡也有地方了。”张筠秋这样回忆去十二保校的经过。

张筠秋去十二保新办保校，另一种说法叫“开辟”，可见任务之艰巨和没有一定成功的把握。所以初去时，还是作为乡校的人员派出，经过试办，在暑假后才正式被承认正式独立：“我到了那里，尽可能地搞好与学生家长的关系。不到一学期，学生由十来名发展到八十多名。后来在民夷乡与邻乡合并为民丰乡时，就以我那所学校为基础，创办乡中心小学，校址在当地的白云桥。”

学生数从十几名到八十几名的飙升，无可争议地使十二保小学成为独立于乡校的保校，张筠秋也理所当然地成民丰乡十二保校的校长。我们不由想到她在张家门小学当校长时学校的那派兴旺，这是张筠秋作为小学教师，在工作中的可以令人铭记的两个高峰。

在相公庙小学教书期间，张筠秋发展同校青年教师冯毓清加入共产党。这是张筠秋亲自发展成功的第一个新党员，而且还可以为我们留下那个时期入党的珍贵史实，故将她本人的回忆照录于后：

1947年4月，我在加(嘉)兴县民丰乡相公庙(静寺)去教书。校长是钱以仁，教员我和冯毓清。毓清的母亲也是教员，在46年我们就认识的，毓清还未熟悉。在47年春(4月十号)，我到校后，我们三个人(校长)都睡在庙内，吃在伪乡公所。那时我对(冯)的看法：(一)年青思想比较单纯，从学校出来；(二)她家庭情况，她是跟着母亲过生活，他(她)父亲是不务正业的人。在谈话中冯也恨旧社会……，所以我同情他(她)。学校教书时，我们想武装，所以看到伪乡长有支手枪，经常放在桌上。我想通过冯去偷这支枪(因为冯、金是亲戚)。后来我又想到，发生后无处转移。组织上又不知道，就打消(销)原来的想法。

冯毓清入党候补期三个月，在小教训练后转正的。在四七年八月份他(她)离开平湖到加(嘉)善教书，有时通讯联系。

71.2.6号

看起来那时的入党，个人思想、家庭情况都是张筠秋考察的方面。“单纯”是包含两个方面的：思想上的不复杂；没有参加其他党团组织。那个时期，倒还没有后来的对“家庭出身社会关系”方面的苛求，国民党乡长的社会关系和父亲的不务正业，没有成为冯毓清入党的障碍，或许前者还是可以利用的一种力量。似乎张筠秋待人有较重的感情色彩和个人好恶，冯毓清父亲不负责任的家庭情况，到使张筠秋“所以我同情她”，也就成了冯毓清能在二三个月里入党的一个原因。

张筠秋与乃父一般，常有惊人之念惊人之举：想去“偷乡长那支手枪”。还好没有付诸行动，未去动乡长那支手枪，否则不知这出戏会怎样收场。

金洪声在海盐南塘鼎丰碾米厂的工作，继续到临近春节，节前回平湖通界桥过年，与父母妻子团聚。过完1946年的春节，照平湖一带人的算法，金洪声已是32岁了。妻子张筠秋在平湖县城西面5里的教书生活已经稳定，他再去海盐做事，就显得很不方便。那时出门，主要依赖小火轮，从海盐南塘到嘉兴民丰乡，要换乘二次轮船，再要步行五六里路。金洪声想换一个谋生觅食的地方。

或许应了十年前算命先生那句“三十岁以后运道来”的预言，正当此时，复业后的“昌记米行”老板贝锦成，念起了这位昔日的正账房，希望金洪声能再次进昌记米行当账房。

由“昌记”到“贝锦记”的历史沿革，我们从1956年提审贝锦成的笔录中，找到了有关的记录：“抗战前五六年开‘昌记米行’，后来又开‘昶记’，‘贝锦记米行’1938年下半年开始，到1943年春。抗战胜利再开‘贝锦记’到解放。职工有丁树、金洪声、严子文等。”

1956年的贝锦成说这番话时，是在人民政权的监狱中，也是他一生中的第二次入狱。入狱的原因据他自己说是：“55年8月31日，我犯罪。过去敌伪时任米业公会主席。一贯道，胜利后，我碰头有佛台，所以亦参加。55年春天造谣，原因是过去思想反动，根深蒂固所致。”

此次召金洪声入行的，应是抗战胜利再开“贝锦记”这个时段。

金洪声闻讯当然愿意，妻子和家人也认为是件好事。

然而要进复业的贝锦记米行，需要一笔很大的以入股名义的保证金，对稍稍在经济上缓过气来的金洪声张筠秋夫妻俩，还有他们的全家人，前面似乎横亘着一道难以逾越的沟堑。

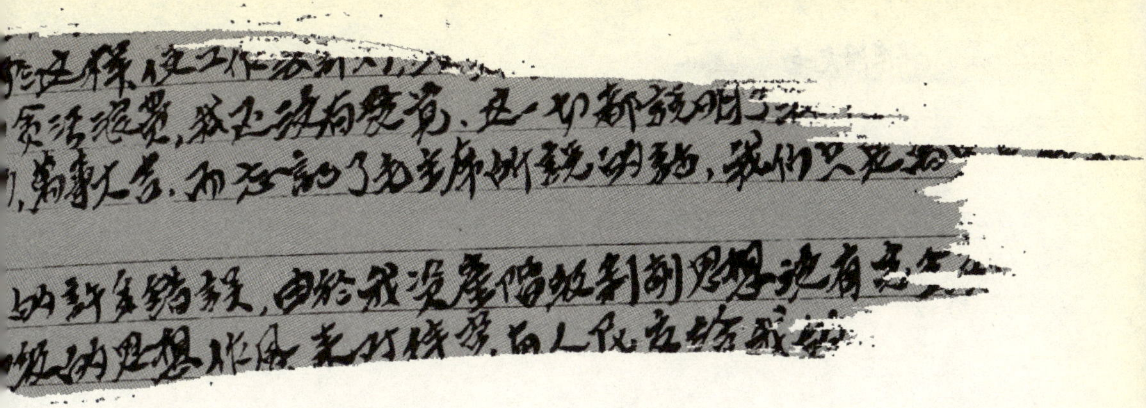

当湖支书和锦记副账

昌记米行的老板贝锦成在抗战初期，曾被推选为平湖米业公会会长。熬过1937年11月5、6日的日军飞机轰炸和随后的兵“匪”洗劫和某些人的顺手牵羊后，伤了皮肉筋骨但未伤着元气，不像一些小店从此偃旗歇鼓，而与其他几家较有实力的米行一样，也在局势稍为稳定以后复业。抗战八年，平湖县城基本上在日军的占领之下，作为平湖县内陆陈行业中最大的几家米行之一，昌记米行同开业着的其他的几家大米行一样，必定要首当其冲地应付日伪摊派的办军米等事务。粮食是战时我敌双方必争的战略物资，平湖又是官定的全省仅有的四个产粮县之一，粮食的出处就更引起军政界的注目。

周伟权是贝锦成在1948年立红毡毯收的学徒，据他在2008年元月3日回忆：“贝锦成在敌伪时期任米业公会主席，办军米，收菜籽，胜利以后吃官司。”不知是坐实汉奸的证据不足，还是孔方兄的力量，或者是两者兼而有之，抗战胜利后身陷囹圄的贝老板不久即获开释。生意人总要做生意，这是生意场上的口头禅，也是贝老板信奉的金科玉律。获释后不久，贝锦成就重组米行，并树自己姓名作店号："贝锦记米行"。

金洪声在昌记米行就深得贝老板信任，贝锦记米行的账房人选，贝老板仍属意于金洪声。然循旧例新规，进店都需参股，股金每人最低 70 石米。

这就是上章末所说的难倒金洪声和全家的事。俗话说"一钱难倒英雄汉，虎落平阳遭犬欺"，此时的 70 石米，对一般人而言，都是一个巨数。当时公教人员中的小教工资为月薪米一石五斗，70 石米相当于一个小学教员近四年的工资。而且金洪声此时的家庭经济状况，虽因张筠秋去嘉兴新塍代课稍得喘息，然仍处在有旧债需要偿还的窘态。

金洪声在 1953 年省行政学院学习时的回忆中，对进贝锦记米行只有一句话的记述："进了贝锦记米行做职员。"在填写的履历表中说明了进贝锦记米行的确切时间和职务："1947 年 3 月至 1949 年 6 月　会记（计）。"会计即旧时所说的账房。知情的金舜仪如此回忆："进贝锦记，仍做账房，进来要搭股，空手进来不放心。不出事需要你时，你走了，要跳箱子盖。入股 70～80 石米钿。"前文说 70 石米是取其最低数，"跳箱子盖"，平湖话要大牌摞摊子的意思，平时就要以经济手段防止你消极怠工。更要防止你在经济上"出事"，你入股几十石大米，老板就获得了一定的经济担保。当然持股到年底可分到一定的红利，刺激你做事的积极性。

● 分金弄底，1947 年中共当湖支部所在地

● 平湖城关分金弄

周伟权的说法也证实了这点："米行收学徒要挑有点根基人家出身的人，不是随便什么人家的孩子都能进的。内账房，更要地主、资本家出身的才可做。我家里也是像模像样开店铺的，学的也只是场子上的生意。"像贝锦记这样的米行，在财务上的出进，动辄碰百成千甚至上万，账房事涉全店财务上的关钥，故而更要有经济上的担当。而此时的金洪声已非当年进昌记米行当账房时可比，当年入股600元，他只需从义昌米行和隆顺兴米行各取一点现金，仿佛抬脚间就一蹴而就了。而今日要拿出70石米，无啻是无力筹措的天文数字。金舜仪接着回忆："屋里已没有钱，以前做的那点已炸完了，积蓄根本没有，只有借。第二个阿姐在上海纱厂做，向她也借一点；大娘舅也借一点；另外阿妈向人借，凑齐这笔钱。"机会难得，稍纵即逝，只得全家人行动四处告借。大娘舅即张礼甫，此时已故世，应是向关系一直不错的张振乾周转，习惯上仍称谓"大娘舅"。张筠秋去了一次宣家浜，说明原委，姐姐、姐夫有急需，振乾自然倾力襄助，自己现有也不多，好在他有"面子"，可以再向别人转借些。洪声母亲深知此事关系儿子一家的前程，而且走好这一着棋，全家这盘棋或许也就活了，所以也拼着脸面用尽全身力气腾挪。半个来月时间，总算凑齐这70石米之数，金洪声终得再进贝锦记米行。

由于筹钱耽误了些日子，正账房已有他属，金洪声名义上只能是贝锦记米行的副账兼场子上的外账房。而实际上在大多数时间里，做着正账房兼客户经理的工作。

自此，金洪声进贝锦记米行，张筠秋在离县城仅5里的民丰乡教书，这就可以在平湖县城安个家，结束年余夫妻俩聚少离多的生活。房子由张筠秋的寄伯枫大姨张罗，租住分金弄弄底2号罗姓人家的一所两层楼房。

枫大姨的小叔徐善涛，自抗战胜利从外地回家乡平湖后，一直担任着平湖县自卫大队副队长的职务。金洪声张筠秋与徐善涛论起亲缘关系来，是堂表兄妹的关系，因而得以结识。此人的出现，以后将对金洪声张筠秋的命运发生重要的影响，我们将在以后专章叙述。

几乎在金洪声进贝锦记米行的同时，张筠秋接到了刘明的来信，嘱她和金洪声择日一同去乍浦，有要事相商。

事关当时中共海北地下党的组织隶属关系，有必要在此处将刘明庄雪英的行止简述如后：刘明于 1942 年 5 月任中共海北特派员，为海北地区党组织负责人。1945 年 10 月，随浙东区党委北撤到涟水后，担任华中分局分局政治交通，并兼管海北地区党的工作。1946 年 8 月前后，由祝岐耕联系指导海北党组织。1946 年 12 月，刘明重返海北任特派员。

当时上级党组织和张筠秋都是单线联系。

综合张筠秋 1950 年和晚年的四次回忆，刘明 1946 年 12 月重返海北后，代表党组织向张筠秋布置的任务如下：

“1947 年 1 月，原来的领导同志刘民(明)回来了，指示我们发展新同志，预备搞武装。平湖叫我划表，一个干正民同志负责退伍军人交朋友，找外围。可是他一谈，廿天就有七个被发展了，还要向我要表，又不讨论。以致和他吵闹了一下。这时中，我也发展三个同志。”

要义是发展地下党党员和组织武装。

晚年的三次回忆更从容和详细一些。

“刘明从苏北回来，传达党的七大文件，在国民党地区开辟第二战线的问题(指武装和反饥饿等精神)。具体交待了我们沿海组织准备，将来接应对江新四军来。由干正民在乍浦、白沙湾一带发展可靠人员。叫他在西塘桥据点撤回，到乍浦平湖找理发业作掩护，发(展)人员情况叫我了解后，填入党志愿书，待刘明来向他汇报。第一次我将志愿书保存，后来刘明来对我讲，不要保存，叫我在脑子里记住，待他来向他汇报。记得沿海分了二批，发展约六、七人。”

“在平湖，刘明同志经常来的，要积极承(慎)重的方针发展组织。47 年初，三人开会，将我、冯(毓清)、干(正民)建立支部。这时支部基本分工，在分金弄开展工作。首先打好基础，由干正民去发展，叫我审查。实际也无法审查，祇听干讲讲，比如后来告密的张水忠。干正民西塘桥平湖乍浦已有告诉我说，干正民经常拿了进步书在船内看(那时鲁迅的书也是禁的)。与他谈一次话，要注意。”

1947 年初起，张筠秋任中共平湖当湖地下党支部书记。重点负责新发展党员的审查工作，在工作过程中，对干正民发展新党员的速度过快有分歧。

“四七年初夏时节，刘明在平湖布置工作，准备在平湖、海盐一带开展武装斗争，发展党的组织，扩大外围，把平湖——西塘桥——宣家浜联成一片。叫干正民到西塘桥理发店工作，以职业为掩护开展活动。分配我负责组织发展中的审查工作，发展的人经我了解认为成熟后再发表格。记得干正民第一批在西塘桥发展了五人，我把表格给刘明看过。第二批大约四人，是我凭记忆向刘明汇报过的。”

1947年初夏开始，有了开展武装斗争的计划，张筠秋想要冯毓清偷取其亲戚乡长的手枪一事，正在这段时间。

入党登记表是张筠秋手工划制的，表格上的内容记住后要将表格销毁，表明当时地下党当湖支部的发展工作在草创阶段和地下工作的秘密状态。干正民一批接着一批的发展显示了工作带着一定的盲目性和随意性，虽然引起张筠秋的不满，但无强大的组织手段和力量予以制止。

再回到张筠秋金洪声去乍浦，两人要去的是刘明在乍浦的家。庄雪英自1945年抗战胜利后，即由平湖迁往嘉兴，10月刘明北撤后，庄雪英仍留在海北工作，至年底环境已不适宜再留在嘉兴。翌年春，经人介绍到乍浦中心小学任教。刘明回海北后，就也住在乍浦。

在中共当湖地下党支部发展党员的形势下，金洪声在前一段时间提出了入党申请，当然申请的提出，自然有着张筠秋教育和引导的因素。刘明的信是对金洪声入党申请的回应。金洪声在1953年说到自己的入党动因时说：“抗日八年中，经过了刘明和筠秋同志的教育，加是生活颠沛流离，家破人亡，觉得自私自私(利)的家幻想，相反给予我的苦痛。逐渐克服了家的观念，认识到应该团结起来，还是参加革命消灭反动派才有了前途。所以在47年3月筠秋同我到乍浦，刘明同志家中填表入党，由张筠秋庄雪英介绍。”

介绍人之一的张筠秋晚年的回忆还提供了去乍浦的细节：“这时刘明还在乍浦，庄雪英还在乍浦教书。我接到刘明的信后，与金洪声从平湖走到乍浦到他家，庄雪英与我作介绍参加了中共地下党。”

平湖到乍浦有二十七华里左右，当时有班车直达。而他俩却步行而去。二十七里路，在平湖人心目中已是很长的路程。除了保守秘密，我们想不出有其他别的理由。

金洪声秘密加入中共地下党，在贝锦记米行的同仁和一般外人中，丝毫不为人觉察，在众人心目中，他仍是忙碌的副账房兼场子上的账房先生。然而此时生意上的金洪声与以前在昌记米行当正账房时大有不同：金洪声前几年在马厩庙、西塘桥、新篁里、宣家浜、通界桥一带的开米店、贩运豆米柴禾生意中，结识结交了不少客户和栈船朋友，随着金洪声来到贝锦记，他把这些客户也带到了店中。就是说他可以为贝锦记带来生意，既有货色的来路，又有一定的销路，这就令店中的其他伙计乃至老板贝锦成刮目相看和倚重了。

身兼内外场账房的工作性质使金洪声更加忙碌，这是金舜仪回忆金洪声再次进贝锦记的工作状态："金洪声第二次进贝锦记，做得蛮苦，副账兼带开票(按：即场子账房)。栈船到足，他趴在柜台上，一刀票子开票，相当划码。旁边有人唱票，相当验货员。弄好后交给账房，客户来结账。带了一个困帽，头发包牢，场子上做灰大。"

贝锦记的资金在当时的平湖陆陈业中名列前茅，老板贝锦成的商业信誉也不错，在嘉兴，上海都设有庄口(按：陆陈业行话，相当于办事处)，在平湖县内主要乡镇，在春花、黄豆、稻谷汛时也会临时增设收购的庄口，所以一到全年的几个生意旺季，往往是夜以继日，生意繁忙。为了方便金洪声的工作憩息，贝老板特意为他安排了在店内的房间，且就在贝锦成休息处的旁侧，还专门另设一只账台。张筠秋不回分金弄家里时，金洪声就住在店中。店中生意忙时，也在这里休息。

陆陈行业中的规矩，老板对店中伙计的亲疏关系，基本以拜先生的学徒出身与从外面进来的客朋友划线。前者亲，待遇也高，所谓立过红毡毯的；后者疏，待遇也要略低于前者，所谓客朋友。金洪声在贝锦记米行以客朋友的身份，独一份地享此殊遇，要算是贝老板的特事特办了。

据周伟权回忆他在贝锦记与金洪声同事时，所见到金的生活状态时说：

“金洪声算盘很快。吃少量酒。抽烟，烟抽得较好，牌子大体是咖力克、白锡包、三炮台，相当于现在的国产、进口高档烟。喝茶，大部分时间是喝红茶。账房先生的生活在当时是比较好的，经常要陪客户应酬。晚饭不回家去吃，当时没有电话，就叫我去通知家里。晚上9、10点钟，还有从外面店里叫来的奶油蛋糕当点心。金洪声人在1.75米左右，很瘦，有胃病，比较内向。人家说他吸过老鬼，大概早戒掉了。”

关于金洪声曾少量吸食鸦片以治胃痛提神在解放前就戒掉的事，姚连清也有回忆。姚连清是姚水清医生的胞弟，姚水清1949年7月病故后，所设诊所就由姚连清经管。他1954年10月9日叙述道：“在1948年秋，金洪声自己向别处买来一点鸦片烟土，对先兄水清讲，我买了一点土，留着胃病发作时弄一口吃吃止止痛，后来未曾买过烟土。

自金洪声来平湖至解放前二个月上这段日子，金洪声经常到先兄处玩吸毒品的。大约一个星期来一二次，吸毒量甚微，吸几口就不吸了。张筠秋有时与金洪声一起来玩，张筠秋只吸过一二次毒品。

金洪声吸毒系与先兄友谊性质，不出钱的，金洪声时常给先兄米一石或五斗，作为吸毒偿还性质。

解放前最后一次吸毒，罗维华记得很清楚。大约在三月间(1949)，同时还暴露一句，解放即将来的话，金洪声对先兄水清说：‘你要米到贝锦记来向我拿好了，将来都是别人的。’自此之后，来玩来的，先兄劝他吸几口，他总是拒绝的。”

金洪声在明知即将解放时戒断鸦片勿再吸食，或许是想以一种崭新的精神状态，迎接新生活的到来，从中也可见金洪声鸦片瘾之不甚深重和自制力之强。

金洪声当时与这位能干的小学徒周伟权相处较好，在解放后对周伟权又有提携之谊，而且五六十年的岁月也应该淘尽了不少偏见，周的回忆应是客观公允之言。

烟是好香烟，奶油蛋糕在彼时还是罕见的珍馐。金洪声又复原了抗战前优渥的账房先生生活，比起近十年来“颠沛流离、家破人亡”的日子，确实是不可同日而语了。

至于吸一点老鬼(平湖人对鸦片的称呼),没有现在统作吸毒论处那么严重。在当时,有一定数量的人每天定量地吸食几口,或作治病如治胃痛肚痛腹泻,或作提神通气之如慈禧,也并非让人大惊小怪之举。只是要控制在几口之内不能让其泛滥成殇,却需要吸食者超乎寻常的定力。且所费之资,也只在一包中等香烟的价钱。再则吸食鸦片,当时还有应酬交际上的用途,有一定实力的商家,往往备有一盏烟灯,用以招待有此好的一定身价的客户和朋友。

金洪声的吸食鸦片,量不多,毒瘾还在可控的范围内。且对于此物的危害,有足够的认识。表现在力主为其兄戒鸦片瘾上,后来姚水清医生沉湎此中时,金洪声也曾一度帮助姚水清戒烟。1948 年冬,金洪声特地将姚水清接到自己家里戒烟,一度戒断,但终因意志不坚,姚水清回家后又复吸,直至因此而潦倒。

有关金洪声在贝锦记米行工作时的收入情况,我们没有获得直接的资料,只能以类比推算和旁证予以推定。金洪声再进贝锦记的月薪应与抗战前在昌记米行的月薪相当,即每月 20 元左右,按当时的米价折成米即每月 4 石米左右。还有入股的年底红利,以年利二成计算,也有 14 石米左右。

金舜仪对兄嫂当年的经济收入,在 2005 年元月也作过一次比较:“张筠秋一年教书 20 石米,洪声收入多。有一年教师欠薪兑现,一次发来 20 石米,筠秋拿到我做伙计的米行来存兑。”

金洪声凭借自己的能力,以及在平湖陆陈业中不断扩大的影响,在民国 36 年 7 月 29 日召开的平湖县粮食业职工会第一次理监事联席会议上,被互推为唯一的常务监事。次日平湖的《正谊报》在标题为《粮食业职工会昨开理监联会》的报道中言:“(三)请推定常务监事案、决议:互推金棣仪为常务监事”。金洪声在解放前经常使用的名字为金棣仪。

关于此事,当时任源裕米行正账房的龚启平在 1956 年 12 月 29 日的证词更为详尽:“地点在城隍弄内,庙隔壁,当时恐就是正谊日报编辑室吧。其会议就在这里开的,主持者是陆松筠(裕记米行)及平湖正谊日报记事员王季涛,其他有顾纪良、金洪声、金水生等(共有多少人记不起,没有数了，约共连我八九人左右）。在该处先后开过二次会议的，我也被选为委员或总务，是有些模糊了。但其目的意义是不明确，祇知要改善职工福礼（利）要求。当时开过会后，可以在一二天的正谊日报上披露会议内容的。并在此时期在东门外庙街米业公会也开过一次大会，人数约有百人左右。但后也有一阵风感，虽粮食职工会里曾布置过填表，但我西门没有贯彻，因为一般思想认为要收会费吧？……”

金洪声解放初期在干部登记表中《有何政治、组织、历史关节问题?》一栏中曾如此填写：“于 1947 年，我在贝锦记米行工作。时有陆松筠（在裕记米行工作）发起组织工会。陆的爱人王刘玉据我们当时的领导刘明同志讲也是共产党员，但没有职业。陆发起组织工会时，通知贝锦记米行职工参加，当时我也报了名。参加后就召开成立筹备会，进行选举，我被选到什么名称我也记不起了。因为在这次会议后就无形解散，因此没有进行工作和活动。据陆说，反动政府不允许成立，详细情况不了解，可问陆松筠。”

比起前者的回忆，金洪声的叙述就显得有些简单模糊了。

● 从左到右：徐运明、吴璇（县委秘书处代秘书）、王刘玉、张筠秋

在1957年省供销社嘉兴办事处审干小组的调查报告中对此的叙述是:“1947年平湖成立粮食业黄色工会,金参加,并在同年七月经理监事会选举为常务监事。”

证据即是《正谊报》的报道,且有《正谊报》的剪报原纸作为凭证。

“黄色工会”的常务监事,按1957年的对人政治划分,属于参加过反动党团类的政治历史问题。

正当金洪声在贝锦记米行忙碌的同期,张筠秋也在明丰乡的学校中忙碌。1947年初秋,经过又一年嘉兴县小教训练的张筠秋走马上任,正式担任民丰乡十二保校校长。学生数从十余名到八十余名,张筠秋感到通身的舒畅,她喜欢这种热闹这种人气:学生欢欣雀跃地围着她,家长不时地问她儿子女儿上学读书的情况,还有时不时地叫小孩带来一把地头鲜菜瓜果,她看重那里面的情谊。学生多了,工作肯定劳累,不过她将这种劳累看作是对她的最高褒奖。

这种好心情使她原本就有的善与人结识相处的秉性,又有了新的发挥。

继1947年4月在民夷乡小学发展冯毓清入党,稍后张筠秋又以结拜姐妹的方式结识了徐运明、陈振华两位青年教师,并在1947年秋天发展她们加入共产党。张筠秋在1950年回忆时说:“这时(期)中,我也发展三个同志,是用感情拉拢而不用政治教育他(她)。”

徐运明出生于平湖乍浦开明士绅之家,父亲徐楣轩在日寇1937年入侵乍浦、平湖时,组织民间维持会维护了社会的秩序稳定。他的一则轶事在当地家喻户晓:徐曾西装革履在乡间路上行走,迎面遇到担粪的农夫,他即侧身立于路旁田中,皮鞋上沾满泥巴。解放后,徐楣轩被推选为平湖各界人民代表副主席。徐运明嫁给首任共产党平湖县委书记戴奎,徐楣轩就随女儿去上海定居。

张筠秋五年以后的回忆带有明显自责的色彩,但为我们确证了她待人处事中重感情的秉性。

这种好心情还带到了分金弄的家里,她向金洪声提议:今年的中秋节,请平湖海盐两边的家里人都到平湖来聚聚。结婚快十年了,也没有请老人们来家聚过。因为重进贝锦记米行而亦心绪渐佳的金洪声随声附和：好啊，就怕搬不动我爸。自家人自家请，看谁有面子。张筠秋快人快语地就把事情定了。

果然不出金洪声所料，父亲巨滐说儿子媳妇的心意他们领了，但中秋节店里那点生意不愿放掉，就不能去平湖了。话说的也在情理之中，于是节前洪声筠秋夫妻俩就去了趟通界桥，买了月饼等果品，筠秋还为两位老人买了一人一身衣料。

宣家浜带信来说，留佩贞看家，母亲、振乾和内侄欣田都来。内侄欣田过寄给洪声筠秋，所以称筠秋为"寄伯"。金洪声说，筠秋，看来还是你的面子大。

客人到的那天，洪声到轮船码头迎接。客人登上码头后，洪声叫了三辆黄包车，这在当时，已是一般人最气派的代步了。岳母和欣田一辆，振乾和自己各一辆。不想振乾横竖不肯上车，说还是走路好。尽管岳母说前几天刚发病至今未痊愈；洪声也说，码头离家太远，还是将就着坐吧！振乾勉强上车，不料未行几步，振乾不忍看五十开外的车夫拉车的吃力相，坚持下车。车夫为得几角车钱在旁哀求，后来只得以欣田坐此车，振乾仍跟着车走。

五十余年后，张欣田还记得此事："我是第一次出远门，也是第一次坐黄包车，车后父亲慢步咳嗽的身影，眼前衣衫褴褛的车夫和他们不时用毛巾擦汗的动作，像走马灯一样总在我脑中回旋。"

张振乾宣家浜那边还有事需他照料，吃过中饭就乘下午的海盐班赶回去了，只留下筠秋的继母和欣田在平湖作客。我们用当时还只七岁的欣田的视界，来为读者展现金洪声张筠秋家的这次待客活动：

"很快就到了姑母的家，她们是租了一商户人家的二楼的西厢房。西窗外是一条市河，朝南没有窗，东窗外是天井，可以看到主人居住东厢房外的西走廊。厨房在楼下是与主人合用的。厨房边河埠，可以洗衣、淘米。河上来往木船很多，很繁忙。

我和祖母睡在客厅南面的一个木床上，与客厅间没有遮隔的门。所以，姑母一定要把他们房间让出来，祖母说什么也不同意。

房东是有钱人家，在日寇占领时期发了财，一个儿子二十多岁了，无所事事，讲起话来女声女气的，整天抱着只波斯猫，姑母说他是十足的寄生虫。我不懂，姑母就解释说：‘就是不劳动只享受的那种无用人’。这‘寄生虫’的面相还是挺和气的，总是主动地和姑母打招呼，还不时地哼几句京戏中的旦角唱腔，很是自得其乐，也很无聊。他的妹妹也整天打扮得花枝招展，肤白肌嫩，和哥哥一起在家中享清福，应该也是‘寄生虫’。

姑夫在东湖边一家米行任经理(案：应为副账房，大概在孩子眼中已是管事的‘经理’了)米店面向东湖，那波光粼粼的湖水在我的眼中像大海一样漫无边际。木桩构筑的码头面对东湖，水浪打来发出汩汩的响声。农民出产的稻谷、大豆、小麦，由水路从各地运来，上岸后倒在量斗里计量，再收入店中的仓库，大米也卖给居民。店里大概有七八个伙计。

米行的生意繁忙，姑夫中饭晚饭都在店中吃。尤其是傍晚打烊以后，伙计们围着一张八仙桌喝酒吃饭。当时没有电话，不来吃饭往往派小伙计来口头通知。

十几天后，还叔叔(即金舜仪)到我家后又来到姑妈家，告诉我一个坏消息，我养的那只鹁鸪被白花猫咬死了。我吵着一定要回家教训那可恶的白花猫。但姑妈一定要我们过了八月半再回去，因为离中秋节已没几天了。

中秋那天，我们和姑妈、姑父一起到通界桥去过团圆节。姑父的父母住在村口的一座石桥边，开着一家小酒店。晚上，就在门前摆着一张桌子，点起一盏煤油灯，吃团圆饭。在那空旷的露天，灯光显得那么的幽暗，而天上的月光泻下一片青光。吃好饭，还每人要分一块月饼，这个大月饼是姑父在平湖定制的，是豆沙猪油馅，还加了些籽仁和百果，比一般的月饼要松

● 祝歧耕，1947 年任海北党组织联系人

软些。

过了八月半，我们就回平湖去了。没几天我和祖母也乘父亲派来的船直接回宣家浜去了。”

张欣田的上述回忆，我们从中可以看出金洪声张筠秋夫妇的大得改善的生活条件。

而且此时金洪声的经济能力，还可以接济身陷鸦片烟瘾而经济沦落于困境的姚水清医师，资助的方式大多是不时地供给食用的大米。

中秋过后一个多月，1947 年 11 月初秋的一天，当年的第一场寒潮夹裹着雨雪冰冻袭来，让人感到刺骨的凛冽之气。张筠秋结束一天课程后回家添加棉衣，金洪声那天也没有应酬。两人在家里刚吃过晚饭，便听见叩门声。迈着略显匆促的脚步声，张筠秋起身出去应门。却见祝歧耕和庄雪英的两人同时站在门外，手中还提着衣箱行李。张筠秋见状一愣，知道事出异常：地下工作多年，从来没有上边领导同志两人一起来过，即使是刘明庄雪英夫妻，谈工作也都是一个人来。忙将两人让进屋里，递上面水请两位洗去风尘后，更见两人脸色的凝重。祝歧耕他们带来的消息确实惊人：特派员刘明于上个月在上海被捕。今天祝歧耕先去乍浦通知庄雪英马上离开。现在请张筠秋马上通知干正民前来开会，商量下一步应对的措施。

不一刻干正民赶到，祝歧耕主持开会。会议开始主要由祝歧耕讲话：刘明已被捕，他马上去找关系。大家请安心，坚持工作，相信组织上一定会去组织营救。接下来议两件事，一是刘明被捕的事要否向下传达，议决暂不再向下传达，以免引起不必要的惊慌。二是庄雪英不能再住在乍浦，掩护问题怎么办？金洪声随即提出，庄可暂住这里，估计敌人一时不会发现，比较安全。

会议一结束，祝歧耕连夜离开平湖，庄雪英就暂住在分金弄 2 号。

庄雪英在分金弄 2 号住了两天后，又去张筠秋任教的十二保校住了几天，大约一个星期后接到组织通知，转移到嘉兴周熊飞家。为了减小在路上的目标，庄去嘉兴时是空身，衣箱被子等物第二天由张筠秋拿到轮船码头寄往嘉兴。

在地下党组织中，自己的直接领导、而且是领导自己七年的老领导被敌人逮捕，而且又是第一次经历此种事变，对张筠秋金洪声心头的震动确实不小。以前只是听听共产党员被敌人逮捕后的种种血腥情景，顿时涌来眼前：被捕、酷刑、死亡的危险，离自己只咫尺之遥。

解放后张筠秋金洪声两人都留下了对这事的回忆，特别袒露了当时的心迹。

张筠秋在1950年的回忆："10月间，领导同志在上海被捕后，祝歧耕同志来接关系，我想敌人的残酷，干革命工作的人，的确要牺牲自己，没有个人幸福的。一个很好的领导同志去牺牲，实在可惜。而不知道革命成功是同志的血汗换来的，想他受刑时一定很苦痛，想他是不会动摇的，不会出卖我的。我又想到自己，也是干革命的人，随时随地有牺牲的危险。我把家庭中的信都烧掉，想自己是个乡村教师，人家不会注意我的。所以这时他的爱人庄雪英在我校同住，后来上级来信叫她到另外地方去。"

● 1989年5月，戴奎(后中)徐运明(前左)夫妇、王刘玉(前右)陆松筠(后右)夫妇到金洪声(后左)张筠秋(前中)家作客

金洪声在1953年的回忆:"在这年冬里,祝岐耕同志来平(湖),告诉我们刘明同志被捕的消息。他来接我们的关系,与我们开一个会,教育及安慰。我们想到刘明同志的政治水平高,不会损害了党内的同志。我并不恐惧,祇怀念他的生命如何?"

两人回忆时,刘明,庄雪英、祝岐耕等当事人都还健在,所述的情形应是客观的。相比而言,张筠秋的所述要率真些。对死亡和危难的恐惧,是人的天性,担心会不会被出卖落入魔窟,是极自然的事。对弱者蒙受苦难的同情和怜悯,也是一般人都具有的天性,两人的回忆中都不乏这点。最可贵的是两人冒着危险掩护同志庄雪英,这就需要本能之上的信仰道德来规范了,因为他们清楚地知道自己直接面临着牢狱、严刑、死亡。

约半个月后,祝岐耕同志又来平湖,告诉张筠秋,他已找到上级,上级指示,暂时停止地下党的活动,张筠秋随即将指示精神通知有关同志。

自此,即1947年11月起,根据上级党组织决定,祝岐耕以海北党组织联系人身份,负责联系指导海北地区党组织。在平湖,与张筠秋单线联系。

刘明被捕后三个月,未见当局对平湖海盐一带的地下党组织有什么搜捕行动,张筠秋和金洪声在心中欣服领导同志的坚贞。不料一波方平,一波又起。1948年元月,祝岐耕又急匆匆到赶到民丰乡十二保校,告诉张筠秋,上海有一名工厂工人因为在厂内搞罢工,暴露了身份,需要转移。组织决定由张、金协助安排,并交待了与来人的时间和接头的方法。

张筠秋破例地直接到贝锦记米行找到金洪声,回分金弄后立即商议办法。因为要长期隐蔽,所以隐蔽的地点使夫妻俩颇费踌躇。

上海来的那位工人当时化名金永康,当晚就坐轮船到了平湖,由金洪声(一说张筠秋)去码头迎接。在分金弄2号住了一夜,向祝岐耕同志汇报情况和接上关系,第二天安排到金罗浜暂住。

金舜仪也知道这件事,他回忆:"上海地下党金永康,在金罗浜专门唱《夜半歌声》这只歌。扯起喉咙唱。金家房子大,死塞浜头,外面听勿出。"《夜半歌声》中"追兵来了,可奈何"的歌词,可能很切合这位地下党员当时的情境,所以他不禁引吭高歌。然毕竟自身仍陷在被人追捕之中,如此大声高歌总略显招摇，但勇气斗志的高扬确实令钦服。亦可见江山易改本性难易，否则金永康怎么会在上海被人盯住？要较长时间地居住，总不能在金罗浜闲居，需要有一个职业作掩护，但凭张筠秋金洪声的能力，一时无法可想。张筠秋只能与海盐的张振乾联系，后由金洪声护送至宣家浜。张振乾安排金永康在当保长的地下党员徐振益处，当保中的办事员，隐蔽了八九个月，到秋天才回上海。

新中国成立后，金永康更名金岚，曾任电力工业部电力建设研究所党委书记。在1969年5月4日接待有关组织“清理阶级队伍”的外调时，张筠秋对金岚在平湖海盐的生活有以下一段回忆证明：

“有时祝歧耕叫他来平湖，都是走路的，约在五月份，来我学校住了一夜，是到海盐去的。

在48年底，我们三个人，祝、金、我到上海法国公园开会。

他的生活是坚(艰)苦的，当时我没有看见他不好的情况。

他关系转去后，约在50年与51年来过一二次信，又寄一张照片。”

在那一言兴邦一言丧邦的年代，相信张筠秋的这段客观的证词，又一次掩护了金永康过关。不过这次不是国民党的追捕，而是“文化大革命”中对共产党员历史的审查。

1948年初，张筠秋刚忙完掩护金永康同志的事，自己却又经历了一次教师职业工作上的变故。

民丰乡中心小学易址，要办到张筠秋任校长的十二保小学的所在地白云桥。惯常的学校撤并，都应该是保校并入中心校，而这次却是乡中心校屈尊俯就搬到白云桥。十二保小学怎么办？十二保小学的校长张筠秋怎么办？明眼人很清楚个中原因：十二保小学的学生数八十余名，乡中心校的学生数四十余名。明眼人也在为张筠秋的教师职位担心：木秀于林，风必摧之。佼佼者易折，是中国千百年来对待人的潜规则。张筠秋刚来民丰乡三个月时，已经遭到过一次撤掉学校裁员下岗，那时是因为她新来乍到，在旁人眼中也不算太出格过分。这次是否会重蹈覆辙，人们拭目以待。民丰乡中心校校长权衡利害的结果，敢得罪教师但不敢冒学生流失之大不韪，张筠秋终于以将十余名学生发展为八十余名学生的不俗业绩而留任，成为民丰乡中心小学的教师。

3月，中心小学校长通知张筠秋去参加嘉兴县的卫生训练班，时间二个星期，学的都是卫生业务方面的知识技能。在结业时，参加训练班的人每人发一套军服，并与县大队的人员一起照相。解放后，这样一张身穿国民党军服的照片肯定需要向组织说明情况，张筠秋作过这样的说明："我们弄来莫名其妙，只有穿上，认为我思想上不受什么影响。"

同是在这个春天，张筠秋发展了一名后来流失党籍的地下党员，为了保留一点临近解放前平湖地下党组织管理情况的原始资料，现将张筠秋的回忆照录如下："陆品良是金洪声的同店师弟兄，我是由老金介绍认识的，看他人比较老实。在平湖分金弄罗家房子里谈过几次，他也反映外面情况，所以在48年春天发展他参加中共地下党党员。我开始布置他了解一些情况，如地主王士华等情况。当未解放前，我开会比较紧张，后来托人去叫，听说有病，他后来好了也不来。可是当时对他也不积极教育，转来的关系里也没有他的名字，我也不向组织反映。"

平湖中共地下党的活动，因为刘明的被捕沉寂了一段时间以后，又以1948年6月祝岐耕来平湖为契机，重新恢复了活力。

● 钟玲（原名龚怀瑾），1940年入党

初夏的一天，祝岐耕从浙东上级党组织回来，就来到平湖分金弄张筠秋家，向她传达带回的文件《目前形势和我们的任务》，并让她选择在一定范围内向下传达。整个文件用工整的毛笔小楷抄写在半透明的薄纸上，卷装进一支掏空的牙膏管中。这种传递文件的方式，让张筠秋格外感到了文件的重要性，也让她清醒地意识到自己目前所取的地下工作状态。

文件中的内容令她兴奋不已，以前她也曾听刘明、庄雪英、祝岐耕等领导传达讲述过形势，但直接阅读党最高领导人的报告还是第一次，她感到来自党内最高层的声音确实不同，读着令她激奋异常："中国人民的革命战争，现在已经达到了一个转折点。……中国人民解放军已经在中国这一块土地上扭转了美帝国主义及其走狗蒋介石匪帮的反革命车轮，使之走向覆灭的道路，推进了自己的革命车轮，使之走向胜利的道路。这是一个历史的转折点。这是蒋介石的二十年反革命统治由发展到消灭的转折点。这是一个伟大的事变。……这个事变一经发生，它就将必然走向全国的胜利。"

她约定时间让干正民来分金弄家中阅读，干正民读后有一种摩拳擦掌大干一场的神情。待干正民走后，张筠秋把文件仔细阅读默记，等基本能背熟于心后，就把文件再装进牙膏管，藏进房子上面的天花板里。

这次文件传达过程中，印象最深的是向钟铃的传达。因为钟铃不在平湖县城内，要步行30余里专程到钟玲教书的海盐县西塘区王庄桥。张筠秋在1969年还记得这件事："与钟玲认识是在45年宣家浜，叫她来，是刘明告诉我的。这次我到钟铃那边去传达党的形势问题。我讲的时(候)朱士萍(按：钟的丈夫)抱了孩子进来，我不讲了。当时钟铃讲，他已与李留奎(刘明)接上关系。那末我讲下去了。学校是一只庙，庙前一条桥。"女性的细腻和政治上的警觉，张筠秋的警惕性还是很高的。

地下党的活动大多采取开会议事的方式，由于海北地区东片地连海盐平湖毗邻地区，所以那时的张筠秋经常要往来于民丰乡白云桥—平湖分金弄—西塘桥—宣家浜之间。

会议的参加者大多三四个人，较常采用的是利用田头水车棚作为开会地点的方式。平湖海盐一带的水田灌水，有能力的农户都会在田旁的河边，盖一座水车棚，安装一部龙骨水车，用牛力驱动引水，水车棚星星点点的散落在田野里。恐怕一般人不会想到，这稻田灌水的地方，还会成为地下党开会的场所。张筠秋回忆那时的开会情形说："那时开会不像现在，坐在办公室里，而是利用田头水车棚，佯作聊天闲玩，边盘玩着水车转，边商量工作。而且脸都朝向田野路上，监视着周围动静，以防万一。"

当然那种时间较长、参加人数较多的会，就会选择在宣家浜张振乾家中召开，那次部署海北地区搞武装斗争的会，就在张振乾家中开了两天两夜。

会前还有个小插曲，张筠秋接到开会通知到宣家浜后，祝歧耕叫她去接朱、龚两位同志的关系。她在1950年回忆这件事时说："我过去，他们问我姓什么，我说姓王。可是不注意旁边坐一个流氓，半面熟的。我思想上怕牺牲的，怕产生意外。我想像(象)我这样胆小，怎么能干革命呢。况且面上不写出字，我又如此服装，人家那(哪)里注意到？才算放心放下了些。回来在弟弟家开小组会，如何发展武装。"危险的地下活动环境和女性共产党员张筠秋接关系时的思想活动，栩栩如生地再现在纸上。

这次重要的会议由祝歧耕主持，参加者有张振乾、张筠秋、干正民，还有转移在宣家浜的上海地下党员金永康等。会议的内容大致有：

决定成立海北游击大队。在白沙湾—乍浦—五团—海盐武原镇一带建立沿海联络线。如果形势有变化，可以与上海的浦东支队合并。

制定了具体的工作计划，把工作重点放到国民党地方武装人员的身上。当时作了如下分工：海盐自卫队、西塘桥自卫中队已有自己同志，西塘桥自卫中队还有干正民相识的人，可以继续扩大；平湖由张筠秋金洪声负责，通过自卫总队副队长徐善涛的关系，派王二观打入内部，做策反工作；干正民负责乍浦自卫队中的发展工作。

画了武装行动进退联络点的地形方位图，作为武装活动和搞到武装后撤离下海地点的蓝图，也可以作为时机成熟时上级党组织派部队接应的路线参考示意图。

如上级党组织同意发放武器，就隐藏在张筠秋教书的学校里，相对而言，那里较少引人注意。

决定刻制"海北支队第一大队"的印鉴，此事会后由海盐张振乾、平湖干正明赴沪向上级党组织汇报。

两天两夜的会议，与会者群情激奋，会后各付诸行动。

赴沪刻制印鉴的请示获得批准，"由张振乾和金永康两人用粘土刻制，上刻海北支队第一大队字样，基本上与木刻一模一样"，张筠秋在解放后回忆刻章一事时多次这样说。还说起这枚印鉴的一次用途："干正民提出在发展人员中，有一人提出要担任职务。张振乾就印了委任状，盖了章，送来平湖，我交给了干正民。"

平湖派王二观打入自卫大队的工作，一开始进展顺利。张筠秋回平湖后，择机向徐善涛一说，当然是以帮助乡友解决生计到自卫队“吃粮”为名，徐当即爽快的一口答允。海盐的地下党员王二观一到平湖，徐却只安排到家中为他烧饭。与王二观同卧一室的徐善涛卫兵，抱怨王睡觉鼾声梦话扰他太甚。卫兵说者无心，张筠秋听之有意，惊觉于恐怕王二观在梦话中无意泄露党的机密，不久就将王二观从徐善涛处撤出。

张振乾、张筠秋等人进行海北武装斗争的进展情况，经常向在上海的祝歧耕汇报。工作进行三四个月后，时序在入秋不久，祝歧耕传来上级组织的决定，停止武装斗争的准备工作。理由是平湖海盐一带交通方便，缺乏隐蔽地点。张筠秋闻讯，紧绷了几个月的心终得松弛宽慰。她在1950年回忆起这事时说：“领导同志回来说，不要发动，要发动农民。我很快活，因我终(总)有保命思想怕牺牲。和对党不老实，嘴里和他们讨论计划，但思想上希望不要搞武装。”

“对党不老实”云云，明显带有那个年代拔高自己的所谓错误，以表示对党忠诚的一种时尚。除了这点，张筠秋所言的想法还是真实的。她自幼敬仰欲师从女侠秋瑾，毕竟在金戈铁马面前，不知是先天的秉性使然，还是后天的环境使然，她还缺乏秋瑾的侠气。不知若给筠秋以秋瑾的环境，造物能否成全于她，一如桐乡茅盾的弟媳张琴秋，成为红军的女将领——两人的名字只一字之差。

1948年10月，新黄豆登场。今年的黄豆年成不错，价格也平稳。以经营平湖特产特粗黄豆为特色的贝锦记米行，生意更为忙碌。金洪声副账兼着场子上的收购，还有一些不时冒出的事都要他处理。所以在汛期刚起时，就对张筠秋说，这阵黄豆汛店里要忙，回家常要晚些，有时陪客户不得已还不能回家，只能歇在店里。自金洪声进贝锦记以来，张筠秋已目睹了金洪声在菜籽汛草籽汛中的繁忙景象，就说，我倒没啥，可以在学校住，也省得走5里路。只是你自己要小心，不要像在西塘桥时一样吓我。金洪声应道，现在再忙，也不像过去那样风吹雨淋日头晒了，你放心。突然又想到什么接着说，把你教书的学校调近一点怎么样？省得你回趟平湖要走一个多钟头。正要出门的张筠秋停住脚步，对金洪声说，你说什么？把你教书的学校调近一些，张筠秋听明白后说，好倒是好，但这事恐怕还要问问上级。张筠秋有些心动，虽然只有5里路，但往返来回就是10里，走去也着实不容易。小学女教师那时的着装都以旗袍为主，穿了旗袍走5里路，在晴天已是件吃力的事，要遇上刮风下雨，还有女人每月生理上特有的那几天，确实也很辛苦。好，你就去问，有了下文，等黄豆汛一过我就去办。夫妻俩商议定了这件事。

金洪声在贝锦记米行的工作，细论起来有些是分内的，也有分外的。所谓分外的当然也不是多管闲事，都是奉老板之命行事。

特粗黄豆大多产自平湖乍浦以西和海盐西塘桥宣家浜一带，他在那一带生意上的熟人多，为贝锦记米行拉来了不少黄豆货源。黄豆汛一起，熟人纷至沓来，他要招呼这些客户，店里更离不开他。

做生意总是这样，有一分钿想做二分钿甚至十分钿的生意。陆陈业越到收购旺季，店家的资金总是制约生意的瓶颈。种田人一季辛苦下来，将货色粜给你，他就是要兑现，这次你若当日不能将真金白银给他，下次他就要调爿米行粜货，你就少了一项货源。而且拿不到现钱的人是一种负面的广告，还会连带着他的亲眷、同村的邻人。生意上可真是人人都要顾牢，笔笔都要付清。栈船的主顾，做着从农户收进贩给米行的生意，不但要你笔笔付清，巴不得还要米行将资金铺底一点给他，让他做无本生意。栈船的船主你更不能怠慢，因为他是货源的大宗，除了他自己收的货色，有时还会给你带来田亩多的田主的货色——种田人往往没有自己的脚力，要雇他们的船将货色运到城里的米行来。

金洪声是能者多劳，贝老板知道他有同银行钱庄的渊源，店里急需资金时就要他跑银行、钱庄，调点头寸。

上海三吉油车近几年也开始做黄豆生意，还是那位小开到平湖进货，前时在别的米行坐庄。金洪声进贝锦记后，因同小开是生意上的多年朋友，贝锦记的特粗黄豆也声名鹊起，就转来贝锦记米行坐庄。贝老板就顺水推舟地将接洽三吉油车的事务，全权托给金洪声。三吉油车小开前几日有讯来，他今日乘上海夜班轮船到平湖。

忙完一天店里的生意，金洪声扣着钟点向贝老板打过招呼，去澡堂洗了个澡，换了衣服。等赶到码头旅客出口处时，上海班已经在抛缆靠岸，三吉油车小开如期而至。金洪声叫了两辆黄包车，直拉到同兴馆饭店。都是十几年生意上的熟人了，入座后略道寒暄就开始点菜。

还是老样子，平湖家常菜。入乡随俗，还是家常菜养人。

再加两个时令菜，炒蟹粉、爆鳝丝。

你们平湖人真会讲究舒服。人家持螯品酒已是美事，你们却还要让厨子将蟹剥好了吃。不过平湖的蟹粉炒得也真嫩真鲜。

今天你再尝尝平湖同兴馆的爆鳝丝，是他们店的招牌菜。

洪声兄，你点的菜，肯定差不了。待会一定又让我开一次眼界，饱一回口福。

冷盆先上，酒是绍兴女儿红，宾主两人对酌品饮起来。话题自然转入生意，行情价钱数量货期，单刀直入水落石出。熟人生意好做就是这样，等爆鳝丝上来时，今年三吉油车在平湖的黄豆生意已基本谈妥。

只见厨师左手托着一只中号的蓝印花盆上来，盆中盛着八分满的爆成菊花丝状的鳝丝，将盆置桌中央后，立即把右手勺里的沸油倾入鳝丝中。顿时哔叽有声，厨师说了声请慢用欲退下，金洪声赶紧敬烟道了辛苦。

这是先声夺人啊，小开边说边举箸。啊哟，果然是上品。

还差强人意吧。

点菜时我还以为爆鳝丝总不过如此吧？苏沪杭的饭馆里家家都有，吃过也不知有多少遍了，同兴馆不知特在哪里？今日得尝平湖的爆鳝丝，方知其他地方的虽名曰爆，其实却都是炒，平湖的才是真正的爆鳝丝。妙在它入口在牙齿底下有股韧的味道，此味在别处不曾尝得。洪声兄，果然名不虚传，别有神韵。

明日去游高坟如何？真想得识一下这位高侍郎。

两人说的高侍郎，是平湖在清康熙年间的一位名人，名士奇，字澹人号瓶庐，又号江村，祖居余姚。以钱塘籍补杭州府学生员。康熙十年(1671)入国子监，试后留翰林院办事，供奉内廷，为康熙所宠幸。十四年(1675)授詹事府录事，不久升内阁中书。十八年(1679)后历任翰林院侍讲、侍读、侍读学士、《一统志》副总裁官、詹事府少詹。二十八年(1689)随帝南巡。于平湖置田产千项,在杭州西溪广置田宅。冬被弹劾,解职归里,居平湖。三十三年(1694),奉召入京,充《明史》纂修官。三十五年(1696),随康熙三次西征,深受信赖。三十六年(1697),以养母求归,特授詹事府詹事。四十一年(1702)升礼部侍郎兼翰林院学士,加正一品,以母老未赴。四十二年(1703)卒于家,谥文恪,葬于县城南郊。

此坟冢是平湖现存规模最巨的墓葬,平湖人俗称为"高坟",三吉油车小开要慕名游览,于是第二天两人同游。

辛亥之变,北京城里的溥仪沦为宫墙里的逊帝,平湖的高氏家族也渐入式微。高坟至民国与新政权交替之前夕,更近颓败了——昔日森森的高坟也呈荒芜之象,连守墓的门人也不见踪影了,门禁形同虚设。

金洪声两人出县城南行二里,就径入高坟墓区。墓虽颓败,但气势犹在。但见此墓北濒东湖,东临海盐塘,西、南均靠浜,成四面环水拱绕之势。挖河成洲,占地几达十公顷。

墓坐东朝西,两人经入口处越河架设的拱桥,直踏条石铺设的甬道,甬道长贯五进。一进为三开石门,二进两侧例神龟驮碑,三边左右分列虎、马、羊、犬以喻忠孝节义,四进为高约丈余的四尊文武石像,五进置祭台。

三吉油车小开环览一遍后,对金洪声说:"浙北诸墓,吾未见出其左者"。

此墓自康熙四十三年(1704)建成,至1964年初拆除石门,历260余年,一直保存完好。直到上世纪70年代初,在墓址建平湖化肥厂,高坟遂荡然无存,这是后话了。

正当金洪声陪着三吉油车的小开在高坟流连嘘嘘的时候,张筠秋却在心急如焚地找着干正民。

干正民在1947年一个月中发展了二批七八个地下党员,这种盲目追求数量的做法,终于给他和党组织带来了苦果。张筠秋的警觉,是在平湖县城看见县政府张贴的布告,当时围观布告者甚众。布告的内容大约说现捕获一人,自称为海北××支队某某人,要此人所在镇的镇长拿出十石米交保。

张筠秋想布告上所称的“海北××支部”和他们所刻印鉴相似，而盖有此印鉴的委任状，日前已交给干正民，会不会就是此人？终于找到干正民，急切问干，布告上的事，是否就是你发展的要委任状的哪个人？干正民当时答说不是。

然而没过几天，1948 年 10 月的一天，干正民终因被他发展入党的张某告密而被捕。

张筠秋担心的事终于不期而至，干正民被捕的消息传来，分金弄 2 号的空气骤然紧张。

张筠秋现在是独自一人面对这突发的情况，她不由自主地点燃香烟，猛吸几口，思考着马上要做的事情：先要通知领导和海盐的振乾，这件事只有自己去办。学校里怎么说？当然不能引起他人的注意。冯毓倩、金洪声和自己，干正民是知道身份的，还有干发展的几名党员，是否需要转移？要转移的话，去向哪里？还有哪些同志干正民可能知道，会不会有危险？而这一切，似乎都系于狱中干正民的嘴上，他在狱中……

真是事情难以逆料，思绪如麻一时难以理清啊！必需快刀斩乱麻！张筠秋决定先通知领导和振乾，以后的事情待与两人晤面后再说。事不宜迟，她即雇船去白云桥，以身体有病为由向校长告了假，冯毓清等三位同志处特意去转了一圈，以示无事。随后先去嘉兴，领导同志说，干正民被捕，这几天正在危险期，要她特别注意。至于是否转移，请她等候通知。张筠秋再去海盐，告诉张振乾干正民被捕的事。干正民在海盐活动较多，联系的人也多，要采取什么应急措施？在第一时间与张振乾进行了商量，决定静观待变，等待领导通知。

事过境迁后的 1950 年，张筠秋回忆起当时去嘉兴、海盐时的心情时说：“嘉兴和海盐都是我去的。我每次走时，心里很怕牺牲，这时我想暂换个地区。后来想到我们以前在小组会上各同志保证，如被捕不出卖，我才放了心。”

组织上此时还没有将她调离的安排，张筠秋只得坚持在平湖，而同志们和己身的安危，全系在狱中干正民的一张嘴上。

金洪声的对这件事的反应则有些愤然，他在1953年回忆道："但被干正民同志在海盐发展组织急于求成出了毛病。被他发展的理发工人张某出卖，所以干正民10月被捕。这时我以为他们盲动，弄出这种事情来，使我们不安心。"

而正在此时，使他更不安心的事接踵来到了他身上：贝锦记米行进入了国民党平湖县警察局戡共人员的视线。金洪声得知此事，先是从店中伙计私议中，随即又在报纸上得到证实。事出当日《平湖日报》的一则消息。消息刊在《平湖日报》的当地新闻版上，篇幅虽不大，但内容涉及平湖少有的戡共，分外引人瞩目。报纸一卖出，就成为当日平湖坊间最热门的新闻和话题。平湖人平时讲话时的声音本不高，谈论此类敏感的话题，更大多压低了嗓音传告议论，这在到处都是"莫谈国事"字条的提醒下，更显得诡秘莫测。

《平湖日报》那则新闻的内容大致如下：本报记者本埠讯，有本市三元桥畔的某家米行，以做特粗黄豆生意著名。在该米行账房后面的窗下，有五个《特》字戳印。据消息人士透露，该记号表示每周五与共产党碰头。本报将随时报道后续消息。

当日的《平湖日报》一到店中，金洪声相机浏览了那则消息的全文，虽脸上不露声色，但心中漾起一片狐疑：店名虽未挑明，但指着贝锦记米行，是秃子头上的瘙子——明摆着的。店中好事的伙计已经数过，账房后窗下边的墙上，不多不少的印着五《贝特》字黑印，这本来是应该打在出货黄豆麻袋包上的贝锦记的戳记，不知是什么原因，此时却印在窗外的墙上？黑色的墨迹印在雪白的墙上，每个有一只手掌般大小，显得十分刺眼。

报纸上消息的来头是什么？是真有其事，还是新闻记者另有所图？如借机诈财等等，金洪声也不知袖里。那时候的地下党都是单线联系，金洪声也不知店中其他人的庐山真面目。不过令金洪声有点不安的，是知道自己地下党员身份的干正明在几天前刚刚被捕……正在金洪声凝思片刻时，已有两名警察径直来到店中。警察在各处稍事翻检后，贝老板就将两人让至楼上，个把钟头后才离去。

贝老板送走警察后，只吩咐大家好好做店中的生意，不要听信外面传言，店中诸人当然不会再提起此事。捱过一天，各自回家。待张筠秋从学校回来，金洪声向妻子说了店里的事。两人猜测了各种可能，也假设各种应对的办法，最后还是决定以不变应万变。翌日天亮，金洪声去店中做事，张筠秋去白云桥教书。

第二天，贝锦记米行如常营业，稍微使金洪声感到有点异样的迹象，是贝老板的兄弟贝某也早早到店里来了。往日，贝某人自仗是老板的兄弟，俗话说的他是有黄马褂在身的人，在店里能露个面应个卯就算好事了，从未见他这般早到店里来的。《平湖日报》送来，上有"警员昨访三元桥某米行"的消息，虽无勘实的天机，但总保留着人们的悬念。金洪声心想，那些新闻记者的消息还真灵通，昨天只有两名警察来店里，并不见记者的身影啊。不怕贼偷只怕贼惦记，看来报纸是盯上贝锦记米行了。大概报社里的人，总盼着弄出点动静，一看热闹二可多卖些报纸甚至还有三四等。大约上午九点来钟，河对面的茶馆中人影绰绰，看得出来是隔着河在向贝锦记米行这边观望。金洪声后来听说，警察局局长和县政府的人都去了。那群人走后，有两个便衣整日坐在那里喝茶。当然隔日的《平湖日报》不会少公安局长侦访某米行联络暗号的报道，标题的字比此前两天的新闻更大。市民的小道消息仍在不胫而走，《平湖日报》的新闻推波助澜，事情在平湖县城闹得沸沸扬扬。处于事件中心地点的金洪声尽管脸上不露半点声色，然而心里却不免连日忐忑不安。张筠秋这几日也天天回家，算是着着实实地体验了几通一日不见如隔三秋的滋味。

事情的最终逐渐平息，是在先扬后抑的一个多星期以后。那天贝锦记米行刚拔排门开店，两个警察就来到店中，见过老板后就请走了老板的兄弟贝某。好在第二天仍见贝某照常来店里，以后事情就不见后文，报纸也从此偃旗息鼓。算算时间前前后后总有十天左右。

周伟权在2004年2月22日回忆说："当时也看不出金洪声是地下党。那时听国民党的宣传，共产党就是那些不三不四做事吊儿郎当的人。像贝先生的兄弟贝某那种人倒像，好吃懒做、吃喝嫖赌样样齐全。金洪声是账房先生，张筠秋也难得到店里来，穿着旗袍，我们只知道她是教书先生。这样的家境，在当时的平湖，算是中上的了，一般的人不会想到他们会去做共产党。那时的共产党，我们都晓得，是要捉进去坐班房，弄不好还要杀头的。解放以后，金洪声同我讲，那阵子，真紧张。再持续几天，我就熬不住了，要走了。”

说起金洪声与地下党关系的迹象，周说：“现在想起来，解放前夕，我为他寄过两封信，都是他坐在马桶上交给我的，要我小心点。我清楚的记得，收信人都是刘明，地址是杭州英士街某号。当时我是学徒，十六七岁，不容易引起人注意。”刘明在1947年11月被捕，周伟权进贝锦记当学徒学生意与金洪声同事是在1948年及以后，而周又言之凿凿，故存之以备考。

他还说起那时的物价飞涨：“物价飞涨时，米票都写上几斗几升。我从南市到北市收账，钞票要用麻袋装，掮在肩上，脖子都僵直了。”

金洪声1953年追述他在解放前的地下党工作时，总的说法是：“但这里反动派国民党统治，较抗日紧张，特务活动很厉害。加是我自己政治水平没有，受党教育少，有了保命思想，所以在米行作一般宣传工作外，很少活动。”应该说，这样的叙述既说了当时的平湖的政治形势，也说了自己的内心想法，开展地下党工作“很少活动”的自我评价还是基本如实的。

上级的指示迟迟不来，张筠秋只能在焦虑中苦熬。日子终于到了12月上旬，上海的金永康有信来，通知张筠秋去上海。到上海后在法国公园内以游园为掩护，开了一个会，参加者有金永康、祝歧耕、张振乾、张筠秋，前两人是代表地下党上级组织。

张筠秋记得，那日的法国公园，法国梧桐下满是落叶，自己一步步走去，踩着萎黄焦脆的落叶发出寥落的声音。金永康说，由于干正民的被捕，张振乾和张筠秋需要转移。前段时间没有联系好，现决定两人转移去浙东，可先回去交代一下工作，12日到上海，到时会有人来安排两人去浙东的具体事宜。

张筠秋在会上直陈己见：“干正民十月被捕时，我要走，不和我想办法。现在有几个月，危险期已过去了，倒要我们走。这里工作，我走了怎么办？没有问题，不必去了。况且我过去生活流离失所，现在夫妇两人都找到了工作。有了家庭,生活也安定了,要走觉得有些不舍。”

会上领导仍坚持要他两人转移去浙东,张筠秋只能服从。会后即回平湖,去民丰乡中心小学,以另有工作为名辞去教师职务。

张筠秋心中对形势仍有不同判断,认为干正明被捕至今已有两个来月,危险基本已经过去,可否不去浙东?后与张振乾约定不直接去上海,先到嘉兴再与组织上谈一次,陈说自己对转移的不同看法。若组织不同意自己意见,再转道上海去浙东。

嘉兴的会议由祝歧耕安排,在嘉兴火车站旁的一个小旅馆中进行。参加者除了祝歧耕、张振乾、张筠秋外,还有张筠秋准备移交工作的平湖党组织同志钟铃,其时的钟铃,从体表上已能明显地看出有身孕在身。张筠秋在会上谈了对形势的判断,向组织提出不去浙东,继续留在平湖工作的要求。钟铃接着也发言,说平湖地下党同志数量少,希望张筠秋留在平湖工作。至于安全问题,同意张筠秋本人的看法。

祝歧耕不同意张筠秋的意见,并提出了批评。说已经安排同志在上海接应,张筠秋应服从组织决定去浙东。不过答应胜利后,可考虑张筠秋仍回平湖工作。张筠秋旋即将冯毓清、徐运明、陈振华、金洪声四个人的党员关系交给钟铃。

据钟铃在1957年9月21日为张筠秋出具的《关于对张筠秋同志的证明》中回忆:“因干正明被捕,祝不敢到平湖来,约我和张筠秋同到加(嘉)兴来会面。在加兴东门旅馆,那时研究了干正明被捕的情况及分析了万一干正明暴露组织,张筠秋和张振乾就有危险。因此要张筠秋离开平湖,张振乾离开海盐。他们二人都同意,回去做好准备后离开。”

张筠秋和钟铃两人的回忆基本相同。

张筠秋没有与张振乾一起直接从嘉兴乘火车去上海,而是先回平湖家中取钱,再乘轮船去上海,约定张振乾去上海码头接她。

原以为不会误了12日约定时间的张筠秋,直到11旧晚上到平湖轮船码头时,才觉得命运跟她开起了玩笑:当晚的上海夜班轮船因故停航。无奈只得乘次日的夜班轮船前去,到上海时已是14日凌晨。

关于张筠秋迟去一天上海的原因,据钟铃的回忆,张筠秋亲口对她所说，另有缘故。现也录以备考："我到白云桥小学住了一夜，我们谈的是关于张筠秋未到浙东去的原因。举(据)她说是上去迟了一天未碰到来接的同志，故未去。她说她准备要离开家里，金洪声的母亲知道了，就想替儿子纳妾。这事给她知道了，情绪很波动。为了这些事耽误了时间，她心中很难过。"

张筠秋婚后一直未为金家续上香火，现在你要离开，婆婆要为儿子纳妾，似也在事理之中。况且此种闺中私密，既鲜为人知，钟玲也断无凭空信口之理。

好在振乾还到码头等候，一起到浦东旅馆住宿。张振乾说，来接的同志已来过。又与金永康约定了，和接应的同志在 16 日晚 6 时，到东昌码头碰头。

张振乾张筠秋 16 日傍晚 6 时准时到东昌码头，却不见对方前来。后来才知，又是一次时间的错会，双方都去了东昌码头，但对方记错了晤面的时间。翌日，张振乾张筠秋按着对方给的住址，找到了据说那位同志寄住的亲戚家，回答却是没有此人。这在十里洋场上海，平时也是常有的事，人家毫不认识你，为免事端，真的有此人也不会告诉你，更何况有地下工作的背景？

寻人不值，在都市上海的茫茫人群中，何处能寻到接应的同志？平湖话说，七石缸里捞籽麻，希望渺茫。此时的张筠秋有点急了，思绪纷纷，心乱如麻。她在 1950 年述说当时的心迹时说："这时我思想上混乱，一个思想对党不老实，以后如问我时，我可以借口，等了好久，不见那个同去的同志，所以我回来。第二恐怕这个同志是被捕了，我怕牺牲，在这里等不妥，避乡下去。第三既然我出来了，又回来，对平湖同志面前难为情。策四我想得现成果实。祇知道自己革命多年了，要胜利了。如不革命当然没有一点地位，可惜的。恨自己不好，应和弟弟一同来。一人可以先来，就可以看到了同去了。"

姐弟两人在旅馆又等了一天，仍不见接应的同志前来。商议后，进退失据之下，只得去上海浦东乡村堂弟张振麟家暂住。二十多天后，又转到东昌旅馆。此时的张筠秋思虑重重，她说："在上海也背上了包袱，怕组织关系断了，又怕在上海久住要出问题。”后来终于接到金洪声来信，信中暗示平湖没有出现问题。在上海久住肯定不是办法，张筠秋终于在离开平湖近一个月后，于1949年元旦过后没几天，又乘轮船回到平湖。

回到平湖的张筠秋陷入苦闷彷徨之中，自己入党八年，眼看共产党就要在全国胜利，会不会因为自己这次上海之行的不顺利而断了组织关系？回平湖后接到祝歧耕的第一封来信，说张筠秋这次的行为是“逃避”，更加重了她的担心。尽管站在她的角度上，认为自己“还自以为不错，什么逃避，我在上海等了不见，不是自己不肯去。”我们似乎又看见了那位倔强的张筠秋，然而好在她不是直接对着领导的面诉说，而只是在腹中争辩而已。领导祝歧耕的第二封来信使她的担心得到了一定的化解，信的大意如下：“我最近不来，三四月间四兄来开厂，家中经济你们自己留意，身体你们自己保重。”深谙地下工作通信用语的张筠秋接信后放心了。她后来回忆道：“我是接了信后，思想上苦闷打消了，觉上级仍信任我的。”

金洪声在1953年回忆这段经历时说：“在冬天，令(领)导上要我们离开平湖，但我平时不活动，可以不去。表面讲为了这里工作，实际出去不知到哪里，恐怕受分离的苦痛，过了一个时期没有什么问题。筠秋等也回来了，这时大家不敢活动。祝其(歧)根同志除来信外，自己也不来了。”

应该转移的人员中还有金洪声，而金的判断自己不会出问题，不想离开平湖。干正民被捕两个月没有异常，或许还有不久前经历过的贝锦记米行的“贝特”事件，更增加了他对形势的乐观估计。看来金洪声的态度，在一定程度上影响了张筠秋在转移行动上的左顾右盼犹豫不决。

虽然后来的结果确实证明了张筠秋金洪声对形势和个人安危上的判断是正确的，但是在组织上却违反了下级必须服从上级的原则。从事情的当时进程看，尽管张筠秋后来还是服从去了上海，但阴差阳错的当晚没有开往上海的夜班轮船。行动上的迟缓最终导致了转移去浙东的上级决定没有实现。这在解放后，注定地就成了两人，特别是张筠秋在历次政治运动中绕不开的政治关节问题。

除了1950年在浙江省委党校学习时必须加以重点说明和思想检讨之外，1956年的审查更为严格。张筠秋对自己的行动作了如下的思想剖析:“为了贪图享乐不原(愿)离开家庭,有意的拖拉时间,不去浙东,违反了组织和纪律性。……思想麻痹,认为没有问题,不想到敌人的手段残酷,所以想尽了办法,反抗领导。……这一个严重的不老实忠实,自私自利的表现。”文字中透露出希望早日弄清问题以获过关的焦急心情。

通过严格的内查外调,对张筠秋的这段历史,终于有了组织上的官方说法,现原文照录于下:

对张筠秋同志政治历史问题的调查报告

甲:据其本人交代:

(2) 1948 年 9 月,地下党员干正民被捕,组织上为了我的安全,也为了整个组织的安全,叫我到浙东暂避。但我为了贪图享乐,不愿离开家庭,违反了组识纪律,没有去浙东。

乙:调查中发现:

根据上述证明情况:因干正民被捕,而未坚决服从组织,到浙东暂避。主要害怕艰苦,贪图享受,未发现有什么政治企图。

中共加兴水产供销分公司审干办公室

中国水产供销公司浙江省嘉兴分公司人秘科(印)1957 年 12 月

只是思想意识上的贪图享受,无政治企图,不是政治大节问题。照那时处理问题的标准,思想意识属于人民内部矛盾范畴,只需批评教育提高点认识即可过关;若有政治企图可就要归入敌我矛盾,那就是斗争专政打入地狱了。天云苍狗,问题总算基本得以历史的本来面目定论,张筠秋也有惊无险地通过了审查。

让我们重新回到平湖临近解放的 1949 年元月,张筠秋从上海回到平湖分金弄家中没几天的一个苍茫暮色中,被敌人捕去的干正民突然造访,不由使张筠秋夫妻俩心头骤然一惊。

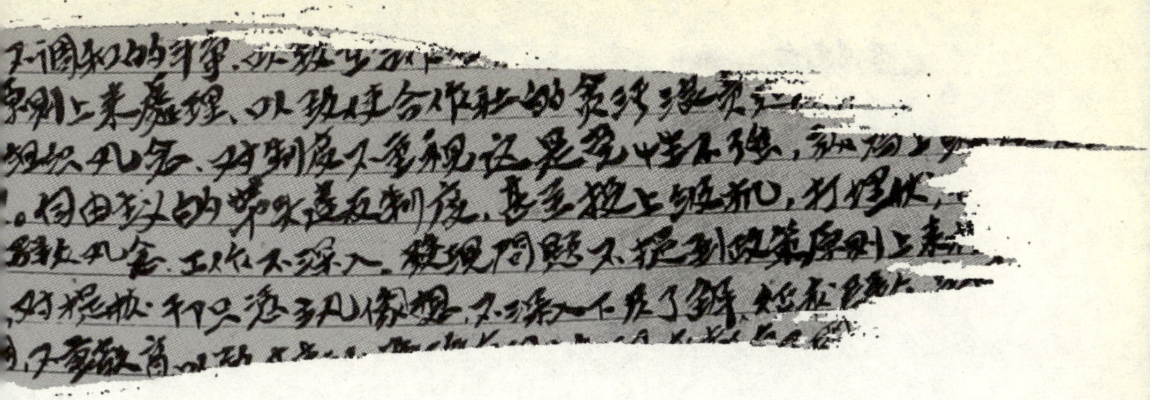

迎接平湖解放

院外寒风凛冽，望着立在院门外寒瑟瑟的干正民，张筠秋感到突兀。他是怎么出来的？若是组织上的营救，作为干正民的直接领导、中共当湖党支部书记的她应该知道，至少有人会向她透露一些风声。可是上级没有任何通知，她对此一无所知，干正明今晚的到来事前也没有任何人向张筠秋作过任何预告。干正民是被他发展入党的朱某告密被捕的，他的中共地下党员身份肯定已经暴露，那他的出狱是否意味着……他今日为何来到这里？张筠秋不能再想下去。干正民大概已经看出张筠秋脸上的犹豫，就主动说，筠秋阿姐，我没有害你们。到分金弄之前我兜了好几个圈子，后面肯定没有人盯梢。

说话之间，张筠秋领着干正民进屋。金洪声泡茶递烟后，知道俩人有事要谈，就借故去了里面的房间。干正民边喝茶边说道，他出狱已经有几天了，看看周围没有什么动静才来找筠秋阿姐的。在狱中敌人残酷用刑，但他没有害人，没有出卖同志。后来李宗仁上台当代总统，提出释放政治犯，他也被当作政治犯放了出来。真后悔当时没有听筠秋阿姐的劝，发展的人太快太滥，眼睛勿识人，被自己发展的人卖了。这次出来仍旧要筠秋阿姐"接上关系"。

"接上关系"这种说法，在张筠秋金洪声等人留下的文字资料中多次出现，是当时的平湖地下党内有关党员组织关系的一个习惯用语(不知别处的地下党是否也用这个语汇?)，意即组织承认你是共产党员，或者表明你的党员组织关系已从别处转到此处。干正民说的"接上关系"，是要求张筠秋代表组织承认他的共产党员身份。

张筠秋没有当场答应。

据张筠秋晚年回忆："当时要求接上关系，但是我不太清楚，没有接上。"不太清楚的是干正民被捕后在国民党监狱中的表现情况，张筠秋此时作这种表态在常理之中，表现了她在组织问题上的原则和慎重。

干正民的党籍问题，不久仍由张筠秋提议，经包括张筠秋在内的中共当湖临时支部讨论同意，并报中共平湖县委的途径得以解决。现将张筠秋的回忆照录于下，我们也可借此了解解放初期处理此类问题的过程：

"后来解放时他配合一般工作，我反映县委。叫我们临时支部讨论，我们同意。恢复干正民党的关系，原因：

1. 认为他被捕后，平湖的党员不出问题。(其他不了解)

2. 看他过去工作比较积极，把情况和72师保卫科王民研究。(干出来情况，我没有把他接上关系)平湖当时不出问题，所以平湖解放前我们一起配合工作。

3. 主要在狱中情况我们不分析。"

干正民的党籍由于张筠秋向平湖县委提出，并旁证干正民被捕后平湖地下党组织没出问题而得以解决。

张筠秋从上海回到平湖后，除了需应对平湖党组织和个人的安危以及党组织对她的信任等等问题外，还面临着生计或者说职业的问题。前一个问题由于祝歧耕的两次来信说明党组织还是信任她的；干正民被捕后当局并无对其他党员的搜捕行动，现在干正明已出狱，安全也应该无大差池。

倒是生计的事，苦于一时无从解决。离开平湖去上海前，已将民丰乡的教师职务辞去，好马不吃回头草，再去那里教书已不可能。虽然金洪声此时的收入可以维持两人的生活，但蜗居闲赋在分金弄，靠丈夫养活，是张筠秋一生之所不愿，她需要重新找到工作，独立地养活自己。

本来在10月间，金洪声就已提议将张筠秋教书的学校调近一些，夫妻俩也商议定了。后来因为事出不迭，先是干正民的被捕，接着又是贝锦记米行的地下党联络暗号风波，后来张筠秋人也奉命转移到上海行踪不定，调近的事就一直搁置着没有去办理。现在民丰乡教书已不能再去，正好找学校教书和调近一些两件事可并在一起来办。

夫妻俩找了徐善涛。县自卫总队副队长的手面果然了得，没费什么周折，张筠秋从过完春节新学期开学起，即1949年2月，就进了县城内的平湖南门初小当教师，校长殷静珠。

1949年2月前后的中国政局，正演革着"天翻地覆慨而慷"的历史大剧。辽沈、淮海、平津三大战役历时142天，于1949年1月31日以歼灭国民党正规军144个师，非正规军29个师合计154万人而结束。

1月22日，蒋介石以"因故不能视事"为由宣布"引退"，李宗仁以副总统代理"总统"职务。

3月5日至13日在西柏坡召开著名的中共七届二中全会，决定党的工作重心实行由乡村到城市的战略转移。

3月25日，中共中央及其所属机构由西柏坡迁至北平。

1949年2月11日，中央军委决定由刘伯承等五人组成的淮海战役总前委，在渡江作战中"照旧行使领导及作战的职权"。百万雄师屯兵长江北岸，全线渡江在即。

平湖离上海不过百余里，自然已闻政局骤变的信机。用金洪声在1953年的话来说："于49年春天，我们胜利的消息，每天在报纸上看到一些，我们胆子比较大了。"

在嘉兴平湖海盐范围内，直接激奋两县地下党员们革命热情的，是祝岐耕从海盐寄给张振乾的一封信。张振乾阅后，教他们的堂侄女、后来也成为地下党员的张午芬，将信送到平湖张筠秋处。

张午芬在 1988 年 3 月 30 日回忆此事道："四八年春节后不久，张振乾到太子庙小学来对我说，有件事要与平湖张筠秋联系，他无时间去，叫我去一趟。我就拿了他的信，利用星期天坐船到平湖张筠秋家。多年不见格外亲切。我们叙谈我毕业后教书的情况，并重述了师训同学会的活动和向往。在她家里认识了一位年轻女教师，(解放后知道她是地下党员徐运民)交谈中感到她很活跃。在张家她手挽竹篮演唱了'朱大嫂送鸡蛋'，张筠秋问我会唱什么歌，我也唱了'茶馆小调'。张又个别跟我交谈，问我经常接近哪些人，这些人思想倾向，教书地方人员环境情况，我一一作了回答。从此我意识到她们是党组织的人，对我进行考察了解，所以我回海盐后向刘佩珍同志提出入党要求。"

不久后的三月间，张午芬即由张振乾、刘佩贞介绍参加了中国共产党。

张午芬在另一处对送信过程的回忆，尤写出了"地下"工作的惊险："当时的形势，国民党反动派濒临灭亡作垂死挣扎，正疯狂屠杀共产党人和爱国人士，在国统区笼罩着一片白色恐怖。为了安全完成这一任务，作了周密思考，进行了伪装。首先将信折好，塞在一本文艺小说的包皮纸夹层里，放进一般小包内。从太子庙出发，先回老家张家门，找了位姓张的女伴，说平湖大阿姐身体不好，我们去看望她。并买了点礼品，将信夹在礼品中间，第二天二人坐船去平湖张筠秋家。"

据张筠秋的回忆，祝岐耕来信的内容大致如下："大哥要来开丝厂，资金已经有了，但当地要找地方与筹备工作。如厂开了，到那时我们工作都找到了。"

祝岐耕来信的内容还有另外一个版本："表哥要办工厂，多年不见，见面一定很高兴，望你与筠秋要热情接待。那时我也能返里，必将欢聚一堂，更为热闹了。"

文字虽有不同，但"哥要来办厂，作好准备"的要义是一致的。

三天后，张振乾、钟铃应约来到平湖分金弄 2 号张筠秋家，三人一起再次研读祝岐耕的来信，讨论今后应做的事情。

三人认定，“大哥要来开厂”，是人民解放军快要渡江的暗语，“当地筹备”，则是要作好准备、做好工作，迎接解放军到来、迎接解放的意思。总之，黑暗即将过去，黎明就要来临，他（她）们冒着生命危险、家庭安危为之奋斗多年的目标将要实现。

我来到世上，就是为了迎接太阳。面对朝霞高伸双臂迎接朝阳的兴奋高兴是必然的。等心旌平静后，三人分析了形势，大致确定了两地党组织要做的三项工作：

第一项是开展宣传，安定民心。

由于国民党长期实行的愚民政策和造谣宣传，加之平湖海盐地近国民党政权的政治经济中心南京、上海、杭州一带，国民党在两个县的统治势力强大，共产党的影响相对较弱。一些诸如“共产共妻”甚至“人吃牛粪”等蛊惑人心的谣言，在老百姓中间广泛流传，造成相当一部分群众思想混乱，对共产党有一定的误解。而这种思想上的混乱和误解，会对解放军的入城和新生政权的稳固，产生人心方面的负面影响。所以他们决定要采用多种形式向群众宣传，以尽量消除这种影响。

解放前夕，睿智阅历如作家沈从文，也因为未亲眼目睹共产党和解放军，在给表侄黄永玉的信中对共产党解放军表示了这样的歧见：“长安街大树均已锯去以利飞机起落，城，三数日可下，根据过往恩怨，我准备含笑上绞架”，并要这位画家的表侄，“用一千、一万、十万张画作来反对这场让老百姓流血吃苦受罪的战争”。尽管入城后的解放军很快改变了沈从文的看法。所以张筠秋他们议决的“开展宣传安定民心”，确实十分必要。

江南小县城下的市民农民们，绝大部分目不识丁，更加上大部分人的足趾未踏出过县境甚至方圆十里，受阅历和文化的限制，在国民党统治模范县的政治管理背景下，在亲眼见到共产党和他的军队之前，很容易受这种所谓“共产共妻、人吃牛粪”通俗漫画化的蛊惑。而造物赋予的渔民之乡的地理环境，使大多数人在大多数年景可以免受冻馁之苦，千百年来促成了民风的柔顺安逸。那时，思想宣传还没有被提到“推翻一个政权，先要造成舆论”的原则高度，但三位基层地下党员“三个臭皮匠，凑个诸葛亮”议出的主意，似乎先验地预见了宣传舆论的这种巨大功能。

宣传的做法和内容也有了具体的商定：根据毛泽东主席提出的“约法八章”精神，起草一个《告全县同胞书》，宣传党的政策。考虑到这件事要起草、刻印、分发，环节多，需要的人手也多，只要某个细节出一点问题，就容易暴露目标。张筠秋提议，张振乾在乡下的基础比较好，相对隐蔽安全些，就由张振乾负责。张振乾一口承担。

宣传的内容还可以辅以一些诸如解放军三大纪律八项注意、不拿群众一针一线的传单，这些制印上简单一些，量可以大一些，也由海盐张振乾承担。

第二项工作是维持地方治安，保护工厂。

平湖方面维持地方治安方面的工作，由钟铃负责，根据中共当湖支部的现有力量，尽力而行。

保护工厂的工作，把平湖电厂、平湖油厂的保护列入工作的重点，要落实专人负责，深入两个工厂，做好重点保护工作。特别是电厂，涉及千家万户，若解放军进城时停电，一则会引起人心恐慌，二则坏人容易乘“月黑杀人夜”捣乱破坏，严重影响社会秩序。平湖油厂是平湖当时另一家最大的工厂，食油列百姓开门七件事柴米油盐酱醋茶之三，一旦市场因油厂被破坏停产而无食油供应，百姓有菜而无油可烹制，会造成民心躁动，也不能掉以轻心。

第三项工作是摸清暗藏敌特情况，配合解放军进行肃清。

三人估计，在解放时，公开的敌人逃跑后，一定会有暗藏的特务潜伏下来，必须摸清情况，配合解放军进行肃清。这项工作比较复杂，要知人善任，择机而为。既不能打草惊蛇，更不能轻举盲动，暴露自己，以免遭敌人覆灭前垂死挣扎的杀戮，避免革命力量不必要的无谓损失。平湖方面的工作，由张筠秋统筹，分党内党外两条战线进行。

面对任务重，中共当湖地下党支部党员人手又较少的现实情况，会上还决定会后尽量去找能配合工作的群众，并作了分工：钟玲包括朱士萍去当湖书店找另一位地下党员王刘玉，张筠秋找徐运明。

三人计议完毕已是午后，张振乾、钟铃回海盐宣家浜和王庄桥。张筠秋则即着手部署保护工厂和摸清敌情的工作。

平湖的工作,先着手于组织人员。我们不能奢望张筠秋在顷刻之间撒豆成兵,但经过努力,确也基本上形成了一支以支部为领导、党员为骨干有外围群众参加的队伍,大约十五六人。

钟铃找了地下党员王刘玉,王刘玉再找了她的丈夫陆松筠,以及当湖书店的职工王季涛、伊立平。

张筠秋找了徐运明,徐又去联络发动了她的结拜姐妹俞雁、王雁、徐雁。

张筠秋钟玲找了赵雅明、唐砚华。

还有陆品良、冯毓清、金洪声。

干正民也配合参加工作,还有金舜仪。

张筠秋在1950年回忆起1949年2月至1949年5月平湖海盐解放前,两地地下党的组织机构和工作情况时说:"这时海盐至平湖,我们组织了联络站,或有消息互相可通。"更由于两地的负责人张筠秋、张振乾是同胞姐弟的关系,使得这种联系变成同志加兄弟的亲密无间了。

我们先从《告全县同胞书》的制作、散发说起。张振乾回宣家浜后,立即着手组织起草告同胞书。蓝本是毛主席、朱老总1949年4月25日发布的《中国人民解放军布告》,由地下党员李国华执笔起草。署名为海北人民解放委员会,日期为1949年4月30日。文稿拟成后,由张午芬带到太子庙小学,由陈升强、何锦芳、陆兆璋、张丙令和张午芬等人共同刻字油印。在刻印过程中,几个人轮流在学校门口听动静。正当工作紧张进行中,突然发现远处有狗叫,并有人经过校门口,紧张工作着的人员立即将刻印工具纸张装进事先准备好的旧纸箱内,塞在床铺底下,上面再堆放旧鞋子等杂物,人就装做在批改作业或备课。一共油印了二三百份,在平湖海盐两地张贴散发。

《告全县同胞书》全文如下:

自从人民解放军发挥了雷霆万钧的威力,全面突破了国民党反动政府作为最后赌本的所谓"长江天险",摧毁了反动政府仅有的残余军力,解放了包括反动政府的老巢南京在内的江南各大城市后,反动政府的垂死挣扎,已面临"呜呼哀哉"的最后命运。现在各线解放大军正在高速度推进，江南残余的蒋军，不久即将全部肃清。全面的解放，亦克日可待了。我海北同胞，久受反动政府的血腥统治，即日之内，也可完全获得解放。为此，特公告如下：

（一）人民解放军纪律严明，不取民间一针一线，希各安心，不要自扰。

（二）人民解放军基于中国共产党的城市管理政策，除官僚资本之外，保护私有的工商企业财产，各行商店照常营业。

（三）国民党所属地方政府一切负责人和工作人员，应各守原来职位，完善保全各项军械、文件档案及物资，静候接收，不得损坏或藏匿。

（四）保护学校及其他文化机关，学校教职员及其他文化工作人员，应照常工作。

（五）无论在人民解放军进城以前和进城以后，城内一切市民及各界人士，均须共同负责，维持全城秩序，凡保护有功者奖，阴谋破坏者罚。

海北人民解放委员会

一九四九年四月三十日

将告同胞书从海盐宣家浜传递来平湖有相当的危险性，白色恐怖笼罩着上空，平湖到海盐的各个交通要道，车站码头，国民党政权都布下了武装岗哨，对来往行人进行严格的检查和搜身，稍有嫌疑，立即遭到拘捕。一旦文件在传送途中出事，不但要丢失文件，还会殃及传送人员和党组织的安全。从宣家浜到平湖，若从陆路传送，要经过西塘桥、乍浦、平湖三个关卡，搜查很严。所以决定走水路，乘轮船只要在海盐、平湖两个轮船码头不出事，途中一般没人检查，相对安全一些。

传递文件的重任落在钟铃身上，她将几十份《告全县同胞书》夹裹在孩子的尿布里，抱着孩子坐轮船送到平湖，到分金弄交给张筠秋。

这次钟铃送资料来，张筠秋就请她留下，在平湖县城共同工作，了解敌人的情况。钟玲因为孩子还小，怕既对工作有牵累，又会在生活上给大家添太多的麻烦，就叫丈夫朱士萍来平湖县城共同工作。当时同志之间关系很纯情，通财之谊似乎是理所当然的事，朱到县城后就吃住在张筠秋家。张筠秋在晚年的回忆中也提及此事。“那时我对朱士萍还不很熟悉，钟讲她有小孩关系，反正士萍关系己（了）解了，祝歧耕也了解的。所以朱士萍来我家住下，做好一切准备。”

张筠秋收到《告全县同胞书》和同时寄来的其他传单，就组织在平湖的散发张贴，整个工作冒着生命危险在秘密状态下进行。张筠秋本人只在收录于《中国共产党平湖地方史略》中的《追求革命真理　坚持地下斗争》一文中留下了“我们立即分头散发，起了不少作用”，以及文稿中“记得当时发动大家在晚上将传单在四城门张贴和塞在人家门内”的很少文字。在她或许是因为自谦，或许本来就认为是这是本份工作，根本就不值得多作张扬。可是对后来者，历史却就因此而阙如了一段生动鲜活的记录。

那一代的共产党人似乎均有不哗众取宠的品质，钟铃在1957年9月21日的回忆中，对她出生入死传送告同胞书的经历，也只有淡定的一句：“张振乾去印宣传品，印好后交给我带到城市去。由张筠秋同志等发到各伪机关学校等去，那时主要利用外围群众散出的。”

唐砚华、赵雅明夫妇，由张筠秋介绍，在平湖解放前夕加入共产党，亲历了散发《告全县同胞书》和其他一些传单宣传品的工作，现将赵雅明、唐砚华的回忆，转述于下，以补以上的缺憾：

● 解放初的赵雅明（前左一）与同事合影

“我在1943年的小教暑期学习班上由王刘玉介绍认识了钟铃，到1947年下半年我与钟铃更进一步互相了解。进入寒冬时，钟铃突然来平湖我家，与我谈青年人应如何工作、生活，对我教育很大。年底时又两次来我家，一次是把孩子放我家，让我照管，她出去办事。一次是在我家楼上写东西，她让我为她看门。我家在西小街，有单独围墙，比较安全。

1948年大概穿毛衣的时候，钟铃与张筠秋同来我家。钟铃介绍：张老师在海盐平湖都教过书，今后由张老师与你联系了。

我当时大约能估计到钟铃张筠秋的革命身份。

张筠秋同志问了我们家庭情况和当时的思想情况。我俩对反动政府不满，因我们经常遭到失业，物价上涨，当个教员也是代课的。只怪自己穷，没有好亲戚。张筠秋听了以后说，恨，不满，是没有用的，要靠共产党，自己要努力创出路来。我说希望你们经常到我家来，从这以后我们就由张筠秋领导下进行单线联系，钟铃也不来了。

在1948年底或1949年初，张筠秋来了，这次唐砚华也在家。她就直截了当地说，共产党是救穷苦人的，全国就要解放了，平湖被国民党占领的时间也不长了。但现在社会上反动言论很多，他们知道自己要垮台了，用反共产党的言论来欺骗我们。今后你们听到这种言论要看看是哪种人讲的，并且拿出一本小书是《新民主主义论》，叫我们好好学习，下次再来谈谈。学习后，我们参加革命工作的要求更加迫切。

张筠秋有时很晚也来看我们，当时我在米业小学代课，并叫我们了解有没有反共产党的言论。又说，当前我们要宣传党的政策，揭穿反动派的阴谋。我们对她说，我们一定去了解，还向她提出要求参加中国共产党。她说，你们的要求很好，但不能凭好奇心，要提高对党的认识，要经得起考验，甚至要付出自己的生命。

之后，张筠秋又来了，带来了一份32开的纸，现在回忆是党对群众守纪律还是党的十大政策，是海盐县小教刻的传单，下面署名海北支队，她交给我们看了。隔几天，张筠秋又来了，她说你们对党对革命的道理有了认识。全国有很多地方已获得解放，平湖也快要解放了，我们要做很多工作。她拿出传单给我们看，说，当前必须要尽力设法，把这些传单贴出去。

带出去是有困难，但相信你们能想办法，克服困难，完成这个任务。她嘱咐我们要谨慎小心。

我们商议，以孩子为掩护能够把传单带出去的，我们考虑米业小学代理校长朱符生，平时谈起新闻来，有时对共产党相信，但有时要反对。他在教育界中年龄也大些，有时也要受人排挤。所以党对他有利他说好话，对他不利他就反对。分析后我们认为这张传单可以给他，比较合适。

下一天我到学校，在下课时，我到校长室门口看看有人在，又等到放中午饭时我又去办公室门口，朱校长一个人坐在办公室内，我大胆地走进办公室，把传单交给他。当时他脸阴沉沉地发了呆。我接着说，你平时讲起新闻来，对共产党有好感，你要保密，否则你自己也有危险。他说你放心好了。这样我更大胆了，要他把传单贴出去，他说我不干。我说你不干，把这张传单好好看，认清形势。

我跑出办公室回家吃中饭，在路上刚好碰到唐砚华，一同回家商量还有传单，日间人来人往不方便，决定到傍晚放学后再行动，与老唐约好在吕公桥堍碰头。到放学时，我到吕公桥等了一会，老唐来了，他观察行人，我把传单贴出去了。"

两人还回忆了由张筠秋介绍填表入党经过："张筠秋同志来我家与我俩谈话，她代表支部谈话。叫我们俩谈谈入党动机和对党的认识，谈好后给我们两人二张入党申请书，那时申请书是很小的。"

从行文的口气看，主要是妻子赵雅明的回忆。张筠秋由钟玲介绍得识他们夫妻俩，在钟铃而言，认为两人已具备加入共产党的思想基础。玉不琢不成器，又经过张筠秋一年多时间的考察教育，乃至经受住了冒着危险散发传单的考验，最后在1949年初介绍赵雅明唐砚华夫妻俩双双入党。比起在1947年介绍冯毓清她们入党来，这次考察培养的时间要长得多，过程也要完整得多。或许可以这样说，张筠秋经过两年来的风风雨雨和种种磨砺，在政治上组织上成熟了许多。由于她担任着支部书记的责任，中共当湖地下党支部的新党员发展工作也成熟了许多。以实际行动接受考验成为加入党组织不可或缺的步骤。

张筠秋还尽其所能布置领导了对平湖电厂和平湖油厂的保护工作。

我们在她为唐来忠入伍时间的证明材料中获得了第一手资料：

1949年四月中旬，平湖地下党城关支部，为保护县城，迎接解放，由党员徐运明及干正民二同志，动员徐运鸿及任电厂技术员唐来忠，组织工人花红根、范金宝等人保护电厂发电设备。由于以唐为首的努力，解放后电厂得以完整无损交给人民，向县城正常供电。唐于1949年5月解放后由县委民运部韩治文同志动员参加工作，7月出任平湖县总工会筹备会副主任。全部脱产在工会工作，故唐工作时间应为1949年7月　特此证明

88年12月8日

（原平湖城关支书）张筠秋

此证明的目的，原是为了证明唐来忠参加工作的时间，以便确定唐是否能够符合离休干部资格，享受离休干部待遇。于唐本人是事关政治地位物质利益的大事，于组织是执行上级政策决定属员职别的不容有半点差错、需一丝不苟审查的严肃工作。作为历史事实的见证人，原中共地下党当湖支部书记的张筠秋堪当此任。为唐来忠参加工作时间的历史的见证，无意间为我们留下了她自己工作的履痕。

临近平湖解放，指派地下党员徐运明以及干正民去平湖电厂组织工人做护厂工作，并取得了电厂正常发电和完整无损的结果。只是材料中有一点瑕疵，解放后始把“当湖”改名为“城关”，几十年叫惯了，张筠秋把当日的“当湖”写成了“城关”。

张筠秋在晚年的回忆文稿中也有一处写到：“重要工厂防止解放人逃跑时破坏，如派干正民对电厂有熟悉人，去做工作，解放时电厂没有停电。”

确如证明材料中所说，平湖电厂在中共当湖支部的努力工作下，在解放军入城时及以后，都没有停电。在一派光明下，安定了民心，协助稳定了社会秩序。

张筠秋布置唐砚华去油厂进行保护工厂的事实，也由赵雅明、唐砚华夫妇在1982年4月28日的回忆提供：“唐砚华同志又接受了张筠秋同志的指示，要把油厂的工人团结起来。先找几个平时比较合得来的谈谈，可

以用闲谈方法进行。所以唐砚华到油厂有意识地进行闲谈，从生活上谈起工资低，上天工资拿到下天物价就涨价等。从中也宣传全国几次工人在资本家压迫下，起来罢工加工资等运动。不是工人命苦，无靠山，听说全国已有很多地方解放了，在共产党领导下，工人高兴，老板害怕，工人可以当家作主。看来平湖也快要解放，我们工人就可以过好日子。并说平湖要解放，我们一定要把机器厂房保护好。"

唐砚华当时正与其妻子赵雅明一起，在张筠秋帮助教育下争取加入共产党。她正好利用唐在平湖油厂工作的便利，通过他去联系发动油厂工人，做了保护油厂的工作。

据中共当湖地下党支部的党员王刘玉在2004年2月22日回忆："迎接平湖解放，保护财产。通过平湖电厂工人花红根，召集几个电厂工人开会，商量保护电厂的事，张筠秋主持。"话虽不多，但以亲历者的身份，确认了张筠秋在保护平湖电厂这件事中的作用。

相对以上两项工作而言，摸清暗藏敌特情况这件事就显得复杂得多。首先是"敌特"对象的界定，何谓敌特？且又因其暗藏的特点，或是犹抱琵琶半遮面，或是两兔傍地走安能辨我是雌雄？此类人隐藏在平湖全境，主要集中在县城，扑朔迷离云遮雾盖。苏东坡说，不识庐山真面目，只缘身在此山中。而中共当湖支部麾下的党员，不识敌特的真面目，首先是因为都在"此山"之外。

● 王刘玉(1943年17岁)，1947年入党

我们先来说敌特对象界定的工作。有一个名曰孙文主义同盟的组织，为首的是平湖县的军法科科长谭金堂，活动频繁。由于其头目"军法科长"的身份，就进入了张筠秋等人的视野之中。但是该同盟的宗旨究竟如何？有哪些人员？如何活动？中共当湖地下党支部人员对其均所知甚少。

掌握了孙文主义同盟在当湖书店有成员这一蛛丝马迹，中共当湖地下党支部决定，由钟铃、朱士萍夫妇去当湖书店，与王刘玉联系。当湖书店由陆松筠、王刘玉夫妇开设经营，钟玲与王刘玉同是中共地下党员，私交上原就稔熟。据王刘玉的小学同学赵雅明回忆，在1943年的小教暑期学习班上，钟铃、王刘玉等“在课外排编节目，抓住周末会搞得大胆活泼的宣传抗日救国之歌曲”，给她印象极深。

派钟铃及丈夫朱士萍去当湖书店打开缺口，中共当湖地下党支部可谓知人善任。

摸清孙文主义同盟底细的工作，在当湖书店涉及三人：陆松筠（王刘玉的丈夫）、黄继涛、伊立平。

据张筠秋的回忆：

“平湖黄季涛与陆松筠二人公开身份是平湖当湖书店内的，我是不认识的。因为当时为了迎接解放，扫清道路，了解敌人，单靠几个地下党员是不可能的，所以要找几个熟悉的人。

陆松筠是王刘玉同志的丈夫，我叫来谈过一次话，知道他是国民党员，因为他比较熟悉反动派中的主要人物。当时是帮助做一些工作的。

黄季涛是陆松筠的同店的，是陆介绍的。

当时分工，当湖书店是朱士萍去的，所以由朱士萍和王刘玉去发展他俩参加中共党员。

伊立平是当湖书店职工，工作是积极开展，也是帮助以上工作，后来也参加党。

陆松筠与伊立平是我谈话，如何开展工作?”

以上这段话，也是张筠秋在晚年为证明黄季涛等人历史时的回忆，事关他人的政治生命和衰年的经济待遇，张筠秋笔下可以说是字字千斤，字字千金。相当级别掌握权力的组织，要据此为人下政治结论，张筠秋深知事情的严肃性，我们可以相信她的秉笔直书。我们也可以藉此看到平湖解放前夕，她在摸清孙文主义同盟情况工作中所起的作用。还有张筠秋1981年10月16日接受两位收集平湖县地方党史资料人员的谈话：“在其内部分化瓦解工作上，主要是争取了孙文主义同盟的参加者伊立平和黄继涛两人。当时,王刘玉与其夫陆松筠在平湖城关开设当湖书店,伊立平、黄继涛是该书店的职工。我们通过王刘玉(已是党员)和其夫做伊、黄工作。经过一段时间的了解,掌握了他们的人员分布及动向。”

参加了解掌握孙文主义同盟情况工作的还有地下党员徐运明,为了不被对手察觉,“徐运明甚至还女扮男装暗随其后,有时还搞接力盯梢,就是盯梢到一定地段,交替给另外一个同志继续监视”,张筠秋对其中的一些细节还记忆犹新。

不过陆松筠、黄季涛、伊立平三人中,既有陆原是国民党员身份的,还有黄、伊原是孙文主义同盟参加者身份的(在张筠秋的另一处回忆中伊立平是奉命打入的),后来三个人又都加入了共产党。让今天的人看来,确实真够复杂迷离的。

参加摸清暗藏敌特工作的还有因被捕没有接上党组织关系而配合工作的干正民,还有党外人士金舜仪。由于金舜仪与张筠秋的亲缘关系,有时她是将这位小叔视为组织中人的,在解放后张筠叔的挖掘错误中有“组织观念不强,把不是党员的金舜仪参加两次党的会议”的检查。由于妇女不适宜作夜间的活动,而监视必须夜以继日,所以干正民、金舜仪的工作主要被安排在晚上,有时还需要乔装打扮一番。张筠秋这样回忆道:“干正民和金洪声的弟弟金舜仪等,还在孙文主义同盟集居处附近,穿着蓑衣,扮做板鱼人,日夜交替着监视他们的行动。”

“扳鱼”是平湖人对用渔网捕鱼的俗称,拉着渔纲一把一把的提起(平湖人称之为“板”),纲举目张,整张渔网提离水面时,就将游入网中的鱼捕住。不过这回捕捉的目标不是入网的鱼,而是岸上的敌特分子。经过个把月时间夜以继日的努力,孙文主义同盟的为首骨干分子,在平湖解放后不久,即被抓捕。

还有一个终成疑案的“民主青年联合会”,事实的始末大致如下:摸清敌特情况,为解放军进城解放平湖扫清道路既经党的会议上的决定,也就成了中共当湖地下党支部的一项重要工作。作为支部书记的张筠秋本人也常将此事放在心上。解放军已解放嘉兴,平湖解放指日可待,事情有些急逼。

当时张筠秋在平湖南门初小任教，每天看见金德成来找南门小学教师潘壮飞，有时金德成还会和另外一二个人同来，同来的人中还有张筠秋后来认识的高秉义。这种频繁的来访引起了张筠秋的注意。

此时的金德成还是一派有恃无恐的精神态势，会拿自己的所作所为在大庭广众高谈阔论。一次在南门初小的教室中，在场的有校长殷静珠、张筠秋，尚有其他教师三四人。金德成说，这几天工作很忙，外面有人在做应变工作。张筠秋当时刚好也在场，就问，做什么应变工作？金说，我们组织孙文主义同盟会。

这引起了张筠秋的惊觉，国民党的所谓"应变"，肯定是针对解放军进城平湖解放之变。

以后，张筠秋对这几个人的动向格外留意，比如金德成来叫潘壮飞等人去开筹备会，潘下了课经常到那边去。这段时间里，金、潘等人活动繁忙，经常有二三人来找潘壮飞等等……

张筠秋后来回忆说："我回来几个人分析，现在急忙组织，这二个一定是双胞胎，后面是有人的。是利用一部分思想模糊的青年学生。敌人要暗里活动不可能，一定用一付(副)假的面具。用各种方式出面，一个是孙文主义同盟会，另一个可能即是民主青年联合会。"

张筠秋的政治敏觉已几近于一位专业的政治工作者了。于是决定由地下党员冯毓清去参加青年联合会，还向青年联合会的人要了一份表格，填好上交。

结果事情有些神龙现头不现尾：据说由于青年联合会的人开会要到深夜，就没有通知冯毓清去参加。又有一说是冯毓清去参加会议已走到地名叫县后底的那条弄堂。因没有电灯，不见人，所以没有去参加会议。对于后一说，事过境迁三十年后，张筠秋还评论说："不知冯讲的是否真情，那就不知道。"

对青年联合会终因证据不足，在解放初期，没有以敌特组织定谳。三十年后的张筠秋对此仍有她自己的看法："当时未知真情不能定案而破案。但这个组织一定不是进步组织，因为：(一) 没有我党领导。(二) 开会鬼鬼祟祟。都是会员为什么不通知毓清参加。(三) 同时平湖解放后，金等不积极供献材料,而即要离开平湖。”

行笔至此,要为地下党员冯毓清庆幸,一是不管出于何种原因,青年联合会没有通知她去参加那次会议;二是不管是不是真的“没有电灯不见人”。这位以前一起与张筠秋商议过曾经打算拿亲戚国民党乡长的手枪,而后来终于没有付诸实施的冯毓清,这次又脱离了与“敌特组织”的干系,因而免除了她在解放后历次政治运动中的受清查的劫难。因为一旦坐实了“平湖青年联合会”是敌特组织,而她又参加了这个组织,那她在解放后几十年间的命运如何,就难设想了。你辩说是组织上派遣的打入,当政治风浪排山倒海的摧压在你身上时,往往都是纵有百嘴而显得辩说异常苍白无力的,恐怕那时张筠秋也处在泥菩萨过河的境遇,要作证也无能为力了。张振乾在同样时间同样情形下参加反共救国军,在解放后就被冠以阶级异己分子帽子而开除党籍开除公职,就是旁车之鉴。

张筠秋对反敌特工作的布置还延续到平湖刚解放,据赵雅明在 1982 年 4 月 28 日回忆道:“当时我们都由组织分配,之后接到张筠秋同志通知,分配我到平湖加(嘉)师附小(按:即现在的平师附小)任教,主要任务是该校有个教师叫汪剑虹是特务,要去监视他。平湖刚解放由于舟山群岛未解放,敌机在乍浦海上经常来轰炸。当时城里老百姓有的到乡下避难,党员组织上布置坚守岗位。记得平湖第一次轰炸在下午,其他老师都跑了,还有当时文教局局长叫陈启良也在校内(他是中国共产党党员),在老师中唯有汪剑虹一人跑到后面。我发现后跟踪着他,他跑到最后一间教室内,把门关上,不知搞什么,我看不见。但我就在教室旁一棵树下盯着他,大约半小时后他出来了。发现这种情况,我及时向张筠秋同志汇报,由领导上可以及时采取措施。在此同时,我们党小组也成立了。每星期分别汇报自己的任务执行情况。平湖第一批镇压反革命,嘉师附小小教汪剑虹确是特务,学校内出现反党言论是与他有关,被我政府镇压。”

今日读至此,真还有点惊心动魄的感觉。

赵雅明接着回忆:“到 50 年 2 月份,我又被组织分配到乍浦中心小学任教,任务也是掌握小教中的动态。到乍浦由解放军内一个副科长领导的。经常汇报教师中的思想情况。”

这是一个地下党员在解放初期那段特殊岁月里的一段特殊经历，在平常的日子里，你很难设想，一个小学女教师会做出这样有担当的事。无怪乎有个邻国的铁腕人物说，共产党员是特殊材料做成的人。当时中共当湖支部的人员，绝大部分都有自己谋生或者说掩护的职业，或小教，或店员，或职工，这些迎接平湖解放的工作只能是“业余”而为，所以他们的工作一定是紧张而繁忙的。

要交流各自掌握的信息，还要下情上递、上情下达，分析情况、作出决策等等，会议是没有少开。而开会的形式据王刘玉的回忆：“会的地点不固定，有时就定在水车棚内，参加的人装作白相，到水车棚中碰头。”王刘玉的回忆和前章所述的张筠秋的回忆基本相同，看来在车棚中开会，是当时中共当湖地下党支部比较常用的一种会议形式。一则安全，二则不需花费，符合那时当湖支部既无党费交纳，也无上级组织拨款的经济状况。

还有两次支部会，地点都在分金弄2号金洪声张筠秋家，事过三四十年后，不同的与会者在不同的场合都有回忆。

王刘玉在2004年2月22日的讲述比较简要：“有一次支部会，是组织平湖解放，发传单的事。”

赵雅明唐砚华夫妇在1982年4月28日的回忆就比较详细一些：“49年四月份，张筠秋同志来通知我们晚上到分金弄开会，我和唐砚华同志到分金弄没有灯，进去一间屋内点支蜡烛，会场是暗的，人不多。进去时碰到了钟铃朱士萍同志，和金洪声、王刘玉同志。由张筠秋同志讲话，大概是当前形势迎接解放等等。和对反革命分子反党的言论和平湖敌情，要如何掌握情况，要抓住时机，进行党的政策宣传等。记得出来也是分散出来。”

1949年的前几个月，平湖解放在即，张筠秋对今后的生活当然也有所遐想，不过她的所思所想很朴实：“解放前（三月里），想我在解放后，不会做小教，脱不掉自私，觉得可以有一点地位了。”

解放后能做什么？那时的张筠秋确实心中无数，不过“可以有一点地位”的想法，符合她自青年以来一以贯之的追求，也符合一般人的心理动机。贬之为“自私”虽无大谬，但总让人感到话说得稍有点过头，有后来习以为常的政治学习场合套话的味道。

解放军终于进入平湖县城，中共地下党在平湖活动的另一支力量，策划了国民党最后一任平湖县县长楼正华的起义。

策动楼正华起义的工作，肇始于地下党员余森文，他的公开身份是国民党“省政府设计考核委员会”委员，经中共上海局同意，在杭州从事对国民党浙江省主席陈仪为首的上层分子的工作。余森文是楼正华在浙江警官学校的学生，且是1929年楼考取县长时的评卷人之一，几十年间两人时有过从。

楼正华1948年6月7日任平湖县长，余森文即介绍中共党员李长风随去，以县政府民政科指导员的身份为掩护，开展地下工作。

1949年4月30日，金亮来平湖与李长风等一起同楼正华会面，了解平湖起义准备情况。此时，由吴江溃退而来的国民党暂编八师驻防平湖。

5月6日，因海盐县长出逃上海，平湖起义计划面临暴露，陈伯亮、李长风决定将楼正华转移至嘉兴。晚，警察局局长赵补天受楼正华之命，代理县长职务。

5月11日傍晚，中国人民解放军第五十八师进入县城，平湖解放。

5月18日，戴奎率中共平湖县委人员及50余名南下干部抵平。楼正华办了移交手续。

张筠秋在解放前夕，也有过一次接受国民党武装人员起义的机遇，对方是一个乡公所常备班的班长，慕名而来与张筠秋接洽，说是有办法拉过来一挺机枪，三十多个人和枪。

张筠秋组织了支部讨论，结论是上级没有指示，不要去接管。

张筠秋在1950年回忆说：“我就对匪班长说，教他巩固保留最好，以后再说。”

就张筠秋而言，是她在金戈铁马真刀真枪面前，又一次女侠豪气的缺失；就中共当湖地下党支部而言，总是一方水土养就的一方平湖人，处理事务的“温吞”方式淋漓尽致的典型表现。

1949年5月11日平湖解放，中国人民解放军进城。中共当湖地下党支部派朱士萍去部队接洽，由92师保卫科长王民接待。

旋即，由张筠秋和朱士萍两人再去联系，仍由王民(黄明)接待。张和朱报告了中共当湖地下党支部的情况和工作。代行地方工作的王民(黄明)表示，你们党的关系没有转来，首先要配合部队做工作，并约定今晚派一个同志前去开会。

会议仍在分金弄2号张筠秋金洪声家举行，这基本上是一次中共当湖支部全体人员都参加的会议，解放军入城部队派徐铭顺参加，徐铭顺来时换上了便服。

参加会议的还有李长风，李是奉命在平湖做国民党县长楼正华起义工作的地下党员。还有一说，李长风通过楼正华做了县自卫队大队副大队长徐善涛的策反工作，使徐率部迎接解放。而县自卫队的另一部分，第一中队于平湖解放前两天逃窜至洋山岛屿，继续与新政权对峙。

会议开始得很晚，可能是由于与会人员众多，又分别来自解放军、当湖支部、策反系统地下党等三个方面，等齐要花费一些时间，也可能是考虑各方面人员的安全。

张筠秋回忆说："晚上大家睡了，我们开会。"

便服前来的解放军代表徐铭顺后来留任第一任平湖县公安局长，由他来代表进城部队参加会议，会议的主要内容必然地纳入了"侦察敌情，了解情况，仍保持地下活动"的主题。

中共当湖支部的党员关系尚未转来，妾身未明，大家都在等待，而等待的日子总显得格外漫长。张筠秋和大家一样，一边在抓紧进行掌控敌情的工作，一边在等待着上级组织将他们的党员关系转来。由于地下党活动的种种特殊情况，有的人还有这样的担心：不知自己的入党，是否会被上级组织正式记录在案，也就是说转来的关系中有没有自己的名字？即如张筠秋本人，也不知组织上在何时以何种形式将他们的关系转到。

事情终于有了结果，祝岐耕代表上级组织转来了当湖支部的第一批党员关系。

接关系的地点，"在县关帝庙内"，张筠秋在1969年回忆说，"名单有：张筠秋、钟铃、朱士萍、徐运明、金洪声、王刘玉。成立了临时支部，支书朱自萍，组织委员是我，宣传委员徐运明。

海盐关系是由张振乾来转的。”

果然只有六名，未列名字的党员就需要张筠秋向上级党组织说明后获得确认。另外还有干正民的党籍有待恢复。

还需要说明的是，1949 年 5 月，平湖、海盐一带相继解放。自此，两地地下党组织之间的工作联系从此结束，以后都各在当地党委和解放军党委的领导下进行工作。

平湖自建县治近千年以来，在政治、经济、思想、文化诸方面最深刻的嬗变已经在 1949 年 5 月 11 日发生，并将不以任何个别人的意志继续。以己身之力自觉不自觉地推动这一变化实现的张筠秋、金洪声的个人命运，必然地也将发生巨大的转折变化。这种转变有些是他们盼望或者依稀在心头描摹过的，有些则会全然出乎他们本人以及一般人的意料。然而这一些都确确实实地发生过，这将是他们人生道路上的另一页历史。而这段他们崭新的个人历史开始时，张筠秋三十八周岁，金洪声三十三周岁，正值人生的黄金季节。

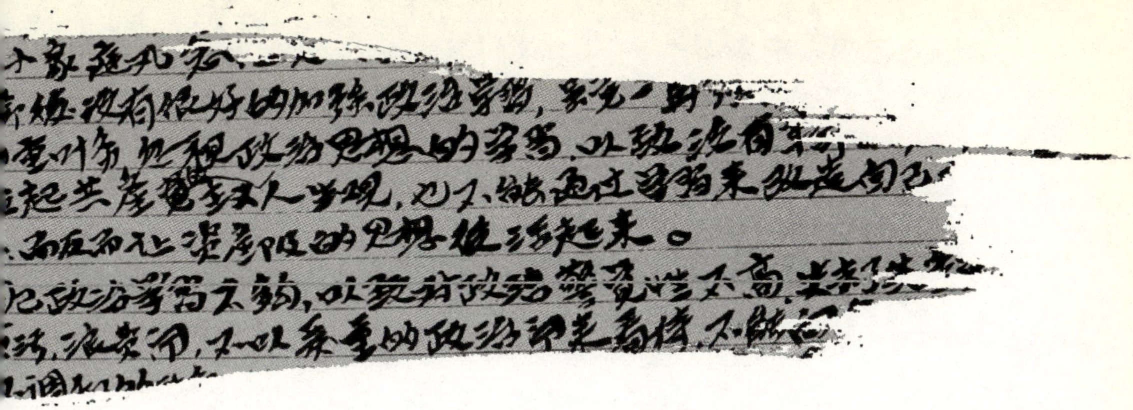

浴火新生的1950年

解放后成为平湖县第一任公安局长的孙明诚，在参加分金弄2号张筠秋金洪声家召开的中共当湖地下党支部全体人员会议上，作了主旨为"要摸清敌情，与会人员仍保持地下活动"的讲话。虽然他脱下军装换了便服，但进城解放军代表这种身份，决定了他是这次会议的中心人物。整个讲话不长，毋庸置疑的，是代表了进城解放军部队乃至即将全面掌管平湖县的新政权的意志。

今日解读这言简意赅的两点，仍可让人体味到个中深意。

新政权即将和刚建立之时，第一位的要务是保持和巩固这个新生政权。对于延续了三十八年的国民党平湖旧政权而言，随着国民党军队和自卫队的溃退和归顺，县长楼正华的起义，大势已去是不可逆转的总趋势。但顷刻之间被剥夺种种既得利益的人群中，肯定地"他们人还在，心不死"。他们中间的某些人，还会作困兽犹斗或最后的挣扎，这也是中西内外古往今来政权更迭时屡试不爽的铁定规律。“不可沽名学霸王”，早已有警示在先。

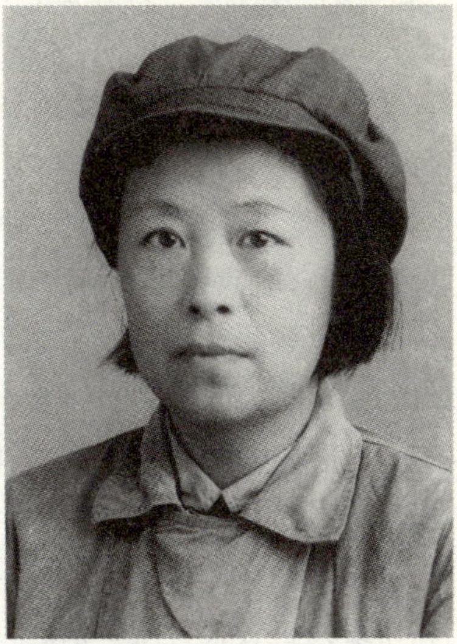

● 张筠秋

平湖县此时的人口近三十万，茫茫人海中，哪几个是敢铤而走险螳臂挡车的敌特，进城的解放军难以清楚，而且野战军部队还有继续向南推进的更重任务。按中共中央计划随部队南下的山东省南下干部，将留在平湖，组成平湖新政权的主体。他们除了可以从缴获的旧政权档案中搜寻到一些线索外，新来乍到地对平湖的现状也不清楚。待要耗费时日摸清情况，势必贻误战机。中共当湖地下党支部的人员有这方面的优势，长期在平湖生活工作，大多数人更生于斯、长于斯，对当地的情况包括新政权潜在反对者的情况，比较了解熟悉。在张筠秋、朱士萍向进驻平湖的23军王民(黄明)的汇报中，讲述了年初奉上级地下党组织的指示，已开展了这方面的工作，应该说是与孙明诚的讲法不谋而合。“入乡问俗”，当其时，当其人。

至于仍“保持地下活动”，则可以看出孙明诚一石双鸟的老练。当然或许不是出自进入平湖的解放军部队的首创，他们也可能是奉命行事或者是按前例行事。朱士萍第一次找进城解放军部队谈时，无果而返。当日，中共当湖地下党支部书记张筠秋偕朱士萍再次前往，解放军部队派王明(黄明)接见，了解情况后，才有了当晚开会并解放军将派员参加的答复。但仍明确告知张筠秋、朱士萍：“你们的党员关系组织上尚未转来”，即横亘着一个非常严峻的中共当湖地下党支部的共产党党员身份尚待确认的问题。言下之意十分明白：你们说是中共地下党，谁来证明？保持这些人的地下活动状态，摸清敌特的工作照做不误。对这些人政治身份的有待上级党组织认定，平湖的新领导者始终处在进退自如的驾驭之中，有百利而无一害。

再者,可以理解为对"中共当湖地下党支部"所属同志的生命安全负责。这要从 1949 年 5 月血腥严峻的平湖新旧政权交替时的政局形势谈起。

5 月 11 日,解放军 23 军进城,国民党政权的县长楼正华反正,标志着平湖解放。

在国民党正规军溃退出平湖后,与新政权负隅顽抗的主要是残留的武装势力。这股武装势力的活动范围广及平湖、金山、奉贤、海盐、钱塘江南岸一带,其领军人物是以平湖为主要活动据点的黄八妹、谢友胜夫妇,平湖因是其巢穴而被祸更深(在海峡两岸的人员可以走动以后,黄、谢的儿子从海峡那边来到平湖,在乍浦九龙山公墓为其父建造了衣冠墓),平湖的新政权命定要经历更凶险的考验。

在这场枪与炮、血与火、复仇与反复仇的炼狱里,对新政权的创建者而言,考验之最大代价就是他们只有一次的生命。

端着双枪、贩私盐出身的女人黄八妹,本名黄百器,闺名翠云。在金山、平湖、海盐一带有个妇幼皆知的称呼:"双枪黄八妹"。并在坊间广为流传下了她一生从童养媳到盐警妇到商人妾到自卫队长副队长太太;从武装贩私盐到太湖盐匪到抗日战争中活捉日军千里押解去浙西行署成为"巾帼英雄"等很神奇的传说。

抗日战争胜利后,黄任平湖县参议员、平湖县戡乱建国动员委员会委员。1947 年 10 月,任国民党"江苏省第三督剿委员会第二督剿组组长,"反共、防共"于松江、奉贤、金山一带。1948 年任国民党"浙江省第一区戡乱团副团长",后由汤恩伯委任为国民党"浙江省绥靖第一团团长"。

平湖解放在即的 1949 年 5 月上旬,黄八妹接连两次去上海,接受汤恩伯、毛森面命,并参加毛森召开的反共应变会议,将其夫谢友胜控制的平湖县自卫队第一中队并其他散兵游勇,改编为"东南人民反共救国军苏浙沿海游击第一纵队司令部",黄八妹任司令,谢友胜任副司令。

1950 年 5 月 9 日晚,即平湖县解放前两天,黄八妹夫妇率所部武装人员百余名、米数百袋及细软几大衣箱,乘渔船逃往舟山附近的大、小洋岛，图谋以国民党军队控制的舟山为依托，“重振旗鼓，卷土重来”。

黄八妹到洋山不久，即组成国民党地下平湖县政府。黄任县长，谢任副县长，并委派下属充任各级职务，俨然一个流亡的“平湖县政府”。秉承蒋介石在台湾建立的“敌后推进指导委员会”和毛森《地下工作手册》、《现阶段匪后工作纲领》等指令，与新生的人民政权“争地、争民”。矛头首指共产党领导的平湖县新生政权。

到洋山后，黄八妹热衷于军事上的招兵买马，又将原海盐县自卫队的60余人也拉至洋山，更网罗各式反共人员，使武装人员骤增至300余人。并于1949年6月底将部队改称为“东南人民反共救国军海北纵队”，黄八妹任正指挥，谢友胜任副指挥，活动范围也扩大到金山县、浙东沿海与海北地区。

“海北纵队”的夫妻店，通过派遣武装匪特、遥控指挥地下联络站、联络员等手段，一副末日来临前的疯狂破坏挣扎。受其气焰鼓动，其下属和残留在平湖的新政权的敌对分子，蠢蠢妄动，公然叫嚷：“抓到或杀掉一个共产党区长(乡长)，赏大洋500元……”。

在平湖境内，曾多次发生袭击解放军指战员和地方基层干部的血腥事件。从1949年5月至1951年5月的两年内，全县共发生袭击、劫持解放军指战员的重大事件8起，杀死解放军干部战士11人，中弹致残1人，抢去长、短枪8支，子弹200多发。

就在张筠秋为书记的中共当湖地下党支部刚与入城的解放军接上关系，并开展工作的1949年5、6两月中，就接连发生了两起枪杀解放军指战员的血腥事件：

1949年5月，在平湖境内的祥圩乡华家村，一伙匪特用机枪扫射过境部队，当场打死解放军战士两名；

1949年6月24日晨，解放军23军68师204团警卫连杨指导员被匪特杜秀岐一伙劫持后杀死，劫去手枪一支，子弹50发。手段之残忍，震惊23军高层。

对武装的解放军指战员尚且敢如此下手，地下党员们手无寸铁，一旦暴露于匪特面前，危险就更显而易见了。所以在一个短时期内，让中共当湖地下党支部的人员仍处于地下工作的秘密状态之下，确实是让他们既能顺利工作又保证他们生命安全的上策。

从1949年5月11日平湖解放起，中共当湖支部的人员，又经过十来天夜以继日的工作，基本完成了对进入他们视线的七名敌特的情况掌控。此时，张筠秋等六名党员的关系已经转来，第一任中共平湖县委书记戴奎听取了他们的汇报。大约平湖解放半个月后的一个傍晚，戴奎又约见了掌控敌特情况的六位人员徐运明、陆松筠、伊立平、王刘玉、金洪声、干正民，布置了对七名敌特人员的抓捕。地下党人员的任务是引路和指认，由解放军72师的武装人员实施抓捕。

地下党人员编成四个组，徐、陆、伊、王带领部队人员捕捉金式伍、金企波、周海门等人；干带领部队人员捕捉潭金堂；金带领部队人员捕捉顾志拯。这一行动一直持续到次日凌晨，包括孙文主义同盟头目潭金堂、金式伍在内的七名人敌特目标全部被捕，无一漏网，并查获发报机一台，枪支弹药等物。

平湖县城的抓捕工作一结束，乍浦出身的徐运民和对乍浦比较熟悉的干正民两人，又乘上72师部队的汽车疾驰乍浦，去捕捉孙文主义同盟在乍浦的余党。

捕捉敌特的工作完满完成，虽只捕了七人，但对残留敌人的震慑极大。中共当湖地下党支部为平湖新政权的巩固作了工作，同时也以他们的实际行动经受了新生政权对他们的考验，得到了县委书记戴奎的肯定和表扬。随后通知中共当湖支部的地下党员们去县委学习，并要求介绍一些当地的进步青年共同参加。

在学习期间，成立了临时支部，朱土萍任支部书记，张筠秋任组织委员，徐运明任宣传委员。

接到参加县委学习的通知，金洪声有一次贝锦记米行之行。向贝先生告了假，把账上的事也作了临时的交割。对金洪声的告假，贝先生当然照准。只是意味深长地说了句：洪声，想不到去年报纸也当真不是空穴来风啊！什么时候回来一趟，把你入股的股金料理一下，是提是留，悉听尊便。一副中规中矩的生意人的模样。金洪声只得打着马虎眼道，通界桥父母店里有点事，只是告假几天，料理好了即回米行的。贝锦成接应道，不是说你三十岁上出运吗？你去吧。金洪声心中诧异，自己在山穷水尽时的那次算命，老板怎么会知道？就说，贝先生也信命。贝锦成道，我信佛。命也运也，不可全信，不得不信。听完贝锦成这句似乎禅机的话，金洪声即与他别过，去中共平湖县委参加学习。

解放初期的中共平湖县委设在鸣珂里原传朴堂葛氏宅第的一座小楼内。鸣珂里在县城南隅，临街有小河，故也称南河头。葛氏宅第原是包括稚川学堂和守先阁藏书楼在内的一个大院落，1937 年 11 月 19 日日军第二次入平湖城时遭焚毁，除留下一圈围墙之外，唯剩这座小楼尚算完好，现在就成了新成立的中共平湖县委的办公场所。以后在小楼旁临时又搭建了几间平房，安顿了县委的秘书处和组织、宣传、民运等几个部，组成了整个中共平湖县委机关。

原中共当湖支部人员的学习由平湖县委宣传部长徐克非主持并讲课，根据县委要求，学员需单独进出县委，对外仍处于保密状态。学习共进行了 10 天左右时间，据张筠秋回忆："学习的内容是党章和形势，学习结束分配工作。"

对于这些因为各种机缘参加中共当湖地下党支部的人而言，即使是其中党龄最长的张筠秋、钟铃，从理论的层面系统的学习共产党党章还是第一次。有关党的性质、宗旨、指导思想、最高纲领、现阶段任务、个人利益和党的利益之间的关系等等的宣讲，却似那位全世界马克思主义政党的奠基者马克思所说的："理论一经掌握群众，就会变成巨大的物质力量。"张筠秋和金洪声对共产党的认知，可以追忆到父亲张礼甫的讲述，黄炎的讲述，刘明、庄雪英的讲述，李石农、金永康、祝歧耕的讲述，而更多的是他俩目睹的黄炎以下的共产党员们的实际行动。尽管那时也有教唱《国际歌》等的宣传，但此次系统的理论上的阐述确实是以往的一切所不可比拟的。在激起他们内心真诚的对党的信仰、自傲外，也真诚地感到自己对党知识匮乏的缺陷，他们尽量地在听取汲收，并按照自己的理解，在心中构塑着共产党的更新形象。

这次组织的学习和学员们的这种理解和构塑，有着强烈的实践实用的色彩并打上了新中国解放初时期的鲜明时代烙印："到县府学习10天，在解放前对党的组织纪律、阶级立场等很模糊。直至解放后，经党的培养和教育，明确阶级斗争与阶级立场，分清了敌我界线。祇有革命有了利益，才有个人利益。"金洪声在1953年回忆这十天的学习生活时说。

学习结束前两三天，已经有消息传出，学习结束就要由县委分派工作。张筠秋和金洪声在一日晚饭后，不免对自己往后的工作有了一番猜测和憧憬。

"筠秋，你说县委会分配我们做什么？"

"齐部长不是说，服从组织分配吗？"

"齐部长不是也说要根据各人的情况吗？"

"小教总不会再做了吧，齐部长说，新解放区正缺本地干部。"

"你当过支部支记，肯定会分配你当干部，只是不知道当什么干部？"

"那你呢，瘦蝶？"

"我只会打算盘、做生意，不知能做什么？要是振乾弟就好了，他做过乡长，刚好配上现在的形势。"

"相信组织好了，我看现在的领导比以前的刘明特派员水平都高，或许这个时候，县委都已经研究好了。"

"总就是这两三天的事了……"

"那就等着开宝吧！"

张筠秋的工作被分配在平湖县委民运部，同去的还有徐运明、王刘玉，民运部的主要任务是发动群众，组织群众，开展反霸、减租、征粮、支前等工作，张筠秋具体负责妇女方面的工作。民运部的部长是张守邦，另外还有南下干部四五人。由于南河头县委办公地的几间平房还在搭建之中，民运部就暂时在原平湖县国民党党部的一所厅屋内办公。

张筠秋刚听到工作分配时，她一定会想到以前在海盐西塘桥组织妇抗团的情景，更会想到在海盐县里选举妇抗会主席时掼下两件募捐的衣服拂袖而走的情景。"听了负责一县的妇女工作，心里很快乐。"张筠秋在二个月后回忆起当时的心情。历史对张筠秋来说，似乎真是螺旋型上升般地转了一个圈，似乎又回到了十年以前。不过这次不是用选举的方式，而是一个枪杆子里面出来的新政权，用自己的任命，使她成了平湖县妇女的领袖，地点却从海盐切换到了平湖。

对金洪声的工作分配有点出乎本人的意表：城郊区副区长，稍过几天，补充任命兼当湖镇镇长。当湖镇是平湖县委、县政府的所在地，城郊区拱卫着县城，这种安排表现了对本地干部的一种倚重。因为在海盐差不多也在同时，张振乾也被分配为城郊区区长。当然，也显现了对金洪声能力的一种信任。

两人工作分配的时间稍有先后，张筠秋在1949年5月底，金洪声则在6月初。

张筠秋的工作首先是在县城发动妇女，“但担忧做不来，城内妇女搞不好”，这是她当时的心情。

金洪声在城郊区、当湖镇，首要的是区、镇政权的建立和巩固——反匪反霸。

不久，两人又被平湖县政府确定为第一次平湖县各界人民代表会议代表。

在张筠秋金洪声的任职履历上，这项任职的详细经历是：他俩都当选为平湖县各界人民代表会议第一至七届（共七届）常务委员，历时从1950年2月至1953年5月，共举行七次会议。除1950年2月的平湖县第一次各界人民代表会议，由县人民政府负责筹备外，以后代表均按界别推选。根据《共同纲领》的规定，“在普选的地方人民代表大会召开以前，由地方各级人民代表会议逐步地代行人民代表大会的职权”，平湖县各界人民代表会议，具有地方权力机关的性质。

● 1950年，平湖城区区长孙步勋与副区长金洪声（左）

作为"公家人",第一批参加新政权的本地干部,他们革命工作以外的生活,也正在悄然发生变化。一是新生的政权有需要,他们也可以介绍一些熟人参加新政权的工作,如现已离休的干部吴乃复及妻子张惠娟等等。张惠娟是张重仕之女,与张、金两家既是亲戚又是世交,一直称张筠秋为"阿姐"。他们两人在2004年回忆解放初期参加工作的情况时,吴乃复说:"那时参加工作,主要也是为了解决生活问题。学校里读书读好了,家庭经济不能再供你上学,在家里住着。听说有工作可以供给饭吃,就去了,也没有想得那样多。"张惠娟的谈话有种时过境迁的轻松:"平湖刚解放时,阿姐就带信来叫我参加工作,我那时正好在一只小学里代课,没有马上去,迟去了几个月,要不然,现在也是离休待遇了。"还说:"阿姐生活一直很俭朴,衣服总是一身公家发的蓝制服、灰制服。"服饰还有一个时尚问题,蓝、灰制服应该是那时的引领潮流,虽然样式和布料都极一般。但你想,整个平湖县十五万左右的妇女中,有几个人够资格穿这种象征"工作同志"的衣服?当然,新政权刚刚建立,穿上这身象征这新生政权的制服,可能也隐示着某些神秘和危险。

在平湖解放初也参加过新政权工作的金舜仪的回忆,言辞之间就没有上面两人的淡然但更坦诚:"我们参加工作,人有很多。我正式工作是熟糟头(按:平湖话老关系的意思),进去是省力的,另外新进去工作也有的。我工作在汉塘镇。乍浦还在掼炸弹,飞机洋山还在飞过来掼炸弹,啥人敢进来?共产党今天在这里,明天作兴脚底上擦油逃掉了。"

这种热心肠地为别人介绍工作,一是革命政权本身的需要,二是出于亲情友情乡情,但有时也会给介绍人在日后带来一些麻烦。比如说,张筠秋介绍在平湖南门小学教书时认识的高秉义参加工作,在1969年回答平湖有关方面外调时,还要作如下的说明:"后来县委要我们动员一些青年参加学习班时,我们当时思想各方面情况未摸清,那时他要求工作把他吸收进来。在我思想上认为,高参加上面组织(按:指孙文主义者同盟和民主青年联合会)时间短,可能受蒙蔽。后来高交来的材料是记得拿到公安局去。高拿来的材料内容,我也不去看。"

当然还有一种情况,就是对有些人的托请予以拒绝。比如说,曾任自卫大队副队长的表兄徐善涛消失后，徐妻请求他们介绍工作，两人婉拒，显然是出于政治方面的考量。

新政权刚建立，大部分人还处在观望之中，那时参加工作，是冒着一点风险的。虽然金舜仪老人的话说得过于直白了些。

发生在张筠秋金洪声生活中的另外一种悄然变化是，分金弄2号住房中的来访客人明显地增多了。来访的人中有原来的熟人、亲戚，也有以上两类人枝蔓开来的熟人亲戚，各抱着不同的近期或远期的目的，甚至没有目的只是来坐坐，攀谈几句。比如，“沈君苗，小教又是助产士，是国民党员。解放后他送来东西，我是拒绝的”，张筠秋这样回忆。

张筠秋所在的平湖县委民运部，是一个庞杂的部门，实际上处理着新政权与人民有关的一切日常事务。张筠秋领衔负责全县妇女工作的部门共四个人，都是女同志，也属于民运部。后来别处人手紧张，又调走了一个，只剩下三个人。张筠秋心里很难过，觉得县委对她这个摊子“不太重视，不管她们是否搞得好工作”。

在当时的县城工厂中，女工比较集中的地方是平湖袜厂。张筠秋等人就去平湖袜厂，工作的内容是发动女工，认识“到底是谁养活谁?”，培养女工中的积极分子，筹备组织女工自己的组织。工作一段时间后，要向县委汇报工作。“先做工厂工作，在回(汇)报工作时，没有头绪，县委说我太噜苏。”张筠秋这样述说她第一次向县委领导同志汇报工作的情形。刚参加工作，总想把自己的努力都让领导知道，要说的话肯定不少，而领导管着整个县一大摊子事，当然要求你说得简要一些。

张筠秋心想知难而退，换个工作，但事势不容她多想。征集军粮的工作作为新政权的第一号工作，又接踵而至。“一切服从中心工作”是那个时期党和政府工作的特点，妇女工作理所当然地让位于军粮征集。于是张筠秋去农村，好在她不是那个乡工作的负责人，只要跟随着配合工作，虽然体力上累些，但心里比在工厂搞发动女工独挡一面轻松得多。尽管有时心中也闪过一些别的想法，如“在征粮时，看见扣留的地主睡在地上，觉得可怜”，但毕竟自己不负主要责任，只要征粮任务完成，就算万事大吉。张筠秋穿着灰制服行走在乡间田塍，一直工作到1949年的8月。

相对张筠秋而言，金洪声在 1949 年 6 月上任城郊区副区长、当湖镇镇长后的工作，就把他一猛掌推到了“阶级斗争的第一线”，真刀真枪地面临生与死、血与火的考验。

新生政权面临的首要任务是彻底肃清辖区内的土匪特务，稳定社会秩序，保障人民生命财产安全，巩固呱呱落地的人民政权。为此，中共浙江省委在 1949 年 5 月 28 日发出《关于野战军在浙部队参加开展新区工作指示》，三天后，省委书记谭震林和副书记谭启龙商议了《六、七、八三个月工作提纲》，强调“要建立全省的革命秩序，肃清散布在各地的散兵游勇、土匪特务武装，有重点的地进行反霸斗争”。

中共平湖县委接上述指示后，即于 1949 年 6 月 7 日对剿匪斗争作出全县范围内的具体部署。金洪声是就在此时走马上任城郊区副区长的，不几日，又兼任当湖镇镇长。

7 月 24 日，平湖建立全县地方武装，县级为中国人民解放军平湖县大队，城郊区为中队，金洪声理所当然地成为其中的一员。8 月，县建立剿匪委员会，制订《剿匪工作计划》，城郊区成立 7 人社会调查组。金洪声佩手枪裹绑带一身戎装，俨然一派革命战士的形象，并着手组织当湖镇及所属各村的农民自卫队。剿匪的日常工作是发动群众武装自卫，与外来的南下干部相比，金洪声有其本地干部的亲和力，对情况比较了解的长处，当然也有其未动过刀枪的短处。于是乎，走村访户，组织民兵封锁交通要道，站岗放哨，盘查行人，村村联防，昼夜巡逻。在各村依靠基本群众，建立情报站，及时掌握匪情。

金洪声所任职的当湖镇因其离海岸较远的的缘故，受黄八妹“东南人民反共救国军海北纵队指挥部”派遣的股匪直接滋扰较少，但全县中心所在，万众瞩目，影响较大，容易成为敌特小试牛刀的所在。譬如，27 军在县城水洞埭的军用电话线被割，县城龙梢里的民用电话线被破坏，就很使城郊区的自卫队紧张地清查了一阵。

也有直接与土匪的对阵。“海北纵队”第二支队队长方仁远，自仗有黄八妹的直接任命，又纠合着 20 余人之众的武装人员，自平湖解放后，一直在当湖镇北郊一带活动。其猖狂之时，竟公然召开村干部会议，或唆使昔日的保长,征收"太平米"。造成群众对新生政权的疑虑,严重影响社会治安,又与新政权的征收军粮直接对抗,破坏了经济秩序。城郊区社会调查组根据群众提供的情况,会同县自卫大队于 1949 年 8 月,一举歼灭了以方为首的匪特,并缴获机枪 1 挺、手枪 3 支、步枪 3 支和子弹数百发。金洪声生平第一次亲历战事。

10 月 10 日,又配合县公安局在当湖镇西门外捕获"海北纵队"第二大队第五中队队长以下 8 名匪特。月底,乘胜追击歼灭活动于平湖嘉兴交界地区的其部属 16 名,并缴获短枪 7 支及印钤。

12 月,配合捕获"浙江省第一戡乱团平湖情报组"组长等 3 名潜伏匪特,并缴获手枪 2 支,子弹 4 发。

据周伟权回忆:"那时的金洪声一身解放军的装束,腿上裹着绑带,看上去很忙。有两次在路上碰着,他还叫我买过香烟,大鹰牌、前门牌的,每次两条,送到城郊区政府。原来是张家房子,朝东开门。香烟拿进去,碰到他人就给他,看他很忙,也不讲其他的话,给了就走。"

这里要插叙一段金洪声的家事。面对 1949 年 5 月刚解放的平湖的不稳定时局,金洪声在城郊区副区长兼当湖镇镇长任上,作出了将在乡下交界桥的父母,接到县城的安排。

据金舜仪的回忆:"解放后,金洪声当上区长,由于当时乡下比较乱,有诸多土匪部和保卫兵,所以身份有所保密,怕遭到迫害,当时城郊区的区长差点因出逃而被害。父母金梦石和张秀英因乡下不安全,全家搬到县城。"

接两位老人的具体经过是:金洪声派了两名区中队队员,专程去通界桥,并指定了雇用船只的船户,待船安全驶离通界桥后,区中队队员才离去。

那时的金洪声与其他新政权的人员一样,实行的是供给制。哪来钱买烟?另外,金洪声父母在离开恒昌南货店后的生活来源又出自哪里?据金洪声自己的说法是"1949 年以后,依靠一些积蓄维持生活"。我们在另一处查阅到了有关"积蓄"的细节,也是金洪声本人所述:"家里把自己的金子卖给亲戚(金文升、徐今昌),约为五六次,共计一两左右边。"由于当时国家实行金银管理，所以他又检讨说：“这种只顾自己困难利益，是破坏国家政策，要求上级给我应有的处分。”

维持巨濚夫妇生活来源的，金舜仪的说法是：“后来积蓄用尽后，基本靠变卖祖上的一些东西和自家晚辈们接济，主要还是由金洪声和张筠秋拿出多些。”这里的“积蓄”大概就是金洪声直说的金子。

巨濚夫妇被接到平湖县城后，住地先后历：堰上巨源家，官弄3号弄口，分金弄。金巨濚于1952年在堰上病故，草草殓葬。金舜仪回忆说：“我由于当时在浙江第二劳改大队工作，一时请不出假，等回去时棺材已送出，没有送到老人，他死得很凄惨，棺材被埋在泥冢里（掩埋杂乱东西的地方）。”

张秀英后随金洪声夫妇去嘉兴，1962年前后在寓所因病去世，葬于嘉兴西郊公墓。

在金洪声副区长兼镇长任上，还有一事可记。1949年冬，开展民主反霸运动。贝锦记米行老板贝锦成因放高利贷被斗，区镇上的干部到贝锦记米行。但贝锦成不在，想把职员作人质叫到区里，干部和店员发生纠纷。金洪声闻讯跑去，本来想“解危”，但以区镇领导的尊驾光临，争执双方均知金区长以前是贝锦记账房的身份，金洪声虽一言不发，两边顷刻间就相安无事了。金洪声后来检讨说，自己“敌我不分失去立场，压制了斗争。”

张筠秋在乡下征军粮忙到1949年8月，被通知去杭州浙江省委党校学习，学习时间半年。按党内干部提拔任用的通例，这是一种培养干部准备重用的前奏，“我听了来党校学习，我很高兴，想来学习本领”，张筠秋这样述说她当时的心情。但是，到校听了林主任的报告后，“这次是思想改造，不是到这里来批货的”。她才有些知道，事情并非如她原先想的那样简单。当时的学习，对她（或许还有很多同类的人）确实还有一种审查历史的功能。根据组织对你的审查，以及你的认识态度或者说觉悟提高的程度，来决定是否使用以及如何使用。所谓“改造思想”是一种比较委婉的说法，因为在她后来写的学习总结似的材料中，偶尔也用了一般用在对立的敌人头上的“坦白”两字，可见审查的严厉。

大概是初见大场面时有点怯场，还有刚刚举步进入共产党权力机构时的政治经验缺失，张筠秋在省委党校拒绝了担任学习小组副组长的提议。用她自己的话说是“工作中小手小脚，怕负责任。祇想自己学习（不愿做副组长）”。

在党校的学习毕竟比在县里工作有些余暇的时间，那种时候她会神驰故乡、亲人：“有时空下来，思想时常开小差到家庭去。公婆逃在海盐乡下无人去同（陪），不知身体健康否？我爱人的衣服放在的地方，他能否见到？家庭的空房屋现关在那里无人住（因公婆要住），要出房钱。又想到孩子，如不死掉，至今也可读书了，觉得自己没有幸福。”

不久上述思想就被她在学习小组中亮了出来，并自我批判为“苦闷的旧思想”，提升到“自私自利个人主义”，“发展下去，自己苦闷，可能脱离党断送了自己的政治生命”的高度。以今天的眼光审视，这恰恰是一个三十岁女人公务以外，作为媳妇、妻子、母亲、主妇角色的正常心态的流露。

张筠秋在省委党校的六个月学习，终于在1950年元旦后的第二天，以一份书面鉴定材料基本结束。这份材料21页，近八千字。第一部分是张筠秋自述的家庭出身情况和至1949年的生平，还伴有人生重大事件发生时的思想状态及批判，共16页，近七千字。正如她自己所说，“祇有要进步要改造，就要坦白得彻底，分析得清楚，以后才不会再犯，即对我前途就有很大希望”，所以叙述的情况颇详细。至于一些言过其实的自我批判或认识，剥离那个时代已经开始的违心之论的色彩，还是给我们留下了一份了解其生平的弥足珍贵的资料。第二部分是洋洋洒洒的总结式的思想认识或者说是思想提高，以及自我对缺点优点的罗列，有四页千余字。令今天的人读去，总有一点“我是鱼肉置砧上，任君随便挑剔宰割”的味道。

压轴虽仅一页，寥寥六十余字，然而却是关乎张筠秋政治前途的组织结论。小组意见是绿灯放行：“同意本人意见　学习有要求”十一个字。另加八个人的盖章和亲笔签名，说明那个时代办事的认真作风。支部意见除了“同意小组意见及本人检讨”以外，还有“放大眼光，打破妇女三从四德的旧观念，消除个人狭隘情感的小圈子，建立革命的事业观”的前瞻性的指导语。

对自己1950年1月在省委党校学习时，剖露出来的思想和自我认识，时过三十年后，张筠秋在1980年有过重新的评判："那时思想还是认为说成一切都不好认为进步，实际违背真心的。"

从中可以看出历史的浸漶和人生的沧桑。

探讨"违背真心"的历史和造成的原因，绝不是本文所能承载的。我们只能尽微薄之力，真实地还原某个历史的片断或瞬间，把包括人性在内的社会性以及发生的时间地点，记录下来。

1950年初，刘少奇的一个关于优先发展供销合作社的指示，或者说改变了金洪声的命运，或者说使金洪声在职业上得到了理性的回归。

正当张筠秋要结束在省委党校学习的前后，金洪声也来到了杭州。他是受平湖县委直接指派，参加省供销合作总社召开的第一届供销合作社工作者会议。从他离开平湖的那一天起，他也就离开了城郊区副区长兼当湖镇镇长的职位。屈指算来，生意人金洪声从政刚好是半年时间。

尽管后来有人评说金洪声的这次工作调动是一种左迁，或许在"阶级斗争为纲"的年代，让他从一级政权机关调任经济部门确实是有此种意思——中国官场上的人事变迁总是让人只可意会不可言传。但客观地讲，就金洪声本人而言，是一种用其长的调遣，是一种量材录用。瞿秋白在他那临刑前著名的《多余的话中》说，他之所以登上中共最高领导人的位置是"一种历史的误会"，而他搞政治做党的工作是"犬耕"。对金洪声这六个月从政生活的描述，不知我们能不能借用这些语汇？

从杭州开会回来，金洪声就受命组建平湖县供销合作总社。组建的启动是县人民政府拨款4220元，银行发放贷款900元。人员除金洪声外，另配二名干部协助。

1950年2月24日，经过一个多月的紧张筹备，浙江省平湖县供销全作总社挂牌成立，金洪声首任主任。

就人员的数量而言，当时的县供销总社是个很大的机构：嘉兴专署派来学员2名，平湖县委又派干部7名，招收正式职工30名，试用人员24名，加上原有筹建的干部3名，达66名之众。

在当时全省县级供销总社的领导中，有金洪声这样既是党员身份又有十七八年做生意经验的“又红又专”的人才，若不是绝无仅有，也一定是凤毛麟角。专署、县委派来的干部构成平湖县供销总社领导干部的基本队伍，这些人没有从商经验。生意人出身的金洪声感到熟悉生意、熟悉业务人员的匮乏，所以在人员格局上，出现了“一将已得，千军难求”的反常局面。“近水楼台先得月”的用人规律在这里又起了一次作用，金洪声将一些亲眷、朋友招进急需人员的县供销总社。例如他致信上海的二姐金月婵，招她来平湖工作。不久金月婵携子沈德麟来到平湖，金月婵进秘书股，沈德麟才十六七岁，被安排为县供诮总社出纳。还有一些熟人朋友等等，构成了日后指言他把平湖供销总社办成金家店的口实。

当然，以金洪声的精细，在招收二姐金月婵、外甥沈德麟进平湖供销总社时，也走了点过场。他在1952年的“三反运动的检讨交代”中说：“把机关作私人财产看待，还是用旧观点吸收私人。如我姐姐金筠倩，家庭经济困难无家可归。为了荫蔽同志们，特地去通过上级，根据他(她)的工作条件是不够的，我向上级请示时，未向领导说明他(她)的工作能力。又如吸收沈德麟参加，因他是我外甥，所以自己不敢作主，怕同志们讲话，叫王指导员出面吸收。后来沈德麟犯了贪污，在处理上我也是不掌握大公无私的精神，我怕处理遭到同志们反映，所以推给王指导员去处理。自己不坚持立场，明知处理轻了，既然王指导员处理得宽就算了。”

被1982年2月25日中共嘉兴地委组织部地组(82)5号《关于撤销对金洪声同志党纪、政纪处分的批复》中“撤销一九五五年四月十九日地专机关党委《关于清除金洪声出党的决定》中，有这样的叙述：“一九五〇年在平湖县合作社副主任时，擅自将地主阶级分子王增、资产阶级经济坐探分子周伟权等二十三人拉入合作社，并将当时已经脱离了合作社的国民党员芦世桥改名为芦狱汉来欺骗上级拉进合作社工作，因此当时群众称平湖县合作社为‘金记商店’，造成了党在政治上的极大损失。”

五十年后也被“改正”的周伟权这样看待这件事：“金洪声到供销社后，人家说他招收的人员都是亲戚熟人，其实不熟悉怎么去找？我当时倒是工会介绍去的，当然与金也是以前一爿店里的熟人。”

客观地说，在金洪声身上，传统的家族观念还是比较浓重的。用平湖人的话，自己家里人顾得较牢。此事在前面的章节中已有提及。对金洪声来说，刚解放几个月，才参加了十几天的学习班，“阶级观点”远未“确立”。

在1956年处理金洪声的材料里，保存着这页检举资料，检举人是金以燕，时间是1956年8月23日：“他在担任区长的时候，包庇地主隐瞒田亩少缴公粮。我父亲隐瞒田亩少缴公粮，主要通过他关系。金洪声和我父亲是叔伯弟兄，关系是很好的，他对我家情况是很了解的。交纳公粮时，是他亲手签条的，但是他没有揭发。同时还包庇我叔父金麟书逃避斗争，在土改运动开始，我叔父农村中要斗争他，移送到城区区公所，其女儿金玉灿又名金志萍，当时已参加工作，她知道了就去和金洪声说，后来就放了，没有被斗争。金洪声后来住在我叔父家里。”

应有关调查方面要求写这份材料时，金以燕在平湖县政府教育科工作。调查人员的目的是为了处理金洪声，金以燕是清楚的。虽有大义灭亲的慷慨，但金洪声对亲戚网开一面的事，应该还是确实发生过的。

平湖县供销总社选址在当时平湖县城中最闹猛的南北向街道上，临街坐东朝西，是社务股、指导股等四个股的办公室。后面还有一楼一底的一幢小楼，下面是金洪声的办公室，也是县总社开会议事的地方，上面是金洪声的卧室。那时一切还带有点半军事化的模样，或者是为了保障生命安全自卫，主任金洪声还配有武器。

“那时金洪声有枪，我看到过的”，由县工会介绍、第一批招入供销总社的周伟权如是回忆。

让金洪声感到共产党的供销社与往日他在米行做生意大不相同的，是供销社成立后的第一笔大生意——1950年度春荒的大米供应。

建社初期，正是中华人民共和国成立、平湖县新政权成立的第一个春天。春天是播种希望的季节，但历来又是贫苦农民和城市贫民春荒难捱的时节，平湖民间历来有“荒春”的说法。而1950年的春天，恰遇农业遭灾——1949年，素有余米著称的平湖县，全县粮食亩产仅352市斤。许多农民无隔宿之粮，不少人以糠菜果腹。城镇贫民更常见手端饭箩布袋上街排队，购当日甚至一餐之米。而米商依旧例仍在抬高米价，或以“粒半头”(即借一斤还一斤半)的高利贷赊销以谋暴利。广大农民既难以度日,更影响“一年之计在于春”的春耕。

当时的平湖县委、县政府把购粮济困、支援春耕提到了“巩固新生人民政权、取得民心”的政治层面。供销社是这一政治任务的业务执行机构,金洪声感到这笔生意既好做又有点匪夷所思。好做在资金不成问题,奉县委县政府之命,所需款项银行绝无延宕,一概照请全拨。米业是金洪声的本行,知道米该从那里去进货,走那条路运来,这次的米大部分从全国最大的米市芜湖运抵平湖。金洪声集中了全社十之八九的职工,确保这一“中心任务”的完成。社内职工劲头普遍之高,确也非当年米行中的伙计学徒能比。粮源在手,就在全县最大的两个集镇——县城城关、乍浦设点以每市斤壹仟壹佰伍十元(合现币壹角壹分伍厘)的价格敞开供应。

令金洪声觉得有些匪夷所思的是,根据县委县府的指令对经济困难的农户,实行几乎是无担保的赊销。每人赊销大米50市斤,价格同现销一样。整个供销社共赊销出大米119500市斤,折合成现币13742.5元。县总社创办时全部的资金数,拨款加贷款两项总共才5120元,这次赊销的米款即使到期全部归还,这笔不小的利息无处着落呢?宕在账上算是县总社的还是谁的?赊到米的农户当然高兴,可金洪声的心里总在盘算:这场生意是怎么做的?打破了“千做万做蚀本生意勿做”的商界金科玉律。

尽管金洪声主任心中有些疑虑,但县委县府的表扬不期而至,因为购粮济困一举,确实使困难农户居民免遭饥饿,赢得了“共产党好”的口碑,为新生政权赢得了民心。金洪声对米业生意的熟悉,其成绩既使县委领导有知人善任的愉悦,又在同类县供销总社中引人瞩目。

还有一件事,使平湖供销合作总社的声名家喻户晓、远播城乡,那是对千家万户不可一日或缺的食盐的供应。平湖沿海一带,历来有晒盐卖盐的习惯,即所谓“贩私盐”。当权者屡屡动以法律、武力严禁,但因其售价低于官价之故,沿海盐民自晒自销,更有一批胆大者以贩盐为业,故历史上贩私盐者从不曾禁绝。当时平湖乡中,食盐的自由价每市斤壹仟伍佰元至壹仟捌佰元(合现币制0.15元至0.18元),而供销社凭借其特有的集体性质的供货渠道和国家政策的优惠，从外地采购调入，以每市斤壹仟元的价格应市。官盐价格低于私盐，为千百年来所仅见。家家户户争相购买公盐，真所谓有市者必有言：供销社盐货真价廉，往日屡禁不止的私盐不禁自匿。

平湖县总社成立后三个月，1950 年 5 月 5 日，省供销总社召开会议，金洪声作为平湖县供销总社主任赴杭出席。省社会议确定了“重点实验，稳步前进”的发展基层供销合作社的方针。金洪声回平湖向县委县政府汇报后，即将此事作为县总社当前工作的重点。发展建立农村基层供销社的工作，具体由社务股、指导股负责。

回忆起当年建社的经历，周伟权说：

“金洪声亲自主持会议，先是传达上面的文件，都是他自己读，从省里到专署到县里。有些是形势、中心工作，也要给大家知道。然后是社里的工作。

建基层供销社时，社务股、指导股定期开会，汇报情况，会议蛮多。

建基层供销社就是做农村的生意，农村面大人口多，还有农村生产资料和农产品收购这一块，生意占的比重大。

建基层社都是‘白地上扦篱笆，一切白手起家’。当时下乡都是走路，自带铺盖，背起背包，背包像解放军一样，就是打得不像他们正规。下乡是‘出去一把抓，回来一条线’，要参加乡政府的干部会，受当地政府领导，抓中心工作。不过供销社下乡的人员比乡干部强，乡干部供给制，我们有每月二十几元工资，他们只有 9 元钱津贴。

那时的工作条件是艰苦的，我也只有十八岁。我去鱼祈塘建社，一个人住在走马街。人家后来说，那里是土匪抢的地方，想想有点后怕。

鱼祈塘建好，51 年底，就又去建石桥供销社。”

这一时期，总社派出的职工，如周伟权所回忆的一般，深入乡镇广泛宣传，发动农民群众，寻觅店房，利用祠堂、庙宇因陋就简逐步建立起基层供销社。而一旦建起，店内职工就住庙宇，睡店堂，早起夜摊铺。白天营业“两头黑”，晚上还要下村搞中心工作。

1950 年 3 至 6 月，在区、乡政府的支持下，先后办起了城区东门、城区西门、新埭、乍浦等4个供销站和当湖镇第一消费合作社。

1950年6月20日创建了全县第一个基层社——新仓镇供销合作社。金洪声报请县委县政府同意,决定在新仓镇率先建社,还有一定的历史渊源。

在浙江全省,平湖县是合作事业发展得较早的地区之一,而在平湖,则肇始于新仓镇。

民国十七年(1928),平湖三村(现新仓镇三叉河)农民,为减少流通中的中间环节,自动以每股5元集资80股,创建农民合作社,经营农副产品收购和日用消费品供应,成为平湖县乃至全浙江最早的合作社之一。1937年,合作社因日军侵犯而停办。抗战胜利后,国民党浙江省政府派员来平湖,督办合作社。1946年元旦县设立合作指导室,发动和恢复合作事业。此年平湖县内相继建立乡、保合作社和钭桥砖瓦、郑家埭食盐等专业合作社共34个。至民国三十七年(1948),全县共有专业合作社23个,乡、镇合作社14个,保合作社36个,共计73个。至解放前夕,或经营式微,或流于形式,合作性质大部名存实亡。

说起新仓供销社,在建社六年以后,还有一次众人始料不及的名扬全中国。

1953年,新仓乡农业合作社化运动开始,仅一年时间,全乡建立农业合作社24个。生产关系的变革,为流通方式的改变创造了条件。新仓供销社摸索着与11个农业生产合作社签订了购销结合合同。1954年11月,新仓供销社在上级领导的支持下,针对合同签订中产生的一些诸如群众反映的"合同好是好,就是饲料货源少"等问题,以光明农业合作社为基点,着手改进订立结合合同的工作。1954年冬,浙江省供销总社经营处干部张德喜等来平湖下乡蹲点调查,他发现和总结了新仓供销社与农业生产合作社签订结合合同的经验,写成《平湖县新仓乡订立结合合同的经验》一文,刊于1955年3月4日出版的《浙江农村工作通讯》49期上。

不经意间,文章被汇编进此年10月召开的中共七届六中全会的传阅文件中,引起了毛泽东主席的注意。这位诗人领袖将此文文字改动了3处,又改动标点13处,标题也改为《供销合作社和农业生产合作社应当订立结合合同》,收录进由他亲自编辑的批评对农村合作化运动小脚女人式态度的《中国农村的社会主义高潮》一书。并在文章标题后加编者按如下:“本书谈这个问题的只有这一篇,值得普遍推荐,文章也写得不坏。供销合作社和农业生产合作社订立结合合同一事,应当普遍推行。”此书于当年12月出版,从此新仓供销社声名不胫而走,越出了浙江省的范围。

在后来凡毛主席的片光吉羽皆成最高指示的年代,新仓供销社成为“批示单位”而再次名扬天下,全国各地来参观取经的人群络绎不绝,成为新仓这江南小镇的风景。“批示单位”的群众毕竟与最高的政治隔着十万八千里之遥,新仓供销社只将批示演绎成了几十年不变的一种为农支农服务的精神,那典型的形象是一队供销社职工在烈日下,头戴草帽肩挑货郎担脖子上搭着一块擦汗的毛巾,行走在阡陌间送货下乡。

周伟权回忆平湖供销总社初建时金洪声的工作是“日理万机”,可以想见他当时工作之繁冗。虽然他此前有过十七八年从商的经历,但此时的规模绝非当年可比。如今他几乎掌控了整个平湖县的大宗商业业务,以前他大部分时间仅是帮人做账的账房先生,最多回答老板一些生意上的垂询,如今他是凡事需他拍板一言九鼎的决策者和执行者,还有六七十人的一班人马的管理任用。尽管干部职工们都有着建国初期的那股“激情燃烧年代的热情”,但人一多,毕竟有些众口难调之感。还有那几位县委派来的南下干部,论做生意,他们是没有从商经验的外行,但论职务,他们都是领导、骨干。更使金洪声觉得心累的是,还有一大堆生意以外的事需要他去过问去处理。所以他一再表白:“业务我是熟悉的,行政工作不会做。最好县委派干部来,最好去学习提高水平。”

所谓“人在江湖身不由己”,不会做也要做,而且还要做好。金洪声在建设基层供销社的工作中,除了策动县总社的干部下乡去开辟以外,他还要去做区、乡政府的协调工作。

周伟权回忆说:“他主要做区、乡政府的工作,和我们不同的是,可以乘轮船去。金洪声很忙。”

到1950年底,经过县总社人员的努力工作,区、乡政府的支持,全县已组建新仓、黄姑、林埭、全塘、建全、港北、石桥、金沙、马厩等9个基层供销社和东湖、当湖一联、总工会3个消费合作社。

“我看他不开心。”周伟权如此回忆这位昔日的同事、如今顶头上司的心情。或许是本身内向的性格使然，或许是繁冗的工作和一向单薄的身体使然，或许是他从未遇到过的人事纠纷使然，或许是包括以上诸因素的种种因素的杂糅，金洪声似乎没有在当义昌米行和隆昌顺米行正账那时的神采飞扬。

“平湖供销社的业务，当时在整个嘉兴都是搞得比较好的。金洪声业务内行，行政工作欠缺，所以几次向领导提出，要求派个人来。”周伟权这样回忆，我们在前文也已提及，金洪声自己也多次说过对行政工作力不从心。

当时县供销总社的一般职员如周伟权们，他们的工作生活除了繁忙以外，却有着一番与在解放前老板手下做事迥然不同的新气象。周伟权对那段生活还记忆犹新：“当时在县社，都睡在公家的集体宿舍里，由于人多，也分几个地方。早晨起来也锻炼，有打篮球，也打排球，年青人嘛，玩得也是很开心的。吃饭都在食堂里。”

● 1950年10月16日，平湖县第一届妇代会全体代表合影

尽管还带着一些战时共产主义的色彩，但确实充满了朝气。我们特地问了金洪声来不来打篮球排球，他说金洪声不来。

经过近半年省委党校学习的张筠秋，于1950年1月回平湖后，工作不变，仍进县委民运部，负责妇女方面的工作。

四个月后，1950年5月，被调至平湖县委组织部任统计干事。对这次工作安排，张筠秋是满意的，“在整编时把我编到组织部做统计工作，觉得愉快”。

然而五个月后，1950年10月初，又调回县委民运部再做妇女工作。10月6日，经全县妇女代表会议选举，成立平湖县民主妇女联合会筹备委员会，张筠秋被选为筹委会主任。

妇联的工作与当时其他部门的工作一样，都要服从当地党委政府在那个时期的中心工作。1950年冬，平湖县全县范围内的土地改革运动全面开展。这是中国自土地私有化以来，在土地所有制方面付诸实践的一次最广泛最深刻的变革。张筠秋也去县城南郊的胜利乡参加了为期二个月的土改运动。胜利乡的土改工作原由县委农运部长张守邦和李士祥两人在领导发动，是县里的试点之一。张筠秋和另一位干部王玉成下到胜利乡是去接手张部长等两人已经开展的土改工作。

“谁是我们的敌人，谁是我们的朋友，这是革命的首要问题”，这个放之四海而皆准的真理，当然也得管上土地改革这场革命。文件上地主的标准比较明确，只要按图索骥就是，当然也要防止转移瞒报土地雇用长短工数量，但总比较容易核查。

难的事情是土改骨干的发现和培养。平湖的民风以淳朴柔顺见著，近县城的乡民更多了点见闻和狡黠，一般不愿意做“先烂的出头椽子”，所以土改积极分子的寻觅直接关乎运动的发动和成功。好在张部长和李士祥在前期的工作中，发展了青年妇女胡阿宝为共青团员(当时还没有直接发展入党的)，而且部长向接任的张筠秋两人介绍胡阿宝是骨干。“我们一切工作都通过她”，张筠秋这样回忆在胜利乡工作2个月期间的依靠对象，她还知道“当初李士祥在找胡对象”。

通过六十年时间的积淀，再去回眸那场土地所有制改革的形式，确如叶匡政在《土改学：诉苦》一文中所说：

“土改运动并不是乡村社会矛盾激化后的自然结果，而是出于政治力量的介入与广泛的民众动员才引发起的一场政治革命。土改领导者发现，他们试图建立的阶级话语体系，与农民的日常思维及乡村的客观现实之间存在着巨大的距离，要想发动农民起来与地主斗争并不是件容易的事，只有借助诉苦、算账等一些特殊的手段，才有可能实现目标。

选择苦主，培养对象应在受苦最多的老年人身上。

只有在诉苦中让农民强烈地感受到‘苦’，这种苦才可能转化为‘怒’。

诉苦的高潮阶段就是‘哭’，不哭就没有完成任务。

经过这场政治仪式的洗礼，农民的个体意识开始被集体驯化了，诉苦不仅使农民有了‘阶级觉悟’，也使他们认识到新、旧两种社会制度的不同。”

胜利乡的土改是平湖县土改的四个试点之一，由县委农工部长张守邦带队，张筠秋是后期接手，也走了这一全中国皆同的程式。

具有悲喜剧色彩的是，胜利乡土改结束，作为巩固土改成果的组织基础，那位女共青团员积极分子胡阿宝被提拔为乡长。然而1950年11月的镇反一开始，即发现胡是一贯道分子，胡阿宝就从乡长位子上被撤下，前后不过两个月。

张筠秋是平湖县妇筹会的主任，工作的依靠对象又是一位青年妇女，所以她在胜利乡的土改工作，除了一般意义上的打倒地主土地还家之外，更带上了浓郁的妇女工作的色彩。根据县委的要求，胜利乡党总支本来就应该坚持男女农民一起发动的方针，县上的妇联（当时一般的称呼，都省略了“筹”字）张主任来了，正好把半边天的事情托给张筠秋。张筠秋通过胡阿宝串连发动妇女讨论“为什么要土改？”、“妇女受压迫的根源在哪里？”。使广大妇女明白，农村妇女处在压迫的最底层，一是不合理的封建土地所有制，二是三从四德的封建礼教。胡阿宝敢于直面地主斗争，她又熟悉本乡的情况，成了配合张筠秋选择诉苦说理斗争的妇女代表。到张筠秋离开胜利乡时，除了与男子一样领到了标有她们那份土地所有权的土地证，村上和乡里也涌现培养了一批如胡阿宝一样的妇女积极分子，为日后成立乡、村的妇代会打下了组织基础。

张筠秋的海盐宣家浜娘家和平湖金罗浜的婆家,在土改运动中均被划为地主成分。按照土改政策没收了全部土地,再按当地人口平均土地分给土地。

由于金洪声的父母在解放前已长期在通界桥开恒昌南货店,作为家庭经济的主要来源,且解放初即由金洪声接到县城居住。张筠秋的继母魏五宝长期在家操持家务,于乡里也无家长里短的积怨。或许还因为两家的儿子媳妇在当地都成了共产党的干部(张振乾任海盐城区区长,刘佩贞也入伍),两个家庭的参与土改,除了交出田契领回新的土地证外,并无大的风波。

当然对自己家庭的土改划分成分,也必然或多或少的波及两人的心境。张筠秋在 1951 年 12 月 30 日,带着检讨的口吻"总结思想"道:"在土改中,接到嫂嫂来信,说家里的房子是向地主租来,现在土改恐要搬出等。我思想恐怕继母在土改中顽固,相反吃苦。所以表面上写一封信给嫂嫂,叫她也写信好好的动员继母,把东西和田地归还给农民。然而自己站在地主阶级立场上,愁继母年纪大而吃不了苦的主要出发。"

在胜利乡土改工作期间,张筠秋与当地农民的关系,一如以往她当村校小学教师时一样,是比较融洽的。也有人向她送点自家田地里生产的农产品,如"胜利乡吴付荣母亲送来南瓜二只,计三千元,慈果三斤,二千元",令人有些酸楚的是,这是我们摘自她当年"三反"运动的交代材料。

时近 1950 年岁暮,对张筠秋有了新的任命。

1950 年 12 月,为加强对妇女工作的重视和领导,中共平湖县委成立县委妇女工作委员会,县委书记戴奎兼任书记,张筠秋被任命为副书记。

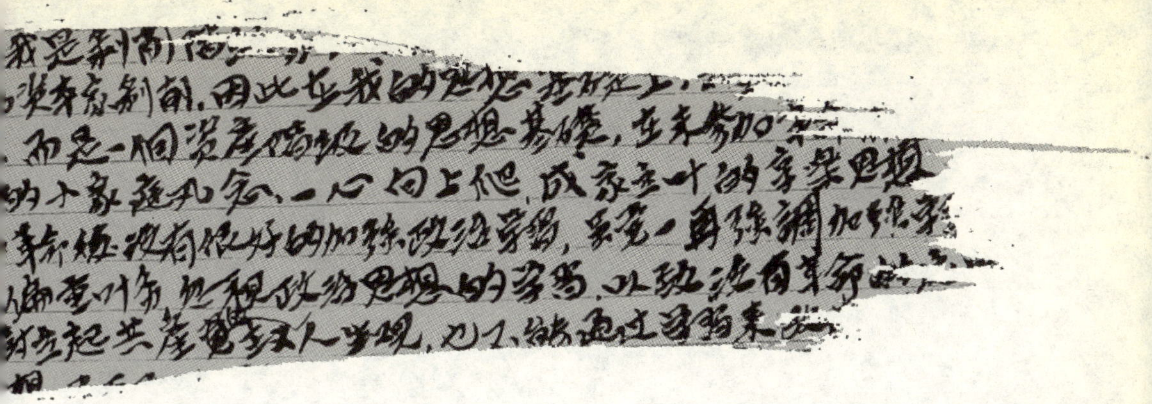

繁忙斑斓的 1951—1953 年

1950年10月19日晚，在中国政治最高层几经商议之后，以彭德怀为司令、包括毛泽东长子毛岸英在内的中国人民志愿军26万人，一夜间，雄赳赳气昂昂地跨过中朝边境鸭绿江，赴朝鲜与美国为首的联合国军作战。之前的1950年10月8日，中共中央已作出了“抗美援朝、保家卫国”的战略决策。各级党委层层贯彻，平湖县委于1950年12月成立“平湖县抗美援朝动员委员会”。县妇工委领导下的妇联筹也成立抗美援朝妇联分会，从胜利乡土改归来的张筠秋主其事，在平湖妇女界开始了历时三年的抗美援朝宣传动员，并以实际行动参加抗美援朝工作。期间工作大者有：

组织妇女参加1951年五一国际劳动节的示威大游行，张筠秋冒雨在妇女队伍之首振臂引领万人妇女大军，群情激昂蔚为壮观，开平湖历史上妇女万人上街游行的先河。一时间，青年妇女纷纷要求报名参军，更出现了夫妻共同报名，妻子送郎上战场，母亲送儿打豺狼的生动场面。学花木兰从军报名的青年妇女有356人，559名妇女送子送夫参军，出国门赴黑山白水之间作战。

1951年6月1日，中国人民抗美援朝总会发出《关于推行爱国公约，捐献飞机大炮和优待烈军属的号召》，平湖妇女界制定公约的人数逾八成。在新埭区旧埭、丁桥两乡联合召开的妇代会上，200多名与会妇女代表订出的爱国公约成为全县妇女公约的典型：(一)保证努力生产，争取农业丰收；(二)保证厉行节约，支援前线；(三)保证支持亲人报名参军；(四)保证作好代耕工作，帮助烈军属解决困难；(五)保证每家养一只爱国鸡，捐献飞机大炮。

各界妇女有钱捐钱，有物捐物，从金镯头、金戒指到一个铜板、一个鸡蛋，全县妇女共捐献飞机大炮款46903元。

有位哲人说过，历史的演进往往会有惊人的相似之处，从一个原点出发，转了一圈又回到原点。张筠秋看着眼前抗美援朝这一幕，不禁回想起1937年在海盐西塘桥和刘佩贞举办妇抗团识字班捐衣服的幕幕场景。其间几多相似，更几多不同，而光阴恁冉，自己已从二十五六岁的姑娘步入不惑的中年。

那时有句口号叫“妇联是妇女的娘家”。当时去县委县府找人也方便，有关妇女切身利益的事，只要找到张筠秋，她就会当场给你去办。人类、家庭的繁衍是男人女人双方的事，生育的风险却历来由女性单独承受。解放前，新法接生在平湖全县还很不普及，妇女分娩普遍由旧式接生婆接生，甚至自生自接。产后大出血、产褥热、产后宫脱及新生儿破伤风等发病率高，母婴死亡时有发生。解放以后，张筠秋因为有切肤之痛，对产妇母子的健康极为关心。

有一个难产妇，已经送到医院，限于技术和设备，仍不能抢救。产妇的家人抱着一丝希望，找到妇筹会，寻到张筠秋。张筠秋不懂医术，但有热心，有责任心。就赶到医院找杜医师、张医师、叶医师，请他们会商会诊。在那种真正“时间就是生命”的紧急场合，县妇联主任和县工委副书记(在一般场合，中国人就简称为主任、书记)的头衔是很起一点作用的。

张筠秋能及时地找到这三位医术较好的医师，又能请他们在最及时的时间内会诊，医生决定马上手术。

“救出产妇，又平安生出了孩子”，张筠秋后来这样回忆她奔忙的结果。于是，产妇和家人的千恩万谢，于是，一传十、十传百的口碑，于是，这类事一而再、再而三的发生。

面对这种现实，张筠秋萌生了把妇产科医护人员组织起来的想法：“我考虑如何利用他们的技术，把妇、儿科医生组织起来，可以为社会服务。如不组织起来，特别是妇女在妇儿科有了病，到私人诊所去医药费很贵，贫苦农民请不起。以致动员这些医生组织起来，这样的指导思想。”

令人很不是滋味的是，上边这段话是张筠秋在应答有关方面审查叶医师的“军统特务”问题时的证词，接下来是她带有自责性的话：“但在组织中，我向朱院长讲，参加一般国民党员，我想既然登记了，也算了。后来知道叶医师是军统特务，现在我还是不清楚。”

在当时的语境下，“参加一般国民党员，我想既然登记了，也算了”一句话，可以为朱院长免去不少麻烦，是一句有担当的话，也可以看出当时的张筠秋有着一种自信和自持。50多年后的今天，叶医师想必也不再为“军统特务”问题困扰了，失之东隅拾之桑榆，倒要感谢这次对叶医师的审查，为我们留下了张筠秋办平湖县妇幼医院的一点珍贵史料。

有关镇压反革命的话题还有一个。1950年10月10日，中共中央发布了《关于镇压反革命活动的指示》，强调“为了打击帝国主义的阴谋破坏和彻底消灭蒋介石残余匪帮，为了保证土地改革与经济建设的顺利进行”，“必须坚决镇压一切危害人民的土匪、特务、恶霸及其他反革命分子”。10月30日，浙江省委发出《关于贯彻执行中央坚决镇压反革命分子的指示》。11月20日，平湖县委制订了《关于认真执行镇压反革命分子的实施方案》。

在中国，改朝换代以后的新生政权，利用已经获得的国家机器，对妄图反对自己的敌人实施镇压可以说是屡试不爽的办法，而且越到社会底层涉及的人就越多，以示执事者的“立场坚定”。平湖县自卫大队副队长徐善涛，按镇压反革命有关文件的划定，显然在反革命骨干分子之列，然去逮捕他时，却已不知去向，于是就逮捕了他的母亲——张筠秋、金洪声的远房表亲满大姨。据金舜仪回忆："反动党团大登记时，也将满大姨捉进去了，年纪大了。张筠秋、金洪声寻到公安局，寻到黄海管教科长，说儿子出走了，她年纪也大了，没啥事情，就放了。"这位黄海科长，不知是不是在执行浙江省委"纠正乱捕乱杀的'左'的倾向"，张筠秋、金洪声此举在当时一定是个带有浓重亲情色彩的大胆举动，而且是夫妻两人同行。经过说项，徐善涛的母亲满大姨当即释放回家，然而日后张筠秋金洪声到底还是为此行动付出了很重的代价，这是后话。

这位公安局的黄海管教科长，还有一件事需要在这里述说，事情发生时，金舜仪由金洪声介绍也进了平湖县公安局工作。金洪声在筹建县供销总社时，外甥沈德麟随母进社当出纳，年纪只有十六七岁。年轻人在金钱面前总少了点把持，又是主任的嫡亲外甥，整日身边圈了一批小混混，呼朋唤友吆五喝六的，当然一切开销是沈德麟支出的多。每月的工资不够花，就走了歪门邪道，涂改发票套钞票。待金洪声发觉，祸事已经酿成，他不想外甥小小年纪就出这种不争气的事。解放前在米行，金洪声也亲历过业师沈茂斋之子做账房用空钱款之事，那时是私人合股，只要轧清账目赔上所用钱款，就不会有刑罪这方面的事。但现今供销社的钱是集体的是国家的，用空钱就是贪污。金洪声掂量已不可在社内处置，就将外甥沈德麟交供销社内党组织处理，送公安局问罪。

金舜仪在以后的这场悲喜剧中扮演了关键的角色，他绘声绘色地回忆起这段往事："那时我公安训练好，分配在平湖公安局审讯科。他们把他（按：指沈德麟）弄进来，那时公安局、法院在一起，城隍庙里。（按：当时的平湖县公安局长和法院院长由孙明诚一人担任，孙的党内职务是县委委员、县委政法党组副组长）一看是外甥，那时私心有点，科长是黄海。我对黄科长说，我外甥岁数这样小，犯什么法，晓得是贪污，后来晓得是改发票。改了多少不清楚，黄海知道。从前总有些面子，知道是我外甥，黄海马上一个电话，打给合作总社书记，意思是岁数太小，不到法律年龄，不好判刑。一研究缴还赃款。缴赃款，苦了我阿姐（按：指金筠倩），阿姐也在合作总社里做盖印的，金子交出来退赔赃款。"金舜仪说的"总有些面子”里面，应该还包括金洪声甚至张筠秋的面子，尽管两人都没有露面。

“年轻人犯错误，上帝也宽恕”，沈德麟走出公安局的原因还有他的年轻，年青的他还有浪子回头的时间。金舜仪接着说：“小鬼蛮有志气的，知道平湖一处理，一出来，一脚奔到上海，读画画学堂，后来分配在山东建筑画图的，建筑方面的。”

对主任兼舅父双重身份的金洪声来说，事情在当时总算有了个最好的结局，可是在往后的岁月中，毕竟还成了历次运动中，令他无可奈何的一椿口实。

1950 年 10 月，华东军政委财经委员会规定对所辖各级供销合作社的各种临时优待，无疑为金洪声在平湖县供销总社的经营活动，提供了更大的活动空间。这些措施包括三大优待：即国营企业供货按批发价再优待百分之二到百分之六；国家营业税按率减征百分之二十；银行贷款利率比国营企业减低百分之十。另外还有对新成立的供销合作社，一年内免征所得税，享受铁路、水路等运输的优待。

县供销总社及其所属各供销站、社，主司全县农副产品收购和乡镇(那时还包括县城的相当部分)的生产、生活资料及日用品的供应。账房出身的金洪声接读文件，就知道在进、销两个关节，均可按百分之二到百分之五的让利，凭此可对供销社社员实行高价收购低价供应。这是他以往从未遇见过的，“共产党人民政府在帮供销社做生意”，金洪声心里这样想。

解放初期，那还是一个以逐利为耻的年代，有着上述政策上的优待作后盾，又本着为“三农”服务的经营宗旨，金洪声掌管下的平湖供销总社，在 1951 年的草籽、油菜两汛，展开了与往日同业们的生意博弈。

新草籽登场，供销社和私营户两边挂牌，不知袖里的私营户仍以做一季吃一年的旧例，出价每石 7 元；供销社开盘就一鸣惊人：每石 10 元。供销社收购点前人头攒动，且来者不拒，一律当场现金支付。私人商行起初也有一些老客户前去，但每石三元高达百分之四十的差价，怎么也挽留不住这些老主顾了。私营户只得提价到每石 10 元，想以此招徕旧时的客户，和供销社争夺货源。供销社方面立时应对：每石 14 元。要不是私营户方面知道供销社中有个金洪声，肯定会斥之“公家人哪会做生意”？

历朝历代哪有这样做生意的？放着可赚的钱不赚，让肥水流归种田人袋里。草籽生意一年只一季，旺季收购也就最多两个星期十来天时间，时不可失机不再来，私营户只得再咬牙将价格提到每石15元。供销社这边却是波澜不惊的将价格更新为每石17元。大多数私营商行望而却步知难而退了，因为核算下来根本无利可赚，所谓千做万做蚀本生意不做。只有一两家专做草籽生意的草籽行，照供销社每石17元的价格跟进，然而也只能是稍微收一点，应应门面，不求赚钱，只求联络着上下两家，图个人气。金洪声心里明白得很，照每石17元的价格，供销社还有微利可得。但今年的草籽基本上是供销社的独家生意，收购量几乎囊括了全县的产量，总的获利还颇丰盛。更重要的，是举奠定了供销社在农副产品收购上不可憾动的独尊地位。

草籽收罢是油菜籽收购，收购的过程就并无悬念了。供销总社除了本县的平湖油厂有合同外，还与金华油厂实行产销挂钩，嘉兴油厂则订立菜油加工合同。平湖供销总社掌握了全县的油菜籽收购和菜油供应市场。

可是成也草籽败也草籽，1952年的草籽收购却让平湖县供销总社栽了个大跟斗。平湖的草籽主要销往外地，作为肥田的厩肥原料。平湖的草籽调出量，占全省的一半以上。那年的平湖草籽却在运输环节上出了问题，不能及时运到销地，误了农时，影响了当地的农业生产。这在当时是一椿很大的事，遭到浙江供销合作总社通报批评。使各项工作一直在全嘉兴地区乃至全省名列前茅的平湖县供销总社，在全省同行面前大失了一次面子。直接责任人是业务股长蒋泓，主任金洪声也难辞其咎。此事入平湖供销史，称“草籽事件”。周伟权的回忆也谈到此事：“平湖供销社在业务上犯过一次错，是草籽事件，蒋泓(水清)业务科长，调运草籽过期，当绿肥种籽误了农时，受了处分。”

全省各地供销合作社办起半年多后，纷纷出现了一些“民主办社”方面的问题，为此省供销合作总社指示各县社：在县供销合作总社召开社员代表大会的条件尚未成熟之前，为密切上下级关系，发挥合作社的群众性、民主性，采取召开供销合作社工作者代表会议的方法，听取基层供销合作社与广大群众的意见。

平湖县的会议有县委、县政府、县农委的领导参加，还要决定各基层社出席的人选。社内虽然有几名擅长开会的干部协助，但向县领导的汇报请示都得金洪声亲自前往，他往返于县总社与上述机关之间。尽管有省供销总社的指示，尽管县上领导的都能拨冗接见，但他总觉得过程过于漫长。有口音的因素，也有平时工作环境不同的因素，还多少有点贾桂见官的拘谨，金洪声觉得这次筹备会议的请示汇报，同从前与刘明庄雪英祝歧耕相处时有很大不同。有时他要把一件事情说得让对方听懂，或者反过来他要听懂对方的话，都比较费力。经过一番张罗，终于万事俱备。

1950 年 11 月，平湖县第一届基层合作社工作者代表会议召开，出席代表 37 人，一番务虚的学习和发言、听取发言后，选举了临时理事会、监事会。理事会由县委书记戴奎等 7 人组成，金洪声任理事会主任。监事会共 5 人，由县农民协会主任张守邦任监事会主任。从人员的组成看，当

● 平湖县合作社工作者代表会议留影 1950.4.5
金洪声(第二排右四)，周伟权(第二排右三)

时的新生政权对供销社或者说农村经济确实有足够的重视，县委书记侧身理事会，却屈尊不领衔主任，而让金洪声任主任，可见当时的平湖县委对金洪声还是相当信任的。或者正如伟人所说“我们熟悉的东西将要闲置起来，不熟悉的东西要我们去学习”。农协主任在那个时期还不是个闲职，农协主任担任监事主任，表明了供销总社的为农服务性质。在上个世纪五十年代初期及上溯，平湖一向以农业为主要产业，农业、农民在全县经济中举足轻重。

三个月后，又是两次会议。

1951 年 2 月，召开平湖县第二届供销合作社工作者代表与社务干部联席会议。

4 月，召开第三届供销合作社工作者代表会议，这次会议针对基层干部、合作社社员普遍关心的问题，作了解答和决定：停止对非社员的交易、商品配售、对社员生产的棉花实行预购包销、对缺粮社员的粮食赊销等。并对基层供销社的社员代表作出章程的规定：一般行政村为单位组成社员小组，每小组选举代表 1 名。

● 县妇联组织的东湖棉织社社员在学习

4月上旬，金洪声还有一次去省城杭州的会议。为了繁荣市场，推动复苏和发展人民政权成立两年之际的浙江经济，浙江省委、省政府在杭州举办了全省物资交流大会。与全省各县一样，平湖也组团参加，县委县府主要领导带队，作为县内主要经济部门供销总社主任的金洪声随团参加。归来后，金洪声受命与县内另外几个部门筹备举办物资交流大会。

会程紧密，会务繁冗，忙完一阵之后，使金洪声额手相庆的，还能赶上当年的草籽、油菜籽收购生意旺季。

1951年年初，张筠秋在结束了在胜利乡的土改中心工作后，开始较多的关心县城女工的生产自救工作。平湖原有袜厂和棉纺厂，都以女工为主。解放初期，由于各种原因工厂或关闭或开工不足，在县城中闲散失业的女工数量不少。当时有一个口号叫"生产自救"，张筠秋就带着妇联筹的一个工作人员林辉，去发动组织棉织社和缝衣组。她们在走访中发现棉纺厂的失业女工李秀娟等，失业后家庭生活陷入困境，有强烈的重新工作、经济上自立、解决家庭生活困难的要求。她们在工厂工作过，有一定技术，但缺乏资金。另外有一些家庭妇女，通过解放后的各种教育，懂得了妇女只有经济上自立才能获得翻身的道理，也迫切要求走出家庭参加工作。张筠秋她们因势利导，提出用自产自救的方式将这类妇女组织起来。

妇联筹牵头，开始发动十个人，每人募股十元。由于迫切要求参加的人员较多，不久就扩大为十六人，其中失业工人十三人，家庭妇女三人，共计股金一百六十元，组成生产自救的合作社。取名民主妇联棉织生产合作社，于1951年4月28日成立。

建社初期，县妇联筹出面去借了八台织布的木机器，还向布厂请来经布的师傅帮助指导。

民主妇联棉织生产社，因其是平湖县第一个手工业合作社而载入平湖县志，当时在全省范围内也是较早的妇女合作组织，故获得了浙江省妇联杨彬同志的肯定和表扬。

妇联棉织社内涌动着三股活力：失业女工重新获得工作的喜悦；全新的生产所有制的激励，不再为老板做生活而是为自己工作，工作的收入将全部归于自己;走出家庭成为自立的人,并能为家庭带来收益的自傲。当然还有对共产党新社会新政权由衷的感恩之心。在上述诸因素激发下,加上妇女较于男子更有韧性和刻苦耐劳,使棉织社的生产得到了迅速发展。到1953年,从业人员增加到45人,股金6067元。添置6台铁木机,工人的平均工资达到每月20元。还在全县首创女社员生孩子有一个月产假,并成立了托儿站。

● 1952年9月革大浙江分校三部十七班三组张筠秋(右四)和同学留影

在这里两个数字要向今日的读者稍加说明。1953年前后的平湖,是一个流通紧缩物价低廉的年代。鸡蛋每个3分,一个中等学校师范生每月的伙食标准是6元,每月20元的工资收入可以维持4口之家的温饱生活。另一个数字是全社的股金6067元,这也是可以办一点事情的资金,读者或许还记得,堂堂的平湖县供销总社,在创办时县政府加银行贷款,所有的全部资金只有5120元。

不料,棉织社的迅速发展,关于社员的构成,在肃反时惹出了一点风波。张筠秋这样为下属分担责任:"在发展中,不注意其中有四个人员地主与老板娘，不是林辉的错误。是我布置不够具体与交待清楚，不讲明。而造成在劳动妇女生产组中不纯的政治影响。”在另一场合，更指名道姓地说：其中一人是“把金洪声母亲介绍进去”。很难再用今日的眼光来度量这件事情中的是非，不过张筠秋说这番话是承担了领导责任，或者是妇联棉织社的斐然成绩已足以使她和她的同事承担起这点“不纯的政治影响”的责任。当然张筠秋也可以如某些人那样，推诿于具体办事的工作人员林辉，而把光环全部集束在自己身上，但她并没有推诿于人。

1951 年 9 月 31 日，张筠秋奉调又去华东革大学习，至 1952 年 2 月结束。学习的内容和过程似乎已随岁月的流逝而湮没，我们幸而还寻觅到张筠秋在这次学习中的两次鉴定，以管窥豹般的看到一些张筠秋的变化或可称为成长。

此次学习，她担任临时党小组的小组长，与前次推辞学习小组副组长迥然不同。

第一次鉴定式的意见在学习开始后的一个星期，即 1951 年 10 月 7 日，星期日。提意见的场合是所在学习的党小组和支部。

优点：1. 工作积极又大胆

2. 能团结群众

3. 小组长工作作风民主，个性直爽

缺点：1. 政治修养不够（小组长碰到问题要急躁）

2. 个性懦弱，所以斗争性不够强

3. 学习忽高忽低

4. 工作上缺少方法

第二次的时间在 1951 年 12 月 31 日，学习时间已过半，提意见的场合是班部。

工作责任心较强，团结群众、联系领导较好。并接受意见较虚心，要求进步心较强。但处理事情不够冷静与大胆。

今后应提高政治修养，防止自满简单化的思想，加强工作中的主动果断精神。

与 1950 年 1 月在浙江省委党校学习时的鉴定相比除了“个性懦弱”

这个所谓的江山易改本性难易的性格特征之外。应该说一年多来县妇联领导责任对张筠秋的磨炼，已经使她成熟成长不少。比如说，她没有拒绝担任党小组长。

1950年8月，因为张筠秋将去华东革大学习，县委任命一位南下的女同志为妇筹妇副主任，主持妇筹联工作。

1951年底，经过县民主妇联筹委会一年多的工作，全县4个区、2个直属镇组建了民主妇女联合会，42个乡建立了妇代会，经过土改，村一级的妇女组织也大多建立。正式成立县民主妇女联合会的条件已基本具备，平湖县委抽调11名机关干部参与大会的各项筹备工作，一方面也说明了县领导对这次会议的重视。

1951年12月1日，平湖县第一次妇女代表大会召开。会议历时三天，至12月3日结束。出席代表137人，大会选举产生了平湖县民主妇女联合会执行委员会31人。

在华东革大参加学习的张筠秋回平湖参加会议。尽管县委已任命张筠秋离职学习期间主持妇筹委工作的副主任，但张筠秋仍被一届一次执委会选举为常委、主任。或许是张筠秋担任着平湖县委妇女工作委员的副书记，或许是蕴贮在这职务背后的137名代表中唯一有的资历：1941年参加中共地下党、经过省委党校近半年的学习、又正在华东革大学习。或许还有一年多来妇联筹被各方认可的表现和业绩，使县委领导和代表最终作出了这样的安排。

会后，张筠秋仍回华东革大学习，学习结束，1952年2月回平湖县妇联主持工作。

1951年9月，华东军政委指示："对各地已建立的合作社，应着重进行整理改造，使之走上正规。"这项金洪声不擅长的行政工作又堆上他的案头。但上级指示一定要执行，整理分基层社和总社两块同时进行。基层社的头绪有两条：清退不符合入社条件的社员，清理领导班子中的不纯分子。整理的结果，不符合合作社社员身份的悉数清退。基层社干部618人中，整理出参加过反动党团、会道门及担任过国民党乡、保长的68人，参加过土匪、特务组织的8人，也悉数清退。还合并了地域相近、规模较小的 4 个基层供销社。

假如说，基层供销社的整理还给金洪声留有一些腾挪空间的话，那么县总社内的整理就要他直接面对了。有些整理对象还是在建社初期自己亲手找进来参加工作的，有亲戚有同事有朋友。他确实有点抹不开面子。回掉生意的事，在以前的陆陈行业中也是有的，所谓年初四出人。但那是一定是伙计做生意不卖力或者出了差错，可是现在要他们离开的人没有出错，工作也很勤勉，只是因为历史上的问题，要端掉他们的饭碗。这是关系到那个人甚至他那一家人生计的事，可金洪声没有回旋的余地，他只能执行上面的指示，他的身旁还有其他的同级领导在催促。对于一向信奉"和气生财"的金洪声来说，做这种事，确实既有禀性上的先天性缺陷，还有与他后天在陆陈业中经历相抵牾的困难。

有一事可以证明金洪声那时的彷徨和对新时代不理解、跟不上的尴尬。芦玉汉因为历史问题也在这次整理清退之中，但几天以后，金洪声又用另外一个名字"芦狱汉"报请上级部门批准，重新录用。名字可改，人总是同一个，又在原单位原地方上班，众人皆知。后来此事就成为金洪声拼凑金氏班底的重要口实。

终于，在这种力不从心和无奈的煎熬之下，金洪声正式以"只熟悉业务不熟悉行政工作"为理由，向县委提出了要求增派干部来帮助工作的请求。

1951 年底，力求摆脱芜杂心情的金洪声想做一件事：试制一台打稻机。他早年就见闻过张振乾自制的打稻机，回家和张筠秋一说起，妻子极表赞成，并说现在供销社的经济实力远非振乾弟当年单枪匹马可比，事情一定能做成。赶在 1952 年春耕农村孵谷做秧田开始时，金洪声正式在社务会上提议，试制双人脚踏打稻机。

平湖地域种植水稻已有千年以上的历史，若上溯至河姆渡中的稻谷炭化遗存，那就有更长的时间了。稻谷脱粒，一直沿袭手工，借助稻床、稻桶，也有二三百年时间，然而总也费时费力。现在供销总社本来就有供应农村生产资料的业务，制成后又可以提高农民生产效率，社务会议一致同意。

既是主任提议，又适合平湖农村需要，更兼供销社具备的经济实力，可谓得天时地利人和。尽管一台打稻机的制造，涉及木器铁器诸多部门锯刨漆锻铸诸多工种，且前无先例，但挟三利具备之势，几经试验改进，终于试制成功。

在新谷开镰时，供销总社试点推广了2台双人脚踏打稻机，随着金黄的谷粒似一片谷浪从机口喷溅而出，开创了平湖水稻收割用机械脱粒历史，时为1952年金秋。试用结果，提高工效1.5倍，由于脚踏打稻机力大脱粒干净，每亩还可多打稻谷5市斤左右。1953年继续改进，1954年定型批量生产，1955年供应660台，成为水稻脱粒的主力。

按照《中华人民共和国妇女联合章程》的规定，民主妇联的重要职能，是维护妇女的合法权益，而这一维权行为在解放初期最重要的事件，是对新婚姻法的宣传、落实。

1950年4月13日，中央人民政府委员会第七次会议通过《中华人民共和国婚姻法》，1950年5月1日，《婚姻法》正式公布施行。平湖县妇联筹受平湖县委之命筹建于此前的1950年4月，可以说，平湖县妇联筹在其雏型时期，就开始了以"砸碎延续千年的封建婚姻枷锁，初步建立起崭新婚姻制度"为宗旨的新婚姻法的宣传。与同时进行的以摧毁千年封建土地制度，实行耕者有其地的新型土地制度为目的的土地改革一道，成为解放初期全中国也是平湖社会规模最大、影响最深刻的两大社会变革。

在平湖县，这场婚姻制度的革故鼎新从1950年4月起，一直延续到1953年底。《婚姻法》是新中国成立后颁布的第一部重要法律，它的宣传实施一时成为各级党政机关的中心工作，在平湖县也是如此。县妇联作为一个与这部法律关系最紧密的职能部门，担负着更多的具体工作。必然地，也成为妇筹会主任张筠秋的重要工作。

张筠秋以其早慧，在十三四岁的小学阶段，即蒙新思潮学校、教师的教化，要学秋瑾，就接受了女子自立的思想。十九岁又以激烈的手段，挣脱了父母之命的订婚，后终于以自由恋爱的内核与金洪声结为伉俪，这在上世纪三十年代末的江南小县中的乡村，还是十分罕见的事。要知道，高举新文化运动旗帜的胡适、鲁迅，也只能顺从母命与旧式女子江冬秀、朱安完婚。

张筠秋对继母包办二妹的婚姻首持反对，但终因继母以死相争而无奈相忍。不久，二妹夫以体弱早逝，二妹青春守寡且要抚养一女，孤女寡母生活境况十分不堪，不久即病逝，遗下幼小的孤女。

退休的法律工作者张寅初在 2004 年 2 月 24 日回忆说："二宝死后，(张筠秋)在路上碰到我，大声说，这是封建社会旧礼教压迫害死的。说这话还是在解放前。"张律师的讲述总是绘声绘色，使人如身临其境，看到张筠秋的力言疾呼。

除了作为县妇联筹主任的职责所在，张筠秋所持的反对包办婚姻反对男尊女卑夫为妻纲主张女子自力自强的婚姻观，与新婚姻法实质精神的啮合，必然成了她宣传贯彻新《婚姻法》极大的原动力。

1951 年春季，县妇联举办两期《婚姻法》培训班，并在暑期的小学教师学习班上两次为教师作《婚姻法》辅导报告，还分送人手一册的《婚姻法》宣传资料，发动教师协助在全县范围内宣传。

1951 年 9 月 26 日，政务院发布《关于检查婚姻法执行情况的指示》，10 月 31 日浙江省委转发了《浙江省妇联关于进一步贯彻执行婚姻法的请示》，1951 年 11 月上旬召开的省第四届各界人民代表会议上，通过了《关于坚决执行〈婚姻法〉的决议》，改变了对《婚姻法》的宣传贯彻以妇女组织为主缺乏声势和影响的局面。

以将高级干部天津地委副书记刘青山、书记张子善执行死刑为肇始的"三反"运动，在 1951 年 12 月 1 日和 12 月 8 日，以中共中央发出《关于实行精兵简政，增产节约，反对贪污、反对浪费和反对官僚主义的决定》及《关于反贪污斗争必须大张旗鼓地去进行的指示》在全国范围内开展。

1951 年 12 月 14 日，中共浙江省委发出《关于开展反贪污斗争给各级党委的指示》。次日，中共嘉兴地委召开各县、市委书记会议，作出全区"三反"部署，平湖县的"三反"运动正式开始。张筠秋金洪声在平湖也经历了这场"同镇压反革命"同样重要的"三反"运动。

从留下的文案资料看，张筠秋在"三反"初起，就被戴上了"贪污分子"的帽子，她在运动中填写的是《贪污人员登记表》。据她自述，贪污方面的问题共有：

先提供一点币制背景材料：当时实行的是旧币制，人民币壹万相当于今日的一元，一千相当于今日的一角，一百相当于今日的一分。为了使今日的读者能理解币值，以中白粳的价格为参照，1951年11月15日的供应价为每斤1.262千元，现时的价格为每斤1.9元。

（一）贪污方面

(1) 50年8月—11月，贪污胜利乡吴付荣母亲送来南瓜二只，计二千元；慈果三斤，三千元。(2) 51、3，贪污新仓区伙食二天，计6千6百元。(3) 51、1，在新仓参军时少付伙食四千元。(4) 8月，贪污江惠娟送来糟蛋二个，三千元。(5) 8月，贪污生产合作社送来半只鸡，五千元；布二块一尺五寸，计四千五百元。(6) 8月，贪污妇联毛巾一块，三千元。(7) 8月，贪污竹壳的热水瓶一个，二万元。(8) 1月，地主一条白被套已做窗帘。(9) 52、3月，在保健院看，药费7万9千4百元，共拾三万壹仟伍百元。

（二）严重的浪费与公私不分

专款不专用，违反财政制度，不把妇联活动经费适当的运用在工作与人民的利益上，但自己利用职权随便的用国家资财人民的血汗，是有了严重的损失。铺张浪费，买了写字台二只310000元，玻璃抬板二块50000元，杯子每人一只买了五只34000元，书橱二个250000元。

资产阶级损人利己的本质思想，处处地方表现。阔气大方，表现在51年四月至52年二月，开妇女干部与指导员会议时，用糖果请客，看戏"共五次"及戴政委离开平湖时请客糖果，一共拾伍万。同时把妇联开会多下来的香烟霉掉，又是请客，趁机会自己也吃，一共我请客与霉掉二条"百万金"四万元。

"三反运动"的重点是反贪污、反浪费，张筠秋检讨中还有"官僚主义"方面的问题，此处就不赘引述了。

对自己坦白的包括医药费七万九千元在内的赃款拾叁万壹千伍百元，张筠秋的态度是"分二次退赃，全部退清"。

基层组织的"小组意见"是："坦白尚好，对三反运动工作不够积极。

已退出全部赃款，免于处分，摘去贪污分子帽子。”

上级组织“分会意见”是：“同意小组意见。”

金洪声在“三反”运动中未被列为“贪污分子”，但也撰写了《三反运动的检讨交代》，整篇交代用毛笔蝇头小楷书写，四页约三千五百余字。现摘录如下：

“（一）贪污方面：由于我资产阶级思想的作祟，虽不敢贪污，但很想沾点便宜。在自以为不是贪污的情形下而进行贪污，以满足自己的私欲，主要的表现如下：

1. 到上海去看了电影，回家后把电车票也向公家报销，约有几千元。

2. 在杭州开会，公家买了邮票，除去寄公信外，寄私人信也贪污了二千多元。

3. 家中接受私商屠仁兴烧酒十斤。虽说这个私商在过去我就认识他，但正说明我在解放初任副区长时，我是任何礼物都不收，但这时由于资产阶级思想的影响，已失去斗争方向，我回到家里发觉后，不像以前那样坚决拒绝，督促家中退还。

4. 家中买柴借了社里麻袋三只，没有来还。虽我没有知道，也是因对家庭教育不够造成贪污。

5. 由于资产阶级自势（私）自利剥削思想不清不楚的地方很多，如托加工厂碾了饭米后不付钱，贪污几千元。

（二）由于我资产阶级思想浓厚，爱面子，爱排场。特别是还存在着剥削阶级的特权思想，认为现在革命胜利了，应该有一点享受。因此形成了严重的铺张浪费，主要表现在：

1. 起初我不知道来客人可以报销，后来一知道可以报销，我就铺张浪费起来。一有客人来，就叫上几个菜，买烟、买茶叶，自己也可吃上一点。

2. 另一方面是表现在自势（私）自利，爱排场。把自己的房间布置得好一点，搬一个地方要修理一下，把好的东西搬到自己屋子里。人家是竹壳热水瓶，我却用长城牌铁壳热水瓶，名义上为了自己工作上需要，实质上还是为自己。在看病方面自己带头到私人医院去看病，破坏制度，还强调公家没有好药。

3. 由于资产阶级思想作祟，在工作生活方面亦比较浪费。香烟要吃好的，喜吹吃酒，认为自己钱多，花点无所谓，生活不艰苦。这是资产阶级腐化享乐的具体表现。思想上还存在着严重的向上比的绝对平均主义思想，看到省社买汽车，自己到省开会，就坐起三轮车，向公家报销。由于这种思想支配，因此经常打听人家制度，什么能报销，什么能开支，专门与人家比。

由于我资本主义思想的作祟，因此无组织、无制度、无纪律、自由主义，不以正当的经济手续来处理问题。到处打埋伏，认为上级预算掌握得紧，想办法来弥补开支上的困难。如50年面粉袋、肥皂箱、草籽样子等的出售，收入不入账。当时思想认为只要是用于公家，省得麻烦。结果是补上同志们的补助及救济粮。又如省规定，购置固定资产在五万元以下，可由主任批准，因此为减少手续，我通知事务即分批陆续购置，每次不超过五万元的购买用品。又如总社宿舍要造井及厕所，我嫌造预算麻烦，时间慢，这时正当棉花加工厂在动工修建，我就通知加工厂来给总社造井及厕所。”

还有“失去立场敌我不分”和“官僚主义”两个部分，限于篇幅就不摘引了。

由于金洪声只是在“自以为不是贪污的情形下而进行贪污”，且数目甚少只有几千元，所以组织上作了“小组意见”就过关了。

“小组意见”全文如下：

“优点：(1) 工作积极负责，(2) 对业务能钻研，(3) 在同志间团结较好，(4) 能吃苦耐劳代(带)病工作。

缺点：政治思想开展较慢，政治学习较差，斗争性不强。”

在“三反”运动中，张筠秋与金洪声的境况大不相同，张是涉险过关最后摘去贪污分子帽子，金洪声似乎是和风细雨波澜不惊。

“三反”运动是共产党掌握政权以后，为了防止自己队伍复蹈“兴亡周期率”而整饬队伍的第一次政治运动。从“三反”到现在，时间已经过去六十年，我们不惜用很大篇幅摘录金洪声张筠秋在那场运动中的材料，不知能否使读者能更深入地了解金洪声张筠秋两人的个性和处事？不知能否使现实中的我们很能生些感慨……

1952年3月初，经过精心筹备，平湖县妇联召开全县妇女代表大会，这是再次吹响推动平湖县深入贯彻《婚姻法》号角的动员大会。张筠秋面对远远超过137名妇女代表，坐满会场的全县各界人士，作了关于贯彻《婚姻法》的报告。经过一年来多各种场合的历练，几千声亲热而不失长幼之序的“大姐”唤声，已使她褪去了小手小脚的拘泥，可以神态自如地面对满场的听众，事前讲话稿的准备，也使她克服了讲话噜嗦的缺陷。而发自内心、情真意切的倾诉和号召，使讲话赢得了台下一阵阵的满堂掌声。

随后会上12名妇女各以自己的亲身经历发言，更将会议的气氛迭次推向高潮：有7岁就被送人当童养媳的；有明知男方有瘾病被迫结婚的；有丈夫死后被婆家赶出成为“无窝鸟”的；有不堪虐待被迫走进庵堂当尼姑的；有无法承受折磨几次自杀的……朴实无华的语言，毫无矫饰的字字泪声声血，说到听到动情伤心处，台上台下哭声一片。由典型而一般，会议起到了震撼人心鼓动宣传的作用。

在以后的宣传活动中，尤以在1952年8月底，与平湖县法院联合推出的在韩庙镇举办的活动为影响最大、轰动一方。那次宣传，除了一般性的婚姻法知识图解，还展示了发生在韩庙当地的婚姻典型案件中，恶婆婆残杀媳妇的凶器、被害媳妇的血衣。当时正值韩庙镇举办物资交流大会，引来四乡八村2万3千余人次群众的竞相参观，群众无不为封建婚姻的愚昧残暴罪行感到震惊。二十天后，此案于10月19日在县城南门外广场实行公审，杀媳犯胡某被当场依法执行枪决，更扩大了教育的效果。

金洪声等奉命举办县物资交流会的任务，由于参加交流会要涉及国营商业、供销合作社、国营工业企业、私营工业企业、手工业企业和个体农民等诸多单位，还要邀请外地单位客商参加，一时较难协调组织，所以先在乡镇举行。当时乡镇的主要经济实体是乡镇供销社，国营商业、工业相对较少，物资交流会多由基层供销社唱主角挑大梁。

继部分乡镇陆续举办物资交流会后，1951年10月，新仓、新埭、乍浦等县内三大镇也先后举办物资交流大会，促进了市场的复苏和繁荣，也惠及了企业和商店。

十个月后的1952年7月中旬，平湖县人民政府在县治所在地城关镇举办全县物资交流大会。县供销合作总社作为县内最大的经济实体参与，形式有设摊集场和交易所两种。设摊集场于老县政府广场内，以零售散客为主；交易所设于庙街，以批发为主。除了本县客商顾客外，还有沪、粤两省市及南汇、金山、湖州、建德、嘉兴、海盐、海宁、嘉善等县市客商进场交易。交流会自12日开始，至17日结束，历时6天，成交总额829915元，这在当年是近乎天文数字的巨大交易。

县供销总社最大的一笔生意，是上海豆腐业公会慕名前来订购的黄豆3万担，单笔成交额40余万元，几乎占交流会成交额的一半。

1953年，随着我国开始实施第一个五年计划，国家对商业系统有了第一次分工，供销社的经营范围明确为手工业产品、农副产品的收购和农业生产资料、农村生活资料的供应业务。根据这次分工，平湖供销总社退出了工业产品和逐步淡出了县城生活资料的供应业务。

1953年5月，金洪声在春花汛收购开始之时，接到了参加省行政学院学习的通知。行前，主持召开总社社务会议，决定金洪声在杭州学习期间，由业务股副股长、21岁的周伟权代行主任职权，处理总社日常事务。人事工作交由副主任李玉泉负责。

周伟权在2004年2月和2008年元月两次回忆这件导致他后半生二十年不幸命运的事：

“金洪声去杭州学习，经社务会议决定，要我代理业务经营方面工作。

他临走要我搬入他的办公室，并把他房间的钥匙交给我，说方便的时候，有些东西拿出来晒晒。

我那时候年轻不懂事，才二十刚出头，就坐进他的主任办公室，也不知天高地厚，代签文件570余个。”

金洪声赴杭学习时，平湖乡中旱象已露端倪，后来旱情又有发展。自6月23日起到8月下旬，连续两个多月无雨。七月流火，全县农田陷于禾稻半枯焦之急象中，抗旱保苗成为头等大事。平湖农田的灌溉提水工具主要是龙骨水车，提水时下车的片片车辐最易损坏，天旱水位低、使用时间长,更易磨损断裂。抗旱灌水几乎昼夜不停,又值大片水田等着翻耕,都急需增加耕牛。一时车幅、耕牛需求骤增。耕牛无货,私人牛贩乘机大幅提价,中等黄牛每头从100元左右飞涨至160元,农业社不堪重负;车辐无处购买,农业社心如火燎。

农业生产合作社纷纷向基层供销社告急,各基层社向总社要货。暂时代理主持社务的周伟权向在杭州的金洪声汇报旱情请示办法,金洪声一言以答之:"抗旱如救火,尽力而为。"

于是周伟权代署下的平湖县供销总社全体动员,一边响应县委县府号召,直接参加抗旱救灾第一线的田头劳动,一边火速派员外出组织货源。一路人马去金华,调来樟树木材120多立方米,供销社自己加班加点锯板加工,供应车辐3000筒,解了抗旱水车的燃眉之急。另一路人马去浙南采购耕牛,首批牛到,每头以94元面市,迫使私人牛贩也只能降至108元,牛价得以平抑。既有力地支援了当年的抗旱,又为供销社开辟了一项新的业务。从1953年以后的5年中,通过调剂、采购,共为农业生产合作社解决耕牛19121头,为当时以牛力为主要动力的平湖农业,作了很大的贡献。

"当时正是年轻,会上宣布说是股长,以为总是正股长,否则怎么会教我代理主任?几十年后翻出文件一看,股长还是副的。

后来说是金洪声安插亲信,抢班夺权,把我开除了。后来想想,对我的处理是突破口。不久,金洪声也受处理了。"

对周伟权的处理,后终于得以"改正",但那已是二十年后的事了。

金洪声自言"行政工作欠缺",从安排周伟权这次代理主持总社社务一事确实也能见到。

这次安排,只是口头通知,没有形诸白纸黑字,而且交接只在他们两个人之间进行。

或许此次去杭州的学习,使他意识到了什么,或许他根本不设防,完全没有一点察觉。或许他觉得事情就是如此简单,他学习归来后仍任主任(张筠秋不也是这样吗?),周伟权仍可回业务股。凭金洪声的细到和聪明,他似乎不可能不知道或学不会这个程序,但他确实没有走完整这个程序。只有一点是可以确定的：他无论如何不会想到，周伟权会因这四个月的代理而被开除公职，沉入社会最底层二十几年。他也不会想到，这件事日后会被罗织成他开除党籍的一大罪状。周伟权回忆说："后来想想，对我问题的处理是突破口。不久，金洪声也受处理了。"

平心而论，金洪声用周伟权，只是用他的业务熟悉，用他的年轻肯干。当然还有一点，两人之间自1948年起就曾在贝锦记米行同事，比较稔熟，比较放心。当然在他的意识里，确也存在着那些与周伟权同级或比周伟权职务高的干部，都不如周会做生意的思想。

我们从金洪声几年后对自己的一段自我批评，足以证得他对业务知识的重视和要求："(我)调到门市部将近半年，对木材业务一点不懂，就是对自己担负的竹炭工作，也不深入钻研，能应付就行。对小竹品种的用途和季节需要，还未摸清。"从话中可以看出，在金洪声的深层意识里，供销社就是做生意，让一个从未涉足商场、不知商贾之道的外行，掌管这几乎囊括一个县最大生意的供销社，他认为那简直是不用考虑的事。

在业务和政治的考量中，金洪声毕竟还是生意人。他虽然在1947年冒着被捕坐牢的风险加入了中共地下党，解放后也当过半年的副区长兼镇长，还当了两年半的县供销社实际负责的主任，但骨子里，他还是个生意人，而不是商官，更不是商业圈子里专事行政事务的行政官。

另外，他肯定也不知道世上有句名言："嫉妒是人类心理最大的阴暗面"，有时对人莫名的嫉妒，可以恶毒地吞噬掉对方。

1953年的张筠秋也同样忙碌异常。为了应对繁忙的工作、无暇顾及家务的生活现状，他们在家里请了一位保姆，当然两人的待遇由供给制改成了工资制也提供了经济上的可能。保姆叫林凤英，一般人称她为周师母，城关镇人。当时金洪声、张筠秋还只夫妇两人，除了买菜烧饭浆洗衣服外，两人下乡或外出时，就是照看房子。后来金洪声、张筠秋先后调嘉兴工作，保姆也随张筠秋去嘉兴。不料因为保姆的地主成分，几乎酿成轩然大波，成了夫妇两人在解放初有运动必检讨的"政治立场"问题。

1954年，张筠秋就此检讨说："在找女保姆问题，我祇片面相信人家的讲话，以耳为目不深入了解(她是地主)。因为保姆每天在机关一起，如不注意,对革命工作遭到损失。但我相信自己从侧面而官僚主义的了解一下,认为没有问题,自己不深入不掌握情况。还欺骗领导,说没有问题。并且保姆和胡德法谈恋爱,后来组织上对同志对党负责,去了解了情况,知道她是地主。当我听到这情况后,不大相信。认为领导掌握的情况,或许有点不确实。特意写信去问平湖镇政府,得到他们回信才相信。由于我的官僚主义相信她,听任女保姆弟弟来卖衣服,我也不追问,思想上是同意他的。等于包庇了他卖衣逃税。加上麻痹大意,从不考虑什么,所以我的笔记本有时放在房内,幸亏她不认识字,否则本子上的情况被她知道,泄漏了秘密。如果组织上不了解情况,使胡德法同志或许要掉队,使党受了损失。"

保姆问题必然也殃及到金洪声。在处理金洪声的调查材料中有一则"平湖县人民政府公安局"1954年10月19日出具的《说明》,内容是:"关于金洪声的保姆,叫林凤英,人家叫他周师母,地主阶级分子因为他(她)有五十多亩田,划阶级时没有划着。在最近选举中,给人民检举。因没有选举权,后他(她)与做保姆,居民会不打给她证明,后由张筠秋去居民会讲了,然后打给她证明。"

再回到1953年3月的张筠秋,她感到沉重的工作压力。鞭策来自最高层领导对全国范围内贯彻新婚姻法工作形势的判断。不到四个月,就党政齐下,连发了三个全国性的文件。1952年11月26日,中共中央发文,1953年2月1日,中央人民政府政务院发文,要求贯彻落实婚姻法,更具体规定将1953年3月定为"全国贯彻婚姻法运动月",1953年2月18日,中共中央又下达了《关于贯彻婚姻法运动月工作的补充指示》。

中共浙江省委和嘉兴地委当然等因奉此地发文执行。

事到平湖,在1953年1月18至20日的县委会议和2月5至6日的县委扩大会议上,都作了《婚姻法》报告,提出在3月份把大张旗鼓宣传《婚姻法》作为中心任务之一。

2月18日,县委召开全县县区乡干部会议,对宣传贯彻《婚姻法》作了全面部署。

3月5日县委又召开紧急会议,县委书记讲话,并宣布成立"宣传贯彻婚姻法运动委员会”，由县委宣传部、法院、妇联等十一个部门领导人员组成，县长任主任，法院院长孙明城(4月起由副县长兼任法院院长)和县妇联主任张筠秋任副主任。并确定以三港乡为试点，创造经验后在全县全面推广。

3月8日，国际“三八”妇女节。平湖县各界妇女代表大会召开，拉开了“贯彻宣传婚姻法运动月”的序幕。

张筠秋任县委赴三港乡四人工作组的组长，到该乡指导贯彻宣传婚姻法工作。试点在1953年3月中下旬进行，历时十五天。工作组的食宿安排在乡政府里，下到村、组就在下面吃饭，晚上开完会回到乡政府住宿，往往已是后半夜了。

15天的时间分成三阶段，第一步是将村、互助组干部集中到乡政府，由工作组宣讲婚姻法以及有关政策，乡长作了报告，阐明贯彻婚姻法与搞好生产的关系。请村、社干部对照政策反映本村、组情况，稳定干部情绪。从村、组干部反映的情况中，加以汇总梳理，张筠秋和工作组也大致摸清了全三港乡的情况。第二步是工作组和乡干部深入到村、互助组，利用各种场合依靠已培训的干部，向群众广泛深入地宣传《婚姻法》，根据不同对象采取不同方式，讲明封建婚姻制度的害处，新婚姻法的好处。第三步是从检查生产着手，整顿与巩固互助组，订立爱国公约，把《婚姻法》精神结合在日常生产和家庭生活中。既把握贯彻宣传婚姻法的重点，解决、调解了夫妻、婆媳不和的家庭，又使原有的四十八个互助组得巩固，还新成立一个互助组。

张筠秋向县委汇报了三港乡的经验，得到了县委的肯定，接着县委部署在全县推广三港乡经验，平湖县由此全面开展“贯彻婚姻法运动月”。张筠秋向县委的汇报，已是眉目清楚的子丑寅卯，再没有刚解放时向县委书记汇报时的“噜嗦”了。

平湖县“贯彻婚姻法运动月”，组织的大事有：

按中央统一的宣传提纲宣讲。其形式有：黑板报、墙报、有线广播、幻灯、图片展览、剧团文艺表演。城关镇组织秧歌队、腰鼓队、乐队、土广播队。

县电影放映队制作放映幻灯片及《白毛女》、《两家春》。

新华书店发行婚姻法图释本二万多册。

农村业余剧团四面开花，演出剧目有《罗汉钱》、《不再的童养媳》、《幸福生话自己找》、《梁山伯与祝英台》。一个月内，演出387场，观众99320人。大有夜夜有笙歌，人人唱梁祝之盛。《妇女自由歌》、越剧《婚姻曲》，响彻城乡平湖大地，其声势之大、其传诵之广，今日的任何一首流行歌曲不能与之比拟。

县妇联组织图片展览，6日开始，连展五天，观众5359人。

13日，举行城关镇与城郊区十对新人的集体婚礼，700余人争睹这开风气之先之举。

● 张筠秋(后右)抱儿子小红与同事五影萍(后左)抱儿子荣男

如此规模大张旗鼓地宣传，需要大批临时工作人员，如今日的志愿者队伍。县妇联就要求城关镇镇政府和居民会介绍合适人员，待工作告一段落，择其优秀者推荐就业。如龚明初，因为1956年有人了解他进供销社的缘由，因此留下了张筠秋的这段回忆："在53年，大张旗鼓宣传婚姻法，需要人。是向镇政府与居民(会)介绍来的失学青年，龚明初是其中的一人。工作是积极的，所以供销社招考，是妇联介绍他去考试。"

在张筠秋忙碌的《婚姻法》宣传中，1953 年初夏，她惊喜地发觉自已有了身孕。不过担心胜过喜悦，那时她已是四十三岁，离开第二个孩子夭亡已有八年。金洪声又在杭州行政学院学习，对张筠秋的担心，婆婆张秀英宽慰她说："你又要瞎想瞎想，前头有这种事，介好还有这种事体？"

但小心总是不错，张筠秋在下乡时发现异兆，即找医生保胎。终于在 1954 年 3 月 12 日产下一男孩，取名小红，为允古堂金十六世。此时张筠秋已四十四岁，金洪声三十九岁。

金洪声在浙江行政学院的学习持续了四个月，到 9 月结束。我们见到了一份四页共 2400 余字的自传式的材料，是金洪声的亲笔，用毛笔小楷写成，字颇清丽端正。从"家庭的详细情形及给于我的影响"开始，随后是"十四岁至十九岁"和"十九岁至目前"两部分。看来，同张筠秋 1949 年 8 月参加的省委党校学习一样，对每个学员的家庭出身、本人历史审查是十分重要的环节，当然还有题中应有之义的思想认识和提高。

● 中国共产党平湖县委机关全体工作人员合影　1953. 元旦　张筠秋第二排左一，张惠娟第一排右四，吴乃复第三排左四，国静波第三排左五

学习结束回平湖，金洪声就接到通知去省供销社嘉兴办事处履新，任业务科科长。

金洪声的这次工作调动，与原平湖县委书记国静波有关。国静波 1951 年 8 月至 1953 年 2 月任中共平湖县委书记，在任上对金洪声的工作能力比较赏识。国离开平湖就任浙江省供销社嘉兴地区办事处主任，于是点名要金洪声去辅佐。

周伟权回忆说："当时领导干部绝大多数是南下干部，对经济工作不大内行，象金洪声这样的很少。金洪声去嘉兴工作时，心情是愉快的。"可以想见，这种愉快出自金洪声的内心：他终于可以摆脱不见长的行政工作，而一门心思地做生意了——业务科长当然以做生意为根本。

当然儿子金小红的顺利诞生也是夫妻俩心情愉快的重要原因。

国静波调金洪声还有另外一重原因：张筠秋金洪声与国静波的私人交往也不错，国静波南下来平湖任县委书记时，年纪已经四十四五岁了，仍单身一人。后来在平湖结的婚，娶了一位地主的女儿，老夫少妻比他年轻许多。"张筠秋搞妇女工作，在这件事上也帮了忙"，知情的周伟权这样回忆。

解放初期，南下干部到平湖后娶妻结婚的不少，成为当时的一种社会现象。如第一任中共平湖县委书记戴奎，来平湖不久，即娶张筠秋介绍入

● 欢送中共平湖县委首任书记戴奎离任

准许犯人作充分的自我辩解，并且还为他们每人各聘有律师辩护。这使得审讯的过程变得十分的“繁琐”冗长。然而到了1957年的夏天，身在中国的萧乾先生才明白重证据且让每个被告替自己辩护再定罪的必要。

笔者不知如何衡量：“漏一个”造成的后果，同“错一个”造成的后果孰轻孰重，但“错一个”“对一个”的本人来说，肯定是百分之一百的错了，是百分之一百的命运由人间到地狱的改变，更不要说几十、几百、几千、几万，甚至几十万人的错案，对家庭、社会的影响了。尽管几年，十几年，几十年后，可以一风刮过般地以“推倒一切诬陷不实之词”为理由为他们本人改正平反，然而对他们本人，乃至社会造成的伤害呢？而在纽伦堡被判刑的二战战犯，至今没有一个需要改正或平反的，甚至也没有关于当时量刑不当的微词。想到在金洪声档案中至今仍保留着那三页作为证据的纸片，看来借鉴一切先进文化中的积极元素，以法制来保证在我们的社会里不再发生错案，是显得异常必要和紧迫的课题了。

赞曰二，马克思有句名言：“人的本质是一切社会关系的总和”。笔者不知道中文译者是否完全正确地表达了马克思的原意，但对这句中文译文依然异常欣赏。不过要特别注意理解这句话中“总和”两个字。在特定的时刻，我们往往会对人本质的认识和定性，停留在孤立的一种社会关系上。如对金洪声开除出党时，对他的本质的认识，就只局限于金洪声与两三种社会关系的联系，而不是全面地考察几十年来金洪声的各种社会关系的“总和”。这种孤立、片面的认识方法是形而上学的、谬误的，而“总和”的认识方法是辩证的，客观地认识某个特定的人的本质，从而是正确的。

赞曰三，在清除金洪声出党的中共嘉兴地委1955年委字第九号文件中，有一段文字，似乎泄露了这场错案的玄机：“金更为不满，并说‘党相信老干部，不相信新干部’（暗示江南江北）”，是否是夺取政权后的一种派别倾轧？从文化的层面而言，金洪声所代表的本土较高的文化与尽管来自儒学故乡山东，然而本人的文化仅略高于文盲的外来文化碰撞。较高层次的文化，必将包容较低层次的文化，如清朝初年时的汉文化包容入驻中原的满文化。然而这需要时间，和掌权者的远见卓识和对碰撞的驾驭能力。而在金洪声的个案上，文化素养稍低的一方，凭借着手中权力，为了在短时间内奏效，就对文化素养较高的一方采取了钳制甚至打击扼杀的方式战而胜之。那位由儒学故乡而来的外来文化在县供销社的代表者，在稍后的“人有多大胆，地有多大产”的年代，又以用炸药深翻土地的创举而大放卫星，并得以升任副县长。对其人所作所为的评价，借用黑格尔的一句被广泛引用的经典话语：“凡是存在的都是合理的”，来表示我们的思考。

当然这种蕴藏着深厚政治、文化、人性背景的冲突，或许起于青萍之末。在张筠秋的“三反”检讨中我们见到了有关所谓“金、李”冲突的原始记载：“在团结问题上，利用职权报复打击。表现在片面听金洪声姐姐金筠倩讲，县社汤桂英（按：时在县供销总社人秘股任职，县供销总社李副主任之妻，两人都是山东南下干部）叫她在产院看妇女病时，把子宫割掉，才给她付药钱，否则钱自己付。（她经常生这病的）当初我不从团结出发，也不事先进行了解，祇站在私人感情，认为李主任与金洪声不团结，和他姐姐不关。以妇联名义去和他（她）讲话，并对金筠倩说，如真的这样，可登他（她）的报纸。”此事直到 1954 年张筠秋调嘉兴工作后，在填写《中国共产党党员登记表》时，还在作为错误检讨。

如今，金洪声的错案已经平反改正，炸药深翻耕地也随着那狂热时代的结束而随风飘散。先进的文化包容落后的文化并不战而胜，似乎在这里又得到了再一次的验证。

赞曰四：人性中善恶互见，在特定的环境下，特别是在自私欲望的驱动下，人性中恶的元素，比如说：怯懦，编织谎言，失去对弱小者的同情，落井下石，甚至相互杀戮等等，会迅速放大甚至膨胀。这种局面一旦失控，成为全社会层面的事情，“与人斗其乐无穷”变为社会意识的主旋律时，正常的人类社会结构及其运行轨道，就会被破坏，社会就会迷茫方向。而社会的某一个局部比如说某个单位某个部门更是如此。

毕竟人间自有正道。人类或者某个地域范围内的人们，终究要凭着物质资料的生产才能生存、繁衍、发展，因而生产活动，经济活动一定是人类、人们最根本、最基础的活动。在当时的平湖县供销社内，金洪声代表更多的是这种搞业务的经济活动,而不是以整人为手段和目的的人事权力之争。

以经济建设为中心终于替代了以阶级斗争为纲的指导方针,建设和谐社会终于替代了与人斗其乐无穷的社会主导意识,毋庸置疑地昭示了社会的进步。

从金洪声与徐善涛关系中引出的错案发生,到今天已有半个世纪了。历史发展到今天,在中国的现实中,我们亲眼目睹着一些可喜的变化;昔日父辈们相互刀枪杀戮,而他们的儿孙辈们从相逢一笑泯恩仇的意识,到付诸行动的奔走两岸寻求民族的和平统一。我们看到了人性中至善的发扬光大,这是我们民族发展光明前景的希望所在,也是笔者祈愿的福祉!

尾声

浙江平湖境内，被毛泽东称为中国二十世纪革命先行者的孙中山在《建国方略》中手定为东方大港的乍浦。

滨海的国家森林公园内枕山临海的九龙山公墓。

金洪声 1994 年逝世后的第十年；张筠秋 2001 逝世后的第三年；

农历甲申，公历 2004 年的清明节，张筠秋金洪声夫妇的骨灰安葬仪式在此进行，墓畔新修清风亭。

他们的儿子金晓红主持了葬仪。

出席安葬仪式的有亲属和两人生前战友、友好，工作单位的代表近五十人。

清风亭建于汤山腰际，松柏叠翠中飞檐斗角。亭有楹联："一亭俯流水，万竹引清风"。

亭中立碑，以平湖市史志办公室名义撰写的碑文中云："张筠秋、金洪声一生，可谓追求革命，奋斗不息；胸怀坦荡，如若清风。如今身虽离去，但他们的风骨将长伴青山，永留青史。”

清风亭前，千百年依旧的云蒸霞蔚，波涛拍岸，潮汐涨落。

2008 年 4 月 16 日晨 6 时初稿完成于北京通州世纪星城

2008 年 11 月 8 日晚二稿于平湖

2010 年 11 月 15 日晚定稿于平湖东湖之畔

后　记

在我们的家乡浙江平湖(古称当湖、东湖),上世纪四十年代的十年时间里,出现了殊为瞩目的十几个人:他们面对当时风云激荡甚至血雨腥风的社会现实,在刚刚接受的中国化了的共产主义信仰召唤下,出于抗日爱国和追求自强自立的人生目标,从事着以推翻现实国民党政权为目的地下活动。

他们有各自公开的职业身份,以中共当湖支部为组织纽带,张筠秋女士为书记。

十几个人中以女士居多,做的又是冒着被逮捕被杀头的危险事,在史称"物阜民淳,多秀民,天性巧慧"的江南平湖县三十几万芸芸众生中,因其为历所未见而显得异乎寻常。

始于史志工作的需要,后又因某种机缘,激发了我们将他们不同凡响的经历及其心路历程记载下来的愿望。

从 2001 年 1 月起,我们开始了历时五六年的资料收集工作。其间,得到了平湖市史志办、平湖市图书馆、海盐县党史办、海盐县档案馆、海盐县张乐平纪念馆、人民银行海盐支行、嘉兴市农经局、嘉兴市供销总社等单位的大力协助。

我们还在平湖、嘉兴、杭州、上海等地访问了张筠秋的亲属金舜仪、金晓洪、张寅初、张振麟、张欣田、张欣华，吴乃复、张惠娟；以及同她在解放前后都过从较多的王刘玉、周伟权等。承蒙他们热情地提供了当年亲历、亲见、亲闻的大量历史往事。他们大都已年值耄耋，有时连续长时间对他们的访谈，会打扰他们的生活节律，这点往往使我们心中常抱不安，而他们却每每不顾疲劳地鼎力相助。

原中共海北特派员刘明，原中共海北工委妇女委员庄雪英，原中共当湖支部的钟铃、徐运民、冯毓青、陈振华、干正民、赵雅明、唐砚华等人，也为我们的写作提供了弥足珍贵翔实的回忆材料。

没有上述众多单位和个人的倾力帮助，本书的成稿是断不可能的。在此，一并向他们谨表衷心的感谢！

我们还多次走访了原中共当湖支部从事革命活动的重点地址：平湖市的当湖镇、乍浦镇、金罗浜、通界桥、马厩庙；海盐县的张家门、沈荡、宣家浜等，希望能从地貌的踏勘和与居住者的交谈中，接纳一些异秉的地气和人气。果然，这些地点的钟毓山水给我们留下了深刻的印象，我们努力在书中一一作了记述，并想以此留住缕缕的家乡人文风情。

在写作中，我们谨遵凡记一事必有出处必有依据的客观叙述态度，并尽力将这些人、事的出现、衍生、发展置景于特定地域——杭嘉湖主要是平湖的人文风俗之中，并力求在更广阔的社会历史背景下加以展示。但限于个人掌握资料的局限，特别是识见上的浅陋，疏漏甚至不妥之处恐所难免，期待着读者诸君的不吝指正。

二〇一〇年十一月七日

图书在版编目(CIP)数据

东湖儿女/曹元，苍苍著. —杭州：浙江大学出版社，2011.9

ISBN 978-7-308-08420-8

Ⅰ.①东… Ⅱ.①曹… ②苍… Ⅲ.①嘉兴市—地方史—史料—现代 Ⅳ.①K295.53

中国版本图书馆 CIP 数据核字（2011）第 020451 号

东湖儿女

曹元　苍苍　著

责任编辑　傅百荣

出版发行　浙江大学出版社

（杭州市天目山路 148 号　邮政编码 310007）

（网址：http://www.zjupress.com）

排　　版　杭州大漠照排印刷有限公司

印　　刷　杭州日报报业集团盛元印务有限公司

开　　本　710mm×1000mm　1/16

印　　张　29.25

字　　数　420 千

版 印 次　2011 年 9 月第 1 版　2011 年 9 月第 1 次印刷

书　　号　ISBN 978-7-308-08420-8

定　　价　50.00 元

浙江大学出版社发行部邮购电话（0571）88925591